图 1　晨雾中的村落

图 2　班利村口景观

图 3　班利村的楼房

图 4　班利村小学一角

图 5　拉祜族的葫芦标志

图 6　班利村的教堂

图 7　牧师的阁楼

图 8　班利村具有现代化气息的村景

图 9　班利村村部

图 10　村中小路

图 11　改造后的新居

图 12　传统民居

图 13　现代家庭的一角

图 14　满树的菠萝蜜

图 15　工作访谈

图 16　当地妇女的传统服装

图 17　织布的妇女

图 18　传统背包

图 19　展示工具

图 20　认真诵经的女人

图 21　牧童

图 22　年轻的母亲

图 23　指导孩子吹葫芦丝的岩老师

图 24　调研组成员采访姚村医

图 25　村民在认真答题

图 26　调研组成员对当地村民进行访谈

图 27　村民夜谈

图 28　调研组成员对当地村民进行夜访

图 29　村民合影

图 30　调研组成员与村民合影

图 31　调研组成员采访米粉店主

图 32　被采访者一家

中国民族经济村庄调查丛书

班利村调查

（拉祜族）

高韫芳　主编

中国经济出版社
CHINA ECONOMIC PUBLISHING HOUSE

北京

图书在版编目（CIP）数据

班利村调查：拉祜族 / 高韫芳主编．
北京：中国经济出版社，2015.4
（中国民族经济村庄调查丛书）
ISBN 978－7－5136－3652－0

Ⅰ.①班… Ⅱ.①高… Ⅲ.①乡村—拉祜族—民族经济—社会调查—沧源佤族自治县 Ⅳ.①F327.745

中国版本图书馆 CIP 数据核字（2015）第 003450 号

责任编辑　余静宜
责任审读　贺　静
责任印制　马小宾
封面设计　华子图文设计

出版发行　中国经济出版社
印 刷 者　北京艾普海德印刷有限公司
经 销 者　各地新华书店
开　　本　710mm×1000mm　1/16
印　　张　23　彩插　1
字　　数　343 千字
版　　次　2015 年 4 月第 1 版
印　　次　2015 年 4 月第 1 次
定　　价　58.00 元
广告经营许可证　京西工商广字第 8179 号

中国经济出版社　**网址** www.economyph.com　**社址** 北京市西城区百万庄北街 3 号　**邮编** 100037
本版图书如存在印装质量问题，请与本社发行中心联系调换（联系电话：010－68330607）

本书写作分工

高辒芳　前言　后记　全书统稿

王静涛　三（三）；六（一）3；八；九（四）；十四（三）；十五（二）；十七（一）；附录

李亚威　四（一）4；五；七；十三（四）；十九（一）；二十（三）

黄荟宇　六（二）2、3；九（一）、（二）；十二（四）；十三（六）；二十一（一）

李绪江　一（一）、（二）2；八（一）；九（三）；十五（三）；十六（五）；十七（三）；二十（一）

宗华荣　八（二）（三）（四）（五）；十（一）；十六（一）、（二）；十七（二）；二十一（二）

朱维思　四（一）、（二）、（四）；六（一）1；十四（一）；十三（一）；十五（四）

王　菊　三（二）2；四（一）5、（三）；十一（三）；十三（二）；十四（一）；十五（一）；十六（一）

赵琪琪　一（二）1；三（一）、（二）1；十一（二）；十二（一）；十九（二）

南　洋　六（一）2；六（二）2、3；十（二）；十一（五）、（六）；十二（五）

陈婷婷　二部分；十三（三）；二十一（三）

杜建卿　六（一）2；十（三）；

张治华　十一（四）；十二（六）；十四（二）

赵雨虹　十三（七）；十四（四）；十八（一）

范钰靖　十二（二）；十八（二）；二十（二）

邱月清　二十一（四）

总　序

村庄，是农民的聚居地，也是农民生产和生活的社会形式。村庄形成于农业文明时代，在中国最为典型和普遍，迄今依然是中国基本的社会单位。所有中国人，或是生于长于村庄，或是父祖辈来自村庄。村庄是中华民族的根基，是我们走向现代化的立脚点和必须改变其内容和形式的地方。认知中国的现实和历史，一个重要环节，就是了解村庄。

中国的民族经济，包括以下层次：一是以中华民族为主体的经济，二是中华民族五十六个支民族的经济，三是少数民族地区的经济。不论从哪个层次研究，都必须涉及村庄这个基本单位。以往的民族经济研究和行政管理研究，对于村庄的关注，主要是在总体性的统计及对策方面，鲜有对某一村庄的专注的系统调查。这种情况使我们所从事的理论探讨总显得有些飘浮，言不及意，大而不当。反思许久，不能不下决心从小处做起，将村庄调查作为根基，扎实做去。恰“985”项目实施，经费有所保障，故组织本创新基地近百名教师带二百余博士、硕士研究生和高年级本科生，结十五个调查组，计划用六七年的暑、寒假，从五十六个支民族中各选一二典型村庄，深入调查，总百余村，每村一书，为中国民族经济三个层次研究，为政府行政决策，提供基础资料。

百村，不及中国村庄万分之一。我们的村庄调查虽只是抽样性质，但却是探根摸底，力求深入、真实、详细。二〇〇八年夏各组分赴河北、内蒙古、宁夏、云南、广西调查点，历经一月左右，获初步资料。因为首次，困难颇多，思路和方法也要不断调整，秋、冬写作时又各自补充调查。时间虽短，但师生与村官、村民情谊颇深，既为调查提供条件，又为后续补充予以协助。各地党、政机构，对调查全力配合。无此，则调查难以进行。这套丛书，实为共同努力之成果，并赖中国经济出版社黄允成社长、孙岩主任鼎力支持，得以出版。本调查还要持续数年，望读者批评，我们再努力。

劉永佶

二〇〇九年三月十八日

前　言

在学校做老师后，调研成为一种工作技能。但有时搞调研目的不明确，即兴而来，匆匆而归，流于表面，没有任何意义。有时调研只限于从政府拿材料，要数据，而基层老百姓的声音很少接触到。“纸上得来终觉浅，绝知此事要躬行”，中央民族大学的民族村经济状况调查成为深入调研的一次难得的机会，让我们能深入村落，切实体验农村生活的点滴。2010 年 7 月 6 日至 8 月 6 日，民族村经济拉祜族调研小组一行 10 人来到云南澜沧县东回乡班利村体验生活，在与老乡同吃、同住的同时，对当地的经济、教育、科技和文化等方面进行了实地考察。

1. **“拉祜文化中心”——澜沧县**

地处彩云之南、澜沧江西岸的澜沧素有“拉祜山乡，边陲宝地”之美誉。澜沧依澜沧江而得名，境外与缅甸接壤，境内与普洱、西双版纳、临沧 3 州（市）的景谷、（普洱市）思茅区、孟连、西盟、勐海、沧源、双江 7 县（区）相邻，是中国西南边陲重要的交通枢纽和门户。更重要的是，澜沧是世界拉祜文化中心，是世界拉祜族的根。据资料显示，全世界拉祜族共 64 万余人。世界各地的拉祜族都认同澜沧拉祜族是同宗同祖同文化的正源，是拉祜族祖先扎迪娜迪的诞生地，是《牡帕密帕》保护传承的圣地。因此，打造“世界拉祜文化中心”，让世界各地的拉祜族有正统归源的认知感，把澜沧作为拉祜族的聚集中心，增强文化的影响力和感召力，成为澜沧县立县共识。作为全国唯一的拉祜族自治县，澜沧县委、县政府高度重视挖掘拉祜文化内涵，2003 年在县第九次党代会上提出了“拉祜文化兴县”，2004 年成立了“澜沧县民族民间传统文化专家小组”，2007 年又成立了“非物质文化遗产保护领导小组”和“保护中心”，2011 年在县委十届八次全委会上提出了“拉祜文化名县”战略。同年，澜沧县被列为“云南省民族民间传统文化保护综合试点县”。其中，进入国家级非物质文化遗产保护名录的有2个项目和3个传承人，进入省级非物质文化遗产保护名录的有7个项目和9个传承人。另外，县委还根据传说设计了以拉祜民族为主，各民族共荣共生的“拉祜文化展示中心”。拉祜文化展示中心以民族风情为主基调，由扎娜惬阁、拉祜风情园、葫芦广场、民族特色的休闲城市建筑群组成。

时任副县长何春自豪地向我们介绍了拉祜族与澜沧的发展。更令我们惊诧的是，我们所住的政府招待所及旁边的广场，就是澜沧县的重要景点——扎娜惬阁和葫芦广场。“扎娜”有两层意思：一是“扎娜”是拉祜族的祖先“扎迪”和“娜迪”的姓简称；二是拉祜族的姓，一般男子叫“扎”，女子叫“娜”，因此，这里的“扎娜”还含有男、女的意思。“扎娜惬阁”的意思就是“扎迪和娜迪快乐生活的地方”，也是来自四面八方朋友的快乐之园。葫芦广场是澜沧拉祜文化中心的最重要的标志。当我们步入云南澜沧县政府大院时，首先看到的是一对高两米，直径约一米的葫芦雕塑，在冬日暖阳的照耀下，闪着黄灿灿的光，煞是好看。它形象地向我们说明：拉祜族是一个崇尚葫芦热爱葫芦的民族。在拉祜族传统文化中，葫芦被看作是拉祜族生存繁衍的母体，拉祜族把葫芦作为图腾，象征着拉祜民族从葫芦中走出，向太阳奔去的精神追求和吉祥幸福的美好心愿。晚上的广场，音乐袅袅，轻舞飞扬，人群攒动，好不热闹！

为了完整地展示拉祜文化的特色，澜沧县还确定了相应的特色乡镇，如野阔拉祜——南岭勐炳、唱响快乐拉祜的地方——酒井老达保、拉祜神鼓敲响的地方——糯福南段、拉祜编织之乡——富邦佧朗、拉祜摆舞之乡——东回班利、芦笙吹响的地方——木戛勐糯等村寨。在县民宗局钟学荣副局长的推荐下，我们确定了调研东回乡班利村。

2. 东回乡班利村

东回乡班利村距县城39公里，是个拉祜族传统民风民俗、民族礼仪、民族歌舞保存完好的地方。班利村是享誉全国的拉祜族摆舞的故乡，是澜沧县保护传承拉祜族摆舞的圣地。起源于东回乡班利村的拉祜族摆舞，截至2009年已收集有86套之多，以丰富多彩的表现形式、原始古朴民间艺术和原汁原味的民族特征，在澜沧民族歌舞中独占鳌头。班利村拥有上百人的摆舞队伍，跳起摆舞，声势浩大。可惜的是，调研期间没有遇到节日，只叹我们少了眼福。同时，东回乡班利村还是拉祜族创世史诗《牡帕密帕》的主要传承地之一，至今仍较好地保持着拉祜族传统文化，包括芦笙舞、拉祜民间器乐、拉祜武术等。

在东回乡李站长的引领下，在澜沧县至孟连县公路旁一个岔口处，在砂石路上行进6公里左右，就看见班利村。远眺班利村，蘑菇样的茅草房在一片山坡上拥拥挤挤地排列着，给人一种既安宁静谧，又荒凉神秘的感觉，极富震撼力。古朴的寨门建立在进入寨子的入口处，上书“班利”四个大字，让人感到特有气势。寨子四周的大山一片碧绿，古老的树木高耸入云，一幢幢杆栏式的茅草屋与现代屋宇相嵌交织，愈发显得古老，好像在诉说历史的沧桑。每家都拥有一个很大的园子，芭蕉，芒果，菠萝蜜，甘蔗……应有尽有。山风吹来，吹散袅袅的炊烟，芭蕉叶在摇曳，低眉浅笑，更显出寨子与生俱来的幽远宁静。山是蘑菇状的山，草房是蘑菇状的草房。几个打赤脚的孩童站在那里，见我对着她们举起相机，便嬉笑着害羞地隐身到远处，只剩下悠闲的牛儿在那里吃草。

我们看到的是这样一群人，无论见到谁，无论任何人进到家里，都会受到他们热情的接待，一见面就会给你递上一支烟、敬上一碗酒，随口让你过来坐下吃，随手送一大颗刚摘的菠萝蜜，那般热情常常把我们这些城市人羞走。一次访谈归途中，忽下大雨，我们临时去一户人家躲雨。刚刚坐定，主人问我们是否吃水烟，我们笑笑谢过，只盼雨停。恰逢晚饭时间，主人开始忙碌起来，更突兀的是，他当我们的面随手杀了一只鸡，引得我们惊叫起来。一问，原来是要款待我们。我们实在不愿也不能如此惊扰他们，这是我们的调研纪律，虽然我们不礼貌地借雨停之际离开，但他们纯朴的心灵就像一池没有污染过的泉水沁人心脾。

对于这个小村寨我们是外来人，村民却不见外，彼此间没有任何距离。这种感觉真好。二十天的访谈，我们的情绪完全融了进去：与村民同吃饭，同喝酒。最让我见识的就是喝酒的力度。我一直以为南方人喝酒远远不及北方，但实际接触中，我发现我确实错了。在访谈过程中，只要是入户，无论多晚，抑或是早上，也一定有一碗白酒等着你。但这样的压力并不能冲淡我们工作的愉悦。这样的山寨生活实在难忘，深山里自然、淳朴的交往，没有城里秀场的雕琢，平日里的烦恼烟消云散，感受到的是久违的祥和与快乐。

3. 宗教与生活

班利村拉祜族目前主要信仰基督教。走进村庄，最显眼的是一座小型的基督教堂屹立在村头的小山头上，白色的墙体四周包着红边，教堂尖顶的前后都有十字标志，因为不是礼拜日，教堂静静地，一只狗懒洋洋地晒着太阳。到达村里的时间是上午九点多，村里的人都去干活了，走到哪里都只能听到狗吠声，偶尔能见到妇女在用最传统的方式织布。第二天，我们发现在村子的另一头也有一座基督教堂，规模比村头的那座要更大一些，它始建于1927年，于2003年重建，透过窗户可以看到教堂里很简朴，正面墙上贴有基督像，中间是一排排供教徒做礼拜时坐的排椅。真没想到一个村庄会有两座基督教堂，从这点看来基督教在这里的影响还是比较深远的。由于信教的缘故村子里有的房屋装有十字的标志，许多吊脚楼上也都贴着基督教年历。

经过申请，我们被允许体验一次教堂礼拜。一大早，人们纷纷进入教堂，以老人、女人为主，还有一些女人携子带女。我们一群外来人听不懂拉祜语，也不懂经文，只有在旁边观察这群人。当时阳光正好，教堂堂屋亮堂堂地敞开着，大家坐在椅子上，专心地进行着他们的仪式。最让我动情的莫过于这些人站在一起，手捧《圣经》齐唱赞美诗的情景。有人独唱，有男女合唱，也有小合唱团，最后是群唱。我不是基督徒，不过，我还是被信徒们唱诗时的场面惊住了。尽管其间有妇女俯身去安慰啼哭的孩子，为他倒水把尿，时而也有小孩穿梭其中，一派繁杂景象，然而这里的气氛又是这般宽容、融洽。大家内心安宁，没有谁觉得像我们这样的外来者会破坏了礼拜的秩序。当我看到这些生活在荒僻山庄的妇女聚在一起，共同领悟人生，在这里过一种超越凡俗的精神生活时，还是感动不已。

礼拜后，主课牧师告诉我们，由于村民日常生产生活时间比较分散，所以教堂成为村民学习与交流的重要空间，也是村里宣传政策方针的重要场所。宗教人士在群众中有较高的地位与威信和较强的号召力。整体上看，当地农村“信主”的人主要是一些妇女和老人，而这些也是目前农村留守的主力。除了“病急乱投上帝”者，更多一些人完全是出于情感的需要。对于留守妇女和空巢老人而言，教会不仅给他们带来非亲缘性的脉脉温情，而且也在一定程度上填补了他们日常的空虚。宗教在生活中的影响还远不止如此。我很好奇，信教的人与不信教的人在生活中有何区别？他们的答案是如此的令人意外，比如“我觉得我比不信教的人干净”,[①]“我觉得我比他们（不信教的人）更爱看书（《圣经》），他们（不信教的人）则只会喝酒”。大家普遍感觉，由于教义的约束，信教的人的行为更为表现出规范性。信教的人因为诵经的需要而必须将有限时间用来认字和学习教义，而那些不信教的人则将大部分时间用于喝酒闲聊上。教徒在与人的交往关系中也常常告诫自己向善，“有所为，有所不为”。因此，在班利村，宗教的生活影响力既是传统的表现，也是人们的主动靠近。

4. 贫困与发展

调研组一行住进东回乡班利，试图了解拉祜族这个少数民族从原始社会一步跨入社会主义社会的发展变化。这里的居民99%都是拉祜族，那些贫困的家庭，都给我们留下这样的印象：他们的主要财产就是用两个木凳和几块木板架起来的床，永不熄灭的火塘和黑糊糊的三脚架，少得可怜的换洗的衣服常常挂在屋角的一根竹竿上。用同伴的话说：拿一个石头扔进屋去，也砸不着什么东西……把带来的食品分给那些躲在身后的小孩，可他们只拿着却不好意思吃，慢慢地他们才开始品尝这美味，脸上梦魇般的笑容让我有点酸酸的。

印象最深刻的事，发生在班利村哈尼小组的调研中。还记得初入澜沧，县政府的“打好禁毒人民战争”醒目横幅，让初来乍到的我们着实有点吃惊。初进班利村，还在村前的砂石路上颠簸时，我们就看到田地掩映下着如此整齐的房子群落。东回乡文化站小李站长介绍这里曾经是个吸毒贩毒的集中点，非常贫穷，上海定项援助才拥有如此好的房子。我与王老师决定一定要来这个有点神秘色彩的小组。一天早上，我与王老师步行两个小时独自去了哈尼小组。当我们出现在路口时，我们惊诧地发现，道路两旁人头攒动，人们纷纷从屋里出来看我们这两个外来人。一路下去，回头一看，还是一堆目光。一个抱着孩子的男子从一间非常破旧的小屋出来，随行于我们身后，搭讪着探寻着我们的来处。一位苍老的妇人窝在屋口，变形的身躯让人过目难忘，一只瘦骨嶙峋的手有力地拍打着小凳子，反复唤我们来坐。此情此景我们无法拒绝，我们边打招呼边走进她的院落。老妈妈这时不再说话，她儿子从别

① 因为每周都有礼拜，教徒都会沐浴更衣，因此，相对于其他干农活的人来说，他们的沐浴时间比较固定。

的院子闻讯回来。我随着他一起进了家。家中的三个套间房子实际不算大，里面黑乎乎的，连个床也没有，地上随便铺了些东西成为睡具，唯一的家具——一张破旧的桌子上放着电视和DVD机，她儿子说这是上海援建房子时一同发的。她儿子拿了两个小板凳出来，转身又泡茶。片刻之后，却见她儿子拿了两瓶汽水过来。我们并不渴，便推托起来。我顺手拿了一瓶转身递给一直跟在我们身后的男子手中的孩子。但接下来的一幕让我大吃一惊。那男子当即掏出两元给了老太太的儿子，后者并没任何推托。我诧异地看着这一场景，悟到无意背后的无奈。随后，那个抱着孩子的男子坐下来跟我们谈了他贩毒两次入狱、家庭破裂的一系列事情，让我听得屏气凝神。访谈结束后，我们给老人家留下一点钱，她连声道谢，那一天的场景总在我的脑海中出现。在村里走门串户中，我们像小学生一样，一直在认真地倾听村民和干部们的叙述——山区多、坝区少，人口多、收入少，民族多、知识少，资源多、产业少——有时在听完他们的陈述之后，我沉默无语，感慨万千，有感动，有自责，有困惑。要从根本上改变拉祜族的生存状态，最重要的应当着力做什么？改变教育观念、加大资金投入扶持经济项目、出台优惠政策、大力发展交通等，这些都是必要的，就是要着力改变农村缺少现钱的现状，切实加快他们脱贫的进程。

5. 女性与未来

拉祜族在历史发展过程中长期处于氏族社会，形成了“尊重妇女、男女平等”的社会观念。妇女在拉祜族社会生活中享有重要的地位，基本是家庭的主事者——不仅家庭生产生活资料的计划安排都由母亲主持，而且她们还承担着沉重的家务和教育子女的重任。在现实的接触中，以村医姚医生为代表的女性给我们留下了深刻印象。姚医生说拉祜族在历史上就没有妇女受教育的传统，早婚早育，妇女一旦结婚成家，就自然而然成了家庭建设的核心，需要大量的时间去操持家务和劳动。这些习俗都会减少妇女接受再教育再培训的机会。班利村的贫困让人感慨，但最让人心酸与沉重的是女童的早婚。在村落中，常常可以看到年轻的母亲在照顾幼小的孩童，你想想，一个十四五岁的小姑娘结婚生孩子是个什么情形！在我们的眼中，这只能说是一个大一点的孩子在照顾另一个小一点的孩子。由于贫困，拉祜族早婚、早育、姑舅姨表亲上加亲的现象相当普遍，村里很多人都认为这样直接导致了拉祜族体力和智商越来越衰退，我们也常常看到为数不少的村民个子非常矮！这无疑是早婚早育近亲结婚的恶果，这种可怕的循环，至今还犹如陀螺不停地旋转。

在访谈中，不止一个人跟我们说，他们以及他们身边发生的女性被拐卖的案例。尽管经过多年坚持不懈的努力，云南省拐卖妇女儿童案件大幅下降，但由于历史和区位的原因，云南省目前仍是全国拐卖妇女儿童的重点流出省份之一，形势仍然十分严峻。一句看似热心的“我能帮你找工作”问候，同乡间貌似关爱的“带你找工作”举动，都有可能成为拐卖的开始。脱贫致富的渴望、缺少进入城市就业的相关知识和基本的防拐意识，每每听到如此，都有说不出的沉重。由此可见，关注农村女童教育与婚姻，搭建女性与外界工作联系的合法平台，在拉祜族中意义更为重大。

6. 绿色经济

来到班利村之前，我们曾在东回乡文化站那里中转。小李站长是个性格温婉的女子。在与村长和站长的交谈中，我知道他们的一些心事，比如一个数码相机。值此班利村开发之利，很想好好宣传一下拉祜文化，却因不得利器而犯愁。于是，我一拍大腿应允下来。网购后，快递却只能送到县里，因此，年轻的村长陪我回县城取相机。在县城里，他说，这里有一股臭味。我知道村里有泥土的清香，却对城里的气味浑然不觉。他说，他不能在城里待久了，受不了这样的气味。他说，曾与朋友去普洱玩，待到第四天，大家谁都待不住了。我使劲地吸了吸鼻子，使劲闻了闻县城的味道，还是没有觉到有特别的味道。我问他，如果政府让他们下山搬到城里，他是否会搬？他说，不会，他要在他的地盘上养老。我又问他，如果为了他女儿上学呢？他只停顿了一下：“不，不会，让老婆陪女儿来，我不来。”

至今，我对这段对话记忆犹新。一直以为，乡村的生活远远比不上城里生活的舒适，因此，在逻辑上农村人应该向往城市生活的，或至少是情绪上的“羡慕嫉妒”。直到此时此刻，我才被真实有力地回击。在调研中，有许多人表达了“如果有选择，还会想做个守住这片山林的自由自在的农村人”的想法。如果说，自由的本义并不是“为所欲为”，而是能够生活在一个没有人干涉你的自由的环境中。反过来讲，真正的自由是每个人不干涉别人的自由。无论是城里人，还是农村人，都有选择自由生活之地的权利。

如果班利村想留住绿色、做好生态农村，那么绿色经济一定是必然的发展途径。村长说以前，农民为了解决温饱问题，没粮吃就开荒，没柴烧、没钱花就砍树。“以生态换生存”，我们为之付出了昂贵的代价。其结果是陷入了“贫穷—开荒—更贫穷”的恶性循环之中。国家西部大开发的制定和实施，为调整产业结构、充分发挥土地资源优势，发展绿色经济，实现经济、社会、生态相协调的可持续发展提供了机遇与可能。作为一个贫困大县，澜沧与先进地区差距较大，这决定了澜沧不能走“拼资源、拼财力”的路子，只能立足自身特色和比较优势建设“世界拉祜文化中心，绿色经济通道”，着力实施“改革开放活县、绿色经济强县、科教人才兴县、拉祜文化名县、和谐社会建县”的五大战略。“绿色经济、绿色家园、绿色文化”其灵魂就是“绿色科学发展”。我们也听到这样的事：以前，澜沧县林业局曾热心搞一些绿色扶贫工程，一亩投入几十元发动山区群众种植新品种如核桃、板栗，但由于一开始就投入不足，加之那时科学意识不强，种植水平起点低，管理粗放，结果好事办成坏事，怨声载道。如今有大企业在澜沧投资大规模营造速生丰产林，以现代企业模式管理造林，像种粮食一样种树，成片成林的树长高长大了，大面积的荒山绿了，山区农民有史以来真正从种树上获得收益。这一对比，叫人明白这样一个道理：坚定不移地实行差异化发展战略，坚持绿色经济科学发展，才能赢得发展的可持续性。

7. 旅游开发

村子周围的山包大都被开垦出来，一圈一圈绕着村子。年复一年，种粮食、种甘蔗仍然是这里最大的指望。要想在已经落后的历史基础上加快追赶的步伐，必须寻求捷径。目前，班利村最大的一个发展机遇就是借助澜沧文化强县的春风打造“拉祜第一村”，大力发展民俗旅游。

在实际调研中，我们发现这里的旅游业主要有两种形式：一是休闲度假基地。随着人民生活水平的不断提高，休闲度假正成为时下流行的生活方式。相对而言，这种旅游形式要求舒适度和设计感，设施完备，投入比较大，必须做好度假基地发展规划，通过多种途径争取多方支持，共同推进旅游项目建设。因此，班利村想单独做的难度比较大。二是民俗文化旅游。民俗文化旅游、节庆旅游是颇受现代人欢迎的旅游形式之一。民族文化也是云南发展旅游的资源优势。挖掘民族文化背后的经济价值，把民族文化、民族风情和旅游业有机结合，对班利村未来发展意义重大。我们建议通过文化民俗旅游来带动班利村人气。

第二次再到班利村，整个村子的新房子多了不少，村子里不经意间的现代气息让人不时眼前一亮，我深切感受到村子的发展。艾老师的饭店还在那里，还是原来的模样，他规划中的大旅店还在筹资中。村长说，近年来，外来的人是多了不少，还有人来拍电影，很是热闹。作为澜沧县的文化战略的实施基地之一，班利村是历史的幸运儿。近年来，普洱市正在积极打造辐射澜沧、孟连、西盟的“普洱绿三角”机场旅游开发项目，努力建设国际性旅游休闲度假基地。目前，东回机场的前期工作正在有序推进。村长说，等机场通了，外地人就会更方便来旅游。班利村正计划利用这样的机会，好好培育一下班利村的旅游底子。在政府支持下，融合自然生态资源和民族文化资源的班利村舞蹈队与合唱班都成立了，成为班利村宣传的名片。此外，县里正推广以民间手工艺品为载体，通过“公司＋农户”的形式，构建了一条惠及农民的乡村文化产业链。

在村落经济发展过程中，激活他们自身发展的潜能，才能找到村落经济的动力。通过旅游开发而促进旅游业的发展，通过树立和维护有特色的拉祜文化品牌而打造旅游的名片，通过当地群众投身旅游业而提高当地群众的生活水平——我们可以看到，目前对班利村老百姓最有意义的是如何借助旅游之机切实地脱贫。旅游不是救活所有村落经济的灵丹，但却可能是班利村的一剂良药。

目 录

第一部分　村庄

一、班利村的行政与历史变迁

（一）村情概况

每一个地方的名字，都有一种来历，班利村也不例外。据班利村几位老人讲，在两百多年前，现在班利村所在地属于傣族封建领主的势力范围，受傣族封建领主的管辖。一天，一个傣族牧师来到现在班利村所在地，对班利村的地理、气候、风俗等各个方面进行了详细的考察和调查后，就对寨子的人说，这里地势平坦，气候宜人，以后就叫班利吧。村寨里的村民一听，觉得班利这个名字很好，于是，就认可了班利这个名字，开始称自己的寨子叫班利。后来经过变迁，班利就变成了现在的班利村。这就是班利村名称的由来。班利村隶属澜沧拉祜族自治县东回乡，地处东回乡的北边，距乡政府所在地 10 公里，是一个以拉祜族为主的村寨，到乡政府的道路为通路，交通方便，距县城 38 公里。班利村东邻阿永村，南邻东岗村，西邻孟连县，北邻拉乡，共辖班利、半坡、那得特、卡扩、那布、新寨、雅口等 10 个自然寨 21 个村民小组。

班利村还被称为“拉祜第一村”，主体民族为拉祜族，占全村人口的 78%（班利村 2012 年统计数据），另外还有佤族、哈尼族、汉族等。据村里的老人回忆，班利村曾经受控于一个傣族部落，但在班利村居住的一直都是以拉祜族为主。随着傣族部落的没落，班利村寨拉祜族势力变大，拉祜族对班利的控制和管辖能力越来越强。班利村具有丰富的自然资源和富有少数民族特色的拉祜文化，建有传统的民居和基督教堂，是澜沧县保护传承拉祜族摆舞的圣地，是享誉全国的拉祜族摆舞的故乡。

班利村属于山区，由于班利村寨子多而散，我们这次住在班利大寨，这里的村民经常自称“大班利”。班利也是班利村的核心寨子。班利村839户有410户住在班利大寨，人口占全村人口的48%，其中95%以上为拉祜族。从班利有一条通向去孟连、东回乡的柏油马路，我们就管这条路叫寨子主道。在寨子主道两边有几家百货商店，还有早点店、猪肉店、青菜店，摩托维修部，另外村委会、村卫生所等政治中心，村完小也在这条主道尽头。可以说，这条道是班利村的“经济政治中心”。其他寨子的人常常会到这买菜、买肉、修车、看病、上学。

班利村以李姓为主。关于拉祜族人的姓的说法是，以前，拉祜人没有自己的姓，只有以十二生肖分男女叫名。如果一家人正好相隔24岁或12岁或36岁，且同是男性或女性，那么一家人里就有二三个同名的人。《云南省澜沧拉祜族自治县志》：“拉祜族原无姓氏，以张、李、石、田、铁、胡、黄等姓氏取名是与汉族等其他民族交往中引入的，并随着逐渐与其他民族通婚而增多。”《拉祜语简志》：“据史书记载，居住在滇西的拉祜民族本无姓氏，到了明清以后，受汉文化的冲击才慢慢地出现。”据调查，澜沧拉祜族自治县东回乡班利村的村民们受汉族的姓的影响，大多数的人都有姓（据当地的老人说当时是为了方便户口的统计和户籍的管理，仿照汉族的姓加上的）。本村绝大多数人姓李，同样遵循汉族的“子女大多随父姓”。值得一提的是，拉祜族使用的汉姓，只是一个对外交流的临时代码，主要在对外交往、上学、登户口等场合才使用，在日常交流中，真正起作用的是传统的拉祜名字，人们普遍认为传统的拉祜名听起来更具有亲切感。

在调研的过程中，遭遇到最头痛的就是数据的问题。在不同的资料来源中，我们经常看到不一样的统计数据，这个问题分外让人抓狂。我们向村长询问其中缘由，村长也向我们抱怨起来。近年来，村里经常让上报统计数据，整体来说，正在逐步建立健全统计系统、统计台账制度和岗位目标责任制度，推动了村里基层统计整体工作的规范化、制度化。但是有时村里统计制度不健全，统计信息闭塞，档案资料归档不及时、不规范，统计人员变动相对频繁，档案未及时移交，严重影响了统计工作的连续性；有时也会因上级统计指标含义混淆，一些统计数据计算错误，报表数据逻辑性差，没有做到“村组数据与乡镇上报数据一致，乡镇数据与上报县级数据一致”，统计数据质量有待提高。因此，我们列举该村的数据以村里统计资料与村长的介绍为主。

1. 村落人口资源

据2011年统计数据，班利村现有农户884户，总人口3173人，其中农业人口3150人。劳动力1678人，从事第一产业人数1678人。男性1749人，女性1424人。班利村以拉祜族为主（是佤族、拉祜族混居地），其中：拉祜族2478人，佤族488人，汉族23人，哈尼族184人。

2. 村落自然条件与资源

班利村国土面积17.80平方公里，海拔1436米，全年无霜期长，年平均气温17.7℃，年降水量1943毫米，属于亚热带山地季风气候，土壤大部分为砖红壤、红壤，还有干燥的河谷区的燥红土及石灰岩地区的黑色或棕色石灰土等，适合种植甘蔗、玉米等农作物。

班利村有耕地总面积13462亩（其中：水田1540亩，林地13002亩），人均耕地4.4亩，主要种植粮食、甘蔗等作物，甘蔗种植面积8675亩，蚕桑面积577.2亩，粮食产量193万公斤，农民人均有粮631公斤。拥有林地13002亩，其中经济林果地1029亩，人均经济林果地0.3（0.15）亩，主要种植茶叶等经济作物。全村耕地有效灌溉面积为1540亩，有效灌溉率为11.44%，其中有高稳产农田地面积1509亩，人均高稳产农田地面积0.5亩。其他面积9600亩。

3. 村落经济基本结构

班利村的主要产业为种植业。粮食作物主要是水稻、陆稻、玉米等，经济作物有甘蔗、油菜、茶叶、咖啡、桑叶等。班利村产业结构单一，以甘蔗为支柱产业（主要销往县内）。另外还种植玉米、稻谷等，玉米主要用来喂猪，稻谷是平时的主食。

班利村目前正在发展甘蔗、茶叶特色产业，计划推广蚕桑产业。近几年通过调整产业结构，班利村开始尝试种植茶叶、咖啡、桉树等，这些都将成为村民新的经济增长点。其中，引进孟连茶厂在班利村种植茶叶1029亩，已经初见效益，成为东回乡种植茶叶面积最大的一个村。此外，班利村还积极引进商人在班利村种咖啡，目前种植面积达470亩。

截至2009年①，班利村2009年农村经济总收入1072万元，其中：种植业收入993万元，占总收入的92.63%；畜牧业收入124万元，占总收入的

① 村里原始统计资料

11.5%（班利村全村大牲畜年末存栏1027头，其中黄牛40头，水牛987头，出售116头，年末生猪存栏3753头，出栏5045头，家禽饲养23452只，出售15450只）；渔业收入1万元，占总收入的0.09%；林业收入12万元，占总收入的1.12%；第二、三产业收入63万元，占总收入的5.87%；工资性收入7万元，占总收入的0.65%。农民人均总收入3392元，人均纯收入1358元。农民收入以种植业、养殖业为主。种粮综合直补及各项补助收入20万元，全村外出务工收入5万元，其中，常年外出务工人数12人（占劳动力的0.4%），在省内务工10人，到省外务工2人。

截至2011年①，班利村农村经济总收入1180.00万元，其中：种植业收入956.00万元，其中甘蔗主产业全村销售总收入408.00万元，畜牧业收入128.00万元（其中，年内出栏肉猪1634头，肉牛130头，肉羊0头），林业收入13.00万元，第二、三产业收入51.00万元，工资性收入23.00万元。农民人均纯收入1847.00元，农民收入以种植业为主。全村外出务工收入16.30万元，其中，常年外出务工人数29人，在省内务工27人，到省外务工2人。村里没有企业。

4. 村落基础设施

截至2011年底，班利村已实现通水、通电、通路、通电话四通，但没有路灯。全村户户都通自来水，没有用户饮用井水。拥有电视机农户781户，安装固定电话或拥有移动电话的农户数536户，其中拥有移动电话农户数502户（分别占总数的88%、60%和56%），没有通有线电视。班利村到乡政府道路为通路；进村道路为土路路面；村内主干道均为未硬化的路面；距离最近的车站（东回乡）10公里，距离集贸市场（东回乡里赶集）10公里。全村共拥有汽车1辆，拖拉机44辆，摩托车200辆。

到2011年底，全村建有沼气池农户245户，装有太阳能农户50户，已完成“一池三改”（改厨、改厕、改厩）的农户200户。该村农户住房以砖木结构住房为主，其中有54户居住砖混结构住房，有661户居住砖木结构住房，有169户居住于土木结构住房。没有人畜混居的农户。

班利村没有专门的农贸市场和集市，村民们的日用品和生产资料等多从村中的个体经营商店或乡里的定期集市购买。班利村共有较大的综合商店3

① 2012年再进班利村时得到的统计资料。

个，其经营范围包括日用品和农具、化肥、种子等生产资料。有些村民也会利用家中的空闲房间开设简单的商店，经营烟酒、方便面、饮料等最常见的商品，像这样的普通的日用品商店几乎每个小组都会有，基本能够满足村民的日常需要。

5. 村落文化卫生生活

班利村建有小学1所，该村小学生在此就读，中学生就读到东回乡中学。班利村小学校舍建筑面积800平方米，拥有教师18人，在校学生374人。目前整个行政村农村义务教育在校学生374人，其中小学生311人，中学生63人。全村建有文化活动室1个、业余文娱宣传队1个，极大地丰富了村民的业余文化生活。

截至2011年底，全村参加农村社会养老保险1354人；参加农村合作医疗2048人，享受低保821人。村民的医疗主要依靠村卫生所和乡卫生院，卫生所面积为60平方米，有乡村医生2人，村卫生所距离乡卫生院10公里。班利村每个小组基本都建有公厕1个。

班利村目前存在的主要困难和问题是：经济结构单一，村落财政薄弱，无力支持基础设施建设、产业结构调整和支持农村经济的发展。班利村今后的发展思路和重点是：通过扶贫资金的投入和引进外资，培植适合当地的特色产业（蚕桑、茶叶、咖啡等），按照“边发展，边规划，边提高”的原则，加强农村社会服务体系，构建“生产发展，生活宽裕，乡风文明，村容整洁，管理民主”的社会主义新农村。

（二）班利村行政变迁历程

从班利村建寨起，几百年来，随着历史的变迁，时代的发展，班利村的行政隶属关系也随之发生着变化。

1. 班利村的行政隶属变迁

班利村所在地澜沧拉祜族自治县于1914年置澜沧县，因县有澜沧江而得名，1959年改为澜沧拉祜族自治县。县境于秦朝时属于西南夷地，西汉为哀牢地，东汉、三国蜀汉属益州永昌郡，两晋南北朝属宁州永昌郡，隋属濮部。唐南诏时称“邛鹅川”，属银生节度辖境（银生府设在银生城，即今景东县城）。宋大理国属永昌府银沙罗甸。元至元二十六年（1289年）属木连路，后改属银沙罗甸宣慰司。明永乐四年（1406年）属孟连长官司（宣抚司）辖地。清属迤西道顺宁府。光绪十四年（1888年）5月，析缅宁厅猛土巡司之上改心、孟连宣抚司之下改心，于顺宁府圈糯置镇边直隶厅，属迤南道，此为澜沧设治之始，镇边之名，即镇摄边境之意。光绪十七年（1891年）析耿马宣抚司属之猛角、猛董地方入镇边直隶厅。同年，厅治迁勐朗坝。光绪二十年（1894年），猛连宣抚司划入镇边直隶厅。光绪二十九年（1903年），厅治复迁回圈糯。民国二年（1913年）4月，迤南道更名为滇南道，镇边直隶厅改为镇边县，隶滇南道。民国3年（1914年）1月，因与贵州省镇边同名，乃以其地滨于澜沧江而易名为澜沧县；同年6月，滇南道更名为普洱道，澜沧县属普洱道。民国17年（1928年）析澜沧县属上改心县佐与缅宁县属四排山县佐所辖区域合，合并设立双江县。民国18年（1929年）11月，废普洱道，设立云南省第二殖边督办公署，澜沧县属之。民国21年（1932年）4月，澜沧县属第12政务视察区；民国23年（1934年）4月，澜沧县属第16政务视察区；民国24年（1935年）8月，澜沧县属第6政务视察区；民国26年（1937年）9月，澜沧县勐角、勐董、大蛮海、岩帅四土司地改设沧源设治局（以上四地于1934年改土归流）；民国27年（1938年）9月，澜沧县属第9政务视察区；民国28年（1939年）第二殖办督办公署裁撤；民国30年（1941年）6月15日，澜沧县属云南省第一区行政督察专员公署（驻宁洱县）；民国31年（1942年）7月，澜沧县属第四区行政督察专员公署（驻宁洱县）；民国35年（1946年）10月，澜沧县属第九区行政督察专员公署（驻缅宁县）。这段时期，今班利村先后为第一区东朗乡管辖。

澜沧解放之后，澜沧下辖澜沧、东朗、上允、孟连、溯涛（即宁江县，当时纪念解放宁江时牺牲的尹溯涛而得名）5县；1949年12月撤销专员公署，宁江县划出，另四县复并为澜沧县。1950年6月，正式成立了澜沧县人民政府，属宁洱专区。1951年4月2日，政务院批准，将宁洱专区更名为普洱专区，澜沧县属之。1951年12月，澜沧县人民政府决定在东回、孟连、上允三地成立东回、孟连、上允三区区域自治联合政府，当时，班利村归孟连区管辖，并改班利村为班利乡，班利村为乡驻中心村。

1953年3月28日，政务院批准，普洱专区更名为思茅专区，澜沧县隶属之。1953年4月7日，撤销澜沧县，设立澜沧拉祜族自治区（县级），隶属思茅专区。1953年7月11日，撤销宁江县，新营盘区、雅口区划归澜沧拉祜族自治区。1954 年 5 月 31 日，设立孟连傣族拉祜族佤族自治区，以澜沧县的孟连区、南卡区为其行政区域，6 月 16 日正式成立。1955 年 1 月 13 日，国务院批准，撤销思茅专区澜沧县的建制，将其原辖的西盟山区暂时委托澜沧拉祜族自治区人民政府领导。1955 年 6 月 10 日，澜沧拉祜族自治区人民政府改为澜沧拉祜族自治县人民委员会，撤销东回区联合政府，建立东回区区公所，将孟连从澜沧分离出去，成立了孟连傣族拉祜族佤族自治县，同时，还把班利乡从原孟连区联合政府中分出来，归东回区区公所管理。1959 年 12 月 10 日，云南省将相当于自治县的澜沧拉祜族自治区改名为澜沧拉祜族自治县，仍属思茅专区。“文化大革命”开始后，为了表示拥护毛主席，县成立了红卫兵组织，还将班利乡改名为红星大队。1969 年，东回乡成立红卫公社，下辖包括红星生产大队（今班利村）在内的 5 个生产大队。1970 年，思茅专区改为思茅地区，澜沧县仍属思茅地区。1971 年，红卫公社改为东回人民公社。1984 年恢复为东回区公所，红星大队改回成了班利乡。改生产大队为乡（此时班利村称为班利乡），并将原来的东岗大队分设为东岗、阿永两个乡，区辖乡增至 6 个。班利村所属的东回乡于 1988 年撤区建乡，改 6 个乡为行政村，2000 年末才改村公所为村民委员会。2003 年 10 月 30 日，国务院批准（国函〔2003〕113 号）撤销思茅地区，设立地级思茅市，澜沧县属地级思茅市。2007 年，思茅市更名为普洱市，澜沧县随之隶属地级普洱市。

2. 班利村的革命发展史

村中的老人告诉我们，很久以前，历史上拉祜族同胞与傣族为邻。本来两族约定，拉祜以草结为地界，傣族以翻地为界，后来烧地时的火把拉祜族打草结烧掉了，傣族趁机将所有土地都翻完了。土地都成傣族的，拉祜族不服。于是为了争夺土地而发生了战争。战争之初，拉祜族凭借狩猎的本领打败了傣族。但傣族设计找拉祜族女人换走了拉祜男人们用的弩弓扳机，弩弓丧失威力，拉祜战事失利。拉祜人不想做战败的奴隶，于是，聪明的拉祜人想了一个办法，他们借过年之机，与傣族约定休战十天。再次开始之时，拉祜人与傣族又约定等鼓声停止再开打。拉祜人把一头活羊放入一面大鼓之中，活羊憋在大鼓里困兽般撞击鼓，力尽气绝而亡。鼓声停歇，傣族人冲进拉祜寨，拉祜人早已从容转移。世事变迁，到明清时代，班利已属于傣族一个部落的势力范围，受其管辖。班利村寨的所有土地都归傣族所有，村民必须向傣族部落每年缴纳租金才能使用土地。到清朝末年，随着傣族部落的没落，对班利村寨的控制和管辖能力越来越弱，至民国初年，随着班利村寨拉祜族势力的变大，班利村已经完全摆脱了傣族部落的控制和管辖。班利村寨在拉祜族民族头人的封建方式的管理下，进行原始式生产生活，逐渐形成一种与自然和谐相处的状态。这个时期，发生在中国的军阀混战对班利村的影响特别小，这主要是由于班利村地处中国云南边陲，交通不便，信息不通。但村落的宁静终被抗日战争打破。

（1）抗日战争中的班利村

随着日本在亚洲侵略的深入，尤其是对东南亚如缅甸、柬埔寨等国家的侵略，战争造成的社会动荡开始波及中国云南这个边陲小村寨。1942 年，中国远征军赴缅甸抗日，紧挨着缅甸的澜沧县成了中国支持远征军缅甸抗日的前线。为了响应政府的号召，班利村村民积极的捐献物资，同时，大量年轻小伙子都参加赴缅甸抗日，为抗击日本的侵略做出了巨大牺牲。

（2）班利村的解放

抗日战争胜利后，国民党反动派开始在东回乡设立了政府行政机构，管辖包括班利村在内的村寨。国民党设立行政机构后，政府官员与各个村寨的民族头人相互勾结，共同压迫和剥削群众。1948 年，随着解放军在中国西南地区的节节胜利，再加上中国共产党的宣传，使班利村村民了解到共产党是代表着人民的党，解放军是人民的军队，因此，反抗国民党的斗争热情就更加高涨，但是，班利村村民的积极斗争反抗都遭到了国民党反动分子的残酷镇压。1949 年 2 月，在中国共产党的领导指挥下，澜沧武工队建立了武装组织，同年 4 月，建立起了澜沧临时政府，同年 7 月，澜沧县委派出工作小组，深入各个村寨，肃清国民党残余势力，惩治反动地主份子，其中派到班利村的工作小组叫五谷队，进驻班利村后，开始在班利村开展各项工作，肃清了国民党残余势力，受到了村寨人民的热烈欢迎。同年 8 月，澜沧全县解放，澜沧县委派出了大量的武工队队员下到村寨，向村民宣传中国共产党的各项主张和政策，广泛争取和团结各村寨的民族头人。最后，班利村拉祜族头人宣布支持中国共产党，愿意加入中国共产党的革命浪潮之中。就这样，班利村结束了国民党反动派的残酷统治，正式迈出从封建社会向社会主义社会直接过渡的历史步伐。

（3）新中国成立后的班利村

1955 年，澜沧拉祜族自治县政府开始分三批派出土改工作小组进入澜沧全县的各个村寨指导村民进行土改工作。12 月，土改工作到了班利乡，开始对班利乡进行土改，班利乡拉祜族村民对于土改队的到来特别热情，积极地支持土改小组的工作，原本要用三个星期才能完成的土改工作一个星期就完成了。1956 年 4 月，澜沧边工委决定在东朗、竹塘、酒井、东回、雅口等地开展农业合作化运动。随即，班利乡就开始建立起农业合作社。1956 年底，班利乡的初级农业合作社建成，初级合作社下辖二十几个生产小组。1956 年，澜沧全县全部顺利完成土改工作。

1957 年，由于境内外敌对势力的蛊惑，再加上自然灾害，班利乡出现一些村民外迁。到 1959 年，外迁现象激增，村民大批迁往缅甸、老挝。针对班利村民外迁现象，澜沧边工委派出了工作组到班利村深入调查，认为外迁现象产生的原因很多，情况也错综复杂，对班利乡的工作提出了“慎重稳进”的方针，加强宗教教育与引导工作，外迁现象及时得到了有效遏制。

“文化大革命”期间，村民白天依旧还是去田里干农活，只是到了晚上，就被红卫兵召集到一块，学习毛主席语录。由于地处边远，班利村村民生活生产整体上还处于正常状态。

（4）改革开放后的班利村发展

改革开放后，班利村踏着改革的春风不断发展，班利村的村民生活水平不断提高，生活方式不断变化，收入逐渐增加，越来越多的人告别了世世代代居住的茅草房，盖起了砖瓦房，建起了小洋房。

1987 年，全村通了自来水，班利村村民喝的不再是从池塘里挑来的发黄的水，取而代之的是清澈的自来水；

1997 年，班利村全村都通上了电，班利村村民不再是靠煤油灯照亮，取而代之的是光明的电灯；

2001 年，班利村开始建起了沼气池，大幅减少了用木材做饭的数量；

2002 年，班利村口到东回乡主体路段不再是泥泞小路，连接澜沧与孟连的公路为班利村带来了便利。2008 年，班利大寨到村口的近 3 公里的路也变成了一条宽阔的砂石路。村民出行不再是靠脚或者牛车，取而代之的是摩托车；

2004 年，政府出资在班利村建了公共卫生间和洗澡房，村民也可以用太阳能烧的热水，尝上舒舒服服地洗热水澡的滋味；

2005 年，班利村开始梯田改造，村民农业收入大幅增长；

2008年，云南省广播电视村村通工程在全省全部完成，班利村也告别过去只能观看一两个电视节目的日子，和城里人一样，班利村村民娱乐生活逐渐多样化。

2009年，班利村建立起农村低保、农村医保等各类民生基础工程，班利村村民开始有了“老有所养、病有所医、困有所帮”的幸福生活。

现在，随着国家对西部地区尤其少数民族地区财政投入力度的不断加大，班利村开始有了“买车有补助、种田有补助、建新房有补助”等各种惠农政策，班利村村民生活越来越好。如今，随着“兴边富民行动”重点项目在班利村的开工，班利村道路准备硬化、农贸市场准备建立，等待班利村和班利村村民的，必将是一个美好的明天。

二、班利村的生态环境

（一）自然资源条件

1. 地理环境

澜沧县地处横断山脉怒山山系南段，地势西北高、东南低，五山六水纵横交错。班利村的山脉属于怒江支系的孔明山脉，由西北到东南进入班利村境内。班利村最高山为阿朵洛山，海拔为1380米，最低海拔1280米，平均海拔1320米，海拔差距相对较小。

班利村海拔1441米，属于中亚热带地区，年降水量1943毫米，高于澜沧县1634.8毫米的年降雨量，而且分布时间和面积都很广泛，对于作物生长非常有利。此外，国内能种旱稻的地方不多，班利村却种植旱稻。班利村得天独厚的气候条件非常适合种植甘蔗、玉米等农作物。

2. 气候条件

班利村位于北回归线以南，属于亚热带山地季风气候，有如下基本气候指标：

气温方面。据统计班利村年均气温17.1℃，变化幅度在16.1℃～19.6℃之间。1月最冷，平均气温12.6℃，6月最热，平均气温23.2℃。日温差较大，年温差较小，最冷年为1971年，年平均气温18.5℃，最暖年为 1988 年，平均气温 19.6℃。一日之内最高、最低气温出现时间较短，极端最高气温一般出现在下午 3 点到 4 点，极端最低气温一般出现在清晨 6 点到 7 点。全年基本上无严冬，夏无酷热，四季如春，一年四季都可播种不同的农作物。

雨量方面。班利村年平均降雨量约为 1943 毫米，最高的 1971 年达到 2298.8 毫米，最低的 1957 年为 1691.1 毫米，极差为 607.7 毫米。班利村分为明显的干季和湿季，干季从 10 月下旬到次年 5 月中旬，200 天左右，降雨量占全年降雨量的 13% 左右；湿季是从 5 月中旬到 10 月下旬，160 天左右，其中雨量最集中的是 5－8 月，降雨量占全年降雨量的 87% 左右，湿季最长为 1964 年，达到 209 天，最短为 1958 年，仅为 93 天。一年中雨量最集中的是 6－8 月，3 个月降雨量在 800～1300 毫米之间，占全年降雨量的 47%～70%，年平均降雨日数 183 天（雨量≥0.1 毫米）。

日照与辐射方面。村子全年太阳可照时数 4420 小时，年平均日照时数 2120 小时，年日照百分率 48%。最大值出现在 1957 年，日照时数 2316 小时，最小值出现在 1954 年，日照时数 1940 小时。全年太阳辐射总量为 129 千卡/平方厘米，月最大值出现在 8 月，为 13.11 千卡/平方厘米，最小值出现在 12 月，为 8.94 千卡/平方厘米，村子太阳能资源比较丰富，但实际利用率较低。

湿度与蒸发量方面。因为受季风和降雨量的影响，村子的空气湿度较大，年平均相对湿度为 80%，最低的 3 月平均为 64%，最高的 8 月为 87%。班利村的年平均蒸发量约为 1850 毫米，略低于年平均降雨量。12 月到次年 4 月蒸发量大于降水量，特别是 2 月到 4 月比较强烈，蒸发量在 200～230 毫米之间。

风霜方面。班利村多为西南偏西风，年平均风速 0.8 米/秒，最低年份平均风速 0.6 米/秒，最高年份平均风速 1.1 米/秒。一般是春季风速大于夏秋季风速，秋季风速大于冬季风速。班利村霜期较短，部分年份无霜期，平均有霜日数为 13.2 天。

因此，班利村春秋季长，夏季较短，基本无冬季。雨量充沛，日照充足，冬无严寒，夏无酷暑，干雨季分明，适宜甘蔗、茶叶、咖啡、双季稻、水果等作物的生长。

3. 地貌

澜沧县属于横断山系纵谷南段，除了县境东界受澜沧江及其支流切割，形成山高谷深的地貌形态之外，其他仍为和缓起伏的残余高原面。班利村位于澜沧县的中部偏南，也属于比较和缓的高原地带，海拔相对较高，但海拔差距较小。远古代，澜沧县是云南地槽的一部分，在接受沉积的同时，发生火山喷发，形成了很厚的火山沉积岩，逐渐形成片岩、大理岩、绿泥岩等类岩石，晚期地槽回返上升，海水退出，澜沧县境内形成裂谷海槽。石炭至早二叠纪早期，又沉积了很厚的砂页岩、碳酸盐岩，早期境内有火山喷发，晚期为海相及海陆交替相，接受了碳酸盐、泥质碎屑及煤的沉积。二叠纪以后，境内海水逐渐退出，地槽上升，又接受剥蚀。班利村所在地一带主要是石炭、二叠纪海相碳酸盐岩沉积。班利村所在地石炭系又分为两种情况，中上统和下统。其中中上统厚度大于2000米，上部为灰白色致密块石灰岩、白云岩，中部为火山杂岩、玄武岩，低炭质泥岩，厚约300米，下部为青灰色至灰白色后层状，块状结晶灰岩，底层为白云岩。下统厚度1300米，上部为中后层状灰岩、白云质灰岩，中部是黑色砂泥岩夹煤线，下层为薄层状泥灰岩、白云质灰岩与细砂岩，底部有基性喷发玄武岩。

班利村所处的二叠系厚约1250～1334米，为细粒岩屑石英砂岩、石英砂岩、页岩、板岩、硅质岩，地层含苔藓虫、有孔虫、植物和反射虫等化石，与下伏地层呈整合接触。

地貌方面，由于受到强烈的构造变动和外应力的影响，澜沧县内地貌类型和形态特征差异显著。根据岩溶地貌组合形态，可分为溶丘洼地和峰丛洼地。溶丘洼地主要分布在西部的拉巴、东回、糯福一带，班利村所在的地区正是属于溶丘洼地。溶丘洼地一般分布在海拔1300～1600米之间，处于不同构造形迹复合部位岩溶发育，面岩溶率约为30%。溶丘多呈浑圆状或馒头状，一般比高50～100米，在缓坡上常发育为溶沟、溶槽、石芽等，溶丘间洼地、漏斗、落水洞星罗棋布，多沿岩层走向或断裂走向呈传柱状排列。漏斗多呈蝶状，一般直径50～100米，深5～20米。洼地多为椭圆形或者不规则的长条形，一般长800～1000米，宽200～500米，深10～50米，其内堆积有亚黏土。暗河、天窗、出水溶洞常分布在洼地边缘。地下水埋藏浅，往往在洼地边缘有较大的泉水出露，局部地带地下水溢出形成沼泽。

4. 土壤资源

土地是种植业赖以生存的最基本生产条件。澜沧县群众在长期的生产实践中，根据土壤的胶结程度和肥瘦情况，习惯将耕作土壤分为沙土、胶泥土、末香土、香面土、灰泡土，等等。同时根据水源和水温，将水田分为保水田、二水田、雷响田、水浸田、烂巴田等。这种分类方法是根据传统的办法总结出来的，缺乏对土壤完整科学评价。1959—1960 年，澜沧县境内开展了第一次土壤普查，查清全县土壤主要属红壤类型，其中较广泛的是山地红壤和浅色森林红壤。耕作土壤又可细分为鸡粪土、沙土、壤土、末香土等类。1982—1985 年，澜沧县又开展了第二次土壤普查，根据成土因素、形成过程和土壤的属性特征，按照全国和省里有关评土归类标准，将全县土壤分为砖红壤、赤红壤、红壤、黄棕壤、紫色土、水稻土 6 个土类和 16 个亚类、32 个土属、47 个土种。6 个土类中，砖红壤、赤红壤、红壤、黄棕壤 4 个土类属于地带性土壤，由低向高海拔依次排列，面积占全县土地总面积的 90% 以上，地域性土壤有紫色土和水稻土两类，面积较小，且分布零散。由于县内气候多样，海拔差异较大，故地带性土壤垂直分布明显。①

班利所在的地区土壤多为砂岩、页岩、云母岩、片麻岩和石灰岩发育而成，主要土壤类型为赤红壤、红壤以及水稻土，其中赤红壤面积较大，其他两种土壤面积则相对较小。赤红壤成土母质由花岗岩、泥质岩、石灰岩和紫色岩等风化发育而成，分布于海拔 800 ~ 1500 米之间的中低山岭、丘陵缓坡以及河谷盆地等地方，土壤发育比较完整，深厚肥实，适宜种植旱稻、玉米、小麦、豌豆、花生、薯类等农作物。因此，班利村土质肥沃，为农作物的生长提供了良好的外部条件。班利村的另一种土壤是红壤，但分布相对较少，红壤宜种旱粮作物。班利村还有另外一种分布较少的土壤，那就是水稻土，主要分布于村子河流两岸以及山脚下的水稻田里。水稻土是人工种植水稻经过长期的耕种、施肥、灌溉等一系列综合措施影响下形成的独特土壤，有机质含量丰富。

5. 自然灾害

澜沧县是一个典型的多灾地区。随着生态环境的不断恶化，一定程度上导致位于澜沧县城西南部的东回乡班利村近年来，自然灾害的发生率不断增长，这给班利村村民的生产生活造成极大的损失。班利村发生的自然灾害主要有气象灾害、地质灾害和火灾等。近年来，班利村遭受的自然灾害如表 1－1 所示：

---

① 澜沧拉祜族自治县概况编写组．澜沧拉祜族自治县概况［M］．北京：民族出版社，2007：5－6.

表 1-1　　1994—2005 年班利村农作物受灾情况表　　单位：亩

年份	旱灾		水涝灾		风雹灾		病虫灾		黄矮稻瘟病		其他	
	受灾面积	成灾面积	受灾面积	成灾面积	受灾面积	成灾面积	受灾面积	成灾面积	受灾面积	成灾面积	受灾面积	成灾面积
1994	150	75	623	488	260	192	650	230	30	98	120	120
1998	2420	1058	253	212	—	—	1730	300	253	66	120	51
2001	—	—	1734	1320	—	—	—	—	—	—	—	—
2002	—	—	310	100	—	—	5142	1720	240	190	340	120
2005①	1050	665	250	120	—	—	—	—	—	—	—	—

资料来源：澜沧拉祜族自治县东回乡班利村农村综合统计年报表。

由于地理、气候等自然条件影响和农业基础薄弱的制约，靠天吃饭现象比较严重，当地抵御自然灾害的能力弱，多发的自然灾害一直困扰着班利村的发展。

（1）气象灾害

从地理环境分析，澜沧县地处高原低纬山区，是亚热带季风环流影响区域，冬季受干燥的大陆季风控制，夏季受湿润的海洋季风影响。由于地形地貌错综复杂，冬夏大气环流交替迟早不同，东西两侧海洋季风影响各异。因而形成独特的半年干旱半年雨的气候类型。

旱灾。2009 年冬季至 2010 年春季，澜沧县气候较为异常，降雨量持续偏少，气温持续偏高，全县遭受了 60 年一遇的严重干旱，各种农作物受到严重影响。在这次严重干旱中班利村受灾严重，其中那步和新寨两个自然村损失最大。据村支书李小保介绍，2010 年早春村民种下的庄稼苗几乎全部晒死在地里，水稻方面，在育苗、秧苗 80 天后大多数没有实现移栽。面对严重的旱情，为保证农业生产，在上级政府的领导和支持下，村干部带领村民们积极开展生产自救，据李书记回忆，他印象最深刻的是，有的农户在播种了 3 遍

① 2009 年 9 月到 2010 年 6 月，中国的西南部发生 50 年难遇大旱灾，澜沧县东回乡班利村从 2010 年 1 月到 6 月未下一滴雨，全村农作物受到严重的影响。这次发生灾害面积广，调研组到当地调查的时候村委会还没有对受灾情况做出统计，因此，上表未体现 2010 年的特大干旱。

玉米和旱稻后才实现成活。

在这次灾害中，当地政府启动了特大自然灾害救助应急预案。首先，保障人畜饮水，每周靠水车运水60吨进村，基本满足了村里的人畜饮水需要；其次，采取措施保障农业生产，在旱灾最严重的3、4月，乡农机站紧急调运了2台抽水机，村干部同时组织群众自发捐款购买了3台抽水机，通过抽水进行农田灌溉，基本保障了春耕生产；再次，政府和社会组织向受灾严重的农户发放了生活物资，上级政府紧急为班利村下拨了8.2吨大米、2.3吨玉米，其中大部分发放给受灾最严重的那布和新寨两个自然村。当地红十字组织开展的“春雨行动”为村民送来了应灾药品和160件矿泉水。在村干部的倡议和带头下，13名老党员共捐款5000余元用于抗旱应急物资的购买。

洪涝。由于村落自然地理及气候的特殊性，致使暴雨洪水点多面广，暴发突然，破坏力极强，洪涝灾害频繁[①]。班利村的国土面积为41.95平方公里，海拔1441米，年平均气温17.7℃，年降水量1943毫米，由于全村地形绝大部分为山地，坡地占耕地面积的80%以上，在雨水的冲刷下难以保水、固土。调研过程恰逢雨季，经常下雨。一天雨下得比较大，第二天，就听见乡里让村长统计受灾面积。又有一次，在田地访谈，豆大的雨滴突然来袭，村长看了看天，说了一声不好，可能会有大暴雨。于是，我们一群人迅速向拖拉机方向奔去。雨说来就来，一下子大雨如注，我们打的小洋伞根本护不了身，个个浸湿了衣衫。待雨停后，我们发现田地里庄稼倒伏了不少。村长说，这样的事很常见，只要有雨，就可能形成对庄稼的冲击。据向村民了解，大约每10年班利村就会爆发一次山洪，最严重的是在1990年，连续数周的降雨后，几股山涧汇合后形成山洪，几乎冲走了全村的庄稼和鱼塘里的鱼。2001年也发生一次比较大的洪灾，雨量集中，冲走庄稼，沟渠被堵，引发严重的山体滑坡。

面对洪涝灾害，20世纪90年代中期，在乡农业站的指导下，全村动员起来挖了千里防洪沟，并在关键的地段修建了挡墙，这对抵御洪涝灾害起到了一定作用。现在每年5月中旬，村里都会组织村民们清理防洪沟，在雨季前乡里也会派人来做防洪知识培训。以上这些措施有效防止了洪涝灾害的出现，

① 《班利灾害与抗灾、防灾报告》（内部资料）。

但无法解决水土流失的问题，班利村副主任李荣祥向我们介绍，最根本、有效的办法是实施“坡改梯”，把坡地挖为梯田，政府这几年很重视这个问题，2007年国家出资实施土地整改项目，改造、建立了4500亩梯田。

泥石流、山体滑坡。在云南行路中，见得最多就是山体滑坡对道路的阻碍。因此，我们认为习惯择山而居的拉祜人，受泥石流、山体滑坡的影响大些，但村长说不必如此担心。早些年，班利村的民居很多建在半山坡上，地形坡度起伏大，在雨季受泥石流、山体滑坡的威胁的确很大，鉴于这种情况，在历史上班利村组织过3次大的集体搬迁。原来的班利村上半坡处在一个峭壁下方，地理位置偏僻、交通不便，饮水、通电照明都是问题，而且时刻面临被塌方泥土砸中的危险，1994年在上级的指示下，班利村动员村民帮助居住在那里的16户村民进行了搬迁，并建立了新的村寨（现半坡四组）。第二年，老新寨附近也发生山体滑坡，严重威胁到群众安全，同年花了1个月时间搬迁到了3公里的新址（现新寨组）。原来那布四组处在半山腰，山地滑坡、垮塌，整个村子有滑下去的危险，在县政府的领导下动员全村村民搬迁，其中每户补助5000元，历时近两个月，30户84人搬迁到了现在的那布四组新址。目前班利主体处于一处山地平地，泥石流、山体滑坡等自然灾害对老百姓的住处影响几乎没有了，但对于庄稼的影响还是有的。

（2）地质灾害

云南省由于地处印度洋板块和欧亚板块碰撞带东侧，新构造运动和现代构造活动十分强烈，历史上曾发生多次强烈地震，现今中强地震活动频繁。澜沧县地处滇西经向构造带，地质结构复杂，活动性断裂极为明显。全县规模较大的有澜沧江断裂、木嘎—澜沧—勐海断裂和勐阿—孟连—澜沧断裂。东回乡班利村正好处在孟连—澜沧断裂地带，这些断裂带的活动，是形成此区域常年出现地震的原因。其中以1988年发生的最为严重，当年共发生5次5级以上的地震及其余震。此次地震简称“11·6”地震，当时由于震级高，震源浅，余震多，使全县23个乡（镇）的157个行政村（办事处）、81161户、43万余人不同程度受灾。各乡镇均遭到严重破坏，损失惨重。班利村在这次地震中，土地和房屋遭到严重损失。除此之外，班利村每年大概在5月都会发生轻微的地震，这些轻微地震没有构成人员伤亡，只是部分房屋受到损害。

(3) 其他灾害

病虫灾：县内由于气象复杂，多雨湿润，容易发生农作物病虫灾害，虫害以黏虫最为突出，病害以水稻黄矮病、稻瘟病、白叶枯病等较普遍。班利村的病虫灾害主要是水稻黄矮病、稻瘟病灾害。近二十年，班利村在1994年、1998年、2002年发生病虫灾，发生频率为4年一次，1994年，农作物受灾面积650亩，成灾面积230亩；1998年，当年班利村农作物受灾面积为1730亩，成灾面积为300亩；最为严重的是2002年，当年班利村农作物受灾面积为5142亩，成灾面积为1720亩，当年因病虫灾害农作物产量损失72500公斤。

火灾：由于传统民居多是木质结构，因此，火灾对村民居住的影响最大。1972年1月，班利大寨发生一次大火灾，60多户人家受灾。

班利村自然灾害的特点主要是：

特点一，班利村发生的自然灾害以气象灾害为主。班利村发生的灾害种类多，气象灾害、地质灾害、生物灾害均有发生，但以气象灾害发生最为严重，主要有干旱、洪涝和风雹等。12月到次年5月冬春旱不同程度的发生，影响庄稼的出苗率，甚至无法播种。6－9月雨量集中，导致农作物倒伏、发芽、种子的发霉，从而导致农作物减产，严重影响班利村村民的生产生活。以2001年为例，班利村因灾减产22200公斤粮食，而2005年损失上升为170800公斤[①]，是2001年的7.7倍。其他灾害的发生，虽然时有发生，但是破坏程度不大。

特点二，班利村发生的自然灾害种类多、发生频率较高。从近20年班利村所发生的自然灾害来看，除台风和海啸、雪灾外，其余各类灾种都曾在班利村出现过。干旱、洪涝、风雹、地震、泥石流、山体滑坡、病虫害等灾害都频繁发生。据村民介绍，班利村重大干旱约6年一遇；特大洪灾约10年一次；病虫灾害发生频率为7年一次。由于无雨就旱有雨就涝，班利村大小干旱、洪涝、小滑坡、小地震年年发生。

特点三，村民应对自然灾害的能力弱。一般来说，贫困地方抵御自然灾害的能力十分脆弱。当自然灾害发生后，地方政府和群众自救能力差。一旦发生灾害，许多人的生命财产受到严重冲击，也常常会出现因灾返贫的情况。

---

① 《澜沧拉祜族自治县东回乡班利村农村综合统计年报表》。

（二）生态现状

农村生态环境的研究内容广泛，概括来说主要有以下两方面的内容：一方面是农村生态问题，主要解决因人类活动所导致的森林破坏、水土流失、土地荒漠化、过度捕捞、生物多样性丧失以及外来有害生物入侵所造成的生态灾害等问题；另一方面是农村环境问题，主要包括由农业生产中农药污染、化肥污染、农膜污染等构成的生产性污染和由生活垃圾、人畜粪便等构成的生活性污染。①

由于长期对生态环境保护认识不足，没能正确处理好经济发展与生态环境保护之间的关系，村子环保设施建设薄弱，生活污物乱排乱放，班利村生态环境面临着许多的问题。

1. 生态系统的相关问题

生态系统的评价指标体系主要包括三个方面，分别是耕地情况、林地草地情况以及生物多样性情况。除此之外，鉴于水资源对人类生存居住与生活及农业生产的重大影响，我们还认为，应该着重加入水资源考量。

（1）水资源现状与问题

许多农村地区水污染比较严重主要是因为乡镇企业生产过程中排放大量的工业废水以及城镇和乡村生活中排放的大量生活污水，大部分未经处理而直接外排，造成农村水环境污染。同时，农业生产中大量使用的化肥、农药，随雨水地表径流或雨水入渗，造成农村水体污染。班利村整体水污染状况较轻，水污染并不严重。一方面因为水资源相对不足，全村附近只有3条小河流及小部分洼塘，没有水也就不会存在太大的水污染情况；另一方面，班利村所在的地区工业发展缓慢，没有工业污染源，水资源的污染自然也就较小。

班利村的饮用水主要是地下水，地下水水源较远，离班利4.5公里，那得头小组7公里，自然受到村子生活垃圾及牲畜的影响也较小，加之村子对饮用水的保护意识较好，班利村饮用水不存在污染状况。经过县乡两级卫生部门的检验，班利村的饮用水水质比较好，可以直接饮用。

---

① 王波，黄光伟．中国农村生态环境保护问题研究［J］．生态经济，2006（12）：138－141.

班利村河流较少，河流流量较小，加上班利村所处的地势较高，地下水资源也随着地势的升高相应的减少，水资源比较紧张。因此，班利村的地下水仅能支撑班利村3100人的基本生活用水，用水量较大的季节，会出现水短缺的情况，只能依靠雨水来解决用水问题。另外，班利村1500亩水田中，只有那南河和南英河两岸的1000亩能够用河水来进行灌溉，剩下的500亩完全是靠天吃饭，旱地90%以上都是靠雨水，需要从别的村子引水灌溉。随着农业生产的发展，水资源短缺的现象也必然会加剧。

班利村的水污染主要集中在农药、化肥的使用、牲畜粪便、生活垃圾等几个方面，由于许多农村缺乏垃圾处理设施，生活垃圾被随意丢弃现象比较普遍。

（2）耕地情况现状及问题

表1－2是班利村从1994—2009年的耕地面积统计表。从表格中不难看出，虽然班利村耕地最多的时候是2000年的15506亩，也只是相当于班利村国土面积的1/2。2004年以后，耕地面积减少了近2000亩，班利村耕地相对集中于离村子不远的周围，减少的耕地都是离村子较远的相对贫瘠的土地。由于目前耕地减少对生态环境的破坏主要是集中在建设用地占用耕地的方面，而班利村离城镇较远，没有大规模的建设用地，对生态环境的破坏也相对较小。

表1－2　　1994—2009年班利村耕地面积统计表　　单位：亩

年份	年初实有耕地面积	年末实有耕地面积
1994	12697	12697
1996		
1997		
1998	13917	13917
1999	13917	15506
2000	15506	15495
2001	15497	15479
2002	15479	15094
2003		

续表

年份	年初实有耕地面积	年末实有耕地面积
2004		
2005	13482	13462
2006	13462	13462
2007	13462	13412
2008	13412	13412
2009	13412	13412

由于班利村所在的地势较高，耕地基本上都是坡地，除了少部分在山谷和河流两岸的田地外，水土流失均比较严重。据统计，班利村近十年的耕地面积都保持在13000亩左右，其中水田只占1/10。班利村山地环境决定了班利村没有条件开垦更多的水田，为了保证村民的生产生活用地，只能把开垦的重点放在坡地上。如此多的山地开垦必然会破坏村子的植被，导致雨季大量土壤被雨水冲走。2003年、2004年、2008年因为雨季洪水造成水土流失较严重而不能耕种的土地分别为15亩、12亩、20亩。

在土地开垦方面，受以前村子开垦荒地的影响，村子周围以及离村子较近的山坡开垦比较严重，植被也被某种程度破坏。近几年，受到国家退耕还林政策的影响，最近两三年班利村的耕地不升反而有所下降，目前不存在过度开垦的状况。但退耕还林政策也不能收到立竿见影的效果。

班利村土地资源的开发与使用中最大的一块是耕地，班利村现有耕地13462亩，占国土面积的50.4%。在耕地中，水田1540亩，占国土面积的5.6%；其余的为旱地，旱地中种植最多的为甘蔗，为8960亩，占耕地面积的33.6%；林地13002亩，占国土面积的40.9%。在这13002亩的林地中，公益林4100亩，占林地面积的31.5%；自留山900亩，占7%；速生丰产林4500亩，占34.9%；退耕还林2400亩，占18.6%；风景林1000亩，占7.8%；除了4500亩的速生丰产林种植桉树外，其他大部分为思茅松和水冬瓜。村子建设总用地约为236亩，占国土面积的0.9%。

班利村在土地资源的开发与使用中存在的问题主要有：

首先，在班利村的土地资源开发中，耕地开发过度。为了保证村子基本的生活水平，提升村子的经济实力，村子需要更多的土地来进行耕种，这就导致了班利村的土地开垦状况比较严重，特别是离村子较近的土地。土地的大量开垦以及植被的破坏不仅带来了严重的水土流失，还破坏了村子的生物多样性。

其次，村子在耕地的利用中不够充分。村子耕地的70%都用在了种植甘蔗上，经济作物较少，经济结构单一，这对村子长远的发展也是不利的。现在作为村子主导产业，甘蔗为村子的建设做出很大的贡献。但是土地里只种植甘蔗一种经济作物，是不能够完全发挥耕地的价值的，也不能充分应对市场的风险。

最后，班利村现在的土地利用模式和耕地生产模式都还比较粗放。现在村民把更多的精力放在了土壤较为肥厚的土地上，忽视了对一些荒山和草地的开发和利用。村子现在依靠农药和化肥的粗放型生产方式，村子现有的比较有肥力的耕地不能一直支持下去，等到现有的土地肥力下降，而新的荒山、草地没有被开发，便会出现土地脱节的现象，影响村子今后的发展。

（3）林地草地现状及问题

在村子的林地方面，班利村2011年共有林地13002亩，也就是村子现在的植被覆盖率为48.7%，低于云南平均水平。其中有2400亩是2004年退耕还林以后转变的，另外还有1700亩是近几年国家扶持个人种植的荒山造林，也就是说班利村的林地面积实际上在2004年以前仅有不到9000亩。班利村现在大部分家庭依然还是延续着农村传统的依靠木材来满足建房及家庭柴火，村子每年的木材使用量都在20000立方米左右，这些木材的使用也给班利村林业的发展增加了很大的压力。在林地方面，种植桉树的速生丰产林为4500亩，占林地的35%，桉树的吸水性较强并带有比较浓的气味。据村支书介绍，现在速生丰产林内动物稀少，虽然桉树的经济价值较高，但是不利于其他植物生长和动物的生存。为此，村民中议论声不断。

（4）生物多样性现状及问题

云南是我国生物多样性最丰富和最独特的地区，拥有全国95%以上的生态系统类型和50%以上的动植物种类，被誉为“生物基因宝库”。对林地的破坏也导致了班利村现在的生物多样性锐减。据班利村的支书李小保介绍，刚解放的时候，班利村里豹子、野猪、猴子、麂子等动物都是很多的，野芭蕉、野桃等植物也非常常见，但是随着村子土地的开垦利用，农药的使用以及环境的变化，这些动物现在在村子里已经消失灭绝了，加上大面积种植桉树，导致各种鸟迁徙或者消失，虫子的天敌减少，造成村子经常面临虫灾，给村子的生态循环带来不利的后果。

同时，班利村的野生植物的利用意识有待提高。班利村独特的气候和地理位置非常适合竹类植物的生长，班利村现在竹子的品种主要有四类，甜竹、大苦竹、黄竹和黑竹。其中甜竹产竹笋，主要供食用，大苦竹比较粗，最大的直径可达15厘米，主要用于房子的建设，黄竹和黑竹则主要用于捆甘蔗和卖给筷子厂。现在班利村的竹子的用途基本还停留在自己使用的阶段，没有形成规模，还没有得到有效的开发和利用。随着科技的进步，竹子的用途越来越广泛，除了较高的食用价值外，还可被开发成许多其他的产品，我们认为，班利村可以利用自己的自然条件优势，开发竹类，而且竹类植物种植也较为容易，开发起来比较方便。现在班利村的书记李小保已经打算自己先试种一亩，等成功后向村民推广，为村民的增收和村子的发展提供另外一条道路。同时，班利村的气候非常适宜芒果、芭蕉、菠萝蜜等水果的生长，但是因为销路以及时间的原因，村民没有选择种植。虽然没有种植，但是班利村里依然有很多野芭蕉、野桃树和菠萝蜜树，野芭蕉、野桃和菠萝蜜口感均非常好，深受人们的欢迎。当我们被路人馈赠北京论颗卖的高端水果，当我们品尝着硕大的菠萝蜜，心里想着又吃了多少钱时，村民只是笑着听我们说，把我们说的当新闻来听。他们对这些东西的商业价值知道的很少，现在路已经修通，越来越多的人喜欢野生的东西，班利村也可以尝试开发野生植物。

2. 农村环境现状与问题

如前所述，农村环境问题主要包括由农业生产中农药污染、化肥污染、农膜污染等构成的生产性污染和由生活垃圾、人畜粪便等构成的生活性污染。

(1) 生产性污染现状及问题

农用化学物质主要包括农药、化肥、农膜、地膜以及农用柴油等几个方面，这些物品使用的增加是农村生态环境遭到破坏的一个非常重要的方面。以前，大部分村民不使用化肥和农药，也没有能力去使用化肥和农药。但是随着改革开放的深入，村民的思想也开放了，愿意接受科技的方法来搞农业生产。在看到产量有了一定的提高后，村民就开始大量使用化肥和农药以提高产量，用的人多了，环境问题也就变得更严重了。村民说，产量提高后，家里的经济情况好转，有多余的钱去买车、买一些机械的工具来帮着生产，带来的是一个更加好的经济和更加恶化的村子环境。由于植被的破坏导致虫子的天敌减少以及大部分土地在多年的耕种以后土地的各种指标下降，随着班利村土地质量的进一步退化，虫灾发生的频率也越来越高。班利村田地里的虫子越来越多。村民开始接触农业科技以后，思想上也有了很大的开放，开始大规模使用农药，农药的使用量也以平均每年1000公斤的速度增长，从1994年的320公斤上升到2009年的1625公斤，几乎是翻了五倍。据调查，在农药使用过程中，喷洒的农药大约只有少部分接触到目标害虫，绝大部分农药残留在了土壤、水体、农作物和大气中[①]，污染了大气环境和水体同时也造成了农药残留影响产品品质，危及人体的健康，由此造成了难以估计的损失。

表1-3　1994—2009年班利村农业机械、用电、水利、化肥情况表

年份＼项目	年内农家肥使用量（吨）	农膜使用量（公斤）	其中：地膜使用量（公斤）	地膜覆盖面积（亩）	农用柴油（吨）	农药使用量（公斤）
2009	800	2687	1790	447.5	150	1625
2008	880	2438	1600	400	84	1051
2007	831	2330	1260	315	70	932
2006	757	2316	892		65	860
2005	729	2121	573	104	53	689
2004	681	1690	81	131	59	762
2002	749			110	50	920
2001	1121	1121			40	810
1998	274	215	215	108	24	320
1994	850	350			13	320

① 李蓓蓓，张雪绸．当前农村生态环境的约束与对策［J］．经济纵横，2005（1）：89－90.

在班利村的农业生产投入中，肥料占了其中的一半以上。近十年来，班利村的化肥使用量增长速度快，呈现出逐年递增的趋势。2009 年化肥使用总量为 944 吨，其中氮肥 253 吨、磷肥 326 吨、复合肥 365 吨；2008 年化肥使用总量为 965 吨，其中氮肥 258 吨、磷肥 310 吨、复合肥 397 吨；2007 年化肥使用总量为 835 吨，其中氮肥 212 吨、磷肥 285 吨、复合肥 328 吨；2000 年化肥使用总量为 450 吨，其中氮肥 110 吨、磷肥 150 吨、复合肥 280 吨。大量化肥的使用也会致使土壤中有机质含量下降，造成土壤板结，结果导致土壤肥力不断下降。人们在重视化肥使用的同时往往忽视了有机肥的使用，从表 1 - 3 中不难看出，村子每一年农家肥的使用量相差都不是很大，保持在一个相对平均的水平，2008 年以前，农家肥跟化肥的使用量还基本能保持平衡，但是 2009 年开始，化肥的使用量已经开始超过农家肥。由于施肥技术水平低，化肥的实际利用率不高，过量施用化肥导致化肥养分的浪费，大量的氮肥流失在土壤中后转入水体，相当部分无机营养盐排入水体，造成地下水质污染，致使蔬菜和水果中硝酸盐及亚硝酸盐超标，危害人体健康。

现在，农用塑料薄膜已成为农作物增产增收、蔬菜提早延迟上市不可缺少的农业生产资料，班利村也不例外。为了能够提高产量，最大限度地获得利润，村民已经开始在大部分农作物上使用农膜。从表 1 - 3 中可以看出，目前班利村的农膜和地膜使用量总和 4500 公斤，特别是 2005 年以后使用量和使用面积都翻了一倍。目前大量使用的农膜均为聚乙烯、聚氯乙烯等合成不可降解塑料，在土壤中极难分解，由于不注意回收，致使大量的薄膜残留在土壤中，不仅影响农业生产而且也污染了环境，给农村带来了“白色污染”。

随着村民经济状况越来越好，村民开始尝试购买摩托车和拖拉机、农用车等交通和生产工具，以方便生产和生活。车子数量的增加，其使用的汽油和柴油也随之增加，给村子的空气也会带来一定的污染，不过影响较小。

（2）生活性污染现状及问题

村庄的生活环境主要包括村庄道路、村庄绿化、村庄卫生三个方面。由生活垃圾、人畜粪便等构成的生活性污染经常可以通过人们的直观去认知。班利村除了班利和半坡村主要干道硬化为水泥路外，其他村庄的村内道路均为土路，由于部分村民环保意识较差，在平常的生活中会将生活垃圾随便丢弃在路上，另外牲畜在放养时也会将粪便排在路上。下雨后村子的土路往往会变得很泥泞，雨水冲刷以及人、车走后，道路的泥与垃圾混在一起，更难清理。村子平常不会特意去管理这些道路，都是每家各自管理自家门前的卫生，造成道路比较脏也比较乱。

班利村是一个农业经济相对比较落后的村庄，基础设施相对比较薄弱，对村子的绿化更是显得力不从心，除了少数村民在自家院子会种一些相对比较简单的果树和花草外，村子的绿化基本上还处于空白状态。

村庄卫生是影响村子内生态环境最重要的因素，村子卫生的清扫、村子垃圾的处理、人畜粪便的处理等都是衡量村庄卫生好坏的重要指标。村子的村规民约第七条和第十三条都规定了村民不得乱扔垃圾，乱堆杂物，要保持好村子的卫生整洁等，但是村子没有垃圾处理池，村民本身没有足够的意识去执行以及日常监督没有效力，导致村庄的卫生状况不好，乱扔乱倒现象严重。在人畜粪便的处理上，现在村子里还没有太好的办法，牛和猪都是农村经济发展必不可少的，每家都会有，因此，牛和猪是村子粪便处理最大的难题，只能每家自己处理，但是由于家庭情况的不同，处理方式也大不一样，最后的结果也自然会有很大的反差。有条件的家庭拥有自己的相对规范的猪圈和牛圈，有些家庭还拥有沼气池，处理粪便就容易很多，污染也会小很多，而有些家庭没有像样的猪圈和牛圈，处理起来自然很难，特别是村子里现在还有很多农户住的是传统的吊脚楼，一层养猪养牛，二层住人，由于阻隔不是特别好，楼层有空隙，对家庭卫生的不利影响更大。虽然班利到现在还没有发现人畜共患病的问题，但是家禽每年都会感染流行病，最严重的是2006年，当时村子的大部分鸡和猪都死亡，给村民带来很大的经济损失。到2010年，班利村共有52口沼气池，只占全村住户的1/16，这对于粪便的处理是远远不够的。村子现在只建有1个公厕，公厕的数量不足也对村庄的环境卫生产生了一定的影响。

（三）生态环境与资源保护系列工程

生态保护工程。近几年，澜沧县围绕云南省实施的“七彩云南保护行动”展开以“七彩云南，生态澜沧”为主题进行大力宣传，倡导每个公民都要有环境保护的意识。澜沧县紧紧抓住国家实施西部大开发战略和建设“林业两大体系”以及云南省实施林业“六大工程、八大产业”[1]的重大机遇，以生态保护和建设为重点，以林业产业发展为动力，坚持走“培育森林后续资源为基础，林浆、林化产业建设为重点，林下资源开发为补充”和“生态建设与产业发展相互协调、相互促进”的林业发展路子，把林业建成全县较大的支柱产业[2]。在自治县的统一领导下，各乡（镇）、各部门以及各村民委员会积极配合做好一系列生态保护工程。

退耕还林工程。退耕还林是一项民心工程、生态工程，做好了既可以改善生态环境，又能加快贫困地区农民脱贫致富，还可以带动产业结构的调整，可谓一举多得，利国利民。澜沧县从2002年起开始实施退耕还林工程。目前，全县退耕还林工程封山育林面积累计达3.5万亩（含2005年封山育林续封面积2万亩）[3]。在退耕还林的过程中，全县根据以点带面的方式逐步展开，县境内每个小区域的退耕还林工程开始时间不统一。我们所调查走访的班利村，据村支部书记介绍，退耕还林工程开始于2005年。到目前为止，全村退耕还林总面积为2400亩。退耕还林工程在班利村的实施主要分两批进行，第一批工程实施时，政府提供树苗，树苗品种主要是松树和西南桦，并兑现退耕还林资金每亩300元。第二批退耕还林工程每亩补助200元，树苗来源是政府出资一部分，村民个人出资一部分，由乡里统一订购。两次退耕还林的过程中，村民个人出土地和劳力，几年过后，退耕还林所得的收益归村集体和村民个人所有。退耕还林工程的实施，村民们确实得到了实惠。村民认为，国家的政策比较好，退耕还林的树苗由国家提供，种植成功以后树还是归个人，并且还有每亩近300元的补助。以前村主任李四家为例，李四家2008年退耕还林26亩地，2009年一年便拿到了9600元的补助，在一些比较贫瘠的土地，一年种植的收入还没有退耕还林的补助高，村民也自然乐意接受。荒山造林上，国家也有一部分树苗补助，种植成功后树林归个人，据当地人介绍，一棵20～30年的桉树现在值5万元，利润相当可观，种树成本投入也不大，所以鼓励退耕还林和荒山造林是能得到村民支持的，对于村子生态环境的改善也有很大的作用。在林地保护方面，村子每个小组都有自己的护林员，

① 2008年澜沧县出台的《澜沧林业今后五年发展思路和奋斗目标（2008—2012年）》。
② 2008年澜沧县出台的《澜沧林业今后五年发展思路和奋斗目标（2008—2012年）》。
③ 《2008年退耕还林工程建设情况》。

定期巡山以及对乱砍滥伐的现象进行处罚。由于条件限制，不能成立专门的护林队伍，但是护林员的设置对林地的保护也起到了很大的作用，而护林员的报酬仅仅是一车废柴或者废柴卖下的钱。

生态公益林管护工程。2000 年，澜沧县进行了森林分类经营区划工作，将全县林业用地面积划分为公益林和商品林两大类。2001 年，澜沧县根据事权对公益林分省、地、县、乡、村 5 级进行现场界定。其中省级公益林定为重点公益林，其他级公益林定为一般公益林。澜沧县的国家重点公益林区划范围主要涉及江河两岸、石漠化和水土流失严重地区以及国防林 3 个大类。目前，从班利村所处的地理环境来看，全村没有国家重点公益林和省级重点公益林，只有一般公益林，属于自留山部分。为了保护公益林，澜沧县政府制定了确定管护小班。一是澜沧县根据《云南省森林资源规划设计调查操作细则（试行）》相关规定，管护小班最小区划面积 1 公顷，最大面积 60 公顷，但个别管护小班面积在 60 公顷以上。班利村全村列入生态效益补偿范围的公益林面积共涉及 4 个林班，分别为林班 005、林班 010、林班 011、林班 013。二是划定管护责任区。根据管护小班分布、管护难易程度等情况，结合有利于开展管护活动、维持小班地块界线的原则，合理划分管护责任区，明确管护责任区的界线。班利村全村共划定管护责任区 2 个。三是落实专门管护人员。班利村列入生态效益补偿范围的公益林实行个体承包管护，专职管护人员由村民小组根据实际情况确定，并经村民大会通过。专职管护人员原则上按管护责任区并结合管护面积统一安排，但对于管护区面积较小且靠近其他管护区的，由其他管护区的专职管护人员代为管护。班利村全村共有 3 个专职管护人员。四是签订限（禁）伐协议和管护合同。为有效管护好公益林，澜沧县人民政府与公益林的林权所有者签订了限（禁）伐协议。协议规定，在国家实施资金补偿期间，禁止任何形式破坏森林资源的非法采伐和开发，必须进行的更新采伐、抚育采伐、低效益林改造必须申请办理采伐手续，并在林业主管部门的监督指导下进行。与此同时，澜沧县林业主管部门与管护责任单位，管护责任单位与管护人员，分别签订了管护合同。东回乡林业站分别与各村林班签订管护合同，林班又与村民签订管护合同，同时，各村村规民约上有相应的保护条款。五是建立管理组织机构。澜沧县建立了国家重点公益林生态效益补偿基金项目管理组织机构，实行五级机构垂直管理。具体如下所示：澜沧县国家重点公益林生态效益补偿基金项目领导小组—澜沧县国家重点公益林生态效益补偿基金项目办公室—项目区乡（镇）林业站—管护责任单位（村民小组）—管护人员（责任区）。根据2006年统计，班利村全村共有土地面积62925亩，全村共有林地面积19218亩，占土地面积的30.5%。公益林面积1012.5亩（67.5公顷），占林地总面积的5.3%，其中乔木林地135亩（9公顷），人工造林未成林地877.5亩（58.5公顷）①。班利村的公益林管护由小组分管，全村共分为两片，一片是由班利一组、班利四组小组长分管，另一片是由新寨小组长分管。除此之外，2007年，班利村成立了管护营，管护营以组为单位，每个小组一个成员，由村主任负责。

“一池三改”项目。是指通过修建一口户用沼气池，改卫生猪圈、改卫生厕所和改厨房灶台。经过沼气池建设项目的实施，可生产清洁沼气作为家庭照明、烧水煮饭等的原料，同时节省烧柴、保护山林、提供优质沼肥，起到节能、美化环境、保护生态等作用。据村支部书记李小保介绍，班利村厕所、沼气池建设始于2001年。拉祜族是森林里发展而来的民族，生活习惯都与森林有不解之缘，如要大小便就跑到树林里解决，喂猪是散养，人畜同住。随着农村人口的逐渐增长，当地的环境逐渐破坏。人无厕、猪无圈导致人畜疾病交叉感染。基于这种情况，国家非常重视，要求地方政府通过“一池三改”要帮助改善当地的环境卫生，控制疾病的传播。

（1）沼气池改造。通过东回乡人民政府的宣传教育，班利村于2002年完成沼气池18口，2006年完成22口，2007年、2008年完成12口。目前班利村沼气池总共有52口。据村支部书记李小保介绍，计划在2010年、2011年完成52口，通过争取向乡政府申请部分资金帮助。李小保还介绍，2002年，刚建立沼气池的时候，国家扶持水泥，要求建沼气池的人家出钱150元，主要用来付技术工人的工资，另外农户还要自己出钱买石头沙子，还要自己出工出力。现在建沼气池，老百姓只需要出工出力就行，其余建沼气池所需的材料及其工钱由国家扶持。李小保觉得沼气池既卫生又方便，只需每月更换一次燃料，还算经济。

（2）班利村公共厕所的修建。通过东回乡政府在资金上的支持，班利村于2001年建立第一个公共厕所。村书记李小保介绍，当时建立第一个厕所时

---

① 根据云南省林业调查规划院提供的2006年的《澜沧县东回乡森林资源规划设计调查统计表》整理所得。

没有人愿意去，因为大家不习惯上厕所。公共厕所的建立，给整个村庄的环境卫生带来很大的改变，特别是在雨季，表现明显。于是，当时的村干部继续向乡政府申请，要求每个小组必须有一个公共厕所。建立公共厕所所需材料由政府出资，村民负责出工出力。2009 年，班利村除了雅口组外，其余的每个小组都有公共厕所。班利村雅口组没有建立公共厕所的原因是他们每个村民都有自己家的茅厕。小组公共厕所的卫生由本小组的所有住户轮流打扫。

（3）班利村修建卫生猪圈。历史上，拉祜族养猪从来不圈养，从而导致不卫生、疾病肆虐、破坏庄稼，因此 1995 年国家出台相关政策要求养猪要圈养。为了响应国家的政策，班利村干部不断地做老百姓的思想工作，要求他们圈养，并于 1998 年、1999 年把圈养猪纳入村规民约。村里有了文件的规定，村民们的行为受到约束，开始慢慢习惯圈养。目前的班利村，每家每户都有自己家的小猪圈和养牛的牛棚。

能源建设工程。班利村能源建设除了上述的沼气池建设外，还有节能灶建设和太阳能使用情况。班利村的节能灶建设相对起步较晚，主要是在实施新农村建设后才配套建设的。班利村从 2006 年、2007 年开始动员建设，目前全村共有节能灶 310 台。

除了节能灶的建设外，目前班利村逐渐有了太阳能。班利村的太阳能建设速度非常快。2007 年村里宣传动员，2008 年开始购买，到目前为止，全村已经有 58 户人家安装了太阳能。太阳能的安装速度如此之快，最大的原因是得到政府“家电下乡”的补贴。每安装一个太阳能，政府补贴 13%，其余由村民自己出钱。这得到全村基督教徒的支持，他们可以洗得干干净净的走进教堂做礼拜。有的人家甚至还做起了家庭沐浴中心，为没有安装太阳能的村民提供方便，同时还能赚点小钱。

土地整改。由于特殊的气象、特殊的地质构成形成了澜沧县特殊的地形，班利村也不例外。特殊的山形意味着土地整改的难度。土地的整改是省级政府要求、县级政府宣传、乡级政府负责具体指导的一项巨大的工程。班利村的土地整改（坡改梯）面积共 5000 亩，占全村土地面积的 7.9%。据村支部书记李小保介绍，5000 亩的土地整改中，有 1000 亩是人工整改，有 4000 亩是机改。人工整改的部分是 2000 年完成的，机改的部分是 2008 年完成的。在整改的过程中，由乡干部负责技术指导，村干部负责组织农民实施。据村民介绍，土地整改后，在近5年的时间内所种植的粮食产量几乎都减产，收入也随之减少。只有不断追加化肥，才能获得收入。调查组根据村民反映的情况，又咨询了村支部书记。书记介绍，长远地看，土地整改确实给村民在耕作上带来方便，减少了化肥的流失率，但是在改后的5年之内，收入不会提高。因为在整改的过程中，部分肥沃的土质会被翻到地底下，而贫瘠的土壤则被往上翻。要把整改后贫瘠的土壤变成肥沃的土壤，需要一段过渡的时间，因此，整改后的前几年，会出现粮食减产的情况。村民们看到的是眼前的利益，他们没想几年过后就会增加收入。总的来看，土地整改项目实施后，减少了耕地的水、土、肥流失，提高了耕地的利用率和产出率，并可通过农业部门的科技扶贫，使当地农民群众改变生产、生活习惯，由原始的耕作方式向高效的现代农业靠近，为发展农业生产营造一个长远的、良好的农业生态环境。

（四）生态治理完善

1. 造成生态问题的原因分析

(1) 村民的环境意识不足

由于受传统温饱即足的观念影响，村民的环境意识普遍不高，对环境污染和破坏的危害性认识不足。村民把更多的时间和精力放在了经济条件的改善和生活水平的提高上，没有对村庄环境的问题足够的重视，得过且过。没有经历过太多的环境带来的重大危害，没有太伤及自身的利益，村民的潜意识里自然不会太关注环境。另外，村子传统对待环境的观念难以在短时间内改变。村民在没有别人引导的情况下自然只会依照传统的方法去做。由于政府把更多的资源放到了农业科技的学习，忽视了环保意识的教育，指导不到位，村民自然不知道该怎么去做。

(2) 国家财政支持不足

我国的环境污染问题在城市和工业发达地区已经得到了基本的重视，而农村温饱问题刚刚得到基本解决，解决污染问题和提高生活质量还只是美好的愿望。我国对城市和大规模以上的工业企业污染治理制定了许多优惠政策：如排污费返还使用，申请财政资金贷款贴息等。而对农村各类环境污染治理却没有类似优惠政策。

在班利村，除了村子的少数领导外，其他村民对环保的相关知识还知之甚少，没有国家的引导和帮助，光靠村民是不现实的。在班利村，村子的资金用在一些急需的基础设施建设上还不够，自然也就没有专门的环境整治的资金，而且国家也把大部分资金投入到经济建设急需的道路、农业技术上，忽略了对农村环境污染预防的财政投入。

(3) 粗放型的生活与生产方式

自然灾害的多发性与严重性是由其特有的自然地理环境决定的，并与社会、经济发展状况密切相关。人为破坏自然环境，造成生态失衡也是旱灾频率加快的主要原因。据调查了解，目前班利村使用的燃料主要是木材。全村总共有864户，仅仅有52户建有沼气池。据班利村党支部书记李小保介绍，由于电线老化，目前班利村电力供给不足，很难满足村民的生产生活需要。班利村村民生产生活所需的木材大部分是来自村民自己家的自留山，由于过度依赖木材的自然生长和缺乏管理，生态环境一旦破坏，天干地旱等自然灾害接踵而来。大量的、无节制的农业灌溉用水以及水管老化造成的滴、漏现象，也是造成班利村缺水的一大因素之一。另外，班利村普遍采取高投入的粗放型发展模式，大量使用化肥及农药，而忽视了农家肥等有机肥的使用，且化肥、农药的使用方式不合理、利用率低，造成土壤板结，使耕地的产出率降低。另外，因为种植方式比较粗放，土地的使用寿命自然也就缩短，几年或者几十年以后，当土地的产量不升反降时，村民自然会开垦另外一块土地或者由于家庭劳动力和种植技术的提高也会寻求更多的土地种植，大量的开垦造成林地面积减少、生物多样化锐减、虫灾严重、水土流失和土地肥力下降等诸多恶果，并形成一个恶性循环。

2. 村庄生态与生活环境保护的对策

(1) 增强农村村民生态环境保护意识

农村的条件限制，不可能像城市一样成立专门的清洁队伍和城管队伍，还是只能靠村民的自觉和村干部的监督。加大环保意识教育，充分发挥党员干部的带头作用，运用多种形式，向村民大力宣传村子生态环境的现状、环境保护的方针、政策和法规，不断提高村民环境保护意识。虽然村规民约上把村子环境的保护写得非常清楚和详细，村干部和村民也知道村子卫生整洁看起来更漂亮也更健康，也意识到现在村子内面临的生态环境问题，但是村子的生态环境保护依然面临很大的挑战。总之，通过各种方式，使地方各级领导干部和村民认识到村庄生态环境恶化的现状，加强环保教育，争取让大部分村民都能自觉地从自己做起，为防治村子环境污染贡献自己的一份力。

（2）加强农村环保基础设施建设

目前，班利村环境保护基础设施建设还比较薄弱，以致产生的污水、垃圾以及粪便无法及时处理，造成村子生态环境的污染。所以，加快村子环境保护基础设施建设是当前班利村环境保护工作的重要内容。班利村的水资源因为地势的原因，相对比较短缺，水资源的使用面临着很大的问题，另外由于自来水管道老化，还存在水资源浪费的问题。为了能满足日常生产生活用水，首先，班利村应修筑好排水沟和储水洼塘以及水窖，然后对老化的自来水管进行维修，保证村民的正常供水。政府加大资金投入，加快农村排污管网系统、污水处理系统、垃圾清运和处理系统建设，增强农村污水和垃圾处理能力，及时有效地处理农村污水和垃圾，减轻生态环境污染。此外，还可以多争取工程项目改善设施条件。比如说，现在国家对于班利村的房屋改造还有一定的补助，班利村可以利用这个机会积极动员村民进行改造，规划好村子的住房和牛、猪的圈养。

（3）着力推进农业科技进步和生态农业的建设

采用新技术，大力推广农业适用新技术，减少化肥流失，提高化肥利用率的有效措施。生态农业是能够为村民提供长远利益的，班利村每一家都有牛和猪，也就是说村民的农家肥量是不缺的，关键就是看农民愿不愿意使用。班利村可以尝试推广，积极寻求生态农业建设的道路，大力提倡农民使用农家肥，减少化肥使用量。当然，由于村民更多考虑的是眼前的利益，生态农业的推广会面临很多的难题，这就需要国家更多的政策支持和村子有人带头来改变，只要看到生态农业的成果，更多的村民会愿意选择的。

3. 提高土地开发利用率的对策

首先，在林地的开发方面，班利村应该提倡村民种植对村庄生态环境有利的树种（比如思茅松和水冬瓜），加强其他经济林木的建设，增加果树的种植面积，积极为村民开拓除甘蔗以外的市场，提高村民开发其他经济项目的积极性。

其次，坚持坡改梯地的项目，推广和试行生态农业。目前，班利村的土地利用还比较粗放，要想改变这一现象，必须先保证水土和肥力的保持，然后寻求更环保更科学的农业生产方式，寻求班利村的可持续发展。

最后，重视班利村未开发土地的利用。未开发土地是班利村现在非常重要的一块，这些未开发土地在班利村中占有很大一部分，虽然开发的难度比较大，但是必须将眼光放得更长远，积极地规划、开发和利用这些还未开发的土地。

4. 对抗自然灾害的对策与建议

（1）加强植树造林，营造薪炭林。特殊的气象、特殊的地形是人们难以控制的，但是做好防御工作，可以减少自然灾害带来的损失。根据班利村的情况，除了每年乡政府要求完成的植树造林任务外，村委会还可以制定相关的激励措施，激励村民不但按时完成植树任务，而且愿意并主动额外植树。村干部应起好带头作用，引导村民种植那些村民愿意种植并且可以带来收入的树苗或者其他能保护生态的经济作物。除此之外，应该营造薪炭林。薪炭林是以生产薪炭材和提供燃料为主要目的的乔木林和灌木林。薪炭林是一种见效快的再生能源，没有固定的树种，几乎所有树木均可作燃料。通常多选择耐干旱瘠薄、适应性广、萌芽力强、生长快、再生能力强、耐樵采、燃值高的树种进行营造和培育经营，一般以硬材阔叶为主，大多实行矮林作业。

（2）建立抗震安居房屋。班利村常年发生的地震，尽管级数非常低，但是必须有风险的预防意识，必须有抗震抗灾的意识，因此，每家每户建立抗震安居房非常重要。据调查组了解到，班利村大部分人家的房屋不具备抗震的功能，唯一能够抗震的，是现在正在建设的部分“马屁股”砖瓦房屋。这种抗震安居房屋的建设，在班利村还没有得到普及，只有不到 1/3 的人家具备。

（3）改变传统的生产生活方式。走进班利村，最能感受到的是他们的生活方式。目前，全村的人家使用电磁炉做饭非常少，大部分人家主要是靠燃烧木材做饭，也就是说村民们常年的燃料来源主要是木材。而这些木材主要来自每家每户的林地。我们担心这样的生活方式会使得生态日益遭到破坏，从而弱化抵御自然灾害的能力。另外，传统的生产方式导致生产率的低下，村民们唯一能提高生产率的方式就是大量利用现有的自然资源，由于缺乏合理开发的技术与方法，使得生态一年不如一年，从而导致自然灾害的发生。因此，转变传统的生产生活方式，合理开发利用资源非常重要。

三、班利村的人口与家庭

（一）人口结构

1. 民族人口结构

班利村虽然是拉祜族聚居地，但也呈现出典型的多民族大杂居、小聚居的景象。班利村自建村以来，共有多个民族在此生活，分别为拉祜族、汉族、佤族、哈尼族、傣族、彝族，等等。其中，拉祜族一直是班利村的主体民族，人口数量占班利村总人口的 77.7% 左右。同时，村里信仰基督教的信徒约 1300 余人，是一个信徒较多的拉祜族聚居的自然村寨，各族信教群众内部与外部的关系都比较融洽，互相尊重，和睦相处。

表 1－4　**班利村少数民族人口一览表**　单位：人

年份	人数	拉祜族	汉族	佤族	哈尼族
2009	3090	2400	44	468	178
2010	3160	2473	15	488	184
2011	3173	2478	23	488	184

资料来源：根据相应年份澜沧拉祜族自治县东回乡班利村农村综合统计年报表整理。

1994 年，班利村共有拉祜族人口 2320 人，到 2009 年底，班利村拉祜族人口 2400 人，增长百分率为 3.4。到 2011 年底，班利村拉祜族人口 2473 人，增长百分率为 2.9。由此可以看出，拉祜族人口一直在增长，但由于计划生育政策的广泛普及等原因，全县的拉祜族人口增长放慢了脚步。历史上，澜沧境内以佤族人口最多。明清时期，随着傣族、拉祜族的大量迁入和发展，佤族逐渐西移。据民国 28 年（1939 年）粗略调查，拉祜族人口占第一位，傣族次之，佤族第三，哈尼族第四，其余有彝、汉等。1950 年后，随着支边人员的大量进入，民族种类增多，加之区划变更、民族识别等原因，民族结构和比例不断变化。1982 年第三次人口普查，全县共有 24 个民族，少数民族占总人口的 75.6%，其中拉祜族占 41.1%。1990 年第四次人口普查，共有 28

个民族，总人口 450748 人，其中拉祜族占 42.6%。拉祜族人口与 1982 年第三次人口普查时相比较，增长百分率为 19.25。由此可见，全县的拉祜族人口呈不断增长趋势。但近年来，拉祜族增长率并不高，这一点与班利村的拉祜族人口增长类似。

县域发展的同时也促进了拉祜族的经济繁荣和人口发展，使得班利村整体生活水平和健康状况有了很大的提高。班利村老人李扎努说，早在“民国”时期，全县坝区基本上只有傣族居住，其他民族多分布在山区、半山区及河谷地带。其村落规模有数十户甚至百余户为一寨的，也有三五户为一寨的，一般以二三十户为多。由于兵匪骚扰，灾荒连年，澜沧县内人民无法安居，迁徙南峤、佛海、缅甸或躲进深山者年年都有，人口外迁频繁，流动量大。加之缺医少药，卫生条件差，死亡率高，拉祜族人口增加极为缓慢。新中国成立之后，山区人口逐渐向坝区及河流沿岸迁移，人口分布以坝区、河谷地带及半山区为多，且村寨比“民国”时期集中，其中以勐朗、上允、谦糯等坝子人口较稠密。山区则人口稀少，村落分散，但独家居住者已很少见。新中国成立初期，因医疗卫生条件较差，一些严重的流行病尚未得到有效的控制，人口死亡率较高，1950～1954 年的人口自然增长率仅在 8.6‰～12.6‰之间。1955—1958 年，随着医疗卫生条件的改善，流行病得到一定控制，死亡率降低，人口有了正常的发展。1958 年“大跃进”中，政策过“左”，脱离边疆实际，急躁冒进，加之境外敌人乘机煽动策反，致使全县数千人口外迁。加上自然灾害严重，导致人民生活严重困难，发病率和死亡率增高，到 1960 年，全县死亡率达到 36.7‰，出生率 20.6‰，自然增长率出现负增长，为 -16.1‰。1962 年以后，国民经济好转，人民生活日趋改善，人口得到恢复和发展，自然增长率越来越高，到 20 世纪 70 年代初，澜沧县人口自然增长率平均达到 20‰以上。1979 年后，国家出台计划生育政策，全县人口增长逐年得到控制，1990 年人口自然增长率为 13.8‰，比 1978 年下降 7 个千分点。截至 2008 年底，澜沧拉祜族自治县总人口已达到 49.86 万人，其中农业人口 45.78 万人，少数民族人口 38.34 万人，拉祜族人口 21.16 万人，分别占总人口的 92%、77%、42.4%，人口自然增长率 6.5‰。据调查，近 15 年来，班利村的新出生人口变化幅度不大，只有 2005 年和 2006 年的新出生婴儿较少，2005 年班利村只有 20 名新出生婴儿，2006 年为 26 名，其他年份的新出生婴儿数量都在 30 名以上。2009 年，班利村年内出生人口 39 名，人口出生率为

12.9‰，年内死亡人口17人，死亡率为5.5‰，因此，2009年班利村的人口自然增长率为7.4‰。由此可见，20世纪90年代以后，班利村的人口出生率和自然增长率基本处于稳定的低增长状态。

2. 计划生育

1982年澜沧拉祜族自治县全面开展的计划生育政策，打破了拉祜族传统的生育模式。拉祜族传统的生育模式，青年男女十五六岁便开始生育，一直到年老自然节育，形成了“不停生，不断死”的生育模式，之所以会形成“不断死”的生育现象，主要原因是当地医疗卫生条件落后，导致死亡率偏高。但是随着社会的发展，拉祜族传统的生育模式逐步改变，农村医疗卫生条件的改善也使得婴儿死亡率大幅降低。根据2002年9月1日实施的《云南省人口与计划生育条例（修订）》第十九条，规定“提倡农业人口一对夫妻生育一个子女。确有实际困难要求生育第二个子女的，由夫妻双方申请，经县级计划生育行政部门审查批准，可以生育第二个子女。”同时第二十条规定：“少数民族农业人口在执行本条例第十九条规定的基础上，有下列情形之一的，夫妻双方可以提出申请，经县级计划生育行政部门批准，可以再生育一个子女：①夫妻双方都是居住在边境村民委员会辖区内的少数民族；②夫妻双方或者一方是独龙族、德昂族、基诺族、阿昌族、怒族、普米族、布朗族的。”云南省政府从各少数民族地区现实出发，制定了符合各民族实际的生育政策。可以说，政府在一定程度上放宽了对少数民族地区，特别是少数民族农村地区的生育政策限制。

总的来说，影响一个国家或地区人口出生率有很多因素，包括社会文化和宗教信仰、现有的年龄性别组成结构、贫困程度、经济发展水平等。从贫困程度来分析，在贫困地区，儿童因为可以劳动赚钱而被视为一个经济收入的来源，因而出生率较高；从经济发展水平来看，经济发展得好，家庭应该可以负担养育更多的孩子，但是世界上大多数国家的实际情况却是，经济发展水平越高，出生率越低。按照以上的分析，班利村的人口出生率应该保持在一个相对高的水平，但是实际情况却并非如此，究其原因，可能与近年来计划生育政策的普及有关，村民的生育观也在发生改变。

在调研过程中我们发现，拉祜族对生育极为重视，没有重男轻女或重女轻男的观念。从前，拉祜族家庭早婚、早育现象十分普遍，生育愿望强烈，很多家庭有七八个孩子。而现在，班利村的拉祜族已经改变了原有的生育观，多数家庭只有两个孩子。近年来，班利村的计划生育工作开展得十分顺利，据班利村妇女主任姚芳介绍，2009 年班利村没有出现超生儿。

班利村拉祜族人的生育观念发生巨大变化的原因主要在于：首先，生育不再是婚姻的主要目的，男女缔结婚姻不仅是为了延续祖宗的血脉、保持香火不断，而且是更注重满足个人的情感需要，享受自由恋爱的愉悦。其次，班利村妇女的文化水平有所提高，有利于计划生育工作的开展。最后，拉祜族生产方式的改变，人均土地占有量的减少使得对劳动力数量需求下降。基于以上原因，班利村拉祜族人的生育观念发生改变，有利于人口健康的发展。

3. 男女比例

关于人口方面，村妇女主任姚芳谈的更多的是性别比有攀高的趋势。根据班利村妇女主任姚芳统计的数据，2009 年，班利村新生儿 39 人，其中男性 21 人，女性 18 人，出生人口男女比例为 117∶100。从 2010 年 1 月到 7 月底，共有新生儿 27 人，其中男性 15 人，女性 12 人，出生人口男女比例为 125∶100。由此可见，自然因素也是造成该村男女比例不断上升的原因之一。

表 1－5　**典型年份班利村性别比例一览表**

项目	1994 年	2000 年	2005 年	2009 年	2011 年
男女比例	106∶100	113∶100	121∶100	117∶100	120∶100

资料来源：根据相应年份澜沧拉祜族自治县东回乡班利村农村综合统计年报表整理。

通过表 1－5 可以发现，2011 年班利村的男女比例为 120∶100，这个数据较之 1994 年变化较大。从 1994 年到 2009 年的 15 年间，班利村的男女比例不断上升，1994 年，班利村的男女比例基本持平，为 106∶100，而到 2005 年，该比例已经上升到 121∶100。这和全县男女比例变化情况基本上保持一致，也与澜沧县的历史整体表现一致①。现阶段，在我国农村地区，男性人口普遍多

① 民国 21 年（1932 年）户口调查，全县人口性别比例为 101.4（男＝100，下同）。其中，19 岁以下年龄组的性别比例为 97.9，20～49 岁年龄组为 102.7，50～69 岁以上为 113.5，残疾者的性别比例为 61.1。1990 年第四次人口普查，性别比例为 93.66. 其中，19 岁以下年龄组为 94.8，20～49 岁年龄组为 89.8，50～69 岁年龄组为 97.17，70 岁以上年龄组为 129.38. 在 1950—1979 年每年的年末人口统计中，除 1977 年女性略少于男性外，其他年份都是女性略多于男性。1980—1990 年，全县性别比例连续 11 年出现男性多于女性的状况。

于女性人口，这个情况的出现大多与我国农村地区人们重男轻女的守旧思想有关，但是，据我们在调研过程中的了解，拉祜族人自古以来就没有重男轻女的思想，反而女性的地位曾经一度高于男性。现在，在大多数拉祜族家庭中，仍然是女性管家。而班利村男女比例上升的原因很大一部分与人们外出打工有关。由于班利村生活水平较低，经济发展较慢，20 世纪 90 年代后期，随着打工浪潮的涌起，很多人离开家乡，到东南沿海一带加入打工的行列，而外出打工的人当中，女性也占一大部分，并且其中很多女性一旦离开班利村就很少再回来，或是外嫁他乡。因此，班利村的女性人口相对越来越少，男女比例不断上升。

性别比持续升高的态势如得不到有效的控制，后果令人担忧：①造成婚姻挤压，多余的男性最终可能大多数沉积在农村地区，从而给农村社会稳定带来隐患；②增加性犯罪的可能性，骗婚、性犯罪和性犯罪引发的暴力犯罪增加，产生更大规模的地下性产业，动摇现存的婚姻家庭制度和家庭结构，影响社会稳定；③加重社会保障负担。由于性别比失衡所造成的庞大的终身未婚无子女老人将老无所养，无疑会增加社会养老问题的复杂性。

（二）人口质量

1. 劳动力资源分布

拉祜族社会经济发展缓慢，绝大部分拉祜族人是农业人口。班利村 2009 年总人口 3090 人，其中农业户 862 户，农业人口 3057 人，占全村人口的 98.9%。班利村产业结构单一，除发展常规种养殖业外，主要发展甘蔗种植业。据 2009 年数据，全村共有劳动力 1755 个，其中男劳力 969 个。劳动力资源分布较为单一，农林牧渔劳动力有 1740 人，占总劳动年龄内人口的 99.2%。另外，建筑业劳动力 2 人，交通邮电业劳动力 3 人，批发零售贸易餐饮业劳动力 4 人，卫生体育事业和福利 3 人。（见表 1－6）

表 1－6　**2009 年班利村劳动力资源及其主要行业分布情况表**　单位：人

劳动力资源及其主要行业分布	数量
劳动年龄内人口数	1754

续表

劳动力资源及其主要行业分布		数量
其中	劳动年龄内上学人数	25
	劳动年龄内失去劳动力人数	76
不足或超过劳动年龄而实际参加劳动人数		102
年内实有全半劳力合计		1755
其中：	男劳力	969
1. 农林牧渔劳动力		1740
其中	农业劳动力	1583
	林业劳动力	—
	牧业劳动力	155
	渔业劳动力	2
2. 工业劳动力		—
其中	乡办工业劳动力	—
	村办工业劳动力	—
	村以下工业劳动力	—
3. 建筑业劳动力		2
4. 交通邮电业劳动力		2
5. 批发零售贸易餐饮业		3
6. 金融保险业		—
7. 其他非农业行业劳动力		3
其中	外出合同临时工	—
	卫生体育事业和福利	3
	教育文化艺术广播电视业	—
	房地产公用事业咨询服务业	—
	乡经济组织管理	—
	其他劳动力	—

资料来源：根据《澜沧拉祜族自治县东回乡班利村2009年农村综合统计年报表》整理。

2. **受教育状况**

就目前来看，班利村的人口总体状况不佳，整体素质不高。乡村人口中按教育程度分：未上学60人，小学有966人，中学有421人，大专及以上没有。结合以上情况，我们可以发现班利村的教育状况有这样几个特点：首先，班利村村民总体受教育水平偏低，90%以上为小学文化水平或文盲、半文盲。文盲、半文盲率相对于全国农村水平较高。在我们走访的许多家庭中，一家五六口人，全部都仅上完小学就回家务农。20世纪80年代后出生的人中，初中文化水平的人有所增加，但是仍只占人口的较少部分。全村接受高等教育的人口非常少，所占比例仅0.3%左右。其次，儿童辍学率较高。拉祜族由于长期处于贫困状态，教育资源严重缺乏，加之村民无力承担异地上学求学费用，导致长期以来，在拉祜族地区儿童辍学率较之全国农村平均水平偏高。

3. **拉祜族人口平均寿命偏低**

我国人口平均期望寿命从改革开放之初的68岁提高到目前的73岁，超过了世界人口平均寿命，已经达到中等发达国家的水平。据不完全统计，班利村近十年来已经去世的人平均寿命是58岁，远低于全国及世界平均寿命水平。村民们普遍感觉村里的高龄老人越来越少，人口的平均寿命较低。班利村人口平均寿命不高，高龄老人较少，一方面反映当地村民的健康水平有待提高，同时也反映班利村人口年龄结构还处于低阶段，是处于由年轻型向成年人过渡的阶段。一般来说，年轻型的人口年龄结构代表着一个地区社会经济发展的贫穷落后，而成年人的人口结构，虽然能提供丰富的劳动力资源，促进经济发展，但由于人口增长仍较快，也会影响社会生产力水平的提高。

原始的拉祜族以渔、猎为生，好烈酒，怕生人，活动于群山之中，居无定所。新中国成立后，拉祜族从原始社会形态一步跨入社会主义。在政府的帮助下，他们逐步走出了山林，建立了自己的家园。由于传统生活习惯、文化水平和思想意识的局限，多数拉祜族人不愿劳动，喜欢得过且过。班利村小卖铺老板是十多年以前迁入当地做生意的，他告诉我们：拉祜族人很爱喝酒，在拉祜族，翻山越岭将捕获的猎物拿到集市换美酒，然后边喝边回家，醉倒在路边。他们认为这样是件幸福而美妙的事情。他们的这种烂漫可能是城市人永远无法体会和做到的。但是这种生活习惯会给身体造成极大的伤害。拉祜山区海拔在2000米左右，一年中有10个月是雨季，昼夜温差极大，很容易导致各种各样的小病，但由于人们大多舍不得花钱看病，使得小病变大病，而村中医疗条件有限，要去镇或县里看病得花更多的钱，人们更加负担不起，如此恶性循环，使得寿命减少。并且，虽然拉祜族的饮食结构和其他民族基本相同，但是由于拉祜人民生活水平不高，整体健康水平不高，导致其整体身体素质较差。因此，由于生活的随意和无规律，加之营养欠缺，医疗水平的落后，一般拉祜人的寿命都不长。

（三）拉祜家庭结构

1. 家庭人口规模较大

拉祜族家庭成员通常包括一对夫妇及女儿、女婿和未婚的儿子，有的包括女儿的子女等。一个家庭就是一个基层的生产和消费单位。拉祜族家庭人口规模较大是有传统的。新中国成立之前，拉祜族中还有由若干血缘亲近的小户组成的大家庭，多的达百余人，一般也有50多人。大家庭由本血缘亲人中最年老的夫妇二人担任家长。农忙季节，各小户都到地棚里住着，直到庄稼收获才回家。各小户的收获全部集中，大家共享。这种大家庭的成员多由母系成员组成，男子是上门来的，血统按母系划分，财产由女儿继承。1949年后，这种大家庭逐渐解体为一夫一妻的个体小家庭。夫妻在家庭中地位平等，男子多从事开田种地、修建房屋等重活，女子多承担播种、割谷、做饭、养猪等。外出劳动生产、夫妇常常是形影不离。在家产继承上，女儿与儿子享有同等继承权。如只有一子，婚后在征得女方同意后也可不从妻居，承担赡养父母的义务。若只有女儿，女儿也要承担赡养老人之责。在社会活动中，男子的地位稍高于女性，如担任村寨头人、主持宗教活动等多由男子担任。

如今，这样的传统正在悄悄地改变。班利村1994年总人口为3146人，总户数691户，平均每户4.6人；到2009年总人口3090人，总户数864人，平均每户3.6人。由此可见，从1994年到2009年的15年期间，班利村平均每户家庭人口数量由4.6人减少到3.6人。从前的大家庭基本上已经不存在。究其原因，一方面是随着生产方式的改变，人们的家庭观念发生改变；另一方面，是由于近年来，很多家庭的年轻子女外出打工后不再回来，或者是女儿外嫁到别村或更远的地方，使家庭人口数越来越少。

2. **拉祜族家庭贫困问题突出**

新中国成立前，拉祜族的社会发育阶段非常低，还处于原始社会末期，人们习惯于共同生产、消费。1958年“大跃进”以后，拉祜山区的原始森林遭到严重破坏，人们赖以生存的环境改变，人们纷纷以种地为生，但是，在云南少数民族地区，土地资源贫乏，再加上技术落后，农业发展较为缓慢，导致人们长期以来无法摆脱贫困。后来，拉祜族群众在“人民公社”的模式下继续共同生产和生活，根据政府部门的安排劳作。但是实行家庭联产承包责任制以后，这种没有领导、组织的分户经营模式使他们很不适应，对此，当地政府采取了许多办法，但是效果并不好。2009年，班利村农民人均纯收入为1478元，虽然与1994年人均纯收入相比有了很大的提高，但是仍处于国家贫困线以下，农民收入低，生活十分困难。根据最新的贫困标准统计，有70%以上的拉祜族群众生活贫困，其中有50%属于绝对贫困。

我们在调查中发现，班利村的困难户家庭较多，而造成贫困的原因也各有不同，具体可以分为以下两类：

（1）生产能力低

问卷调查中我们发现，村民普遍认为造成其无法脱贫的一个主要原因是土地资源贫瘠，生产成本高，劳动力不足，家庭负担重。班利村平均每人可分得3亩土地，其中主要为旱地，水田每人仅能分到0.5亩左右。村民在旱地上种植甘蔗，但是由于成本高，卖出价格低，2009年甘蔗每吨才能卖到220元，因此收入上不去。以我们采访的李老二家为例，李老二家5口人，共有土地15亩，其中旱地12亩，水田3亩。2009年李老二种植甘蔗7亩，折算价值大约5000元；玉米6亩，折算价值大约3500元；水稻3亩，折算价值大约4000元。但是生产性家庭支出（主要是化肥）大约5000元，成本过高，使得2009年全家人均收入才到3000元左右。所以，土地资源贫瘠，生产成本高是导致村民收入不高的一个主要原因。

另外，在调查中我们还发现，很多贫困家庭劳动力不足，年轻人有些外出打工，老人无法进行生产性劳动，导致土地荒废。班利村雅口寨一户贫困家庭，大女儿外出打工，小女儿上小学，妻子体弱多病，只有男主人能从事生产性劳动，全家住在一间30平方米左右的茅草房里，没有任何电器，整个屋子只有两张十分破旧的床，上面的褥子还是很多年前政府发放的救济物资，简直是一贫如洗。

(2)“因病致贫、因病返贫”现象严重

班利村很多家庭不同程度上存在“因病致贫、因病返贫”的问题。由于班利村气候差异大，加之不良的生活习性，如酗酒、抽烟等，使得一些村民身染疾病，不仅影响正常的生活和劳动，而且治病需要花钱，有的村民积攒了半辈子的积蓄，一场大病就花费光了。另外，村民在医疗保健的过程中，还存在各种各样的问题，如在治病过程中缺乏医疗常识，不及时就医、不按时服药等，造成了村民健康问题的恶性循环。还有一小部分村民长期受疾病困扰，很难从根本上完全治愈。比如我们走访的钱扎忠家是班利村最困难家庭，父亲钱扎忠二十多年前上山砍柴不小心摔断了腿，由于没钱看病，只在乡医院简单治疗后回家，导致现在行走不便，更别说下地劳动了。儿子2010年20岁，也是体弱多病，全家人只能靠母亲一人劳动支撑，生活十分贫困。

(3) 村民受教育水平较低

在调查中我们发现，由于地理条件限制，拉祜山区的交通、信息都很闭塞，班利村村民整体受教育水平较低，人均受教育年限不足5年，劳动力基本上都属于低教育水平。其中，六七十年代出生的人大多是文盲或半文盲，只有较少一部分是小学文化水平，并且大多仅上完小学二年级。20世纪80年代以后出生的人大部分读完初中就辍学回家。截至2009年，班利村接受（国家承认的）高等教育的人还不到十人。另外，受传统生产方式和教育观念的影响，拉祜族人缺乏对儿童学校教育的重视，产生了大量失学、辍学儿童。拉祜族儿童间歇性辍学非常高，大约有40%到50%的孩子会有一阵子不去上学。

在班利村大多数拉祜族家庭经济生活中，子女上学的费用确实是一笔不小的开支，而另一方面，家长并没有看到教育的回报，他们仅仅是把教育看作是一种应付政府罚款的对策，因为乡政府规定如果不送子女上学每年就要罚款，但送一个孩子上学每年的书本费加上生活费还不到罚款的数目，所以在罚款和上学之间家长还是选择上学。2005年开始，国家、政府和教育部门也开始关心失学儿童的问题，对九年制义务教育学生实行两免政策，也就是免除课本费和学杂费，可是仍然有很多儿童还是不能去学校上学。这是因为有的学生家所在的自然村寨离学校很远，有的寨子到村小学所在地就有10~20公里山路，要读书只能在学校里寄宿，这无形给家里增加了支出。在调研中我们发现很多孩子从学前班就开始寄宿生活了，这对于城市里的孩子来说简直是不可思议的。有的五六岁的孩子就要在生活上自理。很多孩子都会因为生病，或者是交不起粮食而被迫辍学回家。学校也苦于应对，教师力量本来就不足，还有很多只是每月领100多元津贴的代课教师，平时在上课之余还要自己种田种地维持生活，根本不可能有过多的时间和精力去照顾寄宿的孩子。教育的发展关系着一个民族未来的生存状态，可以说，班利村的教育问题成为制约当地人口发展的一个重要因素。

拉祜族最早接受的现代教育是从西方传教士那里学来的。以今天的眼光看，那些早期接受教育的拉祜族群众，文化水平相对较高，生活状况也相对较好。将早期的教育与我国当代教育作个比较就可以发现，西方传教士把学校办在了村里，而且学生平时在学校学习，放学就回家劳动，劳逸结合，学以致用，这样的教育不会导致学生离开本土后回不去的现象出现。而现代教育有一个统一的框架，教育评价标准是一致的。大一统的课程体系导致了使用本民族语言的拉祜族学生与使用母语学习的汉族学生竞争时，就处于劣势。因此，如何把握这次基础教育课程改革的良机，大力发掘与利用地方课程资源，构建具有民族地方特色的课程体系，切实体现农村教育为农村服务的教育宗旨，成为当前拉祜族基础教育发展的当务之急。

(4) 村民再教育培训机会少

由于历史、社会等多方面原因，拉祜族人普遍缺乏现代社会所需的劳动技能。拉祜族人大多没有农牧业技能，缺乏经商头脑，对现代化科学技术的掌握和应用更是低而少。班利村村民科教文化教育水平的低下，使得村民在科学知识、基础知识、技能掌握等方面还较少，从而使得拉祜族人的劳动技能提高相应较慢。劳动技能的缺乏使得村庄经济发展缓慢，加强职业技术教育培训力度，则是拉祜族人劳动技能提升的重要途径之一。目前，班利村村民提升劳动技能的途径主要有两个：一是外出打工者基于原有技能基础上的知识再学习过程；二是甘蔗种植者在生产中通过劳动实践和技术培训获得。但是班利村科教培训人员缺乏，整个村子只有一个甘蔗种植辅导员，无法满足整个村庄的技术培训要求。另外，乡上的科教培训对象主要集中在当地经济发展的领导阶层，这就使得作为直接劳动者的村民知识技能获得时间和周期较长，一定程度上不利于村民劳动技能的提高。改革开放后，拉祜族人口素质得到极大提升。如何通过提高拉祜族文化、教育水平，如何通过改进拉祜族人民的生活方式和人口状况，从而提高拉祜族素质技能和社会地位，值得我们深入思考。因此，在保障国家九年义务教育，做好拉祜族下一代教育工作的同时，应组织更多的科教人员定期到村庄进行劳动技能培训和知识普及，特别是农耕生产技能及养殖技术的培训，这对于提高拉祜族青壮年村民劳动技能，促进班利村经济社会的发展有较大的帮助。此外，也可以根据当地传统手工业的发展规划，对拉祜族传统手工艺者及民间艺人进行组织培训，实现保护和发展拉祜族传统文化的双重目标。

四、班利村经济制度与经济关系的变迁

新中国成立前，拉祜族地区社会经济发展极不平衡。临沧、思茅、元江和墨江等地于19世纪80年代至20世纪20年代先后形成封建地主经济；澜沧东北部、双江、景东、镇源、景谷等地虽然基本形成封建地主经济，但生产落后，土地集中程度不高，尚残存村社组织和土司制度特权剥削。这些地区的拉祜族，所用农具与汉族基本相同，但耕作粗放，产量较低。手工业有打铁、纺织、制竹器等，一般属于自给自足的副业，很少在市场出售。隶属于傣族土司的拉祜族村社，社会状况亦参差不一。澜沧西南部、孟连和西双版纳等地拉祜族为傣族土司贡纳制隶属农民。这些地区的生产更加落后，生活更为贫困，基本停留在刀耕火种阶段，产量很低。除农业外，还有季节性的狩猎、养蜂和采集，在经济生活中起着重要的辅助作用。本族部落首领与成员间初步形成封建隶属关系，但亦有不少地方还残存着大家庭公社组织。而云南省金平县拉祜族（苦聪人）的社会经济则严重倒退，他们在森林中从事原始迁徙农业，住的是仅有一人高的简易小屋，不会纺织，以兽皮或蕉叶蔽体，在19世纪时还采用“无言贸易”方式与外族交易。

班利村作为典型的拉祜族聚居村，在历史上长期处于部落制，过着族内婚制的大家庭公社生活，封建领主经济仍占有相当的成分，其社会治理以传统头人为核心。拉祜族其古老的社会组织是以“卡”为单位，一个村寨为一个“卡”，同时也是一个政治、军事单位。“卡”的首领“卡些”为村民分食猎物，管理全寨政治经济事务，和群众共同劳动，阶级分化还不甚明显，土地私有化程度不高。明代以后，“卡些”成为傣族土司统治的工具。明末清初，拉祜族的社会经济已从游耕经济向农耕阶段转变。清王朝在实行军事镇压的同时，为了达到羁縻统治的目的，于清末封任了一些拉祜族首领为土司。

推行土司制度后，拉祜族的封建领主经济有了一定的发展，公有的土地逐渐变为土司的领地。在土司领地内，出现了土地典当、买卖和租佃，封建地主经济开始萌芽。进入“民国”，封建地主经济进一步发展，封建领主经济在地主经济的冲击下逐渐解体。特别是国民政府推行区乡闾邻制和乡保甲制后，土地渐渐变为封建地主土地所有制，一些土司由封建领主变成了地主，部分地区出现了封建地主与封建领主两种所有制并存的经济形态。

在新中国成立前，班利村拉祜族以种山地为主，水田很少，也极少备耕，也不施肥，全靠自然肥力，俗称“抢火皮”。种两三年失去自然肥力后，又另毁林开地，待丢荒的土地长出小树后再砍烧耕种，这种轮流耕种方法称为“轮歇”。丢荒的旧地谁都可以耕种，叫作“蒿枝开花随人种”。水田耕作较山地精细，但也极少施肥，产量很低，一年中有半年时间靠采集野菜和挖毛薯度日。历史上，拉祜人商品观念淡薄，很少经商贸易，少量交易以个、把、堆、背、挑等作计量单位。除种植业外，班利村拉祜族还从事养牛、养猪、养鸡、编织等副业。农闲时，男子或上山狩猎，或打制长刀，或用竹篾编背笼、簸箕，或用葫芦和竹管制作芦笙。女子或采摘木耳、香菌、野果，或用自织青布制作两侧留有线穗的长方形背袋①（米搓）。

（一）改革开放前的变迁

班利村所在的澜沧拉祜族自治县是我国唯一的一个拉祜族自治县，拉祜族一半以上的人口居住在这里。由于历史的原因，拉祜族的社会、经济、文化发展相对滞后，澜沧县境内各地的社会经济发展也存在着明显的差异，发展极不平衡。新中国成立后，澜沧县经过平息叛乱、剿匪和镇压反革命运动，社会秩序日益稳定，各族人民的生产生活逐步得到稳步提高。随着 1953 年澜沧拉祜族自治县的成立，基本实现了民族平等，人民开始当家做主。1954 年和平协商土地改革的实施，则彻底废除了封建剥削制度，各族人民从封建桎梏中解脱出来，真正实现了翻身和解放。

1. 班利村的和平协商土地改革

班利村所在的澜沧县地处边疆，社会发展较内地落后，各方面都存在着

① 班利的拉祜族妇女，用红、黄、黑、白等多色线编织背袋，并缀有线穗及鲜艳的绒球，别具民族特色。

若干差异和特点。民族与民族之间、上层与群众之间的关系复杂。土地改革前夕，班利村所在的东回区（区公所）已进入完整的封建社会，阶级分化明显，土地高度集中。大多数土司头人既有压迫剥削劳动人民的一面，又有反帝爱国、与人民群众联系密切、能接受中国共产党统一战线政策的一面。鉴于这些特殊情况，根据中共中央和云南省委的指示，澜沧采取“和平协商”的办法进行土地改革，对少数民族上层实行赎买政策。1955 年 3 月，县第五次各族各界代表会议通过了在全县大部分地区进行和平协商土地改革的决议。决议规定：“在中国共产党的领导下，依靠各族劳动人民，团结其他各阶层的人民，团结教育与群众有联系的民族领袖人物，采取自上而下的和平协商进行土地改革的办法，稳妥地、有区别地废除封建剥削，解放农村生产力。”并规定：“实行和平协商土地改革的地区，对地主只没收多余的土地，分给无地或少地之农民，留给与农民一样一份土地，房屋、耕牛、农具、多余粮食及其他财产一律不动。土改中坚决保护宗教信仰自由，宗教寺庙土地不分。”“不论新中国成立前后农民欠地主的一切债务，全部废除。”

澜沧县的土地改革按照“慎重稳进”的方针，先经过试点后再分为三批进行。工作步骤分五步：

第一步是工作队进村，召开各种会议贯彻土改政策，成立由各阶层代表参加的乡和平协商土地改革委员会。工作队开展扎根串连，访贫问苦，为群众做好事，提高群众的阶级觉悟。同时，认真做好上层的稳定工作，反复交代政策，教育他们认识剥削、放弃剥削，使其解除思想顾虑，并安排一些有代表性的上层人士参加土改委员会。

第二步是划分阶级成分。先是召开各种会议宣传划分阶级的政策，然后在掌握划分标准的基础上，与民族上层、群众分头酝酿试划，反复协商。对极少数乘机分散财产、变卖耕牛、宣扬“少数民族中没有地主”，甚至威胁群众、散布变天思想的人，则进行批评教育和斗争，用摆事实讲道理的方法使他们承认剥削，承认剥削阶级。澜沧县进行和平协商土地改革的包括班利乡（今班利村）在内的 100 个乡划分阶级的情况是：地主 2077 户、14168 人，占土改区总户数的 6%，占土改区总人口的 8.5%；半地主式富农和富农 1046 户、7313 人，户数占 3%，人口占 4.4%；中农 9975 户、54425 人，户数占 28.9%，人口占 32.7%；贫农 14233 户、64872 人，户数占 41.2%，人口占 38.9%；雇农 6530 户、23004 人，户数占 18.9%，人口占 13.8%；高利贷、小土地出租、商人、贫民、小手工业者、迷信职业者等656户，2856人，户数占2%，人口占1.7%。[①]

第三步是查田评产、清理债务、没收征收。先召开各族各界代表会学习政策，成立“查田评产没收分配委员会”，领导群众先查田、后评产，并结合清理债务，查清地主的耕牛占有情况。然后，与地主协商留田卖牛，并召开群众大会宣布没收征收。

第四步是分配，将没收的土地和赎买的耕牛等一次分配到户，并固定山林。100个乡共没收地主的水田17万多亩，园圃地5万多亩，山地16万亩，山林257.8万株，竹棚、果树及其他经济林木14.3万株；废除债务127.3万元半开[②]、1.3万元人民币、151万公斤稻谷；没收鸦片3.7万斤、银子150两，向地主协商赎买耕牛2822头。共固定国有林35万亩，乡有林133万亩，育林区11万亩，柴山135万亩，牧场62万亩，共有19816户农民分到了土地，有5946户农民分到了耕牛，占总户数6%的地主占有的土地总产量由土改前的27.1%降为6.87%；占总户数91%的农民占有的土地总产量由土改前的63.4%上升为84.3%。[③]

第五步是巩固阶段，主要是建党建团，建立乡人民委员会，整顿民兵武装，进行社会主义教育，为农业互助合作打好基础。整个和平协商土地改革从1955年3月上旬进行试点开始，至1956年8月5日全部结束，历时1年5个月。经过和平协商土地改革，澜沧县废除了封建制度，解放了农村生产力，各族农民的土地要求基本得到满足。

2. 班利村的农业互助合作运动

为继续解决农民缺少耕牛农具的困难，防止产生两极分化、重新发生高利贷剥削和土地买卖，中共澜沧边工委在全县和平协商土地改革基本结束后，自1956年开始，按照“慎重稳进”的方针和自愿互利、民主管理的原则，在包括班利村在内的和平协商土地改革地区组织群众建立互助组。互助组是在个体经济制度基础上形成的，其基本内容可以描述为：农户拥有土地、耕畜和农具，按照自愿的原则，在农忙季节组织起来进行换工互助，财产依然为

---

① 见澜沧县志。

② 半开（银圆），是近代云南流通中的主币。

③ 见澜沧县志。

农民个人所有。当时在农业生产中组织互助合作组织，是在生产力水平低下的情况下，力图借助互帮互助，通过简单协作产生新的生产力，以发展农业生产。同时注意到农民还是小私有者这一面，而采取了不能动生产资料私有制的这一方针，在当时曾起了积极作用。互助组又分为临时互助组和常年互助组。

至 1956 年 5 月，班利村所在的澜沧县在土地改革地区共组建互助组 1312 个，入组农户 10496 户，占土改区总农户的 40%，但以临时互助组为多。此后，一些临时互助组逐步发展为常年互助组。1957 年底，全县互助组发展到 1881 个，入组农户占全县总农户的 40.5%。之后，在发展农业合作化的过程中，一些互助组逐渐转办农业生产合作社。但由于边疆情况特殊，在较长一段时间内仍保留有互助组和单干的形式。直到 1962 年生产关系调整后，全县仍有互助组 71 个，入组农户 543 户，占总农户的 1.1%；单干 11102 户，占总农户的 22.6%。而且其中常年的、固定的互助组，具有初步的生产计划，实行一定的专业分工，并且有一定的公共积累，产生了某些“按劳分配”的因素，购置了一些新式农具，具有了社会主义萌芽。所有这些劳动互助组织，由于发挥了“组织起来”的优越性，当时在增加生产、支援战争，抗灾度荒，改善群众生活，克服经济困难等方面起了很大的作用。①

3. 班利村农业生产合作社运动

农业生产合作社分为初级农业生产合作社和高级农业生产合作社两种。初级农业生产合作社是半社会主义性质的集体经济组织，实行以评工计分、按劳取酬为主并兼顾土地分红的分配原则。其生产资料入社的办法是，除留一定的自留地外，耕地评产入社，秋收后参加土地分红（即土地报酬）；耕牛实行私有租用，每头牛年付租金 6~7 元；大农具也属私有租用，付给租金；籽种由社员随入社耕地需要量带入，作为当年的生产垫本，秋收后偿还；肥料由社员带入，合作社评给工分参加分红。初级农业生产合作社成立社管理委员会，设委员 5~7 人，挑选办事公道、群众满意的贫农、下中农担任。管理委员会负责拟定生产计划、生产分工、评工记分和收益分配等。收益分配，当年总收入扣除农业税、土地报酬、籽种、耕牛和农具租金、公共积累、行

① 贾果㚏．从土改到农业互助合作运动中的山西农村［J］．文史月刊，2005（1）：58.

政及生产费用后，其余即为社员劳动分红部分。土地报酬一般占总收入的15%左右，耕牛农具租金一般在3%左右，公共积累在3% ~4%之间，籽种、生产费用等按实际开支扣除，社员劳动分红部分保证在70%左右。1956年3—5月，在发展互助组的同时，澜沧县在包括班利村在内的和平协商土地改革地区分两批试办农业生产合作社29个，入社农户1317户、5870人，占土改地区总户数的5%。大的社有100余户，小的社20多户。

高级农业生产合作社属于社会主义性质。1956—1957年，澜沧县的建社工作是非常慎重的，两年中全县仅试办3个高级农业生产合作社。1958年，在“大跃进”的影响下，澜沧县将全部初级社转为高级社，并接连新建了一些高级社，上半年高级社猛增到240个，入社农户比例达55%。特别是下半年，受全国人民公社化的影响，忽视了边疆特点，丢掉了“慎重稳进”方针，连续搞扩社并社，并于10月建立了两个人民公社，11月共搭起12个公社架子。到1959年上半年，全县农业社发展到1061个，其中两寨以上一个社的有207个社，规模大，经营管理困难。同年6月，边工委对农业社作了一些调整，适当缩小规模。1960年冬和1961年春，县委对全县的农业社又做了大量调整。到1962年底，农业社由原来的1723个调减为855个，入社农户由36000户降为15667户，入社农户比例由70%降为28.2%，合作社规模控制在10 ~20户之间。1963年5月，在进行农村社会主义教育中，增办了少数农业生产合作社，全县达965个社，入社农户14530户，占全县总农户的29.6%，全部农业社中，有291个社实行小包工。同年秋，又增办4个社，全县共969个社，14916户、68438人。1964—1965年，在经济得到恢复和发展的基础上，县委采取“认真巩固现有合作社和普遍发展互助组，积极慎重和有计划有步骤地发展合作社，逐步实现农业合作化”的方针，继续完成农业社会主义改造，使合作化工作健康发展。

4. 班利村的人民公社运动

按《农村人民公社化条例》，农村人民公社化基本内容可以描述为：生产资料归劳动群众集体所有，实行公社、生产大队和生产小队三级所有，以生产队为基本的核算单位，个人消费品实行按劳分配。1958年初，毛泽东同志提出了要用15年或20年至30年的时间，在工业生产和经济上“超英（国）赶美（国）”的目标。1958年5月，在中国共产党八届全国代表大会第二次会议上，通过了毛泽东同志主持制定的“鼓足干劲，力争上游，多快好省地建设社会主义的总路线”，确认我国社会主义建设已经进入了“一天等于二十年”的“大跃进”时期。

1958年8月，毛泽东同志视察河南省新乡县七里营人民公社，发出“人民公社好”的号召，随后，中共中央发出了《关于在农村建立人民公社的决议》（简称《决议》）。《决议》认为，建立工农商学兵相结合的人民公社，是农村经济发展的必然趋势，是在农村加速建成社会主义，并向共产主义过渡的桥梁。接着，“人民公社化”的风暴在全国各地骤起。1958年11月，中共澜沧边工委贯彻中央文件后，在全县掀起了“大跃进”和“人民公社化”的热潮。11月，边工委发出《关于实现人民公社化的初步意见》，拟在全县进行撤区并乡后建立12个人民公社。1959年1月下旬，边工委召开全县四级干部会议，强调了办人民公社的条件，说人民公社与高级社的主要区别就是公社实行供给制和工资制，达不到条件的暂时不办。遂决定除上游公社外，其余均暂不建立。

1958—1959年，全县虽只办一个公社，其余仅搭了公社架子，但在“大跃进”和人民公社“一大二公”的影响下，全县大办集体食堂，“五风”（共产风、浮夸风、干部特殊风、强迫命令风、生产瞎指挥风）盛行，给全县造成严重不良后果。1960年粮荒发生后，人民生活极其困难，县委县政府采取措施，调整农业社规模，国家拨出专款对“一平二调”的财物进行退赔。1963年起，全县的农业生产得到恢复和发展。1969年3月将区改为人民公社，乡改为生产大队，全县实现公社化。当年全县共17个公社，140个大队，1893个生产队，班利村所在的东回乡成立红卫公社，班利村成立红星生产大队。每户除留1亩左右的自留地外，其余土地为集体经营。大牲畜全部折价入社，社员仍实行评工记分，按劳分配。评工分曾一度推广了山西省大寨的“政治工分”和“死级活评”等方法，后逐步改为小片包工、定额管理（定任务、定质量、定时间、定工分）。收益分配则是总收入扣除公余粮、籽种、饲料、公积金（占总收入的3%～5%）、公益金（占1%～2%）、行政管理费（1%左右）、生产费、折旧费和其他支出后，其余70%左右为社员分配部分。社员的口粮分配方式有“基本口粮加工分粮”“工分分配加照顾”和“工分分配”3种。1974年后，强调“限制资产阶级法权”“防止用工分分配扩大差别”，多采用“基本口粮加工分粮”的分配方法。由于推行“政治工分”，只讲“阶级斗争觉悟”，不讲劳力强弱，加之定额管理水平低，结果，社员出工不出力，单纯追求高工分，做活不讲质量，影响了群众“多劳多得”的积极性，阻碍了农业生产的发展，社员收入逐年减少，生活水平下降。

（二）改革开放后的变迁

1978 年党的十一届三中全会以后，全国农村进行经济体制改革，实行家庭联产承包责任制。从 20 世纪 70 年代末开始的中国经济体制改革，致使长期停滞不前的农业生产发生了深刻的变化。农业一改过去长期徘徊的局面，进入了一个增长的快车道，粮食产量在短短的几年时间里上了一个新台阶。

1. 家庭承包经营转变的影响

从农村人民公社到家庭承包经营的转变，集中地体现了四个方面的制度变迁：一是在不改变土地等基本生产资料公有制的前提下，实行所有权与经营权的分离，即所有权归集体，经营权归农户，实现了劳动者和劳动资料的直接结合；二是把家庭经营引入到集体经济中来，形成了家庭经营与集体经营相结合，以家庭经营为基础的双层经营体制；三是把农户私人财产引入集体经济中来，形成了集体所有制与个人所有制相结合的混合所有制结构；四是把农产的投入和农户的收益紧密联系起来，真正体现了多劳多得的按劳分配和多投多得的按生产要素分配相结合的新型分配原则。

1979 年，澜沧县委、县革委贯彻中共中央《关于加快农业发展若干问题的决定（草案）》，开始纠正农村工作中“左”的错误。一是，将全县 2048 个生产队调整为 3554 个，每队平均户数由 32 户降为 18.5 户，以适应管理水平。二是，社员的自留地放宽到每户 2 亩左右，并允许在不毁林的前提下进行小片开荒。三是，调减公余粮征购任务，允许社员开展正当的家庭副业，并引导群众推广联产计酬、定额管理、小段包工等多种形式的生产责任制。县委书记沫光清、副书记李国兴等党政领导多次深入农村调查，广泛听取干部群众的意见，总结过去农村工作中的失误和教训，探索治穷的办法。县委认为，根据澜沧农业生产力水平低、文化落后、管理水平低、长期以来靠国家补助救济和靠吃返销粮等实际情况，必须坚决在农村推行生产责任制，以调动农民的生产积极性。

1979 年 12 月底至 1980 年初，班利村所在的东回乡开始试行大包干。大包干土地以劳动力为主，参照人口多少承包到户，所有权仍归集体，大牲畜折价归户，分期付款。实行承包的社员，除按合同规定完成国家的公余粮任务和集体提留部分外，其余收成全归自己支配，当时称此举为“大包干到户”。1980 年 3 月 20 日，县委发出了《关于建立健全农村人民公社生产责任制的意见（试行）》（简称《试行意见》），将包干到户的内容归纳为 5 包，即包国家下达的生产计划，包公余粮任务，包集体积累，包大牲畜饲养，包林牧副渔等多种经营和机械的管理经营。同时，对包干到户的做法作了 10 条具体规定，如要求公社在试行中摸索经验，不断完善，对承包的土地，不准出租、转让和出卖等，《试行意见》还强调，各级领导要提高认识，划清思想界限，排除各种顾虑，生产责任制早建立比晚建立好。经过一段时间的实践后，县委根据中共中央和省、地委的有关指示，于 1981 年 6 月发出了《关于进一步完善农业包干到户责任制的意见》，除进一步完善家庭联产承包责任制外，还对生产队干部的报酬、债权债务、公益事业、多种经营、五保户照顾等问题做了若干补充规定。当年，全县实行家庭联产承包责任制的有 3284 个生产队，占生产队总数的 97.4%，实行分组作业、联产计酬或产量包到户的有 6 个队，占 0.2%。1982 年，县委、县政府抽调县、社干部 620 人组成工作组，分赴农村帮助处理家庭联产承包责任制中出现的各种政策问题，使之进一步落实和完善。到 1984 年，全县 7 万多户农民全部实行家庭联产承包责任制。

2. 班利村林权制度改革

集体林权制度改革，是指在保持集体林地所有权不变的前提下，将林地经营权交给农民，使农民不仅具有经营的主体地位，而且享有对林木的所有权、处置权、收益权。这项改革旨在建立一个适应社会主义市场经济要求，既能够兴林又能够富民的林业经营体制，形成林业发展的自组织机制，从而带动林业的大发展和农民收入的大幅度提高。尤其是 2006 年、2007 年的中央 1 号文件和全国人大通过的《中华人民共和国国民经济和社会发展第十一个五年规划纲要》，都将集体林权制度改革确定为深化农村改革的重要内容和重大举措。

集体林权制度改革是云南省经济制度改革的一大特色。森林覆盖率近 50% 的云南省，94% 的国土面积是山区，莽莽林山，是云南广大农民赖以生存的家园。2006 年，云南选择 9 个县先行集体林权制度改革试点；2007 年 4 月，率先全面启动集体林权制度改革。改革之初，云南确定把集体商品林木林地纳入集体林权制度改革范围，未能涵盖公益林和天保工程区集体非人工商品林。随着改革的推进，群众要求扩大林改范围的呼声越来越高。对此，云南及时做出调整，把林改范围扩大为全部集体林，将天保工程区内的集体商品林通过均山、均股、均利等形式确权到户，并将管护责任落实到村民小组，股权到户，管护到组。这样既保证了林改不留“空白区”，又使生态得到保护。山林由“无人管”变为“我要管”“齐心管”，公益林的生态和经济效益得到双重发挥。

澜沧县于2007年1月15日召开全县林改工作会议，全面启动深化集体林权制度改革工作，制发了《澜沧拉祜族自治县集体经济林改革实施方案》，各乡镇在此政策的框架下，按照“尊重历史，照顾现实、依法依规、市场运作”的原则，已基本将集体经济林确权到户，为实现“明晰产权，规范流转、发展产业”的目标奠定了基础。截至2012年，澜沧县集体林权主题改革也已经全面完成，全县应确权集体林地面积501万亩，已经确权486万亩，确权率高达97%。班利村林地覆盖率为48.7%，虽然低于全县林地覆盖率55.91%，但地处亚热带地区，全村具有比较丰富的林业资源，然而，以往这些资源却没有得到合理的开发利用。为了改变这一局面，促进林业产业结构调整，班利村成为全县首批集体林权制度改革试点之一。

根据党中央的精神以及澜沧县县委〔2007〕5号文件、《澜沧县深化集体林权制度改革实施方案》、《东回乡村组深化集体林权制度改革工作实施方案》等，班利村也确定村级集体林权制度改革方法。

首先，是确定集体林权制度改革的范围。深化集体林权制度改革的范围主要是集体林、经济林、林业“三定”时“两山一地”到户的自留山、责任山和土地流转出的超承包面积林业用地。林业“三定”时期划定的自留山稳定不变，核实四至界线和面积后进行林权登记，核发林权证。林业“三定”划定并已承包到户的责任山，权属清楚的原则上稳定不变。如原划定的责任山划分到户不合理，经村民大会或村民代表会议2/3以上成员同意，按林业“三定”时的人口基数或现有合法人口基数制定增、减方案重新划分。核实划定四至界线后，核发林权证。村民通过租赁、承包方式经营集体的荒山、荒地、采伐迹地、火烧迹地，权属四至界线和面积清楚的，进行林权登记，核发林权证。同时，尚未承包到户的集体林可以“均山”到户承包经营，为了给集体发展留有空间，集体可以留有一定面积，留给集体作为发展集体经济经营的要“均股”到户，若要留给集体经营后又进行拍卖、租赁、转让的，要“均利”到户。不论采取哪种分配形式，都由村民大会或村民代表大会2/3以上成员讨论决定。对“均山”到户承包经营的应划定四至界线，核定面积，签订承包经营合同，进行林权登记，核发林权证。此外，划为生态公益林的集体林，林业“三定”时已划为自留山、承包的责任山，其后被划为生态林的也要明晰产权、核发林权证。已由个人或其他单位通过合法手续获得林地使用权和林木承包经营的集体林，凡具有完备手续、符合政策规定的，应予承认，继续履行原承包合同，予以办理林权变更登记手续，核发林权证。

其次，签订集体林承包合同书和公益林管护合同。为保护集体林承包双方当事人的合法权益，维护农村经济秩序，确保农村稳定，根据《土地承包法》的规定，发包方应与承包方签订书面承包合同。承包合同主要包括以下条款：

①发包方、承包方的名称，发包方负责人和承包方代表的姓名、身份证号码、住所；

②承包林地的地名、坐落、四至界限、面积、树种、林种；

③承包期限和起止日期；

④承包林地的主要用途；

⑤发包方和承包方的权利和义务；

⑥违约责任。

最后，改革和完善集体林木采伐管理制度，形成新的木材采伐指标分配方式。主要有以下4种情况：①农户采伐自留山上个人所有的薪炭材和自留地、房前屋后个人所有的零星林木，不列入木材生产计划和采伐指标限制。②承包到户经营的集体林，实行按乡和村编制森林经营方案，依据森林经营方案确定合理的年采伐量，提出森林采伐限额指标，逐级上报审批。森林经营方案应包括：资源的数量、林龄、可及度、经营规划等内容；乡和村编制的森林经营方案和采伐限额方案要与县的森林经营方案和采伐限额方案相衔接，时限为5年。乡和村按批准的森林采伐限额方案自下而上申请年度采伐数量计划；乡人民政府按批准的森林采伐限额方案及上级下达的年度采伐指标数额，自上而下分拨到村；各村、村民小组根据各农户的资源状况和生产、生活需要，召开听证会，将采伐指标分配到户；分配结果要进行公示，接受群众监督。③取得林地使用权和林木所有权的农户个人、其他经济组织及企业，自己投资营造的人工速生丰产林和工业原料林的采伐，在限额内优先安排采伐指标。④抚育间伐人工用材林胸径小于10厘米（含10厘米）的林木不纳入木材生产计划。人工培育的珍贵树种用材林，按一般树种商品林进行管理。采伐竹材不纳入采伐限额管理。

“在具体操作中，我们坚持群众不了解政策不实施，情况不明不动手；林地分不分、怎么分、什么时候分、分到什么程度，都由农民集体开会讨论说了算，改革方案必须坚持2/3以上村民代表表决通过后再实施。”东回乡林业站工作人员如是说。同时，根据云南省广泛推行林改村民小组会议签到、林改实施方案签字、林地界限确认书签字、承包合同签字等“四签字”制度，对村民小组林改实施方案、工作程序、林权现状和林改结果“四公示”制度，充分保证群众在林改中的知情权、参与权与决策权。整个林权改革工作坚持“一村一策，一组一案”，即村民小组林改的办法由群众自己想、改革方案由群众自己定、界线由群众自己指认，工作队员现场勾图，参与林改的没有一户上访。

班利村的林权制度改革始于2007年下半年，于2009年基本完成。在此次改革中，经过工作组的认真勘察后，把以前属于村集体的林地900亩承包到农户手中，全村共有717户拿到了林权证，占全村总户数864户的83%[①]。从此，村民有权像经营自己的庄稼地一样经营自己的林地。林改后，班利村各小组的林地情况[②]：

班利一组：宗地数19宗，共2647.6亩。林地使用权类型：集体公益林面积（一般公益林）为2545亩；集体统一经营的商品林，面积为97.9亩。农户林地使用面积2宗，4.7亩；均属非联合发证自留山部分的商品林。共有2户农户。

班利二组：林地使用权类型为集体统一经营的商品林，面积为2宗，51.4亩。

班利三组：林地总面积共4宗，53.2亩。林地使用权类型：集体公益林（一般公益林）面积为33.2亩，集体统一经营的商品林面积为20亩。

班利四组：林地总面积4宗，37.1亩。集体统一经营的商品林面积

① 没有拿到林权证的户数主要是联户经营的部分，就是说几户人家共一本林权证。严格来说，不是每家每户都有林权证，但是每家每户都有林地。

② 根据东回乡林业站提供的《班利村确权勘察林地面积统计报表》整理。

37.1 亩。

班利五组：林地总面积 4 宗，110.7 亩。林地使用权类型为集体统一经营的商品林面积 110.7 亩。

班利六组：林地总面积 10 宗，103.2 亩。林权使用类型：集体统一经营的商品林面积 23.9 亩；农户宗地面积 6 宗，79.3 亩。为非联合发证自留山部分商品林，面积为 79.3 亩，共 6 户人。

班利七组：林地总面积 13 宗，254.3 亩。林地使用类型：集体公益林面积（一般公益林）42 亩。非联合发证自留山部分商品林 9 宗，212.3 亩，共 9 户。

班利八组：林地总面积 5 宗，98.2 亩。林地使用权类型：集体统一经营的商品林面积 64.1 亩；非联合发证自留山商品林 5.5 亩，联合发证自留山商品林 28.6 亩，确权户数 2 户。非联合发证和联合发证共有林地面积 2 宗，34.1 亩。

班利九组新村：林地总面积 7 宗，61.9 亩。林地使用权类型：集体统一经营的商品林面积 46.5 亩。集体公益林面积（一般公益林）8.4 亩。非联户发证自留山商品林 7 亩。

班利十组：林地总面积 5 宗，114.1 亩。集体统一经营的商品林面积 114.1 亩。

班利新寨组：林地总面积 5 宗，3164.5 亩。集体公益林面积（一般公益林）517.5 亩，集体统一经营的商品林面积 2448 亩。农户林地面积 199 亩，非联户发证自留山商品林 106.9 亩，联户发证自留山商品林 92.1 亩。确权户数 29 户。

班利半坡组：林地面积共有 26 宗，2671.4 亩。林地使用权类型：集体统一经营的商品林面积 646.8 亩，集体公益林面积（一般公益林）638.5 亩。非联合发证自留山商品林 860.8 亩，责任山商品林 315 亩，联户发证自留山商品林 210.3 亩。非联户发证与联户发证共 1386.1，亩，确权户数 194 户。

班利卡扩组：林地面积总共 3 宗，373.9 亩。林地使用权类型：集体公益林面积（一般公益林）306.4 亩。农户林地使用权面积非联户发证自留山商品林 67.6 亩。确权户数 22 户。

班利那布一组：林地总面积 40 宗，1030.1 亩。林地使用权类型：集体公益林面积（一般公益林）233 亩。农户林地使用权面积 797.1 亩。非联户发证自留山商品林 260.1 亩，联户发证自留山商品林 537 亩。确权户数 54 户。

班利那布二组：林地总面积 16 宗，443.3 亩。林地使用权类型：集体统一经营的商品林面积 33.2 亩。集体公益林面积（一般公益林）8.6 亩。农户林地使用权总面积 401 亩，非联户发证自留山商品林 234 亩，联户发证自留山商品林 167 亩。确权户数 32 户。

班利那布三组：总林地面积 14 宗，279.4 亩。林地使用权类型：集体公益林面积（一般公益林）12 亩。农户林地使用权面积 267.4 亩，非联户发证自留山商品林 256.8 亩，联户发证自留山商品林 10.6 亩。确权户数 63 户。

那布那得头组：林地宗地数 29 宗，1142.1 亩。集体公益林面积 9.3 亩。农户林地使用权面积 1132.85 亩，非联户发证自留山商品林 281.55 亩，责任山商品林 803.5 亩，联户发证自留山商品林 47.8 亩。确权 277 户

班利丫口组：林地总面积 8 宗 108 亩。农户林地使用权面积 108 亩，非联户发证自留山商品林 108 亩。确权户数 49 户。

从以上林改后各小组的林地情况，发现班利村林地面积 1000 亩以上的只有 4 个组，分别为班利一组、班利半坡组、班利那布一组和班利那布那得头组。班利那布四组的林地面积是全村最少的，仅有 37.1 亩，全是属于集体经营的商品林地。

（三）农业生产方式变革的影响

班利村的生产关系变化反映出村落经济制度变化的几个特点。

（1）村落经济制度的变迁是正式制度与非正式制度交叉作用的结果

新中国成立 60 多年来，中国乡村社会发生了翻天覆地的变化，村域层面的变化是国家土地制度变迁的缩影，但班利村的社会结构、村落文化等方面差异，也深刻影响国家土地制度在基层安排，而且传统血缘村落中宗族势力、宗教势力、风俗习惯等非成文制度的大量融入，使得村落土地制度变迁将更加鲜活与多彩。

（2）村落土地制度变迁统领着村域经济社会转型

村落土地制度变迁围绕的核心主要集中在土地产权的分化方面。土地产权的分化是提高土地资源配置效率的有效途径，土地交易和流转的过程就是配置优化的过程，这是不以人们的意志为转移的自然秩序，不利于土地产权分化的制度安排需要付出效率代价。赋予农民长期限、可交易、有保障的权

利的土地制度，是改变农民弱势地位的最佳途径。完善我国农村土地集体所有、家庭承包经营制度，应当在“赋予农民长期而有保障的土地权利”的基础上，允许土地产权进一步分化，用法律和政策保护农民土地权利自由流转和公平交易。因此，建立有保障土地产权制度安排，对于完善我国农村土地集体所有、家庭承包经营制度，真正“赋予农民长期而有保障土地权利”有重要借鉴意义。

(3) 村落经济发展水平参差不一

村域经济发展水平，取决于村域集体经济和农户经济转型程度和新经济体发育成长状况。村域集体经济、农户经济和新经济体等三大经济主体转型发展相互影响：村域集体经济转型发展带动村域经济社会发展，促进农民增收；村域集体经济壮大又依赖于农户经济和新经济体转型发展，其中新经济体发育与成长状况最为关键，新经济体发育成长得越早越快，意味着村域工业化和非农化趋势越明显，经济增长越快，村域经济社会现代化程度就越高；集体经济和农户经济都能从中受益，反之则相反。

(4) 村落发展路径选择必须具有针对性

当前我国农村呈现村域转型发展经济类型多样化、经济水平多极化格局。农业型、工业型、市场型、旅游型等不同村域经济类型同时并存；巨富型、富裕型、小康型、温饱型、贫困型等村域经济多极分化。村域经济转型发展的巨大差异，不能用宏观环境、资源禀赋、区位差异、政策倾斜、文化差异等解释。改革起点差异、村落基础设施、村集体财产分割程度、改革路径选择以及村域经济转型等，是造成村域发展差异重要因素，其中村落精英是决定因素。在市场经济时代，包括农民企业家群体、合作社创办者、带领村民共同致富的村级组织负责人等这些村落精英直接影响着村落的现实选择。

当我国农业发展进入新阶段，生产经营方式发生重大变化的阶段，班利村的改变反映出村落经济变化的规律：

一方面，传统生产与生活方式发生根本变化。①农业种植结构发生了根本性的变化。有些农村地方的农业生产形成了以大宗粮食作物为主的种植模式，有些地方的农业生产则形成了以经济作物为主的种植模式，而这两种种植模式都是面向市场的，传统自然经济的自给自足的种植模式趋于瓦解。自实行“土地集体所有、家庭承包经营”的“双层经营体制”以来，集体经济功能发挥受到一定影响。当我国农业发展进入新阶段，生产经营方式发生重大变化，主要农产品生产随着农业结构战略性调整的深入推进逐渐向优势产区集中，生产主体和生产方式出现分化。粮、棉、油、糖等大宗农产品生产仍主要以分散的农户为主体，国家在补贴和价格政策给予相应支持。从分散的层面上讲，家庭经营的规模不经济使农户在市场竞争中处于不利地位。我们据此认为，农村集体经济发展，村域集体经济有效发展仍是农村经济发展的重点。②从事农业生产的人口主体未来发生了变化。外出打工对农业生产造成了极大的冲击，一个最为突出的表现是，从事农业生产的人口主体由过去的以青壮年男劳力为主到现在的以老人和妇女为主。新生代农民由于长期在学校里待着，几乎没有从事农业生产的经历和经验，也不愿意再像父辈那样在土地上谋生活，如果非要选择的话，进城打工位列之首。③对社会生活方式的影响。现代农业技术的大规模应用，大型农业机械的推广，农业生产节奏的加快，对人们生存方式产生了巨大的影响。在婚姻恋爱方面，随着青年村民大规模外出打工，受现代教育影响而成长的新生代农民一般在外面谈恋爱，自由恋爱盛行，跨省、跨民族婚姻增多，传统的婚姻圈解体，传统的婚姻伦理失去了发挥作用的载体。农民的婚恋观发生了根本性的变化，表现为农村离婚现象增多，婚姻的稳定性受到冲击，婚外性关系增多，村庄舆论失去了根本制约的作用。

另一方面，传统社会整合方式依旧存在但有所弱化。①传统整合方式在村落社会治理方面起着基础性的作用。班利村依旧是一个传统的民族村落，村庄内部的矛盾与融合的基本力量主要来自于村干部、各村组长与村寨头人，其主要方式也往往依托人际关系来化解。在市场经济的冲击下，村落社会的人际关系日趋理性化，导致农民爱在家里看电视，村落日常生活有高度私人化的倾向，但是，串门、互帮互助的民风尚存，村民在村落社会还可以获得基本的感情慰藉和物质帮助，像传统的庙会、民俗节庆等活动形式公共文化生活还得以为继。②核心价值观的迷失。在市场经济和消费主义文化的冲击下，传统的价值观念解体，新的价值观念一时无法健全，乡村社会出现了伦理性危机。在财富价值观念方面的最大变化是，一切向钱看，不再坚持抽象的正义，为了挣钱不惜牺牲价值尊严和伦理道德。部分农民处于坑蒙拐骗、打架斗殴、吸毒贩毒以及卖淫嫖娼等灰色生活状态之中，成为社会的不稳定因素。

虽然村落社会在现代化进程中面临着冲击与解体的挑战，但当下的中国农民并不能够在短期内顺利地融入与转变为城市分子，即使在城里打工，他们还必须在城乡之间往返，在农村完成家庭的再生产。他们在城市里通过打工获得收入，而农村土地上的产出则为他们提供基本的生活保障。他们还离不开农村，所以，在还不能消灭农村，还要建设农村，即通过进行社会建设和社会管理创新，为农村创造一个良好的社会秩序，并为处在转型中的农民提供最基本的、以人为本的生活保障，杜绝各类恶性事件的发生，是当下中国政府的一个必然选择。

五、班利村的种植业生产与发展

（一）种植业生产资源

农业生产资源是农业生产赖以生存和发展的物质基础。农业生产对土地、水、气候和生物等资源的要求比较敏感，不同的农业资源决定了农业的发展方式和适宜的生产方式不同，班利村的农业生产发展就建立在其所拥有的农业生产资源基础之上。

1. 土地资源

班利村有耕地总面积 13462 亩（其中：水田 1540 亩，旱地 11872 亩），人均耕地 4.4 亩，主要种植粮食、甘蔗等作物；拥有林地 13002 亩，其中经济林果地 1029 亩，人均经济林果地 0.3 亩，主要种植茶叶等经济林果；荒山荒地 26826 亩，其他面积 9600 亩①。目前，班利村的 1540 亩水田中，保水田有 1200 亩，二水田为 200 亩，雷响田为 140 亩。旱地又可以分为台地、水浇地和轮歇地。班利村 11872 亩旱地中，台地面积为 2640 亩，水浇地为 700 亩，轮歇地有 8603 亩。在这些土地资源的基础上，2010 年，班利村 10 个自然村 22 个村民小组的农户共种植陆稻 2656 亩，其中杂交陆稻 364 亩；种植玉米 3154 亩，全部为杂交玉米；种植水稻 1540 亩；种植陆谷共 4 亩；种植花生和

① 这种算法，得出班利村的国土面积为 41.72 平方公里，而不是最初村里上报数据的 17.8 平方公里。在采访中，村民及村长都常常出于经济利用价值的认知而将荒地面积略去。

油菜籽等油料作物的面积共计567亩。甘蔗种植面积达到8675亩，新植甘蔗2434亩；蚕桑面积1020亩；茶园面积达到1029亩。

2. **水资源**

班利村所在的澜沧县降水比较充沛，地下水源也较为丰富，境内有大小河流130余条。除了东部的澜沧江（流经县境142公里）和北部的小黑江（流经县境54公里），县内较大的河流是黑河、南朗河、满帕河、下允河、南腊河、发展河、勐撒河、南甸河、芒海河，均属澜沧江水系。河道错流、水流湍急，瀑布也多，是丰富的水利电力资源。境内山涧河谷地带的岩层裂隙和低凹的山沟中，常有地下水涌出，水质好，泉水清。

班利村所处的地方海拔相对较高，且班利村是在群山的中上部，因此流经的河流很少，只有3条流量较小的河——那南河、南英河以及杀协河。其中那南河以及南英河都不发源于班利村，而是其中一部分经过班利村，两条河经过村子的部分都为5公里左右，常年都会有水，流量较小，水流量基本只能满足两岸农田种植的需要，部分干旱年份会出现断流的情况。而杀协河则是一条季节性河流，只有在雨季才会有水，旱季则出现断流的现象，杀协河两岸的农田也是必须依照气候的变化才能种植，雨水好的年份，杀协河有水，两岸的农田能够栽种，雨水不好的年份则反之。

总体来看，土地、气候以及水资源等农业生产资源为班利村的农业发展提供了良好的条件，但是降水的季节分配不均和多山的地形也为班利农业生产带来了一定的不利因素。首先，农业生产受气候影响大。班利村共有耕地总面积13412亩，其中旱地就有11872亩，占耕地总面积的将近89%，这些旱地受气候以及降水的影响很大，相关性强，靠天吃饭的色彩浓厚。比如在玉米的种植过程中，播种日期随着雨季的来临时期而定，一般每年四五月播种，但是在2010年遇到天气干旱，玉米的播种就不得不推迟到6月。玉米的产量也会受到降水的影响，如遇到干旱年产量就会大大减少。如此的自然条件不利于农业生产的稳定发展。其次，机械化操作推广困难。由于地处山区，山坡陡峭，平地少，从播种到收割以及运输等新型机械化操作实现困难，劳动生产率受到限制。最后，受地形地貌的影响，用机器大规模的代替劳力几乎不太可能，农民的耕作过程全部依靠体力和水牛、犁等简单的耕作工具，十分辛苦。耕作方式的落后也不利于农业劳动力的解放。

3. 农机农具

班利村种植业的历史较长，耕作机具的使用也经历了一个由传统走向现代化的过程。传统的耕作工具主要有木犁、木耙、锄头、弯刀等。现在村里比较常用小型手扶拖拉机等，配套农具有旋耕机、挂斗等，对地形情况的适应性较强，受到了村民的普遍欢迎。

农作物的播种工具主要有犁、锄、铁尖棍等。由于生产条件有限，村里目前还没有实现机耕，水稻插栽仍然主要使用手工操作。玉米的播种也主要是靠人工播种。传统的收割工具是镰刀，脱粒工具是弯棍和掼槽。在水稻的收割过程中，人们就主要使用镰刀来割水稻，靠在掼槽边缘摔打来脱粒。虽然澜沧县内有的地方已经开始使用稻麦脱粒机，不过班利村目前使用的仍然是传统的收获工具。近几年来，随着茶叶的种植，背篓、小弯刀等收获工具也出现在班利村茶农的家里。

在对农作物进行杂草、病虫害的防治过程中，班利村农民历来使用镰刀、长刀除草，还使用竹刀清除埂上的杂草，竹刀是选用老竹削制而成。现在，手动式喷雾器已经在农户的耕作过程中普遍运用，而且大多是背负式手动喷雾器。

在新中国成立初期，班利村民粮食加工和饲料加工主要是用石磨、手碓、脚碓等工具。随着农业生产的现代化，村里出现了碾米机，农民用碾米机来加工大米，一些其他的粮食加工工具也进入村民的家里。在班利村，村民所种的玉米除了销售和食用之外，大部分用来喂养家禽家畜，于是一些养殖大户也买进了饲料粉碎机械。此外，班利村民有利用玉米、糯米等酿酒的传统，一些酿酒户家里也购置了专门的发酵、酿造工具，提高了对农产品的加工利用率。

1955 年之前，班利村的运输全靠人力和畜力。后使用过木轮手推车和牛车，但因车的使用寿命短，加之道路陡峭，逐步停止使用。现在，随着农民经济收入的增高和公路等基础设施的完善，运输工具也发生了变化。目前，全村共有手扶拖拉机 97 台，东风汽车 2 辆，农用车 10 辆。运输机械的增多减轻了农民的劳力，提高了生产效率。比如在甘蔗、水稻、玉米等农作物的运输上，大大提高了生产效率。经营农机运输的专业户也不断增多。2009 年，全村拖拉机及变形农用载重汽车 90 辆，其中农用载重汽车 6 辆，变型拖拉机 11 辆，小型机械为 15 台/套旋耕机，通过农业运输机械各村组运送农家肥到田间 654.8 吨，完成机耕面积 3576.5 亩。

（二）种植业主要生产作物

1. 主要粮食作物

粮食作物是谷类作物、薯类作物、豆类作物的统称，亦可称为食用作物，其产品中含有淀粉、蛋白质、脂肪以及维生素等。栽培粮食作物不仅为人们提供粮食和某些副产品，以维持生命的需要，也为食品工业提供原料，为畜牧业提供精饲料和大部分粗饲料。在班利村，粮食作物主要是水稻、旱稻、玉米和红薯等。一直以来，种植业都是班利村农业生产最重要的部门，班利村所种植的农作物包括粮食作物、经济作物和瓜果蔬菜作物。受耕地量有限和单位耕地粮食产量较低的限制，班利村的粮食种植的传统作用主要是为了满足农民自家对口粮和饲料的需求，并不拿到市场上销售，班利村的粮食种植业在家庭收入中的比重不大。在增加村民家庭经济收入上的比例较小。

（1）水稻

班利村的水稻种植历史悠久，作为主要的粮食来源，2005—2009 年水稻在班利村的种植情况如表 1－7 所示：

表 1－7　　2005—2009 年班利村的水稻种植情况表

种植年份（年）	种植面积（亩）	产量（斤）
2009	1540	781451
2008	1540	725845
2007	1540	804995
2006	1540	665368
2005	1540	647177

近些年来在良种推广、病虫害防治等农业科技的推广下，班利村水稻的产量呈上升趋势。水稻的销售价格分季节，最高达到 1.4 元/公斤。作为一种粮食作物，大多数村民都不出售，一般用来自家食用，粮食富余的农户还会用来酿酒和养猪。

为了使村民的杂交水稻种植能够取得好的收成，班利村委会组织专门的技术人员向农民传授了澜沧县关于杂交水稻规格化高产的栽培技术。首先是选用良种。目前，班利村的水稻全部是优良品种杂交。亩产不断提高，目前亩产达到500斤以上。目前村里的品种一般是会单4号以及经过改良的清黄单，也有一种叫作小巴角的品种，烤酒用的比较多。然后是大田备耕，即插秧前对田块翻耕耙细，整平田面，清除杂草，并结合施用农家肥。插秧时做到精耕细作，田平泥化，待泥浆下沉及时插秧，要求浅水浅栽。大田备耕结束之后进行秧田备耕。秧田应选在背风向阳，肥水条件好，便于管理的田块上。秧田要做到精耕细作，田平泥化，施足基肥。一般中等肥力的田块，备耕时每亩应施2000公斤充分腐熟的农家肥，30~50公斤钙镁磷作基肥。下一个环节是育秧，壮秧标准是秧苗叶绿壮、扇形矮壮、带蘖。育秧之后是移栽节令：旱稻区一般头年12月底开始育秧，下年2月中下旬开始移栽，秧龄40~50天；中稻一般3月中旬育秧，4月初开始移栽，秧龄30~35天。移栽的时候要实现规格化栽培。一般中等肥力的田，宽窄行规格化移栽：大行距18厘米，小行距12厘米，株距12厘米，每塘栽1~2株，每亩栽3.6万丛左右，每亩有效穗22万穗左右。等行移栽：行株距16厘米×12厘米，每亩3.5万丛左右，每亩有效穗21万穗左右。此外，还要加强水肥管理。亩产要达到500公斤以上，每亩的施肥量是：1000公斤充分腐熟的农家肥加30公斤钙镁磷肥、10公斤硫酸钾、1公斤锌肥。最后还要加强病虫害的防治。

（2）旱稻

在大多数地区，由于气候的原因，旱稻的种植几乎不可能，因为旱稻没有水利设施做基础，一般都是靠天吃饭。在我国，旱稻的原始栽培可追溯到7000年前，而在班利村旱稻的种植历史也较为悠久。班利村海拔1441米，属于中亚热带地区，年平均气温17.7℃，年降水量1943毫米，高于澜沧县1634.8毫米的年降雨量，而且分布时间和面积都很广泛，对于旱稻的生长非常有利。旱稻也是拉祜族节日中重要的道具。[1] 1991年，班利村的旱稻一共

[1] 在班利村3090的总人口中，除了拉祜族之外，还分布着佤族村民，共计468人。佤族群众每年农历的八月都过新米节。主人会早起，然后到田里去采割新谷。割回来的谷子扎成一束挂在门上，表示招谷魂进家。其余的搓下谷粒，用铁锅微火焙干，舂出新米，做成米饭。在班利，新米节上的稻谷一般是用旱稻。

5447 亩，年产量可达 693270 斤，亩产量为 127.28 斤左右。2009 年，班利村的旱稻种植面积为 2618 亩，年产量达 260251 斤，亩产量为 99.41 斤。由于近些年来气候条件变得恶劣，旱稻的种植就需要承担更大的风险，而且，为了在旱地上种植更多的经济作物，因此，旱稻的种植面积有所下降。根据班利村的海拔高度，班利大白谷、大白糯、粳三、镰刀谷、黄皮谷等品种比较适宜在班利种植，一般从 3 月下旬开始下种为宜。陆稻地一般应头年 8—9 月开始备耕一至二次，下种前再备耕一次，备耕必须做到土块细碎，地面平整，清除杂草。陆稻长在雨季，生在旱地，生育期较长，除草是最关键的一环。一般是人工和化学除草相结合。

（3）玉米

2009 年，班利村玉米的种植面积达到 2453 亩，而 1991 年玉米的种植面积仅为 1124 亩，翻了一番。玉米是班利村的主要杂粮，所种玉米少量用来食用，大部分用作饲料来养猪喂牛。有一部分农民也会用玉米来酿酒。通过对班利村农户的调查发现，也有许多农户家里种植玉米较多，所收的玉米除了自家牲畜所需之外，一般会在农产品交易市场上卖掉，因而，玉米也成了家庭经济收入来源之一。

为了提高单产，增加玉米产量，保证全乡粮食安全，进一步促进全乡养殖业发展，增加农民的经济收入，东回乡制定了 2010 年杂交玉米推广责任书，其中，班利村承担了 2556 亩的推广面积。班利村组织村民认真学习了杂交玉米规格化高产栽培技术。

2. 主要经济作物

班利村目前的经济作物主要有甘蔗、茶叶、蚕桑和咖啡的种植。甘蔗从 1980 年起在整个澜沧县得到迅速发展，并成为骨干产业。甘蔗在班利村目前也成为农民增收的重要途径，成为整个村寨的农业支柱产业之一。此外，从 20 世纪 60 年代中期起，澜沧县就大力开展了以茶叶为主的种植业，茶叶成为澜沧县的特色产业之一。班利村从 2000 年左右起，开始推进茶叶的规模种植，种茶成为农民增收的新途径。为了进一步增加农民的收入，促进班利村的农业发展，班利村先后引进了蚕桑和咖啡的种植，进一步丰富了产业结构。甘蔗、茶叶、蚕桑和咖啡这几种主要经济作物的种植促进了班利村从传统农业向现代农业，从粗放型经营向集约化经营的转变。

（1）甘蔗

甘蔗作为一种经济作物，是制造蔗糖的原料，且可提炼乙醇作为能源替代品，具有较强的经济价值。1981 年后，随着制糖工业的发展，甘蔗被列为多种经营的重点项目之一，并逐步成为澜沧县的骨干产业。自从班利村引进甘蔗种植以后，甘蔗逐渐成为村民的家庭主要经济收入来源。2009 年，班利村的甘蔗种植面积达 8675 亩，班利村的旱地面积一共是 11872 亩，甘蔗的种植面积达到了旱地总面积的 73%。

班利村目前的甘蔗种植实行企业与蔗农签订甘蔗生产订单模式。这一模式是在与中云勐滨糖业有限公司的合作下进行的。根据云南省、市蔗糖行业整合有关文件精神，澜沧县先后将勐滨糖厂经营权转让给中云勐滨糖业有限公司，又把上允糖厂租赁给中云投资有限公司，组建中云投资有限公司澜沧分公司，推进产权制度改革顺利进行。班利村属于勐滨蔗区，初次种植甘蔗的农户一般是从中云公司买进甘蔗种苗。目前，班利村的甘蔗品种包括 8951、思茅 7 号、台糖 16 号、台糖 20 号、台糖 24 号、云引 20 号、云引 10 号等。这些品种具有良好的抗逆性和较强的宿根性，与班利村的海拔高度、土壤条件以及气候条件等相适应。以云引 10 号为例，蔗农从中云公司买进一吨甘蔗种苗需要 260 元，一吨种苗可以种植约 1 ~2 亩甘蔗（具体种植面积依土地情况而定），一亩地可砍收 3 ~5 吨的甘蔗，在土地肥沃、种苗优良的情况下，产量甚至可以高达 7 吨/亩。在班利村，甘蔗的种植收购模式与中云公司直接挂钩。蔗农把甘蔗砍收完之后，由公司直接派出运输大车来运输甘蔗。中云公司对蔗农实行价格保护政策，一吨甘蔗可卖 260 元。这一种植收购模式为蔗农提供了最大的便利，直接促进了蔗农家庭经济收入的提高。

此外，中云公司派出专门的技术人员，对蔗农进行种植技术辅导。为了更及时地普及甘蔗的种植技术，班利村也设有专门的甘蔗辅导员。甘蔗辅导员是政府、企业联系蔗农最直接的人，乡政府和公司都制定了具体的考核管理办法，辅导员也会签订目标责任书。甘蔗辅导员掌握有甘蔗丰产栽培综合配套技术，从品种的选择、排灌沟渠的开挖、种苗的处理、杂草病虫害的防治以及收割技术等各个环节对班利村的甘蔗种植户给予指导，帮助村民努力提高甘蔗生产的田间管理水平，避免了村民因技术欠缺而收成不好，最大限度地保证了村民的收入。

班利村的甘蔗以秋、冬季种植为主，春季种植为辅。经过优良品种的推广和种植技术的科学化、合理化，班利村的甘蔗总产量已经从 2002 年的 17000 吨/年增至 2009 年的 30000 吨/年，收购价格从平均 110 元/吨增至 200 元/吨，村民的收入也在逐年增多。

在种植过程中所需的化肥、农药等生产资料，村民一般也是从中云公司购买。有些村民是从市场上购买，但是肥料、农药的质量往往没有保障。此外，为了激发村民甘蔗种植的积极性，中云公司对甘蔗种植实施有偿扶持政策。按公司要求的栽培技术、时间、品种种植的农户，每新植、复种一亩，经公司丈量核实后按以下标准给予有偿扶持：2 包农药（特丁硫磷）；甘蔗专用底肥 1～1.5 包，甘蔗专用追肥 1 包；实际需要量的地膜（约 2.5 公斤/亩）；实际需要量的种苗（约 1.2 吨/亩）。以上这些物资贷款不计利息，以成本价调供，待种植农户甘蔗交售时按照应付款总额 100% 的比例从甘蔗款中扣回。除了有偿扶持之外，也有无偿扶持政策。对于甘蔗水田新植一亩的农户，经公司丈量核实后，坝区水田无偿补助现金 300 元，山区水田无偿补助现金 150 元，这里对水田的界定是要保证足够的水源，旱能灌，涝能排，上年度必须是种植水稻的田地，海拔在 1200 米以下的界定为坝区田，反之界定为山区田。在当年开榨前通过公司统一调配砍种的农户，每吨种苗补贴 10 元，自砍自种的农户按面积每亩补贴 10 元。在次年 1 月 31 日前下种的旱地秋冬植，经公司丈量核实后每亩补助 30 元，在所贷款中扣除，不要贷款的计发现金。中云公司对于种苗运费以及收购差价也有补贴。以村民小组为单位，新开发或恢复种植甘蔗的小组或农户第一年引人良种种植秋、冬、春植时，种苗运费由公司按照各地块入榨甘蔗运价进行补贴，第二年起公司不再承担种苗运费，如果村民需要，公司可以给予贴息贷款。另引进良种时发生的收购差价也由公司补贴。

(2) 茶叶

澜沧是云南大叶种茶叶的原产地之一，历史上原生野茶树分布面广量多，后因毁林开荒多数被毁，改革开放以后才又大力发展茶叶。班利村在多年的农耕历史上，虽然村里零散地分布着一些茶树，但是茶叶的种植从来都不成规模。因为茶叶的种植需要较多的田间管理，所花费的时间和精力也较多，且茶苗不是在种植当年就能开始产茶，经济效益不是十分明显，村民一般不愿意种茶。为了丰富农业的产业机构，给农民创造更多的增收途径，班利村近些年引进了茶叶的种植，加入了普洱茶的种植大军中。2001 年，茶园面积仅有629亩，2008年，在村委会的动员下，村民开始新挖茶地。原来的耕地种的是玉米、甘蔗等农作物，也有结合农田建设的坡改梯等工程新开挖的茶地，2009年，茶叶面积达到1029亩，其中连片种植无性系732.85亩。对于一般的茶农，一年茶园的亩产量为700～800公斤，茶叶价格为6元/公斤左右，一年下来，一亩茶地的经济收益最高可达5000元，成为当地农民新的增收途径。

为了对茶园进行更好的管理，班利村组织村民展开了茶园规划治理。首先是道路系统的设置。道路设置为主道、支道和步道，并且相互连接成道路网。主道路一般路宽6～8米，支道路宽3～5米，步道路宽1.5～2.0米。其次是排蓄水系统设置。在茶园上方与山林交界处设置等高隔离沟，拦截山林洪水，防止冲毁茶园；在茶园中每隔30行茶树等高设置截水横沟，两端与纵排水沟相连，排泄茶园中多余雨水。关于小区规格的设置是茶园中小区面积不超过10亩，茶行长度在30至50米之间。此外，还进行了防护林的设置以及遮阴树的种植。

（3）蚕桑种植

普洱市对种桑养蚕的向往历史悠久，早在1910年，宁洱县就开办蚕桑学堂，但由于科技落后，认识不足，蚕桑产业发展如昙花一现。随着社会的发展和科技的进步，在认真总结蚕桑产业发展较好地区的先进经验和分析国际国内市场前景的情况下，普洱市总结自身独特优越的自然优势、广阔的土地资源、充足的劳动力资源，紧抓国家实施“东桑西移”的机遇，掀起了发展蚕桑产业的热潮。

蚕桑产业具有“周期短、成本低、见效快、效益好”的特点：一是每亩产值可达到2000元以上，纯收入1000元以上，经济效益高，是农民增收的好途径。二是桑树枝条可以当燃料，既节约了能源，又减少了农民燃料费用支出。三是桑叶可以喂牲畜，甚至人都可以食用。蚕的粪便经过发酵，是非常好的农家肥。总之，发展蚕桑产业是财政增长、农民增收的落脚点。

班利村所在的东回乡在发展甘蔗、茶叶的基础上，加大蚕桑产业的培植力度，消除产业空白村寨，使全乡形成一个科学合理的产业群或产业带，拓宽农民增收渠道，培育农村经济增长点。为了切实增加农民收入，促进脱贫致富步伐，东回乡制定了蚕桑产业发展实施方案。东回乡蚕桑产业发展目标是按照“万亩乡、千亩村、百亩组、万元户”的具体要求，用5年的时间按

“抓规划、打基础、有计划、按步骤”的工作思路，把蚕桑产业向好田好地、村寨附近、公路沿线发展，科学规划，合理布局，尽量做到相对集中连片。在2005—2007年发展蚕桑产业基地780亩的基础上，2008年计划发展4500亩，其中班利村1000亩，包括500亩示范样板。2008年底，班利村桑叶实际种植面积为1020[①]亩。2010年计划发展720亩，其中班利村150亩。“十一五”期间累计发展蚕桑产业基地1万亩，实现总产值1500万元左右。为了促进蚕桑业的发展，东回乡各个村委会成立了专门的组织机构，各村实行包干制度。

由于种桑养蚕在班利村是一项新兴产业，最近两年才引进，上级给予了大力的技术扶持。选地时，一般选择好田好地、村寨附近和公路沿线。在指导村民种植桑苗时，制定了严格的种植规格，开沟种植的规格为沟深0.4米，沟宽0.4米，株距0.4米，行距1.2米，每亩种植桑苗1400株。根据班利村的气候和土壤条件，村民一般是在10月初至11月底完成种植。同时，为了保证桑苗的质量，班利村根据本村土壤的肥力，按照适当的比例综合使用了钙镁磷、尿素、复合肥等作为基肥和追肥。同时，加强了病虫害防治，适时做好中耕管理。上述各项种植技术给蚕桑种植户带来了很大的帮助，实现了较好的经济效益。为了促进蚕桑产业的发展，政府以及澜沧蚕桑公司加大了蚕桑产业的投入力度，桑苗、蚕种、蚕用物资由蚕桑公司给予有偿扶持，在交售鲜茧时每次按收入的20%逐年扣还，扣满为止。1个标准蚕房的使用面积为16平方米，规格4米×4米，需要投入资金3200元左右，由县人民政府给予贴息贷款扶持。此外，为了调动村民的积极性，对于示范样板种植农户，每亩给予10元的奖励。

2009年，班利村共种植570.9亩桑苗，建设了685平方米的蚕房，229户养蚕农户共养殖春蚕0.5张，夏蚕2张，正秋蚕11张，晚秋蚕86.5张，这100张蚕产鲜茧3500公斤，获得66500元的经济产值，切实提高了农户的经济收入。

为了做大做强蚕桑产业，培植其成为新的支柱产业，增加农民收入，进一步促进全乡经济社会的全面发展，东回乡特制定了2010年蚕桑产业发展目标责任书。该发展目标涉及班利村的20个村民小组共225户。班利村将发展

---

① 由班利村委会提供资料。

桑园面积共577.2亩，其中嫁接面积为70亩。通过桑苗的种植，可以养殖152张蚕，鲜茧产量可达5320吨，鲜茧产值达到106400元。但种桑养蚕需要较高的技术，许多老百姓懒于学习新技术，并且目前农民贷款难，资金不到位，导致老百姓种桑养蚕的情绪低落，调动不了积极性。班利村也将努力做好蚕桑的推广，从而实现农民创收渠道的拓宽。

（4）咖啡

咖啡1989年已开始在澜沧县内大规模的种植，当时种植面积为2857亩。1999年左右，因为遇到霜冻，所种咖啡大面积被霜冻死，产量减少。2000年后恢复生产。近几年，咖啡作为一种经济作物，市场需求越来越大，咖啡的种植受到了青睐。咖啡的种植是从2010年才开始引进到班利村的。2010年，东回乡准备开发100亩咖啡基地，地点选择了班利村。开发期限为20年，从2010年5月1日至2030年4月30日，如无国家大的政策变动，将继续顺延20年。该咖啡基地的建立共投资200万元，东回乡政府负责组织群众投工投劳。企业对咖啡鲜果实行保护价格。通过协定，一级鲜果价每公斤1元，干鲜果每公斤0.5元，超过保护价的随行就市定价。咖啡农鲜果款在每年的咖啡采摘结束后于当年4月底结清。从定植年起三年之后投产，投产后农药、化肥由咖啡农自己承担。在投产之前，由投资方支付给农户每亩每月5元的扶持管理费。投产之后，咖啡农每年需支付每亩10元的土地承包费。目前，咖啡苗已经种植在班利村，三年之后开始结咖啡果，将会成为农民新的致富增收途径。

（5）其他作物

2009年，班利村蔬菜瓜果的种植面积共达400亩，基本满足了村民的需求。一些农户也在自家的房前屋后自己开垦一小块田地进行蔬菜的种植。常见的蔬菜有黄瓜、豆、青菜、白菜等。常见的水果有菠萝蜜、青橘、柚子、芒果、芭蕉、香蕉等。这些水果的分布也比较分散，往往是在农户的房前屋后可以看到这些果树，所结水果一般是农户自己享用，富余的也有在集市上出售的。

其他的经济作物还包括花生、油菜籽等油料作物。近20年来，花生、油菜的种植面积一直不大。村民所种的花生和油菜籽一般都是供自家食用，并不出售，种植规模较小，一般是在自己的房前屋后种植。（见表1-8）

表 1－8　　2007—2009 年花生和油菜籽种植面积和产品

年份	油料合计		花生		油菜籽	
	面积（亩）	产量（公斤）	面积（亩）	产量（公斤）	面积（亩）	产量（公斤）
2009	567	51930	342	38759	225	13171
2008	454	26223	327	25383	127	840
2007	536	39169	268	25769	268	13400

（三）农田与水利设施建设

在《澜沧拉祜族自治县农业和农村经济发展第十一个五年规划》中，农田水利设施的建设占据了重要位置："要把打牢农业基础作为农业农村经济发展的重要基础，把农田水利建设作为发展农业生产的重要措施。'十一五'期间，在田间排灌工程、小型灌区、非灌区抗旱水源工程、农村'五小'水利工程和高稳农田（地）建设、中低产田（地）改造、坡改梯建设上进行重点建设，使农田（地）水利化程度不断提高，农业抗御自然灾害的能力不断增强。"

1. 农田基本建设

耕地的开发以及相关农田配套措施的改进是农业向高产、优质、高效方向发展的重要保障。班利村所在的澜沧县从新中国成立以来就积极进行农田基本建设。澜沧历史上以种山地为主，水田很少，且不少山地被用于种植罂粟。民国二十年（1931 年）澜沧县政府报告，全县仅有水田 5 万亩，旱地全靠毁林开荒、刀耕火种，今年种、明年丢，故无法统计。1957 年和 1958 年，政府领导全县人民开展大规模的农田基本建设，此后，全县各地每年都利用冬春季节开田开地，使县内耕地面积不断扩大。到 1966 年，总耕地面积增加到 91.9866 万亩，比 1949 年增长 68.9%。至 2004 年，按统计部门年末统计，水田为 31.2411 万亩，旱地为 77.3905 万亩，农业人口人均 2.67 亩，农村劳动力人均 5.79 亩。全县耕地以旱地为主，占 70% 以上，而旱地又是坡地多、平地少，瘦地多、肥地少，轮歇耕种的多、固定耕种的少。加之长期以来生产方式落后，不重视施用有机肥料，靠自然肥力维持生产，致使不少耕地肥力下降，有机质明显不足，水土流失严重，生产能力低。1990年以来，县委、县政府加大投入，大力开展以建设高产稳产农田地、改造中低产田地、坡地改梯地、旱地改水田以及配套田间路渠为主的农田基础设施建设，进一步巩固了耕地，培肥地力，提高了耕地的“三保”能力和生产能力。2004年，全县全年退耕还林5.2万亩，年末全县实有耕地面积为123.33万亩，其中水田31.21万亩，旱地91.71万亩。累计完成坡改梯、新开田面积14.858万亩。

在上级政策的主导下，班利村紧跟县级农田建设步伐，从建国以来一直在不断进行农田建设，经过不断开发，2009年，全村41.95平方公里的土地上，耕地面积一共开发了13412亩，但是荒地还有26826亩。耕地面积中，旱地占据约89%。班利村经丈量核实农户承包旱地情况如下：按照承包旱地坡度分布情况来看，0°～4°的3404.45亩，5°～25°的4256.12亩，26°～30°851.12亩。经测算，自留地面积为518.55亩。从2007年1月至2008年10月，在班利村实施了省级投资土地开发整理项目。该项目工期耗费22个月，建设规模为6053.25亩，东至南垒水库，南至那得特村民小组，西至半坡村民小组，北至南那河。省里给每亩土地投资1430.11元，经过开发整理之后，净增耕地630.6亩，耕地净增率为10.42%。近些年来，为了促进种植业结构的多样化，班利村引进了经济作物茶叶的种植。2008年，在村委会的动员下，全村开始集体开挖茶地。2009年，开挖茶地437亩，2010年，茶地面积已达1029亩，有效地满足了农业发展的土地需求。为了增加土壤的肥力，在澜沧县2008年省级农业生产发展资金的支持下，班利村为农户发放了钙镁磷和尿素等的肥料补贴，直接促进了农田的粮食增收。此外，田间道路的建设也取得了一定成果。经过村民自己的简单硬化，目前拖拉机等农用工具已经可以在部分地段通过。此外，班利村还不同程度地开展了中低产田（地）改造、坡改梯、高稳农田（地）建设等农田建设工程。

中低产田（地）改造是农田改造中的一大工程。根据云南省的标准，土地亩产量在250公斤以下的田地均为中低产田（地）。班利村13412亩的耕地中，有相当一部分田地还是中低产田（地）。为了对田地进行改良，班利村通过工程措施、农艺措施和生物措施对耕地进行了改造。工程措施主要包括开挖排水沟，解决冷浸、涝渍问题；平整土地，包括淤沙、炸石垒埂填土造地；深挖破除铁盘、砂姜、黏层；配套的灌水渠道、闸门、水窖、水池等；修建配套的田间机耕道路、乡村公路、桥梁；修建截引治理污染耕地的废水、废渣、废弃工程。农艺措施主要包括推广水田垄沟规格栽培技术，旱地沟厢改土技术，少耕覆盖技术等；深耕增施有机肥，扩种绿肥、豆科作物、秸秆还田（或高留茬）等；增施磷肥、氮、磷、钾配方电脑施肥技术；针对性施用硼、锌、钼、硫、硅等元素和生长调节剂、菌肥、改土材料等；施用石灰，改良过酸土壤；改革耕作制度，改进提高耕作技术，提倡复种轮作，提高复种指数，依条件旱改水、水改旱；大力普及“两杂”种植，引入和推广适宜本地的新品种，推广良种良法和规格化栽培技术；加强病虫害预测预报工作，认真防治病虫草鼠灾害；掌握规律，加强中长期气象预报，把预防自然灾害的措施纳入栽培制度中认真贯彻。生物措施主要有植树种草，封山育林，改善农业生态环境，减少水土流失，涵养水源。通过这一系列措施，中低产田（地）得到了有效的改造。

班利村还进行了坡改梯建设。坡改梯的田地必须具有以下特点。一平：坡改梯建设应选择水源、光照条件好，耕作土层稍厚，坡度在5°~25°之间。实行先易后难，由近及远，相对集中，连片治理，要求台面做到一次性平整，台面宽度3米以上。二深：土层厚度达到50~60厘米，耕作层熟土18厘米以上，进行适当深翻，有利于改善土壤理化性状，增加土壤团粒结构，促进土壤熟化。三肥：种植豆科绿肥，要求亩施肥1000公斤以上，实行科学配方施肥，改善土壤理化性状，提高土壤有机质含量。四有埂：因地制宜，土、石坎埂均要求牢固坚实，埂子高度一般不高于2米，地埂应高出台面20~30厘米，能有效地阻止雨水淋浸埂子。土埂外坡种草种粮，护埂保坎。五有沟：破该地地块周围要求开出“三沟”，即跑水沟、背沟、环山沟，形成水不乱流，泥不下山的坡面水系网络。在水利资源较好的区域，应充分利用水资源，扩大自流灌溉面积，建蓄水池，配设地间小水窖，建成水浇地。六有路：破该地地建中连片地块，要求布设田间机耕、人畜道路，利于机耕作业，方便生产生活。此外，应加强坡改梯地附近坡地绿化，保护现有林地，利用25°以上荒坡种草植树，改善农业生态环境条件。

高稳产农田（地）建设。高稳产农田是指生产粮食作物或经济作物，具有高产、稳产综合生产能力的农田（地）。普洱市高稳农田（地）的标准是：要求土地基本平整，土壤肥力较好，土壤有机质含量较高（2%以上）；有一定的排灌条件，正常年景保持灌溉；良种化80%以上，栽培技术规范化；复种指数160%以上，能有效地控制病、虫、草、鼠害。具备年亩产粮食400公斤以上生产能力的农田。

2. 水利基本设施建设

水是制约农业发展的主要因素。旱、涝等自然灾害都与水有着直接的联系。水利建设是农村生产性基础设施建设的重要组成部分，它既要能有效地抵御自然灾害，又要保障农业生产安全，保证农民增产增收。

1952年之前，班利村所在的澜沧县农业生产基本上是靠天吃饭。水源差的地方，要等雨水充足时才能栽种。为了改善水利条件，澜沧县加大蓄水工程的建设，修建了许多水库和坝塘，提高了有效灌溉面积。此外，引水工程的建设也积极进行。1949年之前，各族群众多引山间溪水灌田，所修沟渠虽较多，但一般都比较短。1986年后，澜沧县广泛动员群众集资投劳，积极修复和新修水沟，并规定每个劳力每年应投入新修水利的工日在15个以上。进入20世纪90年代以后，澜沧充分利用国家补助的以工代赈、扶贫攻坚水利项目、抗震救灾恢复以及其他专项资金，广泛动员和新建引水工程，提高了取水、输水的可靠性和灌溉保证率，扩大和增加了有效灌溉面积。

班利村由于其特殊的地理位置和地形条件，农业所需灌溉用水大多是经过引水而来。班利村耕地总面积13412亩，其中水田1540亩，旱地11872亩。除了水田是引水灌溉之外，其他旱地都是靠天降雨，对于自然降水的依赖性强，抗旱工作极其严峻。水田所种植的水稻又是主要的粮食作物，因此，农田水利设施的建设在保证粮食安全和解决农民的温饱问题上发挥着至关重要的作用。随着水田面积的增加，新中国成立以来，班利村积极动员村民修建引水沟渠。目前，班利村的农田水利设施主要是96条沟渠以及47处简易的取水坝。引水的源头主要是南那河、南英河、杀血河三条流经班利村境内的河流。引水沟渠主要是农民自己在多年的农业耕作中开挖的，所建沟渠长短不一、宽窄不一、深度不一，沟水流量极不稳定，极其简易。据班利村的不完全统计，沟渠最长的达5000米，最短的不过20~30米，全村的沟渠长度共计9800米。这些沟渠一般都是随地势、沿水田边缘而挖，构造简单，水土流失严重。澜沧“三面光”工程作为农田水利建设的一个重要方面，已经在许多地方开始建设。通过“三面光”工程可以有效地防止沟渠渗漏，防止水土流失，达到节水保土的效果。但是，班利村目前由于财力等各方面的匮乏，“三面光”沟渠的建设还没有展开，预计在2012年可以开始试点工作。班利全村目前共有取水坝47处。这些取水坝的构造也很简单，一般是在离农田较近的河流段，利用河床的地势，用木材直接拦水然后把部分水引入农田沟渠。这些取水坝都是村民根据自己的经验自行构建的，所用材料仅仅是根据河流宽度等而定长短的木材，防洪效果差，引水效率低。班利村目前已经向上级反映，争取在未来的几年建立起坚固的取水坝。

此外，农田水土流失较为严重。尤其是在雨量集中的季节，天上降雨量多的时候，田间道路上泥水湍流，水土流失极其严重。在班利村，因为农田的分布较为分散，水土流失的治理一直是个难题，对于庄稼的生长是个不利的因素。因此，水土流失的治理也将是班利村未来农田水利建设的重点。班利村的蓄水工程目前还没有展开，附近没有塘坝等蓄水设施，目前发生的干旱灾害仍然是制约农业发展的一个严峻问题，抗旱工作任重道远。

（四）现代农业科技推广与合作

在农业现代化的过程中，农业科技的推广是确保农民增产增收的一大途径。在新中国成立以来，澜沧县十分重视农业科技的推广，先后建立了气象站、农业科技推广中心、经济作物技术推广中心、农机推广中心、种子站、农经站等相关部门，发挥了积极的组织和管理作用。

1. 农业技术的推广

近些年来，班利村紧跟现代化农业发展的步伐，不断加强农业技术的推广，在推广良种、改良土壤、病虫害防治等方面都取得了显著成果。

推广良种。目前，班利村的水稻全部由优良品种杂交。2010年，班利村10个自然村21个村民小组的农户共种植陆稻2656亩，其中杂交陆稻364亩。玉米转变为现代优良品种杂交玉米。2009年，茶叶面积1029亩，其中连片种植无性系732.85亩。甘蔗的种植也不断淘汰糖分低、亩产低的品种。优良品种的推广提高了农作物的产量，使农民成为直接的受益者。

改良土壤。班利村配合农田改造的进程积极地进行土壤改良。东回乡成立了科技委员会，负责土质的测验。从2005年开始，班利村积极配合乡科委，每隔1~2年就取土到乡里做土壤化验和土质分析。经过测验，可以发现本地所适合种植的品种，从而对于品种的改良也起到积极的作用。此外，可以发现土壤中缺乏的肥力元素，通过化肥以及农家肥的合理施用从而改良土壤。此外，班利村组织村民进行田地的套种换种，有效地改善了土壤的肥力，提高了粮食的产量。

病虫害防治。农作物病虫害防治是植保的重要内容。在班利村的农作物中，如水稻的主要病害有稻瘟病、白叶枯病等，虫害主要有三化螟、二化螟、飞虱、叶蝉、黏虫等。此外，旱稻、玉米、甘蔗、茶叶、桑园等都会发生各种各样的病虫害。由于地处山区，农作物还常受鸟、兽危害，尤其是老鼠等危害，给村民种的玉米、水稻等农作物造成了较为严重的损失。为此，班利村按照“预防为主、综合防治”的原则，采取了药剂防治和农业防治两种方式积极展开病虫害防治。药剂防治一般采用农药防治办法，针对不同病虫害，实施相应的农药。农业防治主要是适时耕田除草，合理施肥，提高水稻抗虫能力，这些措施使班利村最大限度地保障了农作物的收成。

2. 建立农业合作组织

班利村成立了甘蔗种植协会、种粮协会、新型农民科技培训学校、农民用水户协会、农村致富技术函授大学（简称：“农函大”）等群众性的科技队伍。甘蔗种植协会主要是在中云公司的帮助下，由甘蔗种植大户组成，包括甘蔗辅导员等人员，在甘蔗的种植上发挥了积极主动的带头作用。种粮协会主要是传授种植水稻、旱稻、玉米的先进经验并进行相关培训。新型农民科技培训学校在每年 4 月对农民进行首次培训，主要是关于播种技术、用肥技术的培训，一般是由乡上农科站与县里农业局的技术人员来培训，班利村负责组织协调工作。第二次培训是在 10 月进行，9 月至 10 月是农作物成熟收获的季节，通过培训，村民可以对自家粮食的分配进行合理的安排，对留种、出售、加工的粮食比例进行合理的调整。在培训会上，村民之间也可以加强交流，比如关于留种问题，大家通过交流后，可以知道哪个品种收成好，适宜当地土壤等条件的品种就可以进行留种。此外，10 月的培训也为下一季的播种工作提供了技术指导。比如关于农田里玉米这一农作物的施肥、用药等问题，村民都可以在培训会上得到相关的辅导。农函大为农民提高科技文化素质提供了良好的条件。此外，班利村开通了农村科技 110，提供了 7232110 服务热线，为村民提供科技帮助。这些专业机构和科技队伍为普及农业科学知识、培训技术力量、开展农业科学实验活动、推广先进技术、提高科学种田水平等发挥了重要的作用。

六、班利村其他产业的发展

农村产业结构是指农村经济结构第一产业、第二产业、第三产业之间及其产业内部产品，在经济产出等指标上的量的比例和构成。农村产业主要包括大农业（种植业、畜牧业、水产业和林业），农村经济主体兴办的加工业、采矿业、商业服务业、运输业，以及与农业生产密切联系的科技文化产业等非农产业。班利村的种植业是优势产业，其他产业是班利村的有益补充，因时因地而有不同的发展与变化。

（一）大农业及科技文化产业的发展

1. 林业

云南是全国的林业大省，而澜沧县是云南的第二大县，它不但在土地面积上，而且在森林面积上也是云南的第二大县。澜沧县森林覆盖率为55.91%，比云南省森林覆盖率47.5%高8个百分点。澜沧县虽然拥有丰富的林业资源，但是林业却是其最薄弱的产业。根据东回乡林业站对各类森林、林木面积蓄积统计表，班利村共有森林、林木总面积为19218亩①，活立木总蓄积量为38950立方米。其中国有林地为336亩，活立木蓄积量为1620立方米；集体林地为11224.5亩，活立木蓄积量为36710立方米；个人林地为633亩，活立木蓄积量为250立方米；其他林地面积为7024.5亩，活立木蓄积量为370立方米。全村共有林班13个。从上面统计可以看出，班利村林业是集体林占绝大部分，占全村总林地面积的58.4%。

目前班利村的林种主要有防护林、用材林和经济林三种②。班利村防护林面积为135亩，占全村防护林总面积51672亩的0.26%；用材林面积为19083亩，占全乡总用材林面积190416亩的1%，占全村总林地面积的99%；经济林面积为1032亩，占全乡总经济林面积2749.5亩的37.5%，占全村总林地

① 根据云南省林业调查规划院提供的2006年《澜沧县东回乡森林资源规划设计调查统计表》整理。

② 根据云南省林业调查规划院提供的2006年《澜沧县东回乡森林资源规划设计调查统计表》整理。

面积的5.4%。从林种的分类来看，目前班利村没有薪炭林。根据上面的统计数据可以看到，班利村主要是用材林，防护林和经济林非常少。从全乡用材林的面积来看，班利村仅仅只占全乡的1%，这说明班利村的林地面积比其他村的林地面积少。经济林面积正好相反，班利村的经济林面积占据全乡经济林面积的37.5%，说明班利村的经济林面积比其他村的多。

从林业生产主要林产品采伐量来看，目前班利村的林产品采伐主要是对竹材的采伐。班利村整个村庄附近，随处可见高大粗壮的竹子。据村支部书记李小保介绍，本村的竹子主要有四个品种，分别为甜竹、大苦竹、黄竹和黑竹，其中土生土长的是前两种，后两种是村民们后来引进的。甜竹主要是食用，但数量非常少。大苦竹、黄竹和黑竹的直径可达十几厘米，高达十几米。除了甜竹外，其他三种竹子采伐后，主要是卖给筷子厂，或是用于农田的支架和捆甘蔗①。除此之外，农户大多用竹子来代替木材建房，村子里随处可见竹子吊脚楼。李小保还介绍，以后村子里也要加强竹子的种植面积。

表1－9　2005—2009年班利村林业生产主要林产品使用情况表　单位：立方米

项目 年份	村及村以下木材采伐量			竹材采伐	其中：毛竹
	合计	用于生产生活木材采伐	用于生产生活木材采伐（燃料）		
2005	2592	390	2202	9860	9860
2006	2675	621	2054	12260	12260
2007	2688	545	2143	13030	13030
2008	3338	1257	2081	13910	13910
2009	75236	876	6313	11227	11227

资料来源：澜沧拉祜族自治县东回乡班利村农村综合统计年报表。

从农村经济总收入和总费用来看林业在班利村的收入情况。近5年，班利村的林业收入呈现递增趋势，2009年的林业收入约是2005年的1.4倍，

① 每年甘蔗收割季节，需要大量的竹子来捆绑。

而2005年的林业费用却是2009年的4倍。其原因有二：一是随着2006年的农业税取消，村民不用缴纳部分林业税款；二是林权制度改革后，政府有相应的林业管理费用，这些管理费用大大减少了村民以及村集体对林业的开支。

表1－10　**班利村林业收入与林业费用情况**　单位：元

年份	农村经济总收入	林业收入	农村经济总费用	林业费用
2005	5772147	97700	2728509	64200
2006	6667579	96400	3044650	56400
2007	8426000	184100	4523739	66100
2008	9373360	109700	5227768	54850
2009	10173360	135700	5654867	14866

资料来源：澜沧拉祜族自治县东回乡班利村农村综合统计年报表。

2. 畜牧业

畜牧业是发展大农业的基础，是增加老百姓收入的有效途径。班利村2012年全村农业经济总收入583万元，畜牧业收入57万元，占总收入的9.8%（班利村全村大牲畜年末存栏1027头，其中黄牛40头，水牛987头，出售116头，年末生猪存栏3753头，出栏5045头，家禽饲养23452只，出售15450只），其中，大牲畜的用途主要用于生产资料参与农业耕作，部分用于交换，少量用于生活。因此，养殖户主要集中于养家禽与生猪。2011年年内出栏肉猪1335头，肉牛44头，肉羊0头，相比2009年全村畜牧业收入124万元（其中，年内出栏肉猪439头，肉牛214头），整体来看，村里畜牧业生产产品产量总体呈增长态势，但因饲料价格上涨，生猪价格下跌，畜牧业综合经济效益不佳。

生猪价格下跌的主要原因：一是生猪产量恢复性增长。在2007—2008年猪价上涨和国家政策激励的形势下，生猪生产稳定增长，能繁母猪数量大幅增加，商品猪生产规模不断扩大。二是在生猪市场价格疲软的同时，饲料价格却大幅上涨。2010年玉米市场收购均价2.3元/公斤，麸皮、米糠、配合饲料等比2009年同期也有不同幅度的上涨。部分养猪户为降低成本，提前出栏生猪，造成短期上市量增多。2010年，村里养猪大户杨云青如是分析。然而，第二次2012年再次回访，我们发现，2009—2011年猪粮比价持续走低，养猪效益低下，养猪业连年处于亏损状态，一般养殖户每头猪亏损100～200元，养殖场每头猪亏损150多元。问及相关保险方面，他说，在澜沧这样一个贫困的农业大县，农业生产保险是严重滞后的，目前实施的项目仅有国家在2007年统一启动的能繁母猪养殖保险。

能繁母猪是指已具备繁殖能力并投入生产的母猪，包括经产母猪（已产仔一胎或一胎以上的母猪）和初孕母猪（第一次怀孕的母猪），不含后备母猪。根据云南省制定的《云南省能繁母猪统一保险方案》规定，对符合下列条件的能繁母猪进行承保：能繁母猪品种在当地饲养1年以上；能繁母猪在8月龄以上（含8月龄）、4周岁以下（不含4周岁）；管理制度健全、饲养圈舍卫生、能够保证饲养质量；饲养场所在当地洪水水位线以上的非蓄洪、行洪区；猪只经畜牧兽医部门验明无伤残，无保险责任范围内疾病，营养良好，饲养管理正常，按照所在地畜牧防疫部门审定的免疫程序接种并有记录，猪只具有能识别身份的标识。保险期限为1年，保险金额为1000元（已保险母猪发生保险责任范围内的死亡，由承保的保险公司根据合同约定，按照每头1000元的标准进行赔偿），保费为每头60元，其中养殖户承担20%，即12元/（头·年）。另据班利村委会党支部书记李小保介绍，他们在2008年接到上级通知后，开始在村里宣传动员，2009年全面实施。养殖业在班利村具有一定规模，是村民收入的主要来源之一，据李书记介绍，村民参与能繁母猪保险的积极性很高，截至2009年底，班利村244头能繁母猪全部纳入了保险范围，具体事宜由乡畜牧站和兽医站负责。我们了解，到目前为止在班利村只发生过一例赔付案例。2009年年中，班利村委会原主任李四家投保的一头能繁母猪死亡，随后他向乡畜牧站、兽医站提出了赔付申请，兽医站的工作人员遂到李四家查勘、核实，确认是否在保单免责范围之内（免责范围为：投保人及其家庭成员、被保险人及其家庭成员、饲养员故意或重大过失行为、管理不善，他人的恶意破坏行为；政府为防止疫情扩散而对未患病的已保险母猪进行扑杀、掩埋、焚烧以及其他行政行为和司法行为）。最后核实李四家死亡的母猪致死原因为患蓝舌病，属于保险责任，乡畜牧站、兽医站将核实情况报给保险公司，保险公司按照合同约定向李四家支付了理赔金额1000元。

此外，周边相关龙头加工企业少且实力和品牌效应不强，对畜牧业的带动力不足。畜牧业生产与加工、经销联系不紧密，养殖企业往往只能控制生产环节，获取生产环节的微薄利润，而营销环节则依赖于经销商，出售的畜产品价格往往受经销商的控制，经营环节与生产环节利润不成比例。总之，生猪产品市场长期波动或走低，对绝大部分养殖户，尤其是规模养猪户的生产发展有很大影响。

3. **科技文化产业**

农业是县域经济的重中之重，把先进的农业技术推广到户，到每一亩农田，需要一个良好的平台。农业经济的发展往往有3个瓶颈：基础设施、人才和科技。澜沧县经过几年的探索和完善，制定出了一系列扶持和奖励政策，尤其以建立培训基地，推广科技中心户为重。目前，在班利村已建立文化科技中心户近30家。我们了解到，文化科技中心户按“四个一”标准设立，即：“一个带头人（具有一定政策水平、文化水平、科技素质和经济头脑并热心公益事业）”，“一间文化屋（有200册以上适合农民阅读的科技文化书籍、一份以上党报党刊和一台影碟机等文化娱乐设施）”，“一块示范园（根据本地种养的主要产业，各个中心户都有一块较高水准的科技示范园或基地）”，“一批联系户（每个文化科技中心户必须联系10个以上的农户）”。文化科技中心户，主要是用科技人员来教授和培训生产常识，指导农民进行科学喂养，解决科技入户最后一关的问题。科技带头人不仅自己能率先致富，还要通过示范作用，带动周围的人一起致富。这些文化科技户就像磁场一样，吸引了周围的农民，又能把科技文化效应放大，带活了全村农村经济。村支书认为，通过建立文化科技中心户，班利村的农民科技意识发生了显著变化。以前，农民养猪讲究“猪运”，认为猪死了的原因是运气不好。通过文化科技中心户对农民不定期培训，90%的农民有了科技意识，开始为猪修筑通风、向阳的猪圈，改善生猪的生活环境。2010年上半年春防工作，澜沧县全面推行了“分片包干、集中免疫、整村推进”的免疫新模式，免疫密度和质量得以提高。目前，澜沧县依托科技推广中心，重点抓好畜牧生产技术推广、动物疫病防控，力争科学规划、科学饲养、科学管理，抓好科技项目繁育工作。

（二）非农产业的发展

1. 手工业

在中国漫长的历史上，农村手工业一直是农村经济的一个组成部分。近代中国农村中存在着三种形态的手工业，即农民家庭手工业、工场手工业、工匠手工业，其中家庭手工业占主导地位，工场手工业获得了一定程度的发展，工匠手工业发挥着拾遗补阙的作用。三种形态互为补充，并在一定条件下互相转化，在一定程度上反映了近代农村社会经济生活的复杂性。

班利村基本上以家庭手工业为主，工匠手工业为辅，没有工场手工业。班利村手工业的生产普遍属于个体方式，生产规模较小，技术条件相对简朴。家庭手工业产品多以衣物纺织类产品和日用生活编织品为主，用途也主要以村内家庭家用为主，极少家庭承接外加工（主要是民族纺织品）。外加工产品均为纯手工，由于产品类别、型号及工艺不同而加工费有所不同，也因工人熟练程度不同而产生效益也不尽相同。近年来，澜沧县着手打造葫芦开发广场，特别支持相关民族手工业产品的生产。其中，比较常见也比较常用的是拉祜族挎包。拉祜族挎包以黑色、红色为主调，常采用纺织等手工技法。图案多有直饰纹、菱形纹、水波纹、三角纹，两侧满缀大红、绿、白、蓝色毛线绒球，极富于装饰性，色彩艳丽。在县城，一个传统的拉祜族包对外售卖200~300元，外来人想收藏一件，又觉得太贵。村长说，县里很多人都从他们村上来买包，因此，人们被动员做包，手工业生产的收入有了些增长，成为有些农民家庭经济一个较重要组成部分。受传统思想影响，一般只有家里的女性在农余时间做，但村民的积极性不大，原因是原料涨价，加工费时又费工，利润没那么吸引人。村长说，由于乡里有工作要求，他只好动员自己老婆主动参与。由于受传统思想观念和人才技艺、资金等因素的制约，村里的民族手工业发展速度和效益与市场实际需求存在很大的反差。其原因主要有以下几个方面：首先，村里的民族手工业基本保持着原始传统的家庭作坊式生产方式，规模较小，没有形成有效的市场竞争力。自给自足的自然经济的小生产，虽然部分已转化为小商品生产，但还被束缚在土地上，没有达到独立小商品生产的程度，还不是完全意义上的小商品生产。其次，民族手工艺工艺品种单一，样式落后却造价不菲。目前，人们日常所穿的衣服多为便宜且耐穿的现代织品，传统衣服多留存于节日或重要日子用。但针对澜沧县搞旅游所需的量又不固定，不能形成促进家庭手工业规模发展的基本动力。最后，传统手工业从业人员青黄不接，传统技艺面临失传，且缺少现货市场营销的参与与展示，销售平台没有形成。

2. 商业

班利村没有专门的农贸市场和集市，村民们的日用品和生产资料等多是从村中的个体经营商店或乡里的定期集市购买。班利村共有较大的综合商店2个，由外来人员经营，其经营范围包括日用品和农具、化肥、种子等生产资料；同时有普通的日用品商店近十个，有些村民也会利用家中的空闲房间开设简单的商店，经营烟酒、方便面、饮料等最常见的商品。这些基本能够满足村民的需要。

班利村中数年前修建的“千村万户”市场棚屋目前已经废弃，经了解，原因是多方面的。一方面市场棚屋位于村卫生院的旁边不足10米的距离，村民们认为在卫生院旁边很不卫生，市场棚屋位置不利于组织和经营市场；另一方面村民认为没有必要组织专门的市场进行交易，一般的农产品一部分由村民自己消费，另一部分通过一对一的交易形式完成，需要特别说明的是大部分畜产品均由孟连县的专门收购商定期收购，并且价格较高，因此广泛为村民们所接受。一般的生产资料例如种子、化肥、农具等都可以在村中的商店购买，同时班利村距离东回乡不足10里路程，即使村中无法买到的去乡里购买也非常方便，并且有更大的选择空间。

经村支书介绍，当时村中集市棚屋在修建时并没有考虑到位置的不利影响，由于棚屋未使用，村里也没有专门的市场中介人，一些重要的市场信息一般会在村委会上公布。对于班利村市场价格，基本上取决于前来收购的厂商的定价。一般来讲前来收购的厂商包括孟连县的糖厂、生猪屠宰场，景洪市的一些生猪屠宰场，这与班利村主要生产甘蔗、饲养猪是相对应的。由于村民售卖甘蔗和生猪时，多是以个体为单位，没有形成联盟合作，因此议价的能力非常弱，目前周边糖厂对于甘蔗的收购价大致为“89151#”220元/吨，“思茅7#”140元/吨，生猪普通品种每头500~600元，杜长大商品猪每头1000~1200元，仔猪每头200~300元。村民们在市场中出售的商品基本上只有甘蔗和生猪良种，而茶叶、玉米、鸡等均由村民自己食用，因此不难理解班利村村民去东回乡赶集时基本上以购买甘蔗和生猪良种为主。

总而言之，班利村市场总体并不发达，基本上是自发形成的，没有专门的市场中介人，由于规模小也没有相应的管理部门规范，不存在相应的规章制度，村民委员会在维护村民市场利益方面发挥着必要的作用。

3. 商业服务业及运输业

班利村整体上有30多个小卖店，基本每个村组都有1～2个小店。较大型的小卖店主要针对村民的日常生活需要提供比较全面的产品，如生活必需品牙膏牙刷等、常用生活用具雨鞋雨衣等、食品饮料、五金。较小的小卖店通常以提供零食为主。村民比较集中的地方比如在班利大寨，综合性小卖店平常的交易金额能达到六七百元，一般的能有两三百元，逢年过节如圣诞节、过年的时候每天能达到好几千元。

除小卖店之外，班利村还有猪肉铺，在班利大寨集中有三家。主要供村民日常生活所用。

早餐馆和一般餐馆主要集中在班利大寨。班利有早餐馆两个，一般餐馆两个。早餐提供云南特色食品米线和米干，价格很公道。每天早餐馆能完成50斤米线和米干的销售。班利村的餐馆开放时间很不固定，一个在每年农忙之后或丰收之后开放，主要是给村里的年轻人提供休闲的场所，供给烧烤、啤酒等。另一个是需要订餐，没有订餐的时候餐馆不开放。

民族服饰店。班利村以拉祜族、佤族为主，所以村民保留了制作民族服饰的传统，有些村民以制作民族服饰为生活的主要来源。民族服饰店一般以家庭为主，家里的女性为主，主要产品是民族服装和一些装饰品，产品是纯手工制成，价格从200元到800元不等，消费者一般是本村的村民和外村慕名而来的游客。

班利村很多村民家都有摩托车，部分村民家有拖拉机，专门跑运输的车辆并不多。班利村共有20辆大卡车，主要用于每年甘蔗和玉米成熟后的往外运输。平常村内没有运输生意的时候，大卡车一般在外面接散活，以运输为生。

4. 旅游业

班利村的旅游业主要有两种形式：少数民族文化旅游和生态旅游。

在少数民族文化旅游方面，东回乡抓住普洱市委、市人民政府提出建设普洱绿三角旅游环线的机遇，积极将班利村列入“茶马古道”项目建设，把恢复拉祜族村寨传统民居建设放在发展旅游的首位，以风景区景点建设、挖掘和开发拉祜族人文和民俗活动为重点，兼顾佤族、哈尼族风情景观，提倡保护和开发现存的基督教堂，以期完成拉祜民族生活风情的完整打造。此外，在东回乡旅游发展设想的景点规划中，班利村成为“牡帕密帕”传承基地建设。“牡帕密帕”传承基地是打造拉祜摆舞文化品牌的重要建设项目，活动场地面积为1500平方米，具有鲜明的拉祜族特色。

在生态旅游方面，班利村的生态旅游是近两年才开始的，以农家乐为主要形式。现在发展得比较完善、设施比较齐全的有一家。店主向乡政府和市政府贷款4万元用于初建，主要是利用班利村世外桃源般的自然环境和少数民族风情，提供的主要项目是郊外旅游、休闲（钓鱼、少数民族节目）和食宿。现在正在建设生态旅游点，自建占地3亩的鱼塘2个，食宿的小旅馆和餐馆各一个。收入来源主要是鱼塘和食宿。农家乐提供生态鱼、鸡、鸭供消费者食用，组织游客欣赏拉祜族、佤族传统节目。住宿条件比较卫生、价格便宜。班利村农家乐现在还处于发展阶段，游客不多，主要是来班利村开会、下乡的人，这需要进一步宣传和开发。从该村的短期发展规划①上看，旅游业更多是未来一个发展的机会与平台，还没有被设想成村里的主力产业。

七、班利村的基础设施建设

（一）乡村道路建设工程

俗话说，“人民要富裕，交通是第一”，道路是村寨内部人们相互沟通和对外交往的重要基础设施。由于受到经济发展水平的影响和自然地理环境的限制，新中国成立前，班利村村寨内的道路多不完整，呈现不规则状，完全随房屋排列变化自然形成，多为土路、乱石路，坎坷难行。新中国成立后，尤其是改革开放以来，随着新农村建设步伐的加快，班利村的乡村道路建设得到了极大改善。

2009年，班利村已经修通的道路一共41.5公里，包括乡到村的道路以及

① 该村今后的发展思路和重点发展产业是：按照社会主义新农村建设的要求，加大扶贫资金的投入力度，培植特色产业（蚕桑、茶叶等），营造团结和谐、规范有序、安全稳定的治安环境和人民安居乐业的生活环境，促进经济社会协调健康发展。

村到组的道路。其中乡到村的道路为水泥路面，里程共计 11 公里。村到组的道路共计 30.5 公里：村公所到那得头有 2.5 公里；到卡扩有 3 公里；到半坡 2.8 公里；到雅口组有 1.2 公里；到那布三组有 4 公里，有一座桥；到那布一组、二组有 5 公里，有一座桥；到那布四组有 6 公里；到新寨有 6.5 公里。就与外地连接的公路而言，从村公所到杀血 8 公里，到孟英地界 8 公里，到孟英地 12 公里，到南那河有生产道路 3 条，共计 9 公里；到那得头卡扩有生产道路 2 条共计 9 公里；到那小地界 6 公里；到阿永村地 12 公里；班利至澜孟公路 6 公里，为沙石路。这些道路的修建为班利村的经济发展提供了良好的条件。

2002 年，在国家乡到村道路改造专项资金的支持下，由澜沧县交通局出资金，班利村村民投入投劳，开始修建班利村到东回乡的乡村道路，2003 年乡到村的道路开始通车。乡到村水泥路的修通一改往日泥泞的路面状况，极大地方便了村民的出行和对外交往。2008 年 3 月至 2009 年 5 月，澜沧县交通局投入专门的道路施工队和专项资金，在班利村内部修建了一条宽 6 米，长 6.4 公里的水泥路，有效地改善了村庄的道路状况。除水泥路之外，村里目前共有 2 条弹石路，全长 3.8 公里，宽 5 米，其中半坡小组 2 公里，那得头小组 1.8 公里。弹石路的修建始于 2008 年，由政府负责拨款和施工指导，村里出人出力并且负责石头的运输以及土地占用的协调。近些年来，在村民的自发组织下，从村里去往田里的山路已经通车并且得到了初步硬化，农田内道路建设取得了不小进展，方便了人们的农业活动。

目前，除了 1 条水泥路和 2 条弹石路之外，班利村大部分的村寨道路为未经过硬化的土路，坡度不一，宽窄不一，路面情况较为恶劣，仍旧是晴通雨阻的状况，不利于日常的出行以及农忙时期拖拉机等农用车的过往。部分路段坑深泥滑，人和车辆的通行十分困难，尤其是给中小学生的上学行走带来了危险。除了不方便群众的赶集，还严重制约了农副产品与外界的正常交易，在一定程度上阻碍了本地的经济发展。这也是班利村新农村建设中的一个难题所在。

乡村道路的建设极大地方便了人们日常的交通运输。在路面情况日益完善的情况下，村民的出行方式也在不断地发生变化。新中国成立之前，在道路泥泞以及路段未通车的情况下，村民大多数步行至目的地。随着硬化的道路不断增多，村民的出行和运输方式已经转变为依靠摩托车、拖拉机等交通工具。2009年，全村共有手扶拖拉机97台，东风汽车2辆，农用车10辆，摩托车345辆。班利村距离最近的车站10公里，距离集贸市场10公里。村民一般骑摩托车或者开拖拉机去往乡上的集贸市场，促进了当地的农产品贸易流通。村民去县里一般是搭乘村里的拖拉机，也可以在乡镇换乘往来县里的班车，这些班车大多为私人经营的小型客车，标准载客量为8人。

村庄道路建设是农村基础设施建设的重要内容，也是班利村在未来村庄建设规划中的重要方面。班利村的文化传承基地将于2010年10月举行传习顶礼开幕仪式，这将成为班利村拉祜族文化旅游的重要方面。目前，班利村计划修建一条2.4公里的环寨路，铺成水泥路面。这主要是为了配合村里的旅游开发规划。其次，把村里目前的弹石路改造成柏油路也是道路建设规划中的重要方面。此外，班利村计划在道路两旁栽种樱桃、大车树等适合当地气候和土壤的植物，以期达到绿化村庄和美化环境的效果。在资金允许的情况下，班利村计划在村里的主要干道上安装路灯，为人们提供更加完善的基础设施。

（二）住房改建工程

班利村由于其特殊的地理位置，整个村寨坐落在山坡较为平缓的地带，大多数房子也因山势而建，由高到低，一排一排，成阶梯式。寨子建在远远的山坡上，竹楼高高低低、错落有致。有许多楼的主体由木板、木柱构成，屋檐低矮，鱼鳞般的瓦片或茅草经岁月打磨已变成深黑色。村寨房屋坐落于茂竹丛林之中，耕地也在周围。来自孟连的傣族人艾老师向我们介绍，因为澜沧拉祜族自治县地处西双版纳和孟连之间，建在缓坡地带的拉祜族民居吸收了傣族竹楼的建筑风格。屋顶盖瓦，斜坡大而长，屋脊连接灵活，有“丁”字插脊的，也有直接拐角相连的，都有晒台，设固定木板梯上下，楼下放杂物、关养牲畜。但这里的屋子也有很多拉祜族的特点。比如有的房屋有拉祜族象征——葫芦的装饰，有的房屋有基督教的象征——十字架，这些都说明了山寨中的拉祜人，糅合游猎传统与基督教文明。

村里最传统的拉祜族房屋建筑形式是一种杆栏式的茅屋。这种房屋选好住址后直接打进带枝杈的树桩，离地面1.5米高左右便搭横梁，两侧山墙高木桩上架檩，形成房架，再搭细木椽子，形成双斜面屋顶，苫盖茅草排。四周墙壁为用竹篾编成的竹笆围栏，不设窗，屋内也用竹笆隔成小间。房屋大小都有，没有栅栏，也就没有院落，只有一小块平坝，开放式使用。小房子不隔间，大一点儿的隔成三间，房门开在中间一间。进门是堂屋，有神龛，供神位。右间设火塘，是一家人生活的中心，做饭待客，烧水取暖，炭灰里保存着火种，以竹管吹风即可点燃柴火，老人也习惯依火塘而眠。这种房屋造价低，施工简单，只要勤奋，自己就可建造。拉祜族人新婚之后就和父母分居独立生活，因刚刚组成小家庭，没有经济条件建造理想的房子，也建这样小型的、临时性的过渡住房。楼上住人，楼下关家畜、堆放杂物，楼梯用一根木头砍出一些台阶而成，因为是“独木楼梯”，上下要有一定的“技术”才行。据称，村里以前还有一种落地式的杈杈房，这种房子的房檐较低，一般人要弯着腰才可以进去。

改革开放前，绝大部分拉祜族的住房是挂墙房、舂墙房、土箕房、掌楼房，经济特别落后的地方还有竹笆房，班利村也不例外。村民所居住的房子大多是用木材和茅草搭建而成，不仅采光条件不好，而且在天气恶劣的情况下还透风漏雨。住房面积规划不合理，一家人常常是挤在一大间房子里面。在一些架空的所谓“楼房”中，多为上面住人，下为家禽牲畜活动栖息之所，居住条件十分艰苦。

云南地处印度洋板块与欧亚板块碰撞带的东侧，是我国地震灾害最为严重的省份之一，抗震防震工作尤为艰巨。由于班利村位于山区，房屋多建在山坡较为平坦的地带，加强民房的抗震等级就显得极为必要。1988 年 11 月的大地震，给澜沧、耿马、沧源一带的拉祜族和其他民族带来了很大灾难，传统民居大量被毁。从此之后，当地政府极为重视农村危房的改造，开展危房改造工程，抗震和防雨是其中最重要的两个指标。民居地震安全工程是科学防震、主动减灾的重要举措，其目的是在农村民居房屋的加固改造、新建或拆除重建的过程中，采取安全、适用、经济的技术措施，提高其防震能力，最大限度地减少地震灾害对人民群众生命财产造成的损失。本着“因地制宜、就地取材、简单有效、经济适用”的原则，针对砖（钢）混结构、土木结构、砖木结构等不同的房屋构造类型，班利村请上级部门给予不同的抗震防灾技术措施指导。吊脚楼下边一般用钢筋加固，在防震的同时也可以防风。由普洱市建设局监制的云南农村民房建设抗震知识宣传画册已经成为民居地震安全工程中的重要技术指导。这一工程有效地保障了当地村民的住房安全。

在党和政府的关怀下，一批拉祜新村相继诞生，民居也出现了新的格局。从2003年开始，澜沧县政府大规模实施农村茅草房改造，采取县政府统配部分建房材料（门窗、水泥、水泥瓦等），群众自己负责备砂、石、木材等工程材料，国家投入资金，家家户户投工投劳的模式开展，建筑式样、结构、技术指标统一要求，户均建筑面积不低于60平方米。该项目实施以来村民积极参加，仅项目实施的第一年就有93户完成了茅草房改造，目前该村农户住房以砖木结构住房为主。截至2011年底，该村农户住房以砖木结构住房为主，其中有54户居住砖混结构住房；有661户居住砖木结构住房；有169户居住于土木结构住房。没有人畜混居的农户。茅草房改造工程有效地改善了民居的环境卫生和村容村貌。

2009年为配合班利村拉祜文化传承基地建设，县政府决定鼓励班利村进行拉祜特色民居改造。班利村是附近远近闻名的拉祜族摆舞之乡，为了打造拉祜文化旅游景点，突出民族特色，所有进行民房改造的房屋除了在住房面积上不得低于60平方米之外，房屋还必须具有拉祜族特色。2010年5月最新修订的班利村村规民约第十条规定："班利村是澜沧拉祜族自治县拉祜文化六个传承点之一，为打造拉祜文化旅游景点，突出民族特色，规划好班利村整体建筑。即日起，原建盖的没有特色的鼓励重新建设再改造，没有建设的、正在建设的，必须按照民族特色建设，并报村委会批准。不按照民族特色建设的，村委会将不予批准，不再享受惠农政策，并收取违约金5000~10000元。"拉祜族是一个"从葫芦里走出来的民族"，因此，在房屋的屋顶上必须有葫芦和十字形的图腾标志。新式民居的房顶一般都采用红色和蓝色的彩瓦，外观充满了民族风情。此外，房屋建筑作为一个民族文化的符号象征，有其独特的意义，因此，班利村还保留了一部分具有拉祜族特色的吊脚楼。拉祜特色民居改造具体操作办法为县政府每年下达一定指标鼓励群众进行民房改造，改建后的民居为砖瓦结构，外形由县政府统一设计，基本内容是彩瓦、白墙、门前挂葫芦，改造后的民居具有6级抗震能力。对于按照设计要求建盖民居的农户可获得一万元补助，资金拨付分为三个阶段，准备阶段拨付30%用于备料或基础开挖，工程动工后拨付50%用于工程建设，工程竣工后验收合格后拨付20%。2009年县政府批给了50个指标，据村支书李小保介绍，对于指标的分配首先考虑的是传承基地周围和班利主道路两旁的农户，部分农户经济能力不足、没有能力改造的又调给村里的其他农户，例如2009

年下半年将最后5个指标分配给了半坡的5户家庭。

为了进一步改善居住环境，班利村从2009年12月启动了农村危房改造工程，惠及50家农户。进行民房改造的房子多为C级或者D级危房。危房改造要求通过无房新建、异地新建、翻修、重建、加固等不同方式对危房加以改造。在整个工程中，班利村每月中旬向上级政府递交农村危房改造重建户月进度表，以此来监督危房改造的进度。对于进行危房改造的农户，上级政府给每家农户发放10000元的资金补助，直接打到农户的惠农一折通里，分三次发放给农户，第一批打入3000元，在建房标准考核合格后发给5000元，在建房验收合格后发放剩余补助资金，超过1万元部分的其余建房用款为农户贷款或者自筹款。房屋的建设方式多为农户自建，上级部门也会选派技术员深入实地，无偿提供技术资料、送技术资料上门、送服务上门，改造后房屋产权依旧归农户所有。2010年6月，第一批民房改造工程的50家农户已经全部竣工并且完成验收工作。2010年第二批危房改造工程已经启动，惠及49户农民。经过近两年的实践，班利村道路两旁的民居基本完成改造，新建的拉祜民居在凸显拉祜风情的同时，实现了不漏风、不漏雨，抗震抗灾。目前，危房改造工程不仅切实改善了农民的居住环境，而且还保留和突出了拉祜族的民族特色，从一定程度上为民族文化的保护做出了贡献，具有重大而积极的意义。

（三）人畜饮水工程

在澜沧境内，山间河谷地带的岩层裂隙和低凹的山沟中，常有地下水露头，形成无数大小溪泉，泉水清，水质好，农村群众多饮用泉水。改革开放之前，班利村里的饮用水大都是村民自己储蓄雨水或者去很远的地方提取山泉水，用水不成规模，在干旱时期缺水严重。到1987年，班利村第一次引入自来水。自来水的水源位于半坡小组的地下水，离村委会4.5公里。水源所在处地势极低，自然降水经由过滤直接储存在这里。水源的水经由管道储存至村里的大水池。刚引进自来水之初，班利村共建了3个大水池，其中，班利的水池容量为50立方米，那得头小组的水池有20立方米，雅口小组的为18立方米。这些大水池又对应不同的水窖，每个水窖的存水量一般可供50户居民使用。村民自家一般都有小型水泵，自行出资安装水龙头、水管等用水工具。目前，村里的村民都已经饮用上了甘甜的自来水。由于水源来自自然降水，附近的空气没有污染，也没有重工业排污或者农药流失带来的污染，水质经过检测已经达到饮用水卫生标准。为了进一步实现饮水安全，班利村引进了自来水改造工程，每户出资50元，在专业技术人员的指导下购买相应的材料，在水源地上方加盖了保护薄膜，并且对大水池和水窖加以改造。2002年，村里进行了管道改造。除了对破损的管道进行修护，还在班利修建了一个70多立方米的大水池。

2007年，班利村在上级部门的指导下成立了农民用水户分会，用水户协会主要负责水费征收、水利工程建设管理、水利工程运行和维护养护管理等，保障村民能够科学用水、合理用水，实现水资源的充分利用。目前，“共产党员爱心水窖”工程项目已在班利村实施。按照规划，将在班利修建共4口“共产党员爱心水窖”，目前已经完成两口，均为22立方米，此外，在新一轮的规划中，计划在其他自然村新增8口爱心水窖，每口容量为17立方米。爱心水窖的修建为人畜饮水的安全以及应对干旱提供了有力保障。

近几年来，随着农村饮水安全工程的整体推进，班利村已经实现全村通自来水，无饮水困难或水质未达标农户。在2010年上半年的持续干旱中，班利村也受到了一定的影响。由于降水量的减少，水源地的储水量直接下降。为了缓解干旱带来的饮水和用水困难，在上级部门的帮助下，班利村组织群众用运水车从外地拉水50吨，有效地缓解了旱情。

（四）电网改造工程

班利村的10个自然村和22个村民小组目前已经全部实现通电，村民告别了依靠明子火、煤油灯等传统的照明方法，取而代之的是电灯等照明工具。电网线路已经覆盖了各家各户，极大地方便了村民的生活和生产所需，促进了生活水平的提高和生产条件的改善。

在实现全村通电的基础上，班利村又推进了电网改造。随着农村用电需求的增加以及设备老化现象越来越严重，特别是近年来用电需求增长迅猛，导致用电高峰期农网线路“卡脖子”、设备“过负荷”和用户“低电压”等问题比较突出，电网改造已经十分必要。2008年，澜沧县迎来了最大工程量的一个规划：10千伏以下农网工程项目计划总投资达6172万元，计划完成无电人口通电 4710 户，工程将涉及东回、富东、拉巴、大山、糯扎渡等 7 个乡镇，13 个行政村，56 个自然村，班利村也被列入这一规划之中。目前班利村班利、那布、卡扩共 3 个自然村的 12 个小组完成了农村电网改造。电网改造之后，村里共有 11 台变压器，一根根新树立的水泥电线杆以及整齐铺设的线路和全新安装的农户电表呈现在班利村民面前。电网改造不仅给农户带来了更加安全稳定的用电环境，而且也使得村里的小学用上了电灯，在一定程度上促进了民族地区基础教育的发展。此外，也给村委会的办公带来了便利。电网改造之后，农民在用电过程中不仅减少了电量耗损，获得了更加稳定的电压，而且电费也在不断降低，每度电的收费由以前的 1 元左右降至 0. 493 元。一年下来，一户人家平均可以减少 100 元左右的电费支出。电费的收取方式也发生了变化，以前每个小组会有专门的电工负责收电费，现在已经统一交由乡上电管站工作人员每四个月到村里收取一次，每家农户持有一本由澜沧县供电公司提供的用电交费证，给村民带来了不少便利。

由于已经实施的电网改造只是惠及 3 个自然村的 12 个小组，覆盖率较低，尝到电网改造甜头的村民对进一步的电网改造提出了迫切的要求。电网改造是一个大规模的工程，需要投入大量的物力和财力，班利村已经向上级提出了电网改造的申请，新型农村电网将会惠及越来越多的老百姓。

（五）能源及生态建设工程

对新型能源的有效利用对改善人们的生活具有积极的影响。目前，班利村的能源建设取得了较为可观的效果。截至 2009 年底，全村建有沼气池农户 245 户；装有太阳能农户 50 户；已完成“一池三改”（改厨、改厕、改厩）的农户 200 户。至 2010 年 7 月，节能灶的改造用户已达 310 户。

2001 年，班利村开始动员广大农户修建沼气池，2002 年，村里第一批沼气池用户出现，共计 18 口沼气池。作为新型能源，沼气有效地替代了传统的烧柴做饭方式，有效地改善了农村的环境卫生。为了进一步推广，2006 年，班利村的 22 户人家又建了 22 口沼气池。2007 年至 2008 两年，新增沼气池 12 口。目前，班利村计划于 2011 年新增 52 口沼气池。近几年来，国家对沼气池的修建也给予扶持，每口沼气池会补助 1 吨水泥以及其他原料，并进行技术指导，农户只需投劳投工。

据悉，每建一口沼气池可保护1亩中幼林免遭砍伐，每年每户可节约烧柴3立方米，沼气池项目的建设，可有效保护40亩森林面积，降低森林资源消耗930立方米。据测算，建设一口沼气池，每年可增加种植业、养殖业收入110元，节省燃料、化肥、电、劳动力价值等开支540元，每口沼气每年可创收650元，通过推广沼气池和节能灶建设，还可减少农民日常劳动力强度，增强农民节能环保意识，改变项目区柴草乱堆、垃圾乱倒、污水乱流、畜禽乱跑、蚊蝇乱飞、烟熏火燎的“脏、乱、差”现象，真正做到“猪进暖圈粪入池、沼渣沼液进农田”。

随着家电下乡热潮的掀起和对卫生条件要求的提高，太阳能热水器的使用户也逐渐增多。班利村海拔约1500米，紫外线强烈，日照率高于60%，太阳能较为丰富。2008年，村民开始购置太阳能，目前已达50多户，每户人家可以得到13%的家电下乡补助。

2006年，班利村开始宣传节能灶头的改装方法。目前，安装节能灶的农户不仅提高了原料的燃烧利用率，而且推动了节能减排在农村的发展，推动了新农村建设。

（六）广播电信事业工程

广播电信事业的发展对人民群众的生活方式有着重大影响。目前，班利村拥有电视机农户为400户，占全村总户数的大约50%。虽然有了电视，但是之前接收的频道很少，信号质量也不好，村民接收到的信息极为有限。2008年，为了进一步改善村民的生活质量，班利村响应党中央的号召，启动了广播电视村村通工程，有效解决了村民听广播看电视难的问题。在村村通工程中，农户积极安装了直播卫星接收装置，村民称这种信号接收设备为“小天锅”，通过“小天锅”，每台电视可以接收30~40个频道，央视和地方卫视均在接收之列。村民在安装接收装置时都会得到一定的技术补助，每套设备大约需要150元，农户出资，乡上会派技术人员来指导安装和调试。从实际效果看，搞好广播电视村村通工作，就是通过广播电视，把学校、文化室和科技站办到了农民的家里，对于提高农民的致富本领具有非常直接的效果。目前，大部分电视用户都已经实现了小天锅的安装。但有村民反映科技节目往往是在白天放映，大家下地干活没有时间看。另外，许多人语言不通，对采用汉语播放的科技节目也存在交流障碍，也难提得起兴趣。

截至2009年底，班利村安装固定电话或拥有移动电话的农户数已达220户，其中拥有移动电话农户数200户（分别占总户数的26%和24.5%）。电话的普及极大地方便了人们之间的通信，提高了通信的质量和效率，是新农村建设中的一项重要指标。

虽然已经通了电视和电话，但是受制于经济发展水平和电网建设的程度，班利村目前还未通网络，村里还没有电脑等设备，办公远未实现自动化。不过，随着经济水平的发展以及农村电网的改造，电脑也会在不远的将来入住班利村，班利村与外界的交流也将更加顺畅高效。

八、班利村的民族文化传统与宗教

拉祜族人在长期的农业生活中继承和创造了灿烂的文化，内容丰富。班利村是以拉祜族人民为主的村庄，其文化在很大程度上展现了拉祜族的自身特色，既反映了拉祜族源远流长的历史演进，也反映了拉祜族现阶段政治经济的发展情况。班利村具有丰富的自然资源和富有少数民族特色的拉祜文化、民间歌手、艺人，建有传统古老的民居和基督教堂。

（一）族源与族称

1. 族源神话

班利村一代一代流传着许多神话传说，这些传说显示了拉祜族这个民族的由来和繁衍，反映了拉祜族人民对祖先的崇拜和敬畏。在远古的时候，宇宙间没有天、没有地，没有万物及人类，整个宇宙间空无一切，一片混沌。厄莎就从这混沌的宇宙中诞生了。厄莎诞生时，只有头发丝那么大，只有脚毛那么长，可翻一个身就长大了，伸一个懒腰就长高了。厄莎没有居住的地方，只能不停地在混沌的宇宙中飞来飞去，困了就睡在自己的翅膀上。后来，厄莎创造了天地、日月、星辰，又用自己身上的汗垢，为世界创造了各种各样的植物和动物。可是在创造完这些后，厄莎认为还没有为他管理天下事的人。他想了想，就用创造各种植物和动物时剩下的一块汗垢创造了一个巨人，并给他取名为“母什密什雅”。[1] 后来因“母什密什雅”不孝敬厄莎，又不听厄莎的话，甚至跟厄莎作对，就改作“扎努扎别”（“扎”在拉祜语中意为力气大又很能干；“努”为牛，意为属牛日诞生；“别”为主意多多，不从父母之意）。

在大多数拉祜族人中，对厄莎和扎努扎别之间的关系有两种传说：第一种传说他俩是父子关系，儿子同父亲作对是没有理的；另一种传说则认为厄莎和扎努扎别没有父子关系。根据流传的广度，第一种传说较为普遍。

拉祜族对厄莎和扎努扎别同样崇拜，班利村也不例外。他们认为没有厄莎不行，没有像扎努扎别那样勤劳勇敢、有智慧的人也不行。厄莎是至高无上的神灵，是人们的精神支柱；扎努扎别是一个顶天立地的巨人。有的人还认为，跟厄莎作对等同于同自己的父母作对，所以拉祜族老人往往把不孝的儿子比喻成扎努扎别。

2. 拉祜族的族源与发展

拉祜族是中国古老的民族之一，现有人口约48.60万[2]，主要分布在澜沧江两岸思茅、临沧两个地区，相邻的西双版纳傣族自治州、红河哈尼族彝族自治州及玉溪地区也有分布。其中78%分布在澜沧江以西，北起临沧、耿马，南至澜沧孟连。而在泰国、缅甸、越南、老挝、美国的加州等地方，也生活着一部分拉祜族，大概有16万多人口，所以，拉祜族是一个跨国而居的民族。拉祜族有本民族语言，即使用拉祜语，属汉藏语系藏缅语族彝语支。拉祜族人民长期与汉族、傣族密切交往，多能兼用汉语和傣语。过去部分拉祜族曾使用过西方传教士创制的拉丁字母形式的文字。1957年，在原有字母的基础上创制了拼音文字。

拉祜族与彝族、哈尼族、傈僳族、纳西族、基诺族等属于同一族源。在班利村，一些老人告诉我们，班利寨拉祜族传说他们原来居住在北方，过着狩猎游牧生活。弩弓是他们的工具和武器。后来，他们才从汉族那里学会了制造铁质工具用以耕种山地。从此，狩猎也就逐渐降为季节性的辅助活动。但据史书记载，拉祜族源于古代生活在甘肃、青海一带的氐羌部落族群。后来不断向南迁徙，于汉晋时期进入今四川西南部地区，与当时的一些氐羌语

① “母什密什雅”是指为厄莎管理天地的人，即扎努扎别。

② 据2011年第六次全国人口普查统计。

族被泛称为“昆”或“昆明”，过着游猎生活。约在唐南诏国至宋大理国时期，被称为“锅铿蛮”的拉祜族先民分为东西两路，先后渡金沙江进入今丽江、大理和楚雄一带。约在宋末元初，西路拉祜纳支系穿越澜沧江进入今临沧地区，尔后，有部分约于明末进入澜沧境内；东路拉祜西支系约于元代至清初相继从楚雄一带进入景东、镇沅、墨江、景谷、普洱一带。清雍正六年（1728 年）后，居住在镇沅、景谷、墨江、普洱、思茅、双江等地的拉祜族不断发动大规模的抗暴斗争，每次均遭到清政府的残酷镇压，以至东西两路拉祜族大量迁入澜沧。

3. 拉祜族族称的变迁

对于拉祜族族称的来源，主要有 3 种说法。第一种说法是拉祜族名称是由祖先“烤虎肉吃，定族称”才取名的。在拉祜族的民间，一直流传着一个关于“烤虎肉吃，分族称”的故事。传说很久很久以前，天地间没有人类，“厄莎”天神在地上种了一棵葫芦，葫芦结了一个果子。一天，那个果子裂开，从里面出来九个汉子，他们是九兄弟，都不知道自己是什么民族。有一天，九兄弟上山打猎，他们猎到一只大老虎，就在火塘边上烤虎肉吃。九兄弟有九种吃法，有人提议按照吃虎肉的方法分开族称，九兄弟都赞成，其中，把虎肉烤到脆黄喷香才吃的那个人被称为“拉祜族”。再后来，拉祜族就自称是猎虎人的后代，是“猎虎”的民族，虎就成为拉祜族的图腾。第二种说法是拉祜族的祖先是吃狗奶长大的，吃黑狗奶长大的称为“拉祜纳”（大拉祜或黑拉祜）；吃黄狗奶长大的称为“拉祜西”（小拉祜或黄拉祜）。

第三种说法是拉祜族在迁徙过程中，沿着一条河流迁徙，一部分往河的上游迁徙，称为“拉祜纳”（上江群）；一部分往河的下游迁徙，称为“拉祜西”（下江群）。后来统称为拉祜族。在这 3 种说法中，“烤虎肉吃”和“吃狗奶”的说法都没有什么科学的依据，只有迁徙分族称的说法是有一定的依据的。

拉祜族史诗中称远古先民为“必的依修”，意为祖先，即河湟羌。先秦时期（公元前 9 世纪中叶），秦穆公图谋霸业，逐河湟诸羌，拉祜族先民离开河湟地区西迁青海湖和海西州耦合玉树州时，史称“西迁羌人”。两汉时期，拉祜族先民举族南迁，沿通天河、雅砻江而下进入“蜀汉徼外”成为白狼群体中的一支，史称“牦牛徼外白狼”。到了唐代，拉祜族先民就已经从白狼群体中分化出来，成为单一民族，史称“锅铿”。据《论羌族文化的起源和周围民族的关系》中记载："整个横断山区（蜀汉微外）是彝语支民族孕育发生分置分散的重要地区。"拉祜族就是在这一地区从白狼群体中分化出来形成单一民族"锅锉"的，并载入《新唐书·南蛮传》史册。

其后，在不同的历史时期，不同的居住地域，拉祜族又有不同的称谓。拉祜族自汉唐时期在"七山七水（今四川省盐源、盐边)"一带从白狼群体中分化出来成为单一民族时，便有了反映本民族特点的自称"科搓"，即山地猎人之意。拉祜族先民自称"科搓"的由来，在其民族的传世史诗，迁徙史诗中都有叙述："在科妈拾科基，洛妈拾洛基"（七山七水地区）一带生活期间，拉祜族部落群住满了七支山九条箐，过着游猎采集生活，住在山头的称"科苦搓"（科指山，苦指山里头，搓指人)，住在箐里的称"拉哭搓"或"洛苦搓"(拉和洛都指江河，苦为江河里头，搓指人)，全称"科苦扎苦搓"或"科苦洛苦搓"。"科搓"即山头猎人，拉祜语、彝语、傈僳语"科搓"(锅锉）都是指山头猎人之意。在拉祜族中无论说"科苦搓"或"拉苦搓""洛苦搓"，一说就明白，都指"科搓"，即拉祜族。

《新唐书·蜀志》中的"锅锉蛮"，就是依拉祜族自称"科搓"的译音而来。《新唐书·南蛮传》(下）中说："黎邛二州（今西昌地区）南有杂东蛮，锅锉蛮……"，"戎州（今宜宾）西南边鄙分布有锅锉蛮……"。唐末宋初，拉祜族先民自"科妈拾科基，洛妈拾洛基"（七山七水地区，今盐源、盐边一带）分东西两路大迁徙后，宋、元、明三个朝代均未见史籍文字记载，直到清代中叶的文献资料中再现时，拉祜族已活动于澜沧江东西两岸广大地区，还有的也到了国外，因散布的地域不同，其称谓也不同。

清代和"民国"时期把拉祜族称为"倮黑"。在顺宁府（今凤庆)，楚雄府境内的拉祜族称"猓黑"。普洱府境内的拉祜族大多数称"苦葱"，也有称"猓黑"。"猓黑"是历代统治阶级侮辱歧视少数民族的称谓，称拉祜族为"猓黑"，称彝族为"猓猡"，称傈僳族为"猓栗"……均贬化为外顽劣民族。"民国"时期的史志资料中，仍称这些地区的拉祜族为"倮黑"，只是把"犭"旁改为"亻"旁，其意仍是侮辱歧视性称谓。在临安府（今红河哈尼族彝族自治州)、普洱府（思茅、普洱、宅郎、威远、茶山等地）境内的拉祜族称"苦葱""猓葱""苦宗""古宗"等。这些称谓，都是苦葱的译音转换，其语意都是一致的，指山地猎人，即史书中的上方夷。新中国成立后，澜沧江以东称苦葱、郭抽的这部分人，在族属尚未确定之前统一称谓并赋予新意，称“苦葱人”。

民族他称，也因地域的不同而不同。在澜沧江以西广大地区内，汉族称拉祜族为“倮黑”，哈尼族称拉祜族为“墨色”，佤族称拉祜族为“桂”，傣族、布朗族称拉祜族为“缅”或“墨色”。“缅”“桂”“墨色”，其语意是一致的，指上方夷之意。在临沧和思茅地区的傣族中，不仅称拉祜族为“缅”，而且对彝族和其他民族也称缅，如“缅倮倮”“缅倮罗”“缅阿卡（哈尼）”等。“墨色”在纳西族传说中是祖先。拉祜族与纳西族同是河湟羌人，所以，傣族、哈尼族称拉祜族为“墨色”，显然是出于这一历史原因。在澜沧江以东的镇沅、新平、墨江、元江、金平、禄春、勐腊、思茅等地的苦葱人，民间也多称“苦葱”，金平、禄春也有称“郭抽”的，思茅、普洱、景谷等地，有称“苦葱”的，也有称“倮黑”的。国外拉祜族，居住在泰国、缅甸的拉祜族其称谓有“拉乎”“缅”“墨色”“红拉祜”“桂”等。居住在越南、老挝境内的拉祜族，有称“苦葱”“郭抽”的，也有称“黄倮黑”和“拉祜西列”的。

时代的发展，居住地域的变化，渐渐地“拉苦搓”成了使用较多的称谓，又因语音由低音向高音化发展，“拉苦搓”演变为“拉胡搓”或“拉乎搓”了。“扎胡”“拉乎”是谐音，都是由“拉苦”演变而来的，“拉胡”或“拉乎”就成为人们通常的自称了（译音有译成拉胡的，也有译成拉乎的）。如今在拉祜族民间歌谣和诗歌中还完整地保留着拉胡（乎）的古老自称。歌谣和诗歌的开头和结尾都要唱“哦……拉胡（乎）……”作歌头和结尾。歌头表示亲切问候、召唤（含礼仪性），结尾则表示谢意。古诗歌中每一段都有“必低拉胡则”……，既是上一段的结尾，又是下一段的开头，起承上启下的作用，同时，还表示所唱所讲是拉祜族的事。歌谣和史诗中找到了拉祜族自称拉胡（拉乎）的证据。

同时，不同的地区和区域，拉祜族自称也不同。现今居住在丽江地区和大理州的永胜，宾川县金沙江江边的拉祜族，他们自称“拉木”。男性称“拉木爬”，女性称“拉木妈”。“拉木”自称和男性、女性称谓特点与澜沧江东西两岸拉祜族称谓相同，只是“拉木”发展为“拉胡”，男性“拉木爬”发展为“拉祜八”了。“拉”指江河，“木”指高处，“拉木”的语意是山地猎人，“拉木”称谓与拉祜族古老称谓“科搓”“科苦搓”“拉苦搓”的语义是一致的，与后期的“拉胡”和“拉乎”称谓只是语音的变化，语意都是一致的。他们是唐末宋初拉祜族分东西两路大迁徙遗下的部分，至今一千多年了。从他们的自称说明拉祜族自称由古老的“科苦搓”“拉苦搓”“科苦扎苦搓”到“科搓”，再到“拉胡”或“拉乎”的发展过程。居住在澜沧江以东的拉祜族自称，因他们是唐末宋初东西两路大迁徙时的东路部分。跨过金沙江糯弄大渡口（今攀枝花市渡口）后散布到楚雄地区，后又转入思普地区，逐步散布到镇源、景谷、普洱、思茅、江城、新平、墨江、元江、金平、禄春，勐腊等地。这些迁徙拉祜族无论到哪里都居深山（箐）穴居野处，自成一个微型社会，保持着民族传统的思想文化。其语言中的古语词汇比西路迁徙的多，其自称也保持着“科搓”的古老称谓。年代久远，语音发展变化，“科搓”演变为“苦聪”。“科搓”“苦葱”只是语音转化，而无语意的差别。苦葱也就成了上述地区拉祜族的自称了。进平、禄春部分村寨也有称“郭抽”，其语意与“苦葱”是一致的。因此，不同的历史时期，不同的居住地域，有不同的称谓，其自称就经历了“科苦搓”“拉苦搓”“科苦拉苦搓”拉胡（拉乎）“苦葱”“苦抽”的发展过程。这种发展是同源发展，虽称谓不同，但语意是一致的，是古老称谓“科搓”演变而来的，所以，“拉胡”应是各地拉祜族的共同族称。

正如前面讲到的“烤虎肉分民族”而得名的拉祜，进而说拉祜族是“虎图腾”，这是不确切的，因为传说中烤虎肉分民族中有傣族、佤族、布朗族、彝族等，而傣族、佤族、布朗族是云南西南部地区的民族，不难看出故事的历史背景是拉祜族进入云南以后的事，而拉祜族“科搓”的自称则是大迁徙前的汉唐时期就有了，并已载入《新唐书》史册。再说拉祜族历史文化也无“虎图腾”“虎崇拜”的痕迹，更多的是猎虎的记述，素以“猎虎民族”著称。拉祜族族称含义，应是古老自称“科搓”的语义，即“山地猎人”的解释更为确切。

新中国成立后，在中国共产党和各级人民政府领导下，实行民族区域自治，拉祜族人民翻身做主人。在筹备自治区人民政府时，关于族称问题，废除了历代统治阶级加在拉祜族身上的侮辱歧视性称谓“倮黑”，经过广泛的调研研究，听取拉祜族干部、群众和上层人士的意见，尊重拉祜族自称“拉胡”（拉乎）称谓，在文字上赋予了新意，取团结、祥和、幸福之意的“拉祜”作族称，经中央人民政府批准，澜沧拉祜族自治区人民政府于 1953 年 4 月 7 日宣告成立（1956 年改为自治县），从此拉祜族族称用法律确定下来。在这次成立大会上，当时的自治区主席李光华说："拉祜就是拉起手来共同幸福"，给拉祜族的族称赋予了新的含义。

（二）民族习俗

1. 居住形式

为适应狩猎和采集野果野菜不断迁徙的生活，以防外族人及野兽侵入和袭击，拉祜族先民多以洞穴为居或结茅为舍，且普遍居住在海拔1000米以上的山区或半山区。这种极为原始简单的居住形式，经历了很长时间，有的一直保留到20世纪初期。

后来，为适应农耕的需要，出现了聚落和窝棚式的住房。拉祜族居住这种窝棚式的住房经历了很长一个时期。进入农耕经济以后，由于地区经济发展和文化影响不同，出现了两种不同的建筑风格，一种是落地式茅屋，占多数。落地式茅屋由于矮小，只留一道不足1米高的门进出，形似鸡窝，因此也叫"鸡窝房"；另一种是干栏式竹楼，即掌楼房。在班利村，现在还可见许多落地式茅屋和掌楼房。

落地式房屋可分为三种形式，即"竹笆房""木板房"和"挂墙房"，均属于茅草房。竹笆房是四周用竹笆片围栅而成；木板房是四周用木板围栅而成；挂墙房即用稻草和泥土相拌后糊挂在用竹片围成框架的墙体上，屋面上铺盖茅草。其特点是房檐较低，屋面坡度大，几乎和地面相连。

掌楼房，是用木桩杈和板子搭成的双层木楼。楼上由住房、舂碓处、晒台三部分组成。楼上后半部分隔一两间内房做卧室，前半部分中央设火塘，火塘上方挂"炕笆"，供防火和烘干食物之用。同时，火塘也是会客及休息、娱乐的中心，四周为接待客人和堆放杂物的地方，火塘旁边一般都铺有给老人睡的床铺。楼下主要用于堆放杂物，储存粮食，饲养鸡、猪、牛，以及堆放柴火和安放脚碓。

不管是哪种类型的住房，房内一般都分为三格。中间一格墙脚旁正中央安放一张神桌，右边一格为儿女居住，左边一格为老人居住。有些拉祜族人在自己耕种的田地边上建有临时住房叫"阿崩咕"，他们在农忙时多住在这种建盖在田地附近的窝棚里。

随着经济社会的发展，拉祜族的住房受汉族文化的影响越来越大，越来越多的拉祜族住上了砖瓦房，建筑风格趋向于汉族的住房。近年来，许多班利村人走出村庄，开始了解外面的世界，也逐渐接受了外面的新事物。墙面贴上白色的瓷砖，地上铺上黄色的地砖，楼房变得干净新亮许多。村民根据自己的喜好，建造不一样的楼房，或两层格局，外挂楼梯，或两层楼居前都建一个大大的庭院，既可以晒粮食，也可以在二楼庭院品茶看风景。许多新式楼房都已经不再沿袭拉祜族特色，在经济发展和观念革新的促进下，班利村现在已经有很多的新式楼房了，有的房顶上已没有了葫芦的装饰。

2. 饮食习俗

班利村的人们喜爱喝酒，有不少农户自己酿酒。酿酒多以包谷、稻谷、小红米和荞麦为原料，酒曲由自己配制，主要由大米和野生药材组成。酿出来的酒醇香味浓，少量饮用对人体有好处，其间有个习俗即边酿边尝，酿出酒来了，见者有份。

班利村村民平日一般吃两餐，早餐在上午十点左右，晚饭则在晚上七点左右。去地里劳动时，加一次午餐（用小盒从家中带去田间地头）。拉祜族的主食有竹筒饭、鸡肉稀饭、大米饭等。拉祜族有自己独特的菜肴，如炒苦子，炒笋，清煮青菜，叶子包肉，叶子包鱼等。苦子比苦瓜还苦，小小的粒儿如青豆一般大小，尽管在炒苦子前就做过退苦的加工，但是炒出来后的苦子还是苦涩无比，常吃苦子可以清热败火，炒苦子是一道很实用的菜。笋子在班利村的七八月生长格外旺盛，人们常常去山间地头挖竹笋，挖出来的竹笋很大很粗，但很嫩。人们常把竹笋切成细丝儿，炒着吃，或者切比较大的块儿，和南瓜叶一起清炖着吃。清煮青菜即菜里面不放任何作料，甚至也不放盐，就用清水煮青菜，待做好后，把清水和青菜都盛到大碗里，不知道的还以为这道菜是青菜汤呢。其吃法也很讲究，得用青菜蘸着自制的辣子酱吃。叶子包肉是将瘦肉切碎，再拌上调料和淀粉，搅拌均匀后，再用芭蕉叶把它包裹起来，放在锅里蒸，待蒸熟后，即可闻见芭蕉叶伴着肉而来的清香，总能激起人们的食欲。而叶子包鱼则是一整条鱼拌上调料后，也用芭蕉叶包起来蒸着吃，因芭蕉叶去了鱼的腥味儿，这道菜就不会让人感觉特别腥，吃起来格外鲜嫩。叶子包肉和叶子包鱼只有在招待贵宾和客人的时候才会吃，简朴的班利村人平日舍不得吃这道美食。历史上，拉祜族不吃狗肉，因为狗是拉祜族的功臣，它带回种子，为主人看守家园，也是捕猎的得力助手。如今这个习俗已慢慢改变，已有部分班利村人食用狗肉。

3. 服饰文化

新中国成立前，拉祜族用极简单的织布机织布，布织成后染成黑色、青色和蓝色，自己缝制衣服，他们尤其喜欢黑色。新中国成立后，拉祜族人用手工织出来的布紧密、厚实，做成的衣服穿起来舒适温暖。无论节日赶集或外出劳动，男女都习惯背一个长方形或正方形的背袋（拉祜语称“密搓”）。背袋是用自己织的青布做成的，绣有各种图案。

拉祜族服饰图案丰富多彩，文化底蕴深厚，并且具有一定的历史意义。班利村属澜沧江以西的拉祜族，服饰基本上保留了传统的特点，头裹一丈多长的黑色包头巾。班利村男子的服饰，上身多穿无领对襟短衣，青年人还要配上一件黑面白里褂子，认为黑衣服配上白色，就是打扮得同喜鹊一样漂亮。下身穿裤管很大的斜拼裆长裤。出门时要挂长刀和挎包。衣服由四片黑色土布缝合而成，为高领，长手袖，右开襟，两边齐腰处开衩口，衣长到脚面以上的长袍。衣领周围镶以红、黄、白、绿、黑布条组成的几何图形，表示祖先迁徙的路线。在长袍上左右两边手臂部分及前胸、后背绣有三道红、黄、绿布条，表示拉祜族人在迁徙史上的三大战争。在长袍下面开衩处前后两边镶有各种颜色拼起来的正方形，表示拉祜族人民团结和睦。沿衣服和托肩部分钉有繁星似的银泡和银珠子、银吊子，也佩戴耳环、手镯等。妇女头部包有 4 米长的黑色包头巾，包头两端缀以 36 根线条组成的线穗。

4. 语言文字

拉祜族的语言属汉藏语系藏缅语族彝语支，分拉祜纳、拉祜西、拉祜苦聪、拉祜老缅、拉祜阿列五种方言。方言间都可通话。拉祜纳方言和拉祜西方言是两大方言。拉祜语的特点是声韵母较小，没有辅音，声调较丰富。

拉祜族在历史上没有文字，长期靠刻木记事，结绳计数。在拉祜族有这样一个传说，很久以前，天神厄莎给各民族文字的时候，因为拉祜族居住地离厄莎较远，来领文字的人迟到了。写字的纸已经用完，拉祜族只好把自己背来充饥的粑粑拿出来请厄莎把字写在上面。由于回来的路程太远，来领文字的人肚子饿极了，想吃粑粑充饥，但又想到厄莎给的文字写在粑粑上，不敢吃。但最终因饥饿难耐，心想把粑粑吃了，文字便记在了心上，就把粑粑吃了，结果回到家里，怎么也想不起厄莎写了些什么字，于是拉祜族就没有了文字。

新中国成立后，拉祜族人们为建设社会主义国家，提高科学文化技术水平迫切要求制定本民族文字，拉祜族人民的这些要求，为党和国家所重视。1953年澜沧拉祜族自治县成立后，党和政府先后派来了语言工作者对拉祜族语言进行深入的调查研究。1955年，中国科学院与云南省民委又共同组织了拉祜语言调研小组，进一步开展调研工作。与此同时，中央民族学院也增设了拉祜语班，为澜沧拉祜族自治县开展拉祜语文工作培养了一批专业干部。1956年4月，由澜沧县文教科组织召开澜沧拉祜族自治县民族语言研究大会，由中国科学院的常宏恩介绍了全国少数民族语文科学讨论及拉祜文的研究情况。1956年4月27日成立澜沧拉祜族自治县民族语文研究委员会。经过多次讨论修订，在汉族同志的帮助下，拟订了新的拉祜语拼音文字方案（草案），并于1957年在民族干校开办了两期拉祜文培训班。1958年，澜沧拉祜族自治县第一届人民代表大会第一次会议正式通过了关于“拉祜文方案”的报告，并在1958年开展群众性扫盲运动中试验推广了拉祜文。现在，拉祜语和汉语、拉祜文和汉文，同样是自治县的通用语言和文字。

5. 人名文化

姓名不仅仅是人们借以相互区别的标志或符号，还是交往的开端，更是人们了解一个社会及其文化诸多方面的一个信息窗口。它最直接的功能是代表自我并与其他人相区别的实际作用。它的价值简单到可以用“符号”两个字来概括，复杂到可以从一个人名中窥测到整个民族的经济形态、文化教育状况、风俗习惯、宗教信仰以及民族感情，等等。命名的过程同样也是一个“约定俗成”的过程，各民族都有着自身的特点，由一个民族的人名系统可以烛照民族文化间的冲突和交融。

在班利村，人们的姓名就体现出拉祜族的民族特色，沿袭着传统的命名方式。这里的拉祜族传统人名，不论男女一般都是由两个音节组成。第一个音节表示性别，第二个音节表示名。

拉祜族的名字有表性别的词。在传统的拉祜族的名字中，男孩都会带一个“扎”字，是勤劳和勇敢的意思，女孩都会带上一个“娜”字，是贤惠和善良的意思，这是拉祜人民名字的主要特征。相传这是天神厄莎赐予他们的名字。至今，拉祜族给孩子取名一直都是用“扎”和“娜”分别作为男孩和女孩名字的第一个音节，把出生时的属相放在第二个音节，认为这是神赐予他们名字，这样的取名方式能得到厄莎神的保护，表达了父母对孩子的美好祝愿。

关于拉祜族人取名的方式大致可以分为以下三种情况：

（1）以属相命名

表 1 - 11 拉祜族按属相取名列表

属相		取名	
拉祜族语	汉语	男名	女名
发	鼠（子）	扎发	娜发
努	牛（丑）	扎努	娜努
拉	虎（寅）	扎拉	娜拉
妥	兔（卯）	扎妥	娜妥
倮	龙（辰）	扎倮	娜倮
斯	蛇（巳）	扎斯	娜斯
姆	马（午）	扎姆	娜姆
约	羊（未）	扎约	娜约
莫	猴（申）	扎莫	娜莫
阿	鸡（酉）	扎阿	娜阿
玻	狗（戌）	扎玻	娜玻
袜	猪（亥）	扎袜	娜袜

班利村村民取名的时候，在传统的拉祜族名字前加上这个受汉文化影响来的姓"李"，也就成了很有民族特色的"李扎拉、李娜袜"等名字，典型的"姓+传统人名"，属于从传统到同化过程中的过渡型的命名方式。

（2）以时辰命名

表 1 - 12 拉祜族按时辰取名列表

时辰		取名	
拉祜族语	汉语	男名	女名
体	天亮	扎体	娜体
朵	日出	扎朵	娜朵
吴	中午	扎吴	娜吴
耶	傍晚	扎耶	娜耶
克	半夜	扎克	娜克

（一般是属相和家人相同的情况下才用此种方法取名）

（3）以月份命名

在班利村目前非常流行的一种命名方式是按照月份来命名。班利村对十二个月分别称作：正月、二月、三月、四月、五月、六月、七月、八月、九月、十月、冬月、腊月。如果是女孩三月生的就叫“李三妹”，如果是四月出生的男孩就叫“李老四”。拉祜族的名字里虽借用了汉族的姓氏，但和汉族不一样，没有汉族里复杂的又不可违背的代表辈分的排行名，以及取的名里不能含前辈名字等，更没有汉族在封建时期的“避讳”之说。母亲叫“李三妹”，而女儿叫“李四妹”的现象都很常见。

（4）以排行命名

在本村也有按排行命名的。如长子叫“扎儿”（是老大的意思），老二、老三、老四借汉语，为扎二、娜三等，最小的，按拉祜语命名叫“扎咧”（是最小、末了、最后的意思）。多数情况下，以排行的形式命名用于长子及小儿，处于中间的孩子以生肖、时辰命名的较多。

以上四种取名方式，以属相取名是拉祜族传统取名方式中最主要的方式，如果是遇到与长辈或兄长同名的现象，才会采取其他的命名方式。这些区别不大的姓名，着实让我们在调研过程中基本无法区别，直接的表象，许多人都叫一个名字。

6. 婚姻习俗

拉祜族青年男女恋爱比较自由，实行的是一夫一妻制。据清道光《威远厅志》之二称“倮黑性硬直……婚不凭媒”，拉祜族恋爱婚姻得以自由是有历史原因，在《雅普乃普》（“雅普”系男青年，“乃普”系女青年）中叙述：远古时，深山密林里居住着两家拉祜族，东山扎体和西山娜袜从小青梅竹马，长大后更加情深意笃。后来由于两家发生误会断绝来往，双方父母都筑起了高高的篱笆，却隔不了两颗相爱的心，不得同生求同死，于是他俩就穿戴好鲜艳的服饰，安放好弩、芦笙和口弦，躺在高峰顶上的百花丛中安详地吞服下狗闹花而死，当双方父母知道儿女殉情而死，悲痛万分，悔恨无比，想起他俩平日的感情，就把他俩合埋在一起，过了不久在他们的坟头上长出两棵连里交错的七里花树，吸引着成千上万的蜜蜂到这里采花蜜，闻到七里香吃到香甜的蜜汁，人们就会想起这两个有情人，老人愧疚不已，从此父母长辈不再干涉儿女晚辈的婚姻。

拉祜族在恋爱婚姻上追求自主自由，择偶时不仅看其外表长相，更注重内心的纯美，因此不会选择“锈花枕头稻草心”“金玉其外，败絮其中”的人为自己的终身伴侣，即使自己的妻子满脸疤痕，却勤劳、贤惠，上敬父母下爱孩子，做丈夫的不仅不会嫌弃她，反而会更加疼爱她。民间故事《一个独头人》就赞美了对爱情专一，不以貌取人，富有同情心的卡些小女儿。

班利村的婚姻习俗一般都要经历串婚、订婚、结婚、上门等过程。每个过程都妙趣横生，别具一格，具有鲜明的民族特色。按拉祜族的习俗是从每年的火把节（即谷熟后）开始，到拉祜年（扩塔）后下种时止，这段时间是拉祜族青年男女串婚、订婚、结婚的时间。我们去的时候，只听说正在安排一场简单的订婚仪式，并没有碰到结婚这样的仪式[1]，只好听村长与年长的老人讲给我们听。

（1）串婚

串婚即串姑娘[2]，是拉祜族青年男女进入青春期后恋爱求婚的方式。女子会选择那些能犁田耙地及掌握其他生产技术的男子，男子也会选择那些会纺纱织布、缝制衣饰等有手艺的女子，至于外貌是次要的。串婚一般是通过劳动生产中相互接触，或晚上到寨子边和树林边进行串访活动。谈恋爱时，小伙子都以吹芦笙向姑娘倾诉心意，而姑娘则弹响篾、口弦以表示爱情。谈恋爱无固定场所，大都在寨子周围的路边、竹林里、大树下。有趣的是这些情歌都不是男女双方直接唱，而是由第三者代唱，因此他们谈恋爱往往是成群结伙的，男女双方进行对唱，歌词朴实，情感深厚。双方通过对唱而相互了解，建立感情。

“抢包头”是拉祜族婚姻习俗中最为有趣的，这是表示爱意的一种特殊方式。小伙子们串婚中如看上某一位姑娘，就寻找机会把她的包头抢到手。抢

---

① 成婚的时间一般是每年的火把节后到第二年3月下种时。拉祜族农历七月一般不结婚，因为7月属于秋季落叶季节，不是婚娶的好时机。到了农历十月才是最好的结婚时节，拉祜老人说，10月是“乃什雅什哈巴”，意为婚娶之月。

② 关于班利村青年男女开始串婚的年龄，因拉祜族不记年月，只记出生日属相，故没有年龄概念，具体年龄只能凭记事推算，一般是能背4斗谷子（每斗10公斤）时，大约十五六岁就开始串婚活动了。

包头时，姑娘如果看上了抢包头的小伙子，就半推半就地让他抢去，不追不要，追也是明追暗送。如果姑娘看不中来抢的小伙子，包头则不易被抢去，抢去了她也会要回来。如果姑娘看中了小伙子便尾随而去，到一个幽静的地方坐下来倾诉心声，表达爱情，并互相赠送一些礼品作为信物。

（2）订婚

拉祜族男女双方的恋爱关系一旦确立，双方便告诉自己的哥嫂，再由叔叔婶婶转告父母。男方父母得知此事后，就托媒人去姑娘家说亲。媒人要是能说会道、懂得传统婚姻习俗的亲友，多数是叔伯、大爹等男性做媒人。到女方家说亲时，带两瓶酒和适量的烟、茶。说亲时不是直接提亲，而是采用比喻的说法。比如说，听说你家种的菜很好，我受人之托向你家讨点籽种。女方家长若不同意，则会说，我家种的菜不好，是毛毛菜，做不成种；如果同意了，就回答给种子，收下礼物。同时转入另一个话题，即双方商定办婚事的日子和男方要送给女方的礼物，按习惯，男方要送一些米、酒、烟、茶等给女方招待亲友。

（3）结婚

拉祜族青年男女在串婚的基础上，经双方商议便选择一个吉日成婚。拉祜族按传统的婚俗备一些结婚时招待亲朋好友的米、酒、肉、菜、烟等食物。结婚当天早上（或晚上）提亲队伍打扮一新，穿着盛装，吹着芦笙，热热闹闹地到女方家接新娘。拉祜族的婚姻习俗是无论哪家结婚，全寨子人都来祝贺。婚礼上也有西方婚礼上的婚誓。我们在一家老人家里，看到这样的誓词草稿："天与地，山与水、树与竹……都成双成对，阿哥阿妹也成对。你俩是互相认识，情投意合的基础上成亲的，婚后要做到相互关心，相互理解，和睦相处，尊老爱幼，美食要给老人吃，气话莫跟老人讲。要记住，别人的刀你不能背，别人的背带你不能拿，别人穿的裤子你不能穿错，种黄瓜、南瓜要种在自己的火灰堆上，他人种处你不能种。哪怕是手脚断了，眼睛瞎了，还是夫妻，要照顾好，不得离婚，若要离婚，须砌七丈长的石墙或铺七丈长的路。所以，不能想合就合，想离就离。"① 长老、长辈讲述一些如何做人做事，尊老爱幼等人生道理，并热情地祝福新郎、新娘新婚幸福，相亲相爱，白头到老。

---

① 大家都说誓词对婚礼的意义非凡，对未来的婚姻生活也有一定的促进作用。

（4）上门

按传统习俗，拉祜族上门少则3天，一般3年，若女方是独生女，男方终生上门。如果男方家无劳动力，双方家长协商，农忙时回去帮忙，或一家各住一段时间，去时背上行李及芦笙、猎枪、弩等。

7. 丧葬文化

成年人死后都要鸣枪报丧，小孩则不报丧；大人死后隔日埋，小孩死当日埋。在班利村，主要以土葬为主，其他拉祜族聚居地有的则以火葬为主。

土葬，均用薄木板自做成棺材埋葬，垒坟堆呈圆形，并在死者坟前用石块竖放着，类似汉族的碑，殉葬物视经济条件而有所区别，条件好的给死者穿上新衣服，给一些生活物品，条件差的平常穿什么就陪葬什么。但是死者生前用过的东西都要送上，如土锅、烟锅等，还送一只小鸡，装进棺材里。殉葬物要烧尽。班利村共有两块公共墓地，凡该寨的人均可埋到公共墓地，但非正常死亡的人，则不得进入公共墓地，抬到山上随地挖坑埋之。选择墓地时，采用抛鸡蛋的方法。死者家属一人手拿一个鸡蛋，口中祈祷，要死者自己选择自己的住地。然后把鸡蛋向身后抛去。若鸡蛋落地不碎，则另行抛掷，一般这种情况被说成是死者的灵魂托住了鸡蛋，表明不想葬在此地。鸡蛋打碎的地方，则认为是死者选中的地方，就在那里掘墓，埋葬死者。

出殡前，首先由魔巴在死者身旁招魂。招魂时，供饭一碗，盐巴少许，燃蜡烛两支，进行祷告。然后由两个妇女点着火把，带着死者的殉葬物为死者领路，全寨人都前往送葬。葬完之后，寨内凡参加葬礼的人，各自带一碗米，去死者家一起吃饭，菜由死者家准备。

（三）主要节日

拉祜族是一个古老而传奇的民族，在长期的社会生活中形成了许多具有浓郁民族特色的节日。不同地区，所过节日的侧重点又会不同。在班利村，则主要是过圣诞节，其次是春节、新米节、火把节和葫芦节。

1. 圣诞节

圣诞节是班利村中信仰基督教人民的盛大节日，即每年阳历12月24日晚，教会都要举行大型的庆祝音乐会，演唱圣诗《弥赛亚》或其他圣诞颂歌，教会还组织一批唱诗班从午夜开始到各家各户门前唱圣诞颂歌，也叫“报佳音”，12 月 25 日又举行大型的游园活动，项目极为丰富，如唱圣诞歌比赛、爬杆、拔河比赛等，此外还进行文艺表演。

2. **春节**

春节，拉祜语称为“扩哑”“扩塔”或“扩路麻”①。节日前，家家户户清扫卫生，杀猪舂粑粑，家家户户都在忙着用玉米酿酒，空气里到处飘荡着酒香，人们沉浸在辞旧迎新的喜悦中。除夕，寨内寨外亲朋好友相聚，至日落前举行迎接祖先灵魂回来过年的宗教仪式。在天井和寨内广场摆放松树、甘蔗等植物，供上香腊、谷种、粑粑、肉等，作主要的歌舞和祭祀场地。从正月初一到初四，前后要过 4 天。杀牛、杀猪；到长辈老人家里拴线祈福，进行祭祀，唱歌跳舞；到长辈老人家里送肉和糍粑，为老人送水沐浴②；射弩、打陀螺、摆长街宴庆祝新年到来。初一至十五进行打打秋、打陀螺、射弩等传统活动。时值年底，准备在节日里开怀畅饮。

3. **葫芦节**

葫芦节即“阿朋阿龙”，是拉祜族特有的一个节日。“阿朋阿龙”是拉祜族古诗歌中对葫芦的美称。葫芦对于拉祜人有着非同一般的意义。从古到今，拉祜人民世世代代用葫芦做成瓢、碗、勺等器皿而大派用场，用葫芦盛装粮食、保存籽种、背水、盛酒等更是各家都离不开，猎人还用葫芦制成火药罐。更重要的是，拉祜人把葫芦作为图腾加以崇拜，把它作为一个民族发展强大的吉祥神圣之物。葫芦作为拉祜族人民吉祥如意的象征，因此拉祜人民把每年的农历十月十五日、十六日、十七日定为“阿朋阿龙尼”（葫芦节），把它定为自己的法定节日。届时，澜沧县都要举行庄严的庆祝仪式和丰富多彩的传统民间文体活动，以此来缅怀祖先，庆祝自己的节日，弘扬本民族悠久的历史文化。和其他拉祜村寨一样，班利村每次都派人参加庆祝活动，当然，也少不了村寨的自我庆祝。

4. **新米节**

新米节又叫尝新节③，拉祜语称“扎四喳”，是拉祜族的传统节日之一。

---

① 也有人说过新年，拉祜话叫“霍甲”，是辞旧迎新的节日。

② 拉祜族有着世代相传的敬老习俗，不管是多么大的一个人物，只要在老人面前都会毕恭毕敬。

③ 新米节原是佤族节日，但聚居在这里的民族生活互融，常常互过节日，不分彼此。比如我们在村子里就与大家一起过彝族的火把节。村长说，重要的是有节过，更重要的是有酒喝。

由于山川阻隔，各地自然环境互殊，拉祜族的新米节没有统一的时间。一般在每年农历的七八月间，当谷物成熟时，就标志着新米节的到来。新米节的前一天，要到田里收一些成熟谷子回来用火烤干，舂成米。新米节这天全寨停止生产，杀猪、杀鸡、烤酒，新米饭煮熟后，要先盛一碗新米饭，点上香、蜡祭献天神厄莎和祖先神灵，而后给牛、狗吃节日食品，并在犁、耙等农具上贴上一点新米饭，感谢厄莎、祖先神灵保佑粮食获得丰收，牲畜农具为粮食丰收立下了功劳。

5. **火把节**

每年的农历六月二十四日晚，班利村都要举行隆重的仪式欢度火把节。砍松明，扎火把，做缅香。"火把之夜"，在寨子中间的广场上，要立一颗三丈三尺高的大宋明火把，户户门前都要立起松明火把，青年人围着火把缅香，互相投散嬉戏，火花四射，众人呼唤。各家老人忙于祭神驱魔活动。主要内容是叫谷魂和驱魔邪，叫谷魂时把新鲜瓜果供到桌子上，在屋檐下立一把火把，用一只鸡，一碗米，一碗谷子，一小疙瘩盐巴，几炷香插在火把前，按传统方法叫谷魂。驱魔时，驱者一手持刀，一手持火把，口中念念有词从房内到房前屋后，祈求神灵保佑，粮食丰收，人畜平安。目前，出于林业安全与保护林木的需求，火把节的规模已经很小了，人们只是打着节日的旗号又聚集在一起喝酒而已。

（四）班利村的民间艺术

1. **拉祜摆舞**

拉祜族是一个能歌善舞的民族，人人能歌，个个善舞。拉祜族有许多民间的舞蹈，这些舞蹈都具有浓郁的民族性和最广泛的群众性。特别是逢年过节，歌舞是他们必备的节目。他们的舞蹈动作往往与生产紧密结合，种类很多。其中，芦笙舞和摆舞流传的比较广。从流行度来看，芦笙舞是在拉祜族群众中最为流传的舞蹈，拉祜族男男女女老老少少都会跳。逢年过节的时候，拉祜族山寨都要跳芦笙舞。芦笙舞的动作简单易学，但套数比较多。跳芦笙舞的时候，参加的人要手拉着手围成一圈或者是几圈，吹芦笙的男子在圈中边吹芦笙边跳，其他的人跟着芦笙的节拍起舞，而且要随着芦笙曲调的变化来变换舞蹈动作。芦笙舞的舞步节奏较慢，但整齐而有力，跳芦笙舞的时候，随着众人的脚一起一落，地上就会飞起一层层的黄灰。拉祜族有一句形象的话来反映跳芦笙舞的盛况：跳舞跳得黄灰起，跳起黄灰能做药。

在班利村，摆舞则更有特点。摆舞是在芦笙舞的基础上吸收傣族舞蹈的一些特点发展而成的，拉祜族和傣族的往来较多，两个民族之间的文化相互有一些影响，拉祜族摆舞中的动作，因受到傣族舞蹈的影响，显得优美而流畅。摆舞是以长鼓、锣、镲等打击乐器为伴奏的舞蹈，大家围成圈，由熟悉摆舞套路的人各执器乐，以一定的鼓点边敲边打边领舞，其余参加者在音乐声中翩翩随舞，手部和脚部的动作并用，节奏轻快，给人一种美的享受。摆舞动作是从生产生活中的劳动动作中提炼而来，具有很强的劳动美感。拉祜族摆舞已被列入省级非物质文化遗产保护项目，目前正在积极申报为国家级非遗保护项目。

班利村被澜沧县列为“摆舞之村”，在发展摆舞方面任重道远。班利村由专门的文化队长抓摆舞建设，通过组织安排，积极创新，摆舞已成了村里每个人都能跳且跳得好的一种舞蹈。现在班利村正在筹办拉祜族摆舞班，用更多的时间来发展摆舞。如今，摆舞已成了班利村过年过节都必跳的舞蹈，而且，还有许多人慕名而来观看摆舞表演，摆舞已经名声在外。

2. 拉祜民歌

“谷子黄，拉祜狂”，拉祜族是个酷爱音乐舞蹈的民族，善于歌唱，娴于舞蹈，其音乐古朴，易学易唱，具有广泛的群众基础，男女老少基本上都会唱、会跳、会吹。具有浓郁生活气息和山乡风韵的拉祜族音乐已融入他们的生命中，他们靠歌舞欢度自己的生活，节日时更是通宵达旦舞步踏踏，处处琴声悠扬。

20世纪初，随着基督教的传入，多声部演唱《赞美诗》之类的歌曲随之传入，至今在部分地区还流传着用拉祜语咏唱的《赞美诗》。在村落中，随处可以听到广为传唱的拉祜民歌。拉祜族由于没有自己的文字，有关本民族发展的历史、生产经验、生活知识、情感交流都不可能用文字记载传文后世，完全靠民歌口耳相传。拉祜族民歌大约可以分为叙事歌、颂歌、情歌、山歌、习俗歌、儿歌、催眠歌、丧葬祭祀歌八大类。在这里，简单介绍一下班利村常听到人们传唱的几类歌。

(1) 叙事歌

叙事歌一般多见于农闲、节日或村寨有男婚女嫁时，大家欢聚一堂，请寨子里威望高、生活阅历丰富的老歌手演唱，内容大多是祖先流传下来的关于日月星辰、山川河流、风土人情的传说。如《牡帕密帕》节选记录了拉祜族产生的神话。

还有另一种类型的叙事歌，被称之为年歌。年歌是拉祜族民歌中颇具特色的一种，是拉祜族生产生活的“再现”。新年到来，拉祜人用歌声庆祝丰收，诉说劳动的艰辛，企盼来年五谷丰登、人畜平安。如流传于澜沧的《过年歌》唱道：十月忙上打谷场，月出打到日头黄；女人送谷男人打，金黄谷子装满仓。冬月天冷下青霜，腊梅花开树叶黄；男女老少都欢笑，脱下旧装换新装。腊月一过是年节，芦笙吹奏丰年歌。

(2) 山歌（情歌）

山歌一般是在野外唱的歌，曲调丰富，歌词长短不一，可随意抒发感情。演唱形式有独唱、对唱、轮唱，如《开荒调》等。山歌中，情歌的形式让人印象深刻。情歌是拉祜族青年男女恋爱期间，相互倾诉自己爱慕之心的民间歌曲，由于自由恋爱比较普遍，大量的情歌便产生。著名电影《芦笙恋歌》的主题歌《婚誓》，就是取材于拉祜族民间，经艺术加工后成为脍炙人口的优美拉祜族歌曲。这些情歌普遍表现出拉祜青年男女对爱情热烈大胆、执着健康的追求和对爱情忠贞不渝的品格。

(3) 拉祜现代民歌

在班利村的日子里，最常听到的是拉祜现代民歌。比如其中《快乐拉祜》是云南澜沧县的县歌，也被我们视为队歌。

“吉祥的日子我们走到一起，共同把心中歌儿唱起来，蜜样的幸福生活滋润着我，拉祜人纵情歌唱，欢乐的日子我们走到一起，举杯把祝福歌儿唱起来，祝福你幸福吉祥天天快乐，拉祜人纵情歌唱。拉祜拉祜拉祜哟，快乐拉祜人，拉起手来围起圈心儿贴着心，拉祜拉祜拉祜哟，快乐拉祜人，幸福吉祥吉祥幸福快乐到永远，幸福吉祥吉祥幸福快乐到永远……”

第二次再到班利村时，拉祜民歌的社会影响度更大了。《梦想合唱团》、《我要上春晚》、《星光大道》等节目都有拉祜民族歌手的出现，引起了广泛的社会关注度。当第二次从班利村离开，再次要说再见时，席间有歌手唱了最流行的拉祜现代民歌《实在舍不得》[①]，这让大家的离别情绪又增重几分。

我会唱的调子　像沙粒一样多　就是没有离别的歌
我想说的话　像茶叶满山坡　就是不把离别说
最怕么就是要分开　要多难过有多难过
舍不得哟舍不得　我实在舍不得
你没看那风景像山花一样多
还有多少思念的河
你留下那情像火塘燃烧着
还有好多酒没喝
最怕么就是要分开　要多难过有多难过
舍不得哟舍不得　我实在舍不得
最想么就是你再来
要多快乐有多快乐
舍不得哟舍不得　我实在舍不得
我实在舍不得

3. **民间器乐**

拉祜族民间器乐大体可分为吹奏、弹拨、打击乐器三大类。由于长期生活在山区，乐器的制作都是就地取材，以竹、葫芦为制作材料。演奏过程中逐渐形成了具有本民族特色的节奏、曲调和演奏风格。就调研组在班利村看见的乐器而言，主要是芦笙、“哩嘟”、响篾等，下面做一下简单介绍。

(1) 吹奏乐器

葫芦笙，又名芦笙，拉祜语称“诺”。在拉祜族民间乐器中芦笙算是最古老的一种。据清道光《云南通志》记载：“倮黑（拉祜）聚会时亲戚会饮，吹笙为乐……”可见，芦笙的历史可以追溯到清朝年间。芦笙系用葫芦做共

① 普洱拉祜族创作的拉祜族原生态民歌《实在舍不得》，由云南大学教授、著名电视人张宇丹教授和知名文化人、网络写手蔡立作词；由拉祜族歌手李娜倮现场哼唱并由云南省年轻音乐人黄征、肖宇记谱，李札丕等拉祜族农民歌手演唱。歌曲走进央视《星光大道》、《我要上春晚》等知名栏目，并在中央电视台、云南电视台、云南电台等省级以上媒体热播，唱响全国。

鸣器，在葫芦腹部钻五个呈梅花形的圆孔，内插带五根簧片的炮竹管，每根管开一个音孔。笙管长短不一，可形成高低不同的声音，一管可发出两个音。葫芦大、笙管长的芦笙，音色浑厚、雄壮，多在节日活动中吹奏；葫芦小、笙管短的芦笙，声音清脆、嘹亮，又便于携带，多为外出时吹奏，青年人尤为喜欢。如今吹奏芦笙已十分普遍，几乎所有拉祜族成年男子都会吹，有的十一二岁就学会吹芦笙。芦笙有独奏、合奏及笙舞结合等形式。芦笙也是交流思想感情的乐器，许多青年男女谈恋爱时就会吹芦笙，电影《芦笙恋歌》则很好地展示了这一面。芦笙舞有多种不同的调子，拉祜老人说共有 72 调。按祖辈传下来的规矩，吹芦笙一般是每年的火把节后开始，到第二年春耕下种时止。春耕开始后就停止吹芦笙，故有“谷子黄，芦笙响”的说法。

“哩嘟”或“哩嘎嘟”，是拉祜族青年男女喜欢的一种乐器。用竹制作而成，外形似箫，但比箫短，多在山野走路或野外放牧时吹奏，或是在夜间谈情说爱时吹奏。传统的“哩嘟”只有一个音孔，现在也有发展到六个音孔的。“哩嘟”制作简单，只在竹子用嘴吹的地方削一个小小的缺口就可以吹奏。吹奏时，用下嘴唇堵住管口，气从吹口进入管内发音。

（2）弹拨乐器

响篾，拉祜语称“阿嗒”或“阿允”，用金竹片制作，有一至四簧之别，流传极广，是女性抒发感情，自弹自娱的传统乐器，弹起来有多种音调，声音柔弱、抒情、动听。在婚恋中，姑娘们常用口弦调表达爱情。[①]

吉他，现在许多班利村的小伙子都会弹吉他，很多都是跟着教堂里唱赞美诗的男子学的。晚上的班利村，总能听见优美的吉他声响起，心底也跟着变得格外恬静。

（3）打击乐器

打击乐器有象脚鼓、铓等，多在节日欢庆，群众欢聚的群舞中使用。因近来与傣族经济、文化交往密切，故傣族的舞蹈形式与伴奏乐器象脚鼓、铓等逐渐为这些地区的拉祜族所接受和使用，并加以发展，形成了具有拉祜族特色的伴奏风格。

① 响篾是女性常用的一种乐器，当然男性也有吹奏。

4. **拉祜武术**

1991年和1992年班利村建有武术班[①]。当时会全套拉祜族武术的全县就一个人，名叫徐扎克，就住在班利村。慕名而来有很多人，纷纷前来拜访这位会民间拉祜武术的人。其中市体委武术学院的武术教师在登门看了徐扎克的武术表演之后，心情尤为激动，几杯酒推心置腹之后，便决定为拉祜武术的发展弘扬做出自己的贡献。后来，县里决定在班利村建立拉祜族武术培训班，徐扎克任教，其道具和经费都由县里提供。该培训班共有20个人，平时有固定的时间来培训，参加过许多比赛，曾获得武术类第一名。民间拉祜族武术弘扬了拉祜族刚强的民族性格，在民族特色日益同化的情形下，如何保持和继续自身特色是一个长期的任务，需要投入艰辛和持之以恒的努力。另外，村长常常佩戴一把拉祜刀，那刀只有一肘多长，刀头成月牙形，很适应丛林作战和格斗，既是生产工具，又是武术器械、是拉祜族男子随身之物。

5. **文化传承**

(1) 民间演出队伍

班利村有一支民间演出队伍，建立时间较长，现在有120人，其中歌手11人，乐器队42人。该演出队伍是村民自愿参加组织而成，由班利村完小的校长担任队长，利用晚上闲暇时间组织村民进行排练。班利村村民虽然白天在田地间劳累了一天，还是非常积极地参加晚上的排练，在完小教学楼前的广阔操场上，载歌载舞。经过辛苦训练，这支演出队伍参加过许多大大小小的演出，先后于1983年参加澜沧30年大庆演出，1988年澜沧葫芦节到县上演出，2000年到木嘎乡进行演出，2007年还参加中国电影金鸡奖颁奖典礼。这些年来，演出队去过北京、广西、杭州等大城市进行演出，得到了外界的一致好评。

(2) 村文化活动室

班利村在村委会挂了文化活动室牌子，且安排了1名管理人员。文化活动室内有许多农村实用技术图书，主要是教农民如何生产致富的书目。文化活动室还配备了电教器材、光盘，这些都是由县图书馆提供的。但如何丰富

---

① 拉祜族武术有自由拳术、虎拳、鸭拳、猴子拳、鸡爪拳和老熊翻身拳等。器械有扁担术、单刀防兽术、单刀防身九法、小少术（使六把小月）、双月、双棍及棍术招架功。自由拳术讲究用掌和肘，以短小的冲拳和勾拳为主，脚法较少，有的动作模仿大象，有较强的攻防意识。其中，扁担术最为简练实用。

和满足老百姓的精神文化生活需要，增强村文化活动室的利用率，则是一个更深远的话题。

（五）班利村的宗教文化

在历史发展的进程中，有许多分支宗教传入班利村，不同的宗教对班利村都有不同的影响。拉祜族传统信仰万物有灵的原始宗教，有大大小小数十种“神”或“鬼”，其中天神“厄莎”居众神之首。明朝中期，一部分与傣族毗邻的拉祜族受到小乘佛教的影响。清初，汉传佛教传入拉祜族，并逐渐形成了与拉祜族传统的社会统治形式相结合的政教合一的局面。清中叶以后，在拉祜族持续不断的反抗封建统治的起义中，佛教作为号召人们进行斗争的思想武器，在拉祜族群众中得到较快的传播和发展。清末，由于拉祜族起义的最终失败，除了一部分拉祜西，在大多数拉祜族地区，佛教丧失了过去政教合一的形式，并逐渐衰落下去。

1919 年双江县帕结寨建立了拉祜族和佤族的第一座基督教堂。1921 年，澜沧县糯福寨后面的山上建立了一座教堂。从此以后，基督教在拉祜族中迅速传播。至 1950 年，仅在澜沧县就建起 76 座教堂，信教群众达 1 万多人（包括佤族在内）。现在基督教取代传统的宗教信仰在拉祜族中仍在逐步地向前推进，比如在那得头村，就有 2007 年才皈依基督教的家庭。

1. 基督教及其管理

这里必须介绍一下一个叫徐永福的人。徐永福，1931 年生，拉祜族，澜沧县文东乡人。17 岁时为躲避国民党抓兵其父亲带领全家逃到班利村。这一年徐永福在当地建于 1927 年的基督教堂经洗礼，成为基督教徒。1958 年班利村教堂的掌堂牧师离开，徐永福遂成为该教堂的负责人。1961 年，徐永福被推荐到南京基督教神学院学习一年，成为传道员。“文革”开始后拉祜族地区的教堂被封闭，于是信教群众将活动地点改在了家里，秘密地信奉着基督教，而徐永福也秘密地扮演着传道员的角色。

1979 年班利村在一户拉祜族的家中率先恢复了正常的基督教活动。1980 年建起一座简易的教堂（原教堂毁于一场火灾），后几经改建，至 2001 年发展为现在的规模，而徐永福也于 1983 年晋升为牧师，并经常到糯福大教堂主持那里的活动。现在澜沧县共有拉祜族牧师 3 人，长老 3 人，而传道员则遍布信仰基督教的拉祜族村庄。3 个牧师除徐永福外，另有一个女牧师段三妹现住在班利村，她是徐永福一手培养起来的，现在是澜沧县基督教会的会长。

（1）基督教的教务管理

现在，班利村主要信仰基督教。全村共有 5 个教堂，其中班利大寨的教堂最大。星期天教徒不劳作休息，到教堂做三次礼拜。星期天早上起床后，全寨教徒们换上干净的衣服，当听到教堂里的铓锣敲响，就带上《圣经》、《赞美诗》纷纷涌向教堂。教徒们到齐后，主持仪式的牧师开始主持礼拜活动。先祷告，祷告完毕再同唱赞美诗。唱赞美诗时，首先是众教徒一起唱，然后是分好几拨人走到教堂前面唱圣经里面的歌，有男子专门弹吉他伴奏。最后，牧师带领大家一起学习圣经，是用拉祜语念圣经的，这样可以帮助信教但不识字的人学习圣经。一次礼拜做完大概要花两个小时。一天三次礼拜，早晨九点、中午十二点、晚上八点左右各一次礼拜，其中中午那场礼拜只是信教妇女参加，晚上则是信教男子参加。做礼拜的这一天，教徒不仅不能忙农事，而且还不许摘菜，不准杀生。

在正常的礼拜活动之外，在信教的人员中若有人得病了，家里有灾祸了，主人就会去教堂请撒拉到家里来帮着祷告和祈福。撒拉祷告词根据病人的病情，请求上帝让病人早日康复，并给予保佑。主人会视自家经济条件，主动给予撒拉教头钱，可以是 0.1 元，也可以是 100 元。

《圣经》、《赞美诗》等关于基督教的书籍都是在上海印刷后，再发往中国云南、泰国和缅甸。班利村村民手中的《圣经》都是汉字和拉祜文互译的，即一行汉字下面对应的就是拉祜文，可以帮助只识拉祜文的教徒更好的学习。

由于全村大多数人都信仰基督教，现在圣诞节成了村里最热闹的节日。每次圣诞节的时候，县里、乡里都会派领导来班利的教堂和当地百姓一起过节，外国基督教徒也会每年来班利村过圣诞节。节日期间，大家会一起在教堂吃饭，饭后班利村教徒会带领大家跳歌，吹芦笙，展现古朴热情的民风。

教堂有公共财产，其财产来源多样化。班利的教堂以前动员教徒 3 个小时挖了 80 亩地，用来种玉米，每年可以收 1500 元。后来把 80 亩地用来出租，每年租费 3000 元。周日做礼拜的时候，教徒可以根据自家的经济情况向教堂奉献财力。过新米节的时候，统战部和民政部会拨给教堂 500 到 600 元。圣诞节的时候，各个教徒会从家里带菜、带鸡和猪肉，或直接拿钱给教堂。每年收谷子的时候，教徒会拿出谷子的千分之一或者折成钱捐给教堂。教堂所收获的这些钱财，用来为教堂添置桌椅，圣诞节添置大家一起享用的物品，并在教徒生病的时候，会给教徒钱看病。每一笔开支和收入，都由教堂里的保管员清楚记账，教堂有严格的管理制度，不会出现贪污腐败现象。

教堂里的管理人员主要由长老、牧师、传道员、执事员和保管员构成，这些人都是由教徒选出来的德高望重的人。每个人分管的事情不同。长老要由人际关系好，管理严格，文化水平高的人任职，一旦选中，直到长老无力从事时，才退出。长老主要负责管理教堂内部其他人员的工作情况，若发现有人违反教义规定和教堂管理规定，滥用职权，就会勒令停职三个月，免发两年的工资。长老还有义务向县民宗局反映当地的宗教情况。牧师主要负责星期天的礼拜活动。传道员顾名思义，就是负责向不信教的群众传播福音。而执事员有很多人担当，主要是在开会讨论时，参与讨论，提意见。保管员负责管理教堂的财务，相当于会计。现在，教堂的工资水平是保管员一年 250 元，而其他人员则是 350 元。这样看来，其实他们相当于在教堂无私奉献。

(2) 基督教对班利村的影响

尽管只有个别传教士在拉祜族中传播基督教，但在很多地方，基督教基本完全取代了拉祜族的原有宗教信仰，包括万物有灵的原始宗教和自清初传入的佛教。基督教在拉祜族社会中正在发挥着重要的作用。

其一，在经济上的影响。基督教能使拉祜族脱贫致富，这话听起来有点玄乎，但事实确实如此。在班利村的那得头尚有 10 户不信基督教的拉祜族群众。据说这 10 户人家有人得病不去医院看医生，而是请“摩巴”烧香驱鬼。摩巴一开始是杀鸡，如果不灵就杀猪，再不灵就杀牛，总之会有很多家禽和牲畜被杀掉，他们从不将它们拿到集市上出售。而信仰基督教的拉祜族人家有人得病就去医院看医生，从不杀家禽和牲畜，于是便有许多消费不掉的家禽和牲畜被拿到市场上出售，从而为他们赢得了一笔不小的收入。另外，每逢星期天许多村民都要来到教堂举行信教活动。澜沧县科协、科技局、畜牧局和东回乡政府，正是借着村民去教堂聚会的时机，不定期地举办科普活动，为信教的村民带去了农业科普知识，提高了村民的科学素质。村民们都非常喜爱这种传播科学技术的方式，既省时省力，又实用可信。大家总是调侃地说：“科普活动进教堂，拉祜群众喜洋洋”。

其二，在社会上的影响。上述那得头例子不但是一个经济学的例证，也说明了基督教在拉祜族医疗卫生方面所发挥的重要作用。此外，信教村民比较注重生活卫生与习惯。比如说，信仰基督教的拉祜族群众按基督教的教规要在星期六这一天搞卫生，包括家庭和个人卫生。所谓个人卫生就是要在星期六这一天洗澡，有的人甚至能做到天天洗澡。因此，信教村民也自认比较干净。一般说来，不信基督教的拉祜族人家大部分住在用竹席搭成的棚屋内，这种棚屋直接建在地面上，阴冷潮湿。而信仰基督教的拉祜族人家则住在干燥温暖的干栏式建筑里。尽管仍然采用传统的火塘取暖和炊事，但干栏式房屋的整洁程度足以让像我这样的外来者惊叹不已。又比如，少数民族群众大都喜欢饮酒[①]，甚至有一些人因饮酒过度而造成很严重的社会问题。但纯粹信仰基督教的拉祜族已杜绝了饮酒现象。我们就住在班利村段三妹牧师的家中。那一天是段牧师家的打谷日，她的丈夫——班利村唯一落户的傣族人率领七八个年轻的拉祜族小伙子在场院上打了一整天于不久前刚刚收割下来的稻谷。傍晚，这一行人回到段家已是筋疲力尽。我想这些人晚饭一定要喝许多酒以解除一天的劳累，让我惊讶的是他们不但没有喝酒，饭前还在段牧师的率领下进行了一个简短的餐前祈祷仪式。有一种说法，说那些至今不肯皈依基督教的拉祜族群众是不想放弃饮酒的习惯。再比如，澜沧县地处中缅边界地区，禁毒工作难度十分大。当地的少数民族群众吸食毒品的不在少数，但信仰基督教的拉祜族没有吸食毒品的。现在当地政府在禁毒、禁酒乃至发展经济上都十分依靠基督教会。根据笔者和段三妹牧师多次而深入的谈话，笔者得知，信仰基督教的拉祜族群众都是纯正的基督教徒。在他们的信仰中并不存在或保有其他的宗教信仰成分。基督教之所以彻底取代了拉祜族的固有信仰，一方面与基督教作为一神教的不宽容性有关，另一方面也与历代传教士的不懈努力有关。而在这种力量的背后则是可以依赖以及可以互助的教会组织。

其三，在文化上的影响。作为一种宗教信仰，在基督教取代了拉祜族固有信仰之后，也存在与拉祜族传统文化中其他元素和其他子系统相互协调和整合的问题。据笔者的观察，这一层面的协调和整合似乎也做得“天衣无缝”，仿佛拉祜族是一个久已信仰基督教的民族。以笔者看来，这多得益于在拉祜族的基督教活动中结合有拉祜族传统的歌舞形式，并且拉祜族传统的民族服装在基督教活动中得以保留和展示。在拉祜族的日常生活中，几乎没有男子穿民族服装，而女子所着民族服装也十分简单，不外是筒裙、斜襟或对

① 云南此行打破我一贯认为“北方人比南方人好喝酒”的思维定式。

襟小衫、大包头等，但这种打扮与当地傣族女子的装束很难区分。如果说有什么特别的标识的话，就是无论男女外出时身上斜挎的那种缀有五颜六色绒球的挎包。但在那次星期天礼拜的参与中，让笔者感到惊讶的是，除个别老者和小孩外，几乎所有参加活动的拉祜族群众都穿上了华丽的民族服饰。这也是笔者第一次看到真正的拉祜族传统民族服装以及它与傣族服装的区别。更使笔者感到惊讶的是，唱诗班在唱诗时没有采取典型的基督教的形式，而是将拉祜族传统的民族歌舞形式结合进来，边歌边舞。说来也很奇怪，英美文化在拉祜族中的传播只涉及宗教信仰一个领域，如果有其他元素，那么这些元素又都与宗教信仰相关，比如过圣诞节的习俗。

此外，基督教还在当代拉祜族的族群认同和族体层次的提高上发挥着深层作用。我们知道，拉祜族作为56个民族大家庭的一员，是在新中国成立后的民族识别运动中被“识别”出来的。很显然，拉祜族在新中国成立前，在族体发展的形式上，一直处于比较低的层面。拉祜族自从信仰基督教以后，其族体的发展较从前已有了很大进步。首先是拉祜文的创立。这是一个民族步入现代民族行列的必要条件之一。尽管新中国成立后政府又为拉祜族新创制了一种文字，但由于种种原因，这种文字在拉祜族群众中没有推广开来。现在不但信教群众在从事基督教活动中仍在使用永伟里创制的老拉祜文，并且在当地学校的拉祜语文教学中也在使用这种文字。拉祜族语言之所以保存得这么好，之所以仍为广大拉祜族群众所普遍使用，与这种文字的创制、使用和推广是分不开的。其次，基督教进入拉祜族文化后使拉祜族有了新的民族认同符号。尽管现在仍有部分拉祜族群众没有信仰基督教，但基督教已经成为这个民族新的认同符号。在这里，如何区分拉祜族和傣族呢？除了语言，信仰基督教的拉祜族群众告诉我，拉祜族是信仰基督教的民族，而傣族是信仰佛教的民族。

总之，基督教在拉祜族社会中，在规范人们的道德行为，在维护社会的和谐稳定，乃至在促进民族经济发展方面正在发挥着日益重要的作用。

2. 原始宗教

据班利村老人介绍，在“文革”前，当地有很多人信鬼神，即信仰原始宗教。在班利村的原始宗教中，厄莎崇拜、多神崇拜、灵魂崇拜、占卜是主要的内容和形式。由于居住在山区和半山区，山地、森林与他们的生产生活关系极为密切。因此，当地人对山地和森林的祭祀极为重视，班利村有一片葱郁茂密的神树林，神树具有天然庙宇的作用，作为寨神的象征。神树林任何人都不能砍伐，否则会触犯神灵，酿成灾难。逢年过节全寨都祭神，祭神时点四对香火，两对插树上，两对插树下，杀鸡祭祀祈祷，保佑全寨平安，消免灾难。此外，在农业生产中也寄希望于神灵，生产的每一个阶段都要举行祭祀活动。如：头年备耕选地时，要在地中心插一小树，点上香烛，摆放一碗米、一瓶酒，一边念咒语，大意是：我家生活困难，今年要砍这块地种，愿厄莎保佑。现在祭神树的现象仍然存在。

3. 佛教

相传，班利村村民信仰佛教是在新中国成立前。至于佛教是怎么传入，没有很一致的说法。大多数老人觉得佛教是从大理那边传过来的。班利村村民认为厄莎是一个具有伟大力量的神祗，主宰着人世间的万事万物，以及人间的吉凶福祸，被视为拉祜族山寨或家中最大的神，因此，在班利村的佛房中，大多都不塑雕像。班利村过去很多人信仰小乘佛教，尽管在他们眼中小乘佛教是“度己不度人”，但村民还是虔诚地信仰着。班利村在寨子的僻静处盖一间茅屋作为全村的佛房。信教村民则在自己的屋内设有佛堂。佛房除用于平时念经拜佛外，在每年的正月初九、四月十五和八月十五都有较大的活动。此外，每月的初一和十五，各寨信徒都到佛房举行祭祀活动，并斋戒一日。

九、班利村的社会治理

（一）基层两委组织建设

1. 基层党支部

班利村党支部最初成立于1953年，当时主要有三名成员，分管组织、治安调解、纪律检查。目前，该村建有党支部1个，下设5个党小组，共有党员45人，其中少数民族党员43人，男党员43人，女党员2人。该村建有团总支1个，团支部2个，共有团员33人。

现任书记李小保于2007年5月18日上任，留任至今。自班利村成立党支部以来，历任党支部书记在任时间与名单情况如下：

1953—1967 年，张扎儿

1967—1970 年，罗扎药

1970—1984 年，张祜

1984—1990 年，李扎二

1990—2000 年，李荣强

2000—2004 年，纪扎啊

2004—2007 年，张学文

2007 年至今，李小保

现任班利村党支部经过长期的发展，已形成比较完善的组织结构。党支部书记与支委成员都由选举形成。班利村党支部书记由村内党员选举，支委成员在政治立场坚定、文化素质较高的党员中推选。书记与支委成员形成后，要上报东回乡审核，上级同意后生效。经 2010 年换届选举后，形成新一届的班利村党支部，组织人员及分工情况为：

委员名单

李小保、李荣强、张绍六、张扎所、杨云清

班利村党支部委员会研究决定支部班子分管情况如下：

李小保　组织委员

张绍六　纪检、调解委员

李荣强　文化、统计、教育委员，并与班利村村完小校长、班利村民委员会专职副主任李扎儿一同协调工作；

张扎所　宣传教育委员

杨云清　卫生、生产养殖委员，并与班利村村医、班利村村民委员会委员姚芳一同协调工作。

自党支部成立以来，以党支部书记为首的班利村党支部在村内一直积极发展党员，扩大组织队伍，更新组织血液。2008 年至 2009 年发展了 3 名党员；2009 年至 2010 年，在上级党委的要求下，针对村内党员年龄老化、文化素质低的情况，发展了 10 名党员；2010 年至 2011 年，发展 3 名党员。在现有 45 名党员中，50 ~ 80 岁的党员有 8 名，40 ~ 50 岁的党员 27 名，40 岁以下的党员有8名，平均年龄水平为47.3岁。其中大专文化水平的有1名，占总额的2%，高中或中专的有7名，占总额的15%，初中学历的有12名，占总额的26%，小学水平的有10名，占总额的22%，存在一部分的文盲党员。妇女党员2名，占总额的4%。近些年，班利村党支部工作优秀，在农村“三个代表”重要思想学习教育活动中获得先进单位的称号；在2010年工作中，表现突出成绩优秀，被评为先进党支部；2007年度被评为先进基层党组织。

对于班利村党支部将来的发展，现任书记李小保提出还存在一些困境，并表达了新的期望：迫在眉睫的问题是老党员年龄老化，文化程度低，组织需要尽快发展年轻、有知识的新党员做好带头作用，争取发展成熟、有能力的小组长和团员。其次，需要扩大、完善工作场地，争取工作经费。李书记说，班利村的党支部近些年来，上级虽然给予很多照顾，但是班利村底子差，还很不够。村里的工作需要更新办公用具，如电脑、相机，这些都需要进一步的支持。

2. 村委会建设

班利村委会是在2000年才产生的，在“文革”前被称为班利乡人民政府，“文革”期间是红星大队，1980年至1987年为乡人民政府，1987年至2000年该地设为班利村公所。班利村共有22个小组，10个自然村，根据地理位置的分布，整个村分为大班利、那布、半坡、卡扩、新寨、雅口、那得头7个部分，分别有大班利10个小组，那布4个小组，半坡4个小组，其余各有一个小组，每组各设一名组长、会计，协助村委会工作。现任村主任张绍六于2010年4月新选举上任，之前经历了张扎儿（1956—1967年）、罗扎药（1967—1970年）、张祜（1970—1984年）、张汝杀（1984—2000年）、李四（2000—2010年）几任的管理和领导。

现任村委会的主要成员及其职责为：

村主任张绍六，主要工作是负责生产、治安和调解。副主任李荣强，主要负责村内各项资料的管理、数据统计，为村里的各项事务开具证明；委员2名，分别主管外进人口的信息统计及管理、卫生与计划生育（该委员兼任班利村妇女主任）。

村委会为方便工作，下设调解委员会和联防队，负责村里矛盾的协调与解决。调解委员会由村主任张绍六牵头，主要负责邻里纠纷、家庭纠纷、生产关系纠纷。调解委员会的成员主要是各组的组长，组内出现矛盾和纠纷，首先组内协调。联防队通过发动村内群众，维护治安、消除不安定因素、减少违法犯罪活动。班利村全体联防队队员：主任兼队长　李四；支书　张学文、张扎所、张扎七、李保、石杰、李老伍、张扎戈、胡扎海、李扎林、李扎袜、李扎母、李双保、王祥、李老四。

班利村现有村官1名，主要工作是协助村主任的日常工作。

班利村到2011年底，已签订农业承包合同728份，农村土地承包面积13462.00亩，年末集体总收入15.30万元，有固定资产11.40万元，年末集体收益1.40万元，农村财务管理实行委托管理，定期开展村务公开，成立了民主理财小组，主要以粘贴公告、黑板报、会议等方式公开。

公房建设是村委会开展工作以及组织群众集体活动的重要保障。班利村目前的公房主要包括村委会的办公室、村卫生室、村图书室、教堂等办公、服务和文化场所。其中，居于班利的村委会办公用房是2006年10月才修建起来的，为两栋砖瓦结构的平房，包括书记、主任和副主任的办公室、资料室以及一间大的会议室等。由于建房之初用料有限，目前，个别办公室已经开始漏雨，需要加瓦修葺。出于资金有限的考虑，班利村已经向上级有关部门提出了申请，有关材料正在编排中，在政府资金整体改进的情况下，有望于2011年实现村委会公房的整体修葺。此外，村里目前的卫生室是于2009年新建的。村卫生室坐落于村委会边上，由诊断室、药房、护理室、输液室四大间房子组成，在新型农村合作医疗普遍开来的背景下，极大地方便了村民的看病就医，给人们的卫生医疗提供了保障。图书室的建立也给村民丰富自己的文化知识提供了良好的场所。公房建设的整体推进也是班利村新农村建设中的重点规划之一。

近几年，在村委会的带领下，班利村的生产活动日益发展。2008年，应上级号召，班利村委会带头鼓励村民种植咖啡，提高村民收入，在指导精神下村之后，村委会召集各组组长开展动员大会，通过组长与村民取得联系，传达精神，之后又组织村民商量、签订合同协议书，配合咖啡老板组织村民进行关于种植咖啡方面技术的培训。同年，班利村委会为进一步改善村民生活，提高收入，带领村民进行种桑养蚕。为顺利完成任务，村委会指导村民为种桑养蚕专门开出一片区域，和其他种植物区分开来以免其他种植物的农药影响蚕桑质量。

（二）农村社团组织

1. 团支部

班利村团支部成立于1975年，由班利村党支部书记兼任团支部书记，现书记为李小保。班利村现有团员43名，年龄阶段为18岁至35岁。班利村团员的发展对象为有知识、有文化的青少年。现在，班利村团支部主要的问题是面临团员年龄偏大的情况，无法及时更新血液，吸收新的、优秀的青少年入团。班利村的青少年更多的愿意外出打工，团支部因此流失了很大一批培养对象。

现阶段发展团员面临的主要困难是：

（1）缺少活动场地。规律性的团日活动在没有固定场地的情况下，经常面临取消和延期的问题。要确保团日活动的延续性，加强内部团结，吸引积极的团员，需要建立一个固定的活动场地。

（2）缺乏学习资料和工具。现在村内的团员学习资料和内容完全靠乡政府支持，特别匮乏。

2. 民兵组织

班利村民兵团成立于1968年，现有一个排，20～30名民兵。民兵主要来源于村内政治立场坚定、身体素质好的村民。他们自愿参与，没有工资补贴，为村民服务。乡镇每年会组织民兵培训，每年2次，每次1～2天。乡里共有2个武干，其中一个便在班利村。每年在村武干的带领下进行培训，学习民兵的基础知识和武装技术。平时村民兵团的主要任务维护社会治安，防灾减灾，打击敌对分子。

此外，依托“青年民兵之家”，班利村民兵团开展各项活动。“青年民兵之家”是学习宣传党的路线方针政策，培养民兵科技人才的重要阵地，传播精神文明的重要窗口，开展民兵教育训练的重要场所。“青年民兵活动之家”活动规定，要做到有骨干组织活动，有活动计划，有专门人员管理；每月至少开展一次政治教育，一次科普知识学习，一次文化活动，一次体育活动；活动内容必须健康向上，严禁开展涉及封建迷信、低级庸俗的活动。在现实生活中，青年民兵之家往往和联防队的成员基本重合。

3. 妇女组织

班利村没有形成正式的妇女组织，妇女工作由村委会主管，有分管妇女活动的一名支委。从2000年至今，班利村妇女工作都由现任妇女主任姚芳负责。姚芳任妇女主任的同时，也是班利村的一名村医，二者工作相结合，处理村内各项卫生事务和组织各项妇女活动。

妇女主任的主要工作职责就是在上级的指导下，对村内的妇女进行健康知识教育和精神传达，增强妇女自我保护能力，提高妇女健康水平，其中，实行计划生育宣传与教育是工作的重点。除开展妇女健康教育和知识普及，班利村的妇女活动并不频繁，主要是每个礼拜天，妇女在教堂聚会，一起唱赞歌、学圣经。在每年三八妇女节，乡里会给各村下拨妇女活动经费，资金不等。2010年，姚芳就利用下拨的经费，组织班利村的妇女进行了集体活动，带领村里自愿参加的60名妇女来到西蒙县的水库游玩，在外野炊、游戏。姚芳表示，现在村里妇女活动的经费有限，等将来资金宽裕了，要组织村里的妇女学习更多的知识，帮助她们保护自己，独立起来。

（三）村规民约的乡土治理

班利村村委会除了在上级指导下开展常规工作外，为了适应本村本民族的风俗，制定了本村的村规民约，规范村民的生活和生产。所谓村规民约，是村民共同认可的"公约"，是村民实施村民自治的基本依据。它是村民基于法律的授权，根据当地的实际情况，依照村民集体的意愿，经过民主程序而制定的规章制度。我国农村地区历来存在着大量的民间规约[①]，在地方治理中发挥着独特的作用。班利村也不例外。从村寨建立开始，随着社会的发展，班利村规民约从无到有，从杂乱到逐渐规范完整，从口头相传到成文，村规民约在班利村村民的生产互助、患难相恤、礼仪教化、村庄保卫等众多方面担负着不能替代的作用。与此同时，随着社会的发展和进步，班利村的村规民约也不断发生着变迁。

---

① "乡规民约"可以从广义和狭义两个角度来理解，前者泛指一切乡土社会所具有的国家法之外的公共性规则，而后者则仅指在国家政权力量的帮助、指导下，由乡民们自觉地建立的相互交往行为的规则。

1. 村规民约的形成与发展

随着村寨的发展和壮大、人口的增多，为了更好地保卫村寨、患难相恤、生产互助，同时，规范村寨每家每户的行为，对村民进行礼仪教化，班利村逐渐形成了口头上的如村民之间要相互尊重，搞好团结，相互理解，相互帮助的民约，哪一家出现困难，其他村民必须对其帮助；哪一家建新房，其他人需要帮忙；村寨里出现小偷，全村人有义务去抓小偷等规定。这个时候的村规民约，主要内容为生产互助，保卫村寨等方面。

随着社会的发展，班利村村民在制定村规民约时，受到外界的影响越来越大。到“民国”时期，受外来文化的影响，班利村村规民约中开始出现民主和选择等新式内容。比如其中一条为：本村寨重大事情，都必须经过全村寨每家代表投票来决定。

新中国成立初期，班利村传统的乡规民约虽然继续存在，但作用范围受到限制，主要集中在保护农业生产方面，如护麦公约、护秋公约。

20 世纪 80 年代初，沉寂了许多年的民间规约又重新出现。当时伴随着人民公社体制的瓦解，班利村出现了社会治安恶化的问题。针对此情况，班利村在制定的村规民约中第一条规定：每个村民都要学法、知法、守法，自觉地维护法律的权威和尊严，同一切违法犯罪行为做斗争。第二条规定：全村各民族之间团结友爱、和睦相处，不打架，不搞大民族主义，共同建设美好的农村。第四条就明确规定：严禁偷盗、敲诈、损坏公物。偷盗粮食者按其数量的一倍处罚，偷砍和损坏集体、个人的林木以及竹子者，每棵按论价 1 ~ 2 倍的处罚。偷盗瓜果、蔬菜者按论价加倍处理。偷盗禽畜者，均按其价格的两倍以上处罚。第五条规定：严禁酗酒闹事，严禁侮辱、诽谤他人。如若发生酒后 1 ~ 2 次进行教育，3 次以上者处罚 50 元以上。

20 世纪 90 年代后，随着社会的不断发展，班利村村规民约进入了修改和完善时期，从以前的口头相传也逐渐以书面文字为形式、从不成文向成文的村规民约转变。同时，随着国家婚姻法、义务教育法等法律的颁布和实施，班利村的村规民约中逐渐加入对村民婚姻、教育的约束和要求，比如村规民约第十九条就规定：夫妻在家庭中的地位平等，反对男尊女卑，不准打骂妻子，反对大男子主义，夫妻双方共同承担家务劳动，共同管理家庭财产；第二十条规定：村民达到结婚年龄者，必须到乡政府婚姻登记机关进行登记，否则罚 200 元。年龄不到者不予登记结婚。国家实行计划生育后，班利村村规民约又加了一条：认真搞好计划生育工作是每个村民义不容辞的义务，是每个村民的职责，如果发现不执行计划生育国策或抢生、非生，达不到间隔生育的给予罚款400～800元并上交上级主管部门处理。

随着村民生活水平的不断提高，收入的增加，处罚力度也不断增加，比如乱砍滥伐从1980年的0.5元，增加到2000年的5元，再到2010年的50元，增加了100倍。同时，在细节方面更加具体，比如有关村民送子女上学的规定，1980年，只是简单规定村民有义务送子女上学，1990年修改为全村村民，严格认真执行“义务教育法”，加强搞好教师与学生家长的关系，紧密配合，加强团结，积极送子女上学，适龄儿童不送学校，经多次做思想工作后对不送者进行批评教育并按照东回乡“普九”实施方案中规定条例进行处理。2010年，对这一项村规民约又作了进一步细化和修改，在保留这一条规定时，又增加了一条：学校上课期间，未经允许一切机动车辆不得进入校园，违者罚款50～100元。晚上9：00以后，任何无关人员不得进入校园骚扰学生作息，违者收取违约金100～150元。

2. 现行的村规民约

村规民约，不仅是村民自治的依据，也是村民会议或村民委员会对当地农村进行管理的依据。随着社会经济的发展，老一套农村社会管理办法行不通了，村里积极探索新形势下加强和创新农村社会管理的路子。这次村规民约的修订，村里决定汇集民意修订完善以前的《村规民约》，让农民“自己研究办法、自己管理自己”。

2010年5月20日，经过全村寨每家代表商议，班利村在2000年的村规民约的基础上，进行了大量的修改和补充，对班利村规民约作了一个全面的完善，包括对社会主义法制建设、建设社会主义新农村、保护拉祜族传统文化、建设和谐团结的民族村寨、促进村寨社会经济全面发展进行了一系列规定。全村寨每家每户都发放一份，这也标志着班利村的村规民约正式以成文的形式，对全村村民日常行为进行规范管理。

以下是班利村委会于2010年5月公布的村规民约。

为了加强社会主义法制建设，保障和促进我村改革开放和各项建设事业健康、持续稳定的发展，进一步完善法制意识，增强法制观念，确保我村政治、经济、文化教育卫生等事业和全村各民族之间的大团结，特制定班利村村规民约：

（1）社会治安

第一条：每个村民都要学法、知法、守法、自觉地维护法律的权威和尊严，同一切违法犯罪行为做斗争。

第二条：全村各民族之间团结友爱、和睦相处，不打架，不搞大民族主义，共同建设美好的社会主义新农村。

第三条：严禁赌博。每个村民敢于和赌博行为做斗争，禁止提供赌博场所和赌具，一经发现，违者根据情节处罚200~400元。

第四条：严禁偷盗、敲诈、损坏公物。偷盗粮者按其数量的一倍处罚，偷砍和损坏集体、个人的林木以及竹子者，每棵按论价的1~2倍处罚。偷盗瓜果、蔬菜者按论价加倍处理。偷盗禽畜者，均按其价格的两倍以上处罚。

第五条：严禁酗酒闹事，严禁侮辱、诽谤他人。如若发生酒后闹事1~2次进行教育，3次以上进行100元以上罚款并教育。

第六条：严禁非法生产、运输、储存和买卖爆炸物品。严禁打猎，保护野生动物，如果有发生和发现打猎、储存枪支者，处罚100元以上300元以下，并移交国家有关部门处理。严禁在河上炸鱼、电鱼，如有类似情况发生，给予批评教育和一定的处罚。

第七条：不得在田间道路上和寨子规划的道路两边堆放杂物、粪土，私建禽畜圈，不得以任何理由妨碍道路畅通。

第八条：严禁传播淫秽物品、不调戏妇女，遵守社会公德。禁止发生男女不正当两性关系，男女双方各罚300元，并各加60元调节费以及寨规名誉费。

第九条：认真遵守户口管理制度，出生、死亡要及时申报和注销；外来人员，需要在本村短期居留的，应向村治安保卫汇报办理临时手续并收取每人200元住留费，村、组各100元。

（2）文教卫生

第十条：搞好公共卫生和村容整洁，不随地倒垃圾脏物，修房盖屋余下的垃圾碎片及时清理，柴草、粪土按规定地点堆放。

第十一条：全村村民，严格认真执行“义务教育法”，加强搞好教师与学生家长的关系，紧密配合，加强团结，积极送子女上学，适龄儿童不送学校，经多次做思想工作后不送者进行批评教育，处罚一定的物质和资金并按学校有关规定处罚教育。

(3) 乡邻关系

第十二条：村民之间要互相尊重，团结友好，相互理解，相互帮助，和睦相处，建立良好的乡邻关系。

第十三条：村民饲养的动物、家畜造成他人经济财产损失的，动物饲养人或管理人员负经济责任，没有或限制行为能力的人，给他人造成损害的，监护人应负经济责任。

第十四条：邻里间发生纠纷，能自行调解的自行调解，不能自行处理的要依靠村委会人民调解委员会来解决，不能仗势欺人，强加他人。对不听劝阻制造纠纷的当事人，情节轻微的予以教育，造成人身或财产损坏的，必须承担医疗费用。返还或修理、重做、更换被损坏的财物，并按实际损失的两倍以上进行处罚。

第十五条：严禁偷电漏电，严格用电管理，不经批准，不准私自安装用电设施，要切实爱护水电设施。如若发现偷电行为将进行200~400元的罚款。

(4) 婚姻家庭

第十六条：认真搞好计划生育工作是每个村民义不容辞的义务，是每个村民的职责，必须严格执行国家的计划生育政策。非婚生处罚200元，抢生处罚200元，超生处罚2000元，不住院分娩处罚200元，在校学生同居处罚2000元。

第十七条：村民达到结婚年龄并结婚者，必须到乡政府婚姻登记机关进行登记，否则罚200元。年龄不到者不予登记结婚。

第十八条：夫妻在家庭中的地位平等，反对男尊女卑，不准打骂妻子，反对大男子主义，夫妻双方共同承担家务劳动，共同管理家庭财产。

第十九条：对父母亲的遗产，男女有平等的继承权。

第二十条：本村规民约由本村民代表会议解释，并从通过之日起执行。

村长说，村里制定《村规民约》时，参考以前的村规民约，由村民代表斟酌起草，给每家每户发放征求意见稿，充分发扬民主，群众酝酿同意后签字认可，因此大家都能够自觉遵守。大家都希望依靠《村规民约》，成功实现村民自我管理、自我教育、自我约束。

（四）头人制度的协助治理

低度分化的拉祜社会以自然村（寨子）为传统政治组织的基本地域单位。村民日常生活中除了存在村民自治制度外，还存在着十分明显的头人制度。四位头人（佛爷、着八、卡些和章利）分别管理本寨的佛事、寨神、世俗事务及工具的制造和使用。班利村的头人制度的存在是建立在拉祜族的宇宙观的基础之上的，换言之，拉祜族宇宙的构成与超自然力量的分布状况为其头人制度的存在提供了依据①，而头人的身份又凭借自身在宇宙轮回中的角色和促进人们的生产和生活的功能而获得合法性。目前的村医小李的伯父就是班利村半坡寨的寨主。随着国家权力不断下移至村民的生活中并构成规范性的影响，自然村中的头人与基层干部形成双重权威。至今，传统头人制度依然享有强有力的动员资源，其作用蕴含在传统文化的力量之中。当地地方政府往往有两手，一手掌握着有着选举基础的现代村民自治制度，另一手则是通过有影响力的拉祜头人来加大与增强实政与村民的实际联系。

班利村拉祜族的生活中，两套社会制度的并存并非是一种历史性的固定存在。不可否认，近代以来，我国社会都在被动地或主动地向现代社会转型，特别是新中国成立以后，国家更加主动自觉地参与了这一转型过程，并试图对基层传统社会重新加以改造和整合，以加速社会主义现代化进程。最初的“土地改革”不仅是一场改造乡村的经济革命，更是一个实现国家对乡村社会控制的政治过程；随后的“人民公社”，进一步从制度上巩固了这种国家对乡村社会的控制关系。这个时候，原来的乡村社会结构似乎被彻底摧毁，家族或宗族组织也曾一度销声匿迹。但是，人民公社制度最终还是瓦解了②。直到今天，我国乡村社会仍旧是一种比较典型的“村落社会”，几乎所有的村落都是农民世代聚族而居形成的。在这种社会里，家族文化是解读村落发展的重要因子，因为这种社会本身就是家族文化赖以生存的土壤。随着人民公社制度的瓦解，我国乡村社会的家族文化复萌，家

① 韩俊魁．拉祜西头人制度：传统与国家力量影响下的变迁［J］．民族研究，2006（3）．

② 人民公社制度在我国乡村社会的失败，其中一个最重要的原因，就是因为它没有考虑到我国乡村社会——乡土中国的实际特点。

族、宗族组织再次成为当前中国乡村社会重要的非正式组织，对乡村社会的整合起着异乎寻常的影响作用。

由于村落家族文化有着悠久的历史，要转变它并不容易；由于村落家族文化植根于一定的历史—社会—文化的土壤，它不能独自地发生转变；由于新的因素也可能强化家族关联，如包产到户的劳动形式。[①] 因而，在今后相当长的一段时间里，村落家族文化对中国社会的发展具有重要的意义，它的趋向在很大程度上决定着现代化的进程和发展。在国家化的延续和历史变迁的背景下，拉祜头人制度与村民自治制度已经由磨合逐渐走向整合，其中最明显的结合点在于作为传统头人的卡些和村民小组长已经由同一个人担任。头人在处理村民事务和履行职责的过程中，虽然更多的是以拉祜族传统的古礼古规作为依据，但是在具体的表述上已经更趋向于使用国家法律法规之类的话语。这表明，立足于生计这个基础上，班利村拉祜族的两套社会制度对村民的生活发生着综合性的影响，班利村的整个社会秩序就是在这一基础上得以确立的。在调研的过程中，我们体验到，我们应当有效利用当地民族传统组织而不是将其排斥于村庄治理的范围之外。这样，当地社区会更和谐，基层行政系统也能在低成本情况下获得更高的运作效率。

十、班利村的教育、医疗与农村低保

（一）班利村的教育

1. 义务教育

在1998年实现“普六”和基本扫除文盲的基础上，2005年全乡普及九年义务教育工作通过市人民政府验收的情况下，2009年4月，班利村制定了《东回乡班利村关于实施九年义务教育工作村规民约的规定》。该规定对学校、村委会、村民（主要是适龄入学人群的家长或监护人）都提出了要求。该规定对家长或监护人的要求则比较多，集中在送子女入学、加强对子女的思想教育、保护学校设施等方面。其中，有些规定合情合理合法，可以得到村民

① 在村里，我们常常看到这里的人们以家庭为单位的互助，村落共同体的传统在一起建房子、一起庆贺喜事、一起共同面临难事的过程中达到认同。

的认同，但有的规定就存有争议。比如对于第十四条规定："全村村民，严格认真执行《义务教育法》，加强搞好教师与学生家长的关系，紧密配合，加强团结，积极送子女上学，适龄不送学校，经多次做思想工作后不送者进行批评教育并按照东回乡'普九'实施方案中的规定条例进行处理。"人们的认可度就比较集中；有人对规定中第六条"学生在入学期间，无特殊情况，不准无故缺课，学生每缺一节课向家长或监护人罚款 1 元（给家长或监护人 1 天时间找学生），具体缺课数以学校统计为准"则表示出强烈的异议。规定还认为，村子必须全力支持学校的教学活动。其中第十五条规定："学校上课期间，未经许可一切机动车辆不得进入校园，违者罚款 50～100 元。晚上 9：00 以后，任何无关人员不得进入校园骚扰学生作息，违者收取违约金 100～500 元。"这些规定在客观上都保证了班利村义务教育的顺利进行。如村委会对"普九"工作不力，拖全村后腿，甚至造成损失的村委会干部追究责任等。

该村共一所小学，名为班利村完小。该小学的历史比较久远，1944 年就建成了挂墙房，作为民族小学，当时全校共一名老师，因学生也不多，压力并不是很大。1973—1984 年，该校改名为木嘎班利小学，教学楼是土坯房，学生最多的时候有 400 多个，老师有 27 个，小学教育呈现出一派复兴景象。教学楼后来又陆续改建，经历了砖木房、木板房和水泥房，如今的班利村完小就是在 2003 年建成，在各项资金捐助下①，建成了 3 层高的教学楼，占地面积 800 平方米。学校还有 14 间学生宿舍，两套教师宿舍，为那些家离学校比较远的师生提供了便利。如今，全校共 241 名学生，10 名教师，其中 1 名教师主要负责后勤。老师的负担很大，既要教学，还要照顾 218 名住宿学生的生活起居。学生中有 80% 是拉祜族，其余则是佤族、哈尼族和汉族等。

目前，学校参与了中英西南教师培训项目，主要是为了培养教师参与式教学能力。该项目是由西南师范大学主办，本校老师从 2000 年开始，每年寒暑假就会去贵州或澜沧县进行前沿培训，培训时间多则一个月，少则一个星期，一年进行两三次培训，提高教师自身的素质和教学能力。相类似的还有

---

① 这些资金主要来源有贫困山村义务教育工程款 14 万元，云南民委捐助的款项等。在各界的帮助下，班利村完小的面貌焕然一新。

“403”项目[①]，也是澜沧县教师培训的一个项目，该项目主要是进行硬件培训，如电脑培训等。

学校开设语文、数学、音乐、体育、美术、社会、自然、云南读物、三生教育（生命、生存和生活），后两个课程是本地特色课程，主要为了全面提高学生对本地文化的认知。学校还结合本民族特色，在四年级之前进行双语教学，四年级后就完全用汉语教学，以提高对外交流能力。班利完小是澜沧县第一个在小学试行“拉祜双语”教学的地方。学校为了让学生能学得更快，安排了10%的拉祜族老师任教，这样在教学的时候更能便于沟通理解。2010年4月20日，国家教育部双语教学调研组莅临学校进行视察，考察了双语教学的利弊，并听取了各位教师的意见，最终提出不能长期依靠拉祜语，否则将阻碍教学质量的提高，必须加快汉语的普及。因此，双语教学应该在教学早期尽快完成，后期则主要提高汉语能力。可见，班利村完小的教育得到了国家的高度重视，这有利于班利村更好的发展。

班利村完小同样也受到县教育局的高度重视。每学期，县教育局就会组织领导来学校检查教学成果、卫生和安全，强调安全问题，包括饮食安全和教学安全，明令禁止豆类、野生菌、凉拌菜不得进入学校食堂。在上级的指导下，学校严格把关，至今为止还没有发生过食物中毒等教育问题。

班利村完小的教学质量相对全县所有的小学来说，不是很理想，排名靠后。每年小学毕业考试后，只有20%的学生能考入县里的民族中学，这所学校是县最好的中学，其余的考得不好的学生则在东回乡中学就读。现在全村正在上初中的学生人数共63人。因此，提高教学质量，成为案头最重要的事情。

班利村完小老师的工资待遇分类给予，对于教龄已经满32年的，正常工资为每月2500元；师范专科毕业来校任教的老师工资每月1700~1800元；社会招考来的教师，则每月1400~1500元的工资，这类占全校的50%；县上招考和函授而来的教师则每月1000元的正常工资。为了提高教师的教学积极性和教学质量，学校还制定了相关奖励制度，若期末考试全班平均分比前三年平均分都高，则会按高出的分数每分进行两元的奖励。2010年1月至7月，乡里组织所有学

---

① “403”表示4个3，意味着3省3县3乡3村可以享受到该项目。目前享受该项目的三个省是云南、四川和青海。云南省下面享受该项目的三个县是澜沧拉祜族自治县、双柏县和富源县，而澜沧县下面的三个乡则是东回乡、竹塘乡和上允乡，东回乡下面的三个村则是阿永村、南翁村和改新村，由于诸多方面的原因，班利村并没有划在其列。

校进行绩效分配方案的商讨，初步拟定绩效工资的30%都用来奖励，但最终方案还未得出。学校每年还会安排本校教师去县里或者乡里其他学校进行交流培训，以改进教学方法。学校还要求教师每年寒暑假在电脑上进行远程培训，主要是在普洱教师网站（www. puer. teacher. com. cn）学习，要求每个教师必须学习至少48个小时。

由于班利村条件艰苦，很多教师都不愿长期在班利村任教，许多教师都已调走或改行。25年来，流失的教师就有40多个，这对学校来说是不小的损失。县教育局考虑到这个情况，于2008年从云南民族大学输送了20多名人才到学校来进行短期任教。班利村完小如何“留得住，引得来”教师是一个值得关注和思考的问题。

2. 成人教育

（1）扫除青壮年文盲的教育

2003年7月14日东回乡下发了《东回乡人民政府关于开展验收基本扫除青壮年文盲工作的通知》，明确指出：“2003年3月，全乡启动扫盲巩固提高班教学工作，各村扫盲工作任务按乡完小布置进行认真落实，乡两基领导小组将不定期进行检查。巩固班办得成功与否关系到能否顺利通过验收，我乡要举全乡之力，当作一场决战、硬战来对付，下决心把它做好。”班利村为了配合验收工作，进一步加大实用技术培训力度，并于2003年9月严格按照招生考试纪律要求进行摸底考试，进行阅卷分析，发现问题并及时补课。

（2）妇女教育

2004年东回乡印发了《东回乡妇女（2001—2010）年发展规划》（简称《规划》），将妇女工作摆在了重要位置，为妇女的可持续发展创造了更好的社会环境。《规划》指出要大力发展妇女教育，提高妇女科技文化水平，“适龄儿童入学率保持在97.4%以上，小学毕业升学率达到95%以上；动员妇女积极参加脱盲后继续教育工作，提高巩固率；使90%的农村女劳动力接受农村实用技术培训”，使得妇女这一特殊群体的教育权利得到了保护。

（二）班利村的医疗

1. 村卫生所

班利村共有1个定点医疗机构即村卫生所，新建卫生所面积为60平方米，距离乡卫生院10公里，位于班利村中心的位置，在村委会的旁边，建有候诊室、药房、治疗室和档案室，卫生所有专门的卫生宣传栏，位于醒目的卫生所候诊室墙壁上。卫生所与周边村民的居住地基本上形成了等距离的状态，距离卫生所最远的村民需步行约7公里的路程前来看病。班利村卫生所共有5张病床，经医生介绍，病床的使用率非常高，基本上全年均达到100%，病床的使用是非常紧张的。

班利村卫生所共有职业医生两名，承担着全村人日常的看病医疗和初级的防艾、妇幼保健等公共卫生工作。一位名叫姚芳，有着多年行医经验，她1995年毕业于澜沧县职业中学医士班，曾在东回乡卫生院做过3年临时工，自己开过门诊，后来自荐成为村医生，从事妇幼保健工作并于2009年开始在目前的村卫生所行医；另一位叫李云华，毕业于澜沧医专，2009年12月开始在村卫生所工作，主要协助姚芳医生处理日常事务，同时主要负责村民健康档案的信息收集和建立工作。

经调查，班利村并没有少数民族传统医药的存在，大多数村民日常看病均能够到村卫生所或乡卫生院接受科学、专业的医疗服务。也有部分村民由于住处距离村卫生所较远，对于日常的普通病症例如感冒等或自身长期患有的疾病需要打针输液开药也会在村中唯一一户私人诊所求医，该医生并没有经过医疗专业学习，只是在年轻时受其父亲影响，懂得诊断一些基本的病症，为病人开药、打针和输液。该医生在自己家中行医，病人若需要输液则坐在家中院子里的椅子上，设施简陋，同时院子里和家中堆放着一些农药和肥料，并没有专门的隔离，因此卫生条件难以保障。在这里看病的村民是无法享受新农合报销的，然而部分村民觉得少量药品的报销额并不大，同时为了方便也选择在这里看病。经村医生介绍，这样的诊所是不正规的，但也从来没有出现过医疗事故，村民们和村委会并没有制止其行为①。

2. 新型农村合作医疗实施状况

新型农村合作医疗，简称“新农合”，是指由政府组织、引导、支持，农民自愿参加，个人、集体和政府多方筹资，以大病统筹为主的农民医疗互助共济制度。其主要采取个人缴费、集体扶持和政府资助的方式筹集资金。

① 当我们为其营业行为担忧时，村民不以为然，更多的时候，他们认为这是给予村民方便的行为，营利性体现得不突出。

2005年，普洱市新型农村合作医疗试点工作正式启动。随后东回乡政府充分调研、积极研究、广泛动员、措施得力，有力地推动了班利村新农合试点工作的开展，截至目前，班利村共有2048人参加了新农合，参合率99%，有力缓解了村民求医难、看病贵的问题，使村民得到了真正的好处。经村医生介绍，2005年之前村民看病是非常贵的，医疗资源也极度紧缺，以妇幼保健为例，2005年前村民生孩子至少需要花2000~3000元，实施新农合后正常生育的话在乡卫生院花费550元，在县医院花费700元，若是剖腹产如果在县里生育超过1500元时，新农合制度能够报销75%的费用；另一个例子是2005年前村民看病输液1瓶便要花费20元左右，普通感冒至少花费50~60元，而实行新农合后由于药品、人员、财务均统一管理，医生不会乱用药，使村民真正得到了实惠，现在普通感冒只花费24元左右，大大减轻了农民的负担。

然而如今的成效并非一日之举。在新农合实施的初期，由于旧的农村合作医疗下报销比例低，不实惠的影响，许多村民都拒绝缴纳每年仅10元的参保费。为了开展好新农合的试点工作，在当地政府及村委会的带领下，村卫生院等开展了大量的组织、宣传、管理等工作：

（1）领导高度重视，思想统一。在新农合文件下发后，班利村村干部高度重视新型农村合作医疗在该村的开展和落实，在东回乡有关新农合卫生专题讨论会后，从村委会到卫生所工作人员以及部分在村中较有威望的村民统一了思想，明确了做好这件惠民利民的德政工程的决心。

（2）广泛宣传动员，树立正确的舆论导向。为了真正做好新农合的宣传普及工作，村委会和村卫生所努力拓展宣传渠道，创新宣传方式，采用人性化的交流，让村民真正了解到参合的好处，提升参合率。一方面，村委会在召开村党员大会、村民代表会、群众会期间，通过发放宣传单、集体讲解等多种集体形式，向村民宣传有关新农合政策，村干部和卫生所的工作人员还挨家挨户进行动员。另一方面，村委会结合周边新农合试点村的成功经验，以实例说明新农合制度的优越性，引导村民树立互助共济的医疗保险意识，充分调动群众参合的积极性，让村民知道自己交了钱是能够享受实惠的，从而为参合费的筹措和新农合制度的全面实施树立了正确的舆论导向。

（3）创新筹资方法，保障参合落到实处。班利村从2005年底开始，把开展新农合工作作为村务工作的重中之重来抓，集中人力物力，充分尊重农民自愿参加的原则，创新筹资方法，人性化服务，真正为群众解决后顾之忧。

一方面，村委会通过广泛宣传，并由村干部带头缴纳参合金，树立了良好的舆论导向，同时村干部们在宣传的基础上深入村头寨尾，在人群聚集处设立新农合报名工作点，在人群分散的地方或挨家挨户或到田间地头去做工作，逐一收取参合金让村民感觉到方便；另一方面，在筹资过程中真正做到准确、据实筹资，村干部充分了解了村中的实际户数、人数、姓名、身份证号码、年龄、文化程度、是否外出打工等情况，并逐一核对，切实做到参合农民不重、不漏、不错，把基础工作做细，然后根据统计资料上门逐户进行筹资，提高准确性；更难能可贵的是，村委会在新农合筹资方面做足了情感沟通工作，村干部利用上门筹资的机会，及时了解村民关心的问题，及时调查情况，针对能解决的问题，现场解决，对不能立即解决的则积极向乡政府反映，并及时给予答复，从而为农民参合扫清了思想障碍，为新农合筹资工作的顺利开展起到了积极的推动作用。

经过村委会和村卫生所不懈的努力，截至目前，班利村共有 3141 人参加了新农合，参合率从 2005 年起初的 95% 增长到 99%，几乎覆盖了全部村民，一些原先享有城镇医疗保险的村民感受到了新农合的实惠，也相继参加了新农合，足以证明新农合的优越性。同时，从具体的数据也能看出，新农合的效果是非常显著的。首先，从个人与政府医疗卫生投入比例来看，自 2005 年起村民每人每年需缴纳 10 元参合费，但报销比例相对较低，只有 30%，2006 年门诊报销比例上调至 70%，住院报销比例为乡卫生院 80% 报销，县医院 75% 报销，2007 年报销比例有所下降，降低了约 10%，即便如此村民个人看病时所支付的医疗费用不到总费用的一半，这有力缓解了村民求医难、看病贵的问题，使村民得到了真正的好处。调研中，我们发现班利村村民对新农合评价很高，广泛认同新农合的作用，新型农村合作医疗制度在班利村真正成了一项“德政工程”“民心工程”。

针对当地地方病防治、妇幼保健、对食品、药品、公共环境卫生的监督管制，以及相关的卫生宣传、健康教育、免疫接种等方面澜沧县均有相应的公共卫生政策，从制度层面为当地的公共卫生事业给予有力支持。据我们了解，班利村没有地方疾病谱，历史上曾出现过手足口病，但规模不大，没有对当地村民的生活产生严重影响，据村医生介绍当时经查有发病病例后由乡卫生院统一配药，对村中房前屋后以及牲畜圈舍都进行了严密消毒，因此没有发生疾病的大规模传播。针对班利村的特殊地理位置和历史人文因素，目前班利村在公共卫生工作方面主要包括禁毒防艾和妇幼保健两项主要工作，经过多年的发展和经验积累，班利村已经形成了成套的预防、宣传和应对机制。

3. 禁毒防艾工作

艾滋病是当今世界严重危及生命，发展迅速，患者死亡率极高的传染病，目前尚无预防和治愈办法，对于我国靠近边境，地理位置特殊的地区，艾滋病预防工作显得尤为重要。普洱市位于云南省南部，靠近缅甸，而缅甸种植罂粟较普遍，毒品犯罪猖獗，相应的，艾滋病的感染与传播也相对严重。近年来，跨境贩毒活动虽然有所减少但仍存在，这对班利村的安全稳定和村民的健康安全构成了严重威胁，因此，禁毒防艾工作一直是普洱市各级政府各部门的一项极为重要的工作内容。

班利村村民小组为做好禁毒防艾工作做了大量的有益工作：

（1）村委会高度重视，加强领导，明确任务。一方面，班利村村委会根据乡政府禁毒防艾工作的精神，结合村寨实际，制定了班利村艾滋病防治相关工作方案和计划，把艾滋病防治工作作为“创建社会主义新农村”的重要内容来抓，将禁毒防艾工作作为村委会维护村中稳定的重中之重来抓。并定期召开有关禁毒防艾工作的总结部署会议，全面总结班利村1—10组禁毒和防治艾滋病工作取得的成绩和不足，对随后的防艾工作进行安排部署。同时，定期不定期地对村中易感染人群进行回访，确保班利村禁毒防艾工作的成效，防止反复。另一方面，明确工作任务，将艾滋病防治工作作为村干部的一项重要内容下放到各村小组身上，责任明确到人，以确保各项工作内容的落实。

（2）创新禁毒防艾宣传，普及艾滋病防治知识。班利村主要干部一致认为宣传教育是预防与控制艾滋病的重要手段之一。一直以来，班利村都把艾滋病预防的重点工作放在普及艾滋病防治知识和提高艾滋病防治知识知晓率上，克服各种限制因素，拓展宣传渠道，创新采取多途径、多形式，进行全方位的宣传，尤其是深化村民对防治艾滋病有关的政策、法律法规的了解，将防艾的有关政策和方法普及到每一户村民当中，并定期开展专题性宣传和专访活动。除了专门的大力度宣传外，班利村卫生所也存有普洱市统一印发的宣传画、宣传小册子，经村医生介绍，这些资料并没有强制发放给村民，而是由村医生不定期地赴村民家中进行讲解，感兴趣的村民可以自愿领取图文并茂的手册。值得一提的是班利村村医生姚芳和李云华曾将防艾的知识改编为拉祜语的歌谣以及组织部分村民编排情景剧或小品，定期进行表演，这样不但照顾到了不懂汉语的村民，也激发了村民的兴趣，更加解除了对防艾宣传工作的抵制心理，成了很好的软性的人性化的宣传方式。通过这样多途径、新形式、全方位、广覆盖的宣传方式，班利村全村村民防艾知识知晓情况不断好转，防艾意识进一步得到增强。

（3）加强疫情重点区域与重点人群监测，全面掌握情况。班利村为有效控制感染源，加强了对已发现艾滋病感染者的管理，加大对各类人群的监测力度和管理力度。据村医生介绍，为了加强对村中艾滋病情况的了解，姚芳医生只要有空就会到村民家中用拉祜语讲解防治艾滋病和妇幼保健相关知识，同时了解村民的感染情况。目前村中有三例艾滋病感染者，均是外来人口，在过去的10年中，她已经走访了全村每户人家，对村中的病情非常了解，由于宣传有效，近年来没有新增感染病例。

据寨子里的老人说，近年来，政府一直保持对吸毒、贩毒犯罪行为的高压态势，同时班利村也因地制宜，结合村寨具体情况，使村寨的治安状况得到了扭转，因此，班利村村民和上级政府对目前村寨的禁毒防艾工作很满意。此外，班利村还不断创新工作机制，加强对感染者的关怀和救助。对艾滋病患者的关怀救助工作也是班利村开展禁毒防艾工作的一项重要内容，班利村村委会和村卫生所紧紧围绕国家“四免一关怀”政策，在积极落实上级乡政府对村中艾滋病感染者及其家属的救助政策的基础上，进一步进行帮扶，使其生活条件得到改善，心态调整良好。针对重点区域，班利村对禁毒防艾工作高度重视，全力配合县、乡政府对吸毒人员的查证、强制收容与治疗等工作。

4. 妇幼保健工作机制和现状

班利村的妇幼保健工作作为当地公共卫生整体工作的重要组成部分，主要由村卫生所和乡卫生院负责①。由于妇幼保健工作涵盖于公共卫生整体框架之下，科普宣传等工作都是与防艾宣传工作同时开展的，尤其是深化村民对妇幼保健有关的政策、法律法规的了解，将妇幼保健的有关政策和方法普及到每一户村民当中，并定期开展专题性宣传和专访活动。经过不断努力，班

① 班利村的妇幼保健工作与当地的新型农村合作医疗体系密切相关，因为无论是妇女分娩生育的住院、医药费用报销还是儿童免疫接种保健等，都是在新农合体系之下的。

利村的妇幼保健工作效果显著。

经村医生介绍，2002年前，村民生一个小孩至少要花费3000元左右的费用，并且没有任何的补贴，对于普通村民来说无疑是非常重的包袱，在这种高收费、没有补贴的情况下，一方面村民自身负担过重，许多村民不愿意去医院生育，而是私下找接生婆，增加了孕妇和小孩的生命危险；另一方面，部分村民通过不去医院生育而超生，严重影响了当地的计划生育工作的开展。目前，班利村妇女生育基本上都会到正规的医院，村医生平时也积极了解村中孕妇的情况，并做详尽记录，从孕妇怀孕到生产整个过程中都积极走访农户，了解掌握情况，并不断宣传妇幼保健和计划生育政策，将公共卫生工作一体化开展。

据村医生介绍，凡到正规医院生产，并且由村医生接生正常分娩的孕妇不但完全免费还会给予20元的补贴，在县医院生产需花费700元，在乡卫生所需花费550元，而2005年实行新农合前正常分娩需要花费3000元，2005年后降低到700~800元，直到目前的免费。对于剖腹产的孕妇，如果在县医院花费超过1500元，新农合将报销75%的费用，在乡卫生所则会花费更少。经村医生介绍，目前班利村的计划生育工作难度很小，多数村民都能够做到少生。这一方面取决于积极到位的妇幼保健和计划生育宣传工作，也与当地村民多信仰基督教有关，同时在新农合制度的约束下，只有在医院生育才能享受补贴，从侧面杜绝了超生的现象，另外，超生的罚款也是相当重的，目前大约20000~30000元，统一交乡计生办。在儿童免疫接种方面，班利村卫生所医生在多年的工作中积累和总结了行之有效的方法，对于儿童的免疫接种一般在每个月的19~23日开展，目前有15种疫苗，包括乙肝疫苗、肺结核疫苗等，以上15种疫苗村中6~14岁的小孩必须接种，另外也有一些疫苗是村民自愿选择接种的，每个疗程320元，包括狂犬疫苗、破伤风疫苗等。其中每针疫苗均有2元的国家补贴，大部分的免疫接种对村民是免费的，村中常规疫苗的接种率达到100%。

此外，班利村卫生所借助公共卫生统一宣传的途径和方式，大力加强卫生健康教育，效果明显，目前班利村正在建立新的村民健康档案，健康档案自2010年6月开始建立以来至9月已经完成80%，依照之前村民同时使用的新农合“蓝本”报销标准，村民在村卫生室看病可以报销40%，在乡里看病报销45%，而村民健康档案建成后，住院的报销比例会有所调整，基本达到乡卫生院报销 80%，县医院报销 70%，市医院报销 60%。除了报销比例有所调整外，建立村民健康档案有助于全面了解村民个人病谱，例如是否做过手术、药品过敏信息等，便于分类管理，针对不同年龄，不同病种，尤其是高血压等危险病症进行集中管理。以上措施有力地提升了班利村村民的整体健康状况，保障了村中村民的正常生产生活。

（三）班利村的农村低保

2002 年以来，在中央对“三农问题”的高度关注下，我国农村社会保障走上了快速发展的轨道，全国各地已经不同程度地逐步将养老、医疗保险和最低生活保障制度推行到农村地区，城乡社会保障政策逐渐打破了二元化樊篱，进入了一体化阶段。但必须指出的是，目前我国农村社会保障的资金大多来源于地方人民政府预算，中央财政对财政困难地区给予适当补助，同时在农村五保户供养和农村最低生活保障等内容的操作上中央出台原则性意见，由地方政府制定具体标准。由于东部和西部存在着巨大的社会经济发展差距，而农村社会保障的资金来源除个人部分外，多半依靠当地财政，因此在具体实践中，农村社会保障地区差异明显。

在农村建立和实施最低生活保障制度，是继取消农业税后出台的又一重大惠农政策，是统筹城乡经济社会发展、实现公共服务均等化的一项重大举措。普洱市澜沧县的农村低保工作是 2007 年 3 月开始启动的，到 8 月完成了全部审批工作，全面建立起了农村最低生活保障制度。《东回乡农村低保工作实施方案》规定，保障对象为：因病、因残、年老体弱、缺乏劳动力或劳动能力低下以及生存条件恶劣等原因造成生活困难的农村困难家庭。各类保障标准的名额由上级下发指标到各村委会，村委会发出通知后，符合申请条件的家庭以户为单位，由户主提出申请，经村民小组民主评议，符合保障条件的报村民委员会，张榜公布 7 天后无异议的，由村委会填写“农村最低生活保障申请审批表”，报送乡（镇）人民政府审批，乡（镇）对申请人的家庭生活状况和经济条件进行调查核实后，签署意见上报县民政局，县民政局调查核实情况后做出审批决定，并将审批决定反馈到村组再次张榜公布 7 天，无异议的才纳入农村最低生活保障范围。

在实施农村最低生活保障制度的第一年，东回乡政府安排给班利村的指标共为821人，村委会按照各小组的户数、人口和贫困情况具体安排了各个小组的名额，其中特别照顾了较为贫困的新寨组，2009年乡政府又给班利村增加了40人的指标。近三年来，班利村的农村最低保障实施情况如表1-13所示：

表1-13　　2007—2009年班利村的农村最低保障实施情况表　　单位：人

类别 / 年份	Ⅰ类	Ⅱ类	Ⅲ类
2007	23	302	496
2008	22	303	496
2009	32	829	

注：2008年Ⅰ类保障对象张亚古死亡。

近几年来，东回乡的农村低保工作开展较为顺利，从补助标准上看，增幅较大。据资料显示，该乡2007年将保障对象按困难程度分为三类，给予定期定量补助，其中Ⅰ类每人每月补助60元；Ⅱ类每人每月补助35元；Ⅲ类每人每月补助25元。从2008年1月起，提高了救助标准，Ⅰ类仍为每人每月60元，Ⅱ类每人每月45元，Ⅲ类每人每月35元。2009年开始，东回乡根据上级政府的通知，将原来按照三类划分标准改为按两类划分，其中Ⅰ类的补助标准上升为每人每月80元，Ⅱ类为每人每月55元。经过调查了解，我们发现当地农村低保对象管理呈现出“轮流”的特征。村委会将指标名额分配到各小组之后，各小组会安排几个指标保证小组内特别困难的家庭每年都能享受最低保障，其余的指标在村小组内流动，无论贫困还是富裕的家庭，几乎都有享受到低保的机会，这是一种变相的平均主义做法，但由于贫困度的高度化，这种做法得到了广大村民的认可。

班利村的农村最低生活保障制度刚建立不久，处于起步阶段，难免存在一些不足和问题，经过调查，主要存在如下几个方面的问题。①农村低保对象实行年度审核、动态管理，个别村、组干部对农村低保政策掌握不准，未按程序申报审批，而是直接由干部确定低保对象，还有的是未经批准自行随意调整低保对象，造成部分群众不满意。②按照要求，农村低保金要实行社会化发放，但班利村附近没有金融网点，低保金发放时只能靠人工发放。在当地农村低保覆盖面大、对象多，各自然村居住分散，交通又不便，造成了农村低保金难以按时、足额发放到低保对象手中。

针对上述存在的问题，当地的农村低保工作，今后应着重注意以下几个方面。

加大农村低保政策的宣传、教育。首先，是上级政府应加强对村干部的农村低保政策教育，让村干部全面准确地掌握低保政策；其次，当地政府应充分利用电视、广播、宣传栏或发放材料等形式，广泛向广大群众宣传农村低保政策，使低保政策深入民心，家喻户晓；再就是要求村干部抓住每月一次的村组会和举办群众大会的机会，广泛开展政策宣传、讨论，提高广大干部群众对低保工作的知情权、参与权。

严格执行低保政策，坚决纠正当前存在的问题。要进一步加强群众民主评议低保对象和规范发放低保金的工作，坚决杜绝村、组干部直接确定低保对象的问题和平均分配低保指标的现象，坚持阳光操作，确保公开、公平、公正。要严格执行低保金的发放规定，确保资金直接兑现到低保户手中，坚决杜绝挪用、挤占、克扣低保金的现象发生。

恢复和拓展农村信用合作社网点，尽快实现农村低保金的社会化发放。这样既减少了工作量，又规避了资金运行中的安全隐患。

第二部分　农户

十一、富裕户

（一）敢于探索的李四家

李四是前任村支书。为了更全面地了解村子和李四家里的情况，我们先后去过两次李四家，第一次是向他了解一些村子以前建设的情况，第二次是向他了解一些他们家的情况和他个人的情况。李四家在村子里并不算最富裕，但却是村子里最敢尝试的一家，不管是养蚕还是养猪养鸡甚至KTV娱乐他们家都尝试过。可以说，这是敢于创新的一家。就算没有取得多么大的成功，但是至少他们家敢于去尝试以前村子里没有人做的东西，这本身就需要巨大的勇气，不管最后的结果怎样，李四一家人都是值得尊重的。

李四2010年47岁，2000年当选为村主任，2010年退休，这九年间，为村里做过很多实事，比如引进茶树的种植、修路、自来水工程改造等，李四给人的感觉是话不多，但很精明，实干能力很强，可能这就是村民信任他，选他做了九年村主任的原因。李四家一共8口人，包括他们夫妻俩，两个儿子、两个儿媳以及两个孙子。李四的妻子2010年45岁，没上过学，但是很朴实，也很能干；大儿子李友22岁，已经结婚四年，有一个3岁的孩子；二儿子李明21岁，结婚两年，有一个1岁的儿子。虽然李四年纪不算大，但已经是两个孩子的爷爷了，家里也算得上儿孙满堂，家庭幸福。由于家里的房子都比较小，一处房子一般只有两个房间，因此，李四的大儿子一家三口住在村子中间的老房子里边，二儿子则和两位老人一起住，但李四说他们家这不是分家，只是住的地方不一样，家里经济和劳动都没有分开，还是归李四一个人掌管。

李四家尝试过很多的发展道路，但是土地依然是李四家里最重要的东西，他们把大部分时间和劳动力都花在家里的土地上。李四家一共有40亩土地，其中水田3亩，旱地37亩，旱地里边有一半以上种的是玉米。在农村，玉米可以有很多种用途，养猪、养鸡都是需要大量的玉米，玉米自然成了李四家里最重要的农作物。甘蔗是李四家种植面积第二大的农作物，在班利村，甘蔗是村子最主要的经济作物，几乎所有人家都在种，村子里大部分村民的收入来源就是靠甘蔗，李四也不例外，但是和其他家庭相比，他们家的甘蔗种植面积是相对较少的。和村子里其他大部分村民不一样的是李四家的旱地主要靠机械耕种，而村子的其他大部分家庭靠的是人力和牛耕，这方面又是李四家敢于尝试的体现。李四家养牛，但牛只是起到一个辅助作用，只有拖拉机无法使用的土地才会去使用牛耕。李四告诉我们，其实他们家的地虽然是山地，但是大部分是可以用拖拉机去耕种的，用拖拉机不仅速度更快，而且耕地的质量也有保证，用牛的时候可能会由于牛不听话而导致有些地方无法顾及，会给最后的种植带来很大的麻烦，但是用拖拉机一般就不会出现这种情况。李四家的旱地本来不只37亩的，但是做村主任时为了带头响应国家退耕还林的政策，他将自己旱地中的34亩种上了西蓝花和松树，将以前的田地变成了林地。李四说自己差不多将一半的土地退了出来，种上树苗不后悔，虽然自己家的地少了，但林地也是自己的，以后林地成材后的收入肯定要比现在好得多，这是为了长远考虑，也为了村子的未来可持续发展考虑。

前边说过了，李四和他的家庭是一个敢于尝试的家庭，他们家在家庭经济发展方面走过很多条路，而且很多都成功了。李四告诉我们，他是一个喜欢出去看看外面世界的人，大理、香格里拉、西双版纳等很多地方他都去过，看看那边的农业发展状况和有没有适合自己也去发展的项目。比如村里种植茶叶，就是他出去看了以后，感觉种茶叶能给老百姓带来不错的收益，也通过考察了解到外边种植茶叶的情况和技术，他才向村民推广种植茶叶的。种植业当然不用说，农村的每一个家庭都会在自己的田地里种植农作物和经济作物，虽然他们家走过很多条发展的道路，但是种植业的核心地位一直没有动摇过，其他的路只是起到一个辅助家庭发展的作用。2009年李四家就种了20亩玉米，收了大概有3吨的玉米，玉米虽然没有全部拿去卖，但是将其换算成钱的话，差不多值20000元；李四家还种植了7亩甘蔗，收获将近40吨，卖了8000元，平均每亩要砍6吨甘蔗，这在当地算得上是种的比较好，比较高产的；此外，他们家还种植了 3 亩水稻，2009 年亩产可以达到 1000 斤，3 亩 3000 多斤的话也足够家里人吃了，即使家里人比较多，也不用像其他有的家庭那样还必须买米吃；家里也会自己种植一些蔬菜、花生等以满足日常生活的需要，2009 年李四家种了 0.2 亩花生，收了大概两百斤，也足够家里吃一年的了。李四是村里第一批养蚕的带头人，2008 年他和村里的其他几个家庭开始尝试养蚕这个以前从来没有接触过的行业。很多跟他一起第一批养蚕的人都因为各种原因放弃了，但李四家一直在坚持，而且很成功，每年养蚕的收入也能达到 6000 元左右，在农村也算是一笔可观的收入。为了养蚕，他们家种植了 5 亩桑树，并且建起了一间 300 平方米的蚕房，专门用来养蚕。李四在说自己养蚕的事情时，对许多村民放弃了养蚕也表示很大的不理解，因为养蚕人不用太累，很轻松，不用像去田地里劳动那样费力和劳累，而且养蚕每年也只是 5 - 9 月这 4 个月，周期不算很长，耽误不了多少做农活的时间，只要技术到位，管理得当，养蚕还是非常不错的一条发展道路。李四家养蚕，蚕苗是买的，50 元一包，一年最多能养 3 包左右的蚕苗，开始时技术是由县上和乡上专门的技术人员来指导的，现在自己已经掌握了养蚕的基本技术，加上桑树自己家已经种成功了，可以提供大量的桑叶，所以每年投入的成本也不算是很多，很划算。因此，他说，就算其他的家庭都放弃了，他们家也会一直坚持养蚕，因为养蚕只要技术到位了，就一定值得。李四家养殖也发展得相当不错，2009 年他们家养了 17 只猪，光卖猪就差不多有 15000 元的收入，2009 年还养了大概 200 只鸡，一部分自己吃了，另外一部分也卖了近 3000 元。李四家的猪是自己家的母猪生的，所以小猪不用自己去买，还可以节省一部分资金、降低养猪的成本。李四告诉我们他们家一年可以养两拨猪，半年卖一拨。我们去他家的时候，家里刚把那 12 只猪卖了，现在还有一只母猪，等着下半年再添几只小猪，下半年接着喂养接着卖；在养猪的成本上，他们家一年两拨猪需要四包饲料，每包 400 元，一共才 1600 元，而玉米等猪食都是自己解决，每年算下来，自己养猪是保证不亏的。当我们去他家的时候，他家里还养着 300 只鸡，虽然这些鸡大小不一，但是到了年底，又是一笔可观的收入。

李四的小儿子李明前两年还在自己的家里办过 KTV，现在农村条件好了，很多人都喜欢娱乐一下，放松自己，每逢过年过节的时候，生意也相当好。因为 7 月是雨季，路不好走，加上小儿子现在出去学车了，没有管理，KTV

才停了，等以后儿子回来了，条件还好的话，肯定会继续办下去。李四的小儿子李明现在正在外边学习开车，等学成回来了李四打算给他买一辆大货车跑运输，钱会来得快。因为现在村子里搞运输的还比较少，而村子需要运输的东西却越来越多，老四认定搞运输一定会很有前景。因此，虽然小儿子去学车花了将近4000元，买车也需要将近10万元，而且必须贷5万元的款，但李四仍然觉得这是值得的，用不了多少时间，这个成本就会回来的。李四告诉我们，以后他们家还打算种植咖啡，自己承包50亩土地，现在政府的政策好，可以放心地发展，而且李四自己也出去考察过，咖啡的销路将来肯定好。我们都听出来，李四可不是打算单卖咖啡豆，而是想自己加工成二级的产品之后再去销售，那样收入会相对高一点。这样算来，李四家有种植业、养殖业、娱乐业、运输业和农产品加工业等各个方面，可以说在村子里也算是涉及最广的家庭了。

2009年李四家全年的收入为64900元，其中种植业收入25000元，养殖业20000元，李四的村长补贴和工资是9600元，政府的补贴是1300元，还有退耕还林的政府补助9000元。从李四家的收入分配来看，种植业和养殖业依然是李四家收入的主体，其他方面并不稳定，村长工资和退耕还林的补助不是每年都会有，因此，2009年李四家的收入其实还是不能够完全反映出他家的家庭收入情况。他家的年均收入应该在45000元左右，这个收入在村子里也只能算得上是中上等水平。另外，在支出方面，2009年李四家全家的支出为18300元，其中生产性支出6000元，衣服方面的支出为1000元，食品支出2000元，娱乐支出200元，红白喜事支出2000元，交通费用1800元，通信费2000元，住房修补3000元，而这些支出都没有具体的记录，只是一个大概的估计数字，而算入一些比较细小的支出的话，2009年他家实际支出肯定会高于18300元，按李四自己的说法，2009年他家的实际支出应该在25000元左右，只是有些支出记不起来了。按照这个收入和支出的统计和计算方法，他家2009年全年大概会有40000元左右的存款，也正是因为2009年他家收入的情况比较好，才能在2007年刚修完新房子的情况下有50000元的存款买车，2008年和2009年两年李四家不仅还了2007年修新房子欠下的15000元，还有了买车的存款，这些都有力地证明了李四家走的发展道路是可行的，种植业占主体，多种产业共同发展让李四家的家庭收入每一年都有所增长。

李四和他妻子是在1987年结的婚，因为家庭的原因，李四小时候一直和年老的爷爷住在一起。按李四的说法，在他们结婚的时候，他们什么都没有，没有家具，没有厨具，更不用说房子了。经过这二十多年的努力，李四家不仅在村子里算得上是生活比较好的家庭，也是最有发展潜力的家庭之一。现在李四家各种家庭所需的东西配置都相对比较齐全。到目前为止，他们家有电视机 2 台，电冰箱 1 台，洗衣机 1 台，影碟机 2 台，音响 2 套，手机 3 部，摩托车 2 辆（每个儿子都有自己的摩托），拖拉机 1 辆。几个月后，他们家还会拥有 1 辆大的货车。摩托车是在 2001 年买的，拖拉机是 2009 年买的，而 2010 年将会买 1 辆大货车。从这个买机动车的情况不难看出，李四家的情况每一年都在变好，在稳步发展。买摩托跟买拖拉机中间间隔 8 年，而买拖拉机跟买大货车中间间隔只有 1 年也说明了李四家发展的速度在加快。在住房方面，李四家也走在村子的前边，新房子的面积可以算得上是全村最大的，新房子里边蚕房 300 平方米，厨房是 15 平方米，鸡圈为 30 平方米，住房为 70 平方米，院子为 200 平方米，新房子的总面积达到了 615 平方米，这在农村算是很大了，加上老房子，李四家的房子总面积超过了 700 平方米。李四家家庭所需的电器、农用器具都配置得比较齐全，手机、电冰箱这些以前在农村算得上是奢侈品的东西近些年都买齐了。李四也是这样跟我们说的，这几年他家的经济情况都差不多，收入的差距也不大，但是每一年也都是在稳定的增长。近几年，只有 2007 年他们修新房子的时候家里的经济稍微紧缺一点，其他几年都很好。

对于家庭以后的发展，李四也有自己的想法。以后大儿子主要承担家里田地的管理和种植，小儿子主要跑运输，两位老人主要管理一下家里的事情和照看孙子，让孩子无后顾之忧，可以好好地做事。以后家里还打算种植咖啡，加工咖啡，增盖一个鸡圈扩大养殖规模，把新房子的院子种上花草，美化家里的环境。李四话不多，但是对于家庭今后的发展还是有很多好的想法，相信在李四的领导下，在这个敢于尝试的家庭的努力下，李四的家庭在以后肯定会朝着更好的方向前进。

（二）敢于创新的种植养殖户罗文清家

罗文清家漂亮大气的两层楼是那得头寨一道亮丽的风景线，在寨子里众多的干栏式桩上竹楼中间，奶咖色的小洋楼格外引人注目。我们想访谈一户富裕人家，大家笑谈中都遥指那座小洋楼。说话间，进来一位瘦高的女子，那得头组长马上介绍说，这就是村中首富。女子笑着推让，她说，家里现和老人一起住，所以显得家大业大。

随后我们一行人跟进她的家。老人正在忙着，通过介绍，我们知道，老人罗小乐，男，拉祜族，75 岁，和老伴现在与大儿子住在一起。老伴名叫张四妹，拉祜族，2010 年 61 岁，没有文化，在家务农。大儿子罗文清 41 岁，小学五年级文化水平，从事运输业，大儿媳纪娜儿 41 岁，小学毕业，东岗村，现在家种田。大孙女罗丽春初中毕业，现在已经出嫁。小孙女罗春花 2010 年正要升高中。据罗小乐老人讲，这座二层小楼是他在去孟连、澜沧等地看了很多房子的式样后，聘请施工队，一共花费 16 万元盖起来的，这种欧式风格的房子在寨子里还是头一家。罗小乐老人家整体的住房建筑面积有 210 平方米，屋内宽敞明亮，铺设的大理石地砖与屋内家具搭配得非常协调，客厅迎面是一套大方的白色组合柜，屋内家用电器配备齐全。（见表 2－1）

表 2－1　**2009 年家庭耐用消费品情况**　单位：个

项目	个数	项目	个数
电视	2	农用车（拖拉机）	1
电冰箱	1	卡车	1
洗衣机	0	小轿车	0
照相机	0	电话	1
影碟机	2	组合音响	1
电动车	0	手机	3
摩托车	1	自行车	0

罗小乐 1991 年从东岗乡邮电所退休，退休后回到班利村的他，却没有闲下来。在村子里的农户多以放养的形式养猪时，罗小乐家便率先买了 20 头猪，盖猪圈，开始小规模化养殖。2000 年达到顶峰，共养殖 50 头，每头猪 600 元左右，共计 3 万多元。问到当初养猪的原因时，罗小乐说相比其他村寨，那得头寨比较落后，盖猪圈养猪主要是想做给乡亲们看，以自己的实际

行动带动村民致富。“以前村寨养猪的农户数不到20%，现在几乎家家都养猪。”谈到村寨的变化，罗小乐自豪地说。罗小乐家从1991年开始种甘蔗，平均亩产5吨，收成最好时亩产达8吨。从2005年到2008年四年间，甘蔗平均每年收成120吨。每年12月和1月是甘蔗收获的季节，罗小乐都会把家里种的甘蔗卖给勐边糖厂。在1999年到2004年5年时间里，罗小乐一家还种了六亩大蒜，第一年收获3吨左右，每斤0.8元，共计4800元。罗小乐告诉我们说，他在邮电所工作的这些年，让他有机会看到了乡亲们没能看到的一些景象，相比之下他比乡亲们更大胆，更有创新精神，他说自己不怕失败，只要敢尝试，能坚持下去，总有一天会有收获的。

2009年，罗小乐一家共种植玉米10亩，收获2吨，小麦5亩，收获1000斤，水稻10亩，收获2吨，甘蔗10亩，市值2万元，茶12亩，市值3000元，养猪10头，市值8000元，鸡鸭等禽类100只，市值2000元。

表2-2　　**2009年家庭收入来源情况**　　单位：元

职业	收入	职业	收入
种植业	20000	本乡镇就业工资	20400
渔业	0	外出打工	0
家庭手工业	0	运输业	50000
畜牧业	0	政府补贴和社会救济	2500
养殖业	8000	出租草场耕地房屋等	0
旅游业	0	其他经营性收入	120000

经过一年又一年的辛苦劳作，罗小乐一家的生活越过越好。在年毛收入不断增加的情况下，他们家一年的支出也是个很大的数字。2009年11月，罗小乐的大儿子罗文清将旧的汽车卖掉，卖了12万元，又花了11万元购得新的东风牌汽车。罗小乐跟我们讲虽然大儿子跑运输，但是修理费、汽油费等养车的费用对于一个农村家庭来讲还是很吃力的。自家虽然种了很多田地，但是每年购买化肥、种子、农药等生产资料也要花很多钱。

表 2-3　　2009 年家庭支出情况　　单位：元

总支出	生产性	衣服	食品	看病	教育	娱乐	红白喜事	交通	通信	住房
159700	150000	2000	5000	300	1000	0	3000	200	1000	200

罗小乐老人与老伴 1968 年结婚。据罗小乐老人讲，他是个孤儿，当时在架线队工作跑外勤时，整日要风吹日晒，又长期不在村寨，村寨的姑娘都看不上他，不愿跟他成亲。经亲戚的介绍，认识了善良的张四妹。张四妹认为这个小伙子勤奋老实，是可以托付终身的伴侣，在家人的反对下仍然坚持要与罗小乐共同生活。两包水果糖、两条烟、一壶茶水，罗小乐与张四妹的婚礼在村寨的会议室简单地举行了。罗小乐在家只待了三天，就不得不到邮电所外出工作了。对此，张四妹并没有丝毫的怨言。罗小乐在东岗工作时，家里的田地都由张四妹打理。合作社时期算是罗小乐一家最困难的时期。当时罗小乐在外工作，无法作为劳动力给家里挣工分，家里只有张四妹一个劳动力，却要养活 5 个孩子，大的两三岁，小的不到一岁。罗小乐只能将每月 30 斤的口粮，自己节约 5 斤给家里，并将每月的伙食费节省下来，自己只花 9 元，剩下的 20 元供家里生计。罗小乐每年只有一个星期的假期在村寨里陪伴妻子和孩子。长久以来，张四妹都是默默地操持家庭，任劳任怨。罗小乐与张四妹两位老人相互扶持，走过了风风雨雨，共同为这个家做出了巨大的贡献。

罗小乐与张四妹老人共育有 3 个儿子，2 个女儿。现在儿女们都大了，各自成立了自己的家庭，看到儿女们的生活都幸福美满，罗小乐说自己的任务也算是完成了。直到现在，罗小乐老两口还为这个大家庭继续操持着。他的退休金基本上都用来支持儿女的家庭建设，儿女们盖房子、买车，罗小乐老两口分别给了他们一定的经济支持。儿女们也非常孝顺，除了过年过节会到家里团聚之外，家离班利村不远的儿女们会带着孙子孙女经常看望两位老人，在糯福中心完小当数学老师的小儿子还在寒暑假接两位老人到家里，以报答两位老人多年来的养育之情。谈到整个大家庭未来的打算，罗小乐说儿女们都家庭幸福、互相之间和睦相处是自己最大的心愿。他说自己年纪已经大了，正逐步退出大当家的角色，未来的幸福要靠儿女们自己的努力，但是儿女们有困难的时候，他和老伴依旧是义无反顾地帮助。

（三）养殖经验丰富的陶云贵家

第一次接触陶云贵，是到达班利村的第二天。记得正逢礼拜天，早上在参加完全村的礼拜后，调研组分散开来做调查问卷。陶云贵家正是我们进行调查问卷的第二家。班利村的礼拜天，村民们不去干活，有的赶集，有的在村子里闲聊。陶云贵家住班利一组，第一次遇到他的时候不是在他家，而是在他的隔壁邻居家。当我们进行问卷调查时，一伙人正在他的隔壁邻居家里聊天，其他人听不懂我们说话，唯独陶云贵老人能与我们沟通交流。老人看上去身子骨结实，衣着干净整洁，不爱多说话，但在做问卷时我们发现老人很有思想，是个经验丰富的人，他这么大年纪了也见证整个村庄的发展，于是决定到他家做访谈。

我们真正走进他的家是在我们到达班利村一周以后。那天晚上下雨，我们不请自去。看到我们的到来，老人感到很惊奇。刚进房间，他们一家人正围坐在一个小小的客厅里看电视。客厅只有七八平方米。而和客厅连在一起的，是一间公主式的房间，大概有客厅的两倍宽。据老人介绍，原本有个很大的客厅，为了能放张床，大女儿回家有个睡觉的地方，就把大客厅的三分之二来做卧室。我们进去后，告诉老人我们去的目的，老人很是乐观，愿意配合我们完成工作。

陶云贵有个和谐美满的家庭。陶云贵，男，72 岁，拉祜族，信仰基督教，小学文化程度。妻子石八妹，70 岁，不识字。夫妻俩 1967 年结婚。婚后，他们原本有四个孩子，可是第三个孩子在一岁的时候不幸夭折，这让夫妻俩痛苦不堪。不过，现在的三个孩子都很有出息，没有辜负两个老人的愿望。大女儿陶华，2010 年 40 岁，中专文化程度，毕业于昆明神学院，没有工作，在家照顾老人和孩子。大女儿 1992 年结婚，其丈夫是本乡改新村人，是孟冰糖厂的职工。陶云贵夫妇俩的第二个孩子是儿子，名叫陶扎六，38 岁，小学文化程度，1992 年结婚，已有两个孩子。现在已分家出去。小女儿陶那四，32 岁，初中文化程度，2007 年结婚远嫁福建。陶云贵介绍，现在他儿孙满堂，非常高兴。每到节日，他们一家都会团聚。大女儿虽然已经嫁出去，但是还是把这里当作她的家，她一个星期回来看望两位老人一次，每次来住上两三天，帮着老人做饭、喂猪等。两位老人的生活用品都是大女儿买回来，他们几乎不操心自己的生活用品不足，因为每次女儿回来都知道要买什么。老人在描述的过程中，显得很幸福。看得出，一家人都和和美美，幸幸福福。

陶云贵是为班利村做出贡献的老干部。72 岁的陶云贵有 35 年都在为村里做事。他从 1962 年到 1995 年一直是班利第一小组的会计，同时还是村党支部委员、宣传员等，身兼数职。当老人给我们介绍他那段辉煌经历的时候，我们都惊讶了。既要为家着想又要为村民着想的好干部，确实不多见。据陶云贵描述，他在年轻时，因为学习能力强，学习新东西比较快，村干部和村民们都选他当会计。为了整个村的发展，他不但积极配合和动员村民们完成村里一年一度的任务，还经常为村干部出点子。在工作期间，为了动员村民们种植杂交稻、杂交玉米、动员他们把自己家的坡地改成梯地，他磨了不少嘴皮子，既要完成村里下给组的任务，又要不得罪村民。但是每做一项工作，陶云贵老人都会圆满完成，他在说服村民的过程中变换着不同的方式。当我们向他求经时，老人只是笑笑而过，不愿意说出来。如今，老人有十几年不干了，在这十几年中，变化非常大，发展非常快，也许以前的工作方式和现在的不一样，也许是老人心里在想些什么，他始终不愿意再跟我们讲解下去。他只是一味地说："现在政策好多了，人们也逐渐变富裕，可以看到电视了。只要能够看到电视，就知道外面的世界。村民们的思想也逐步解放开来，工作是比以前好做多了。"看来，老人在工作中还是有丝丝遗憾，觉得自己做得不够好，这是老人谦虚的表现。

陶云贵夫妇种植养殖经验丰富。陶云贵家现有土地总面积 11 亩，其中旱地 6 亩、水田 3 亩，林地 6 亩。据老人介绍，这些土地是自己种，他没有分给儿子，因为儿子有自己的土地。这些土地老两口并没有租出去，一直种着，主要是种植玉米和水稻。玉米主要用来喂猪，水稻每年除了吃的，还可以拿到市场上去卖，能带来 4000 元收入。对庄稼地的管理，陶云贵老人很在行，经过多年的磨炼，他知道哪块地能种什么，哪块地不能种植什么。他不但对他们家的庄稼地很熟悉，而且对整个村子里所有的地都很熟悉，还经常指导年轻人种地。老人家的地，平时是他和老伴管理，由于家里的劳动力少，除了大女儿不时回家帮忙外，他还在农忙时适当请一些临时工干活。陶云贵家每年在请小工费用上都要花掉 400 元。据他介绍，目前班利村的小工费是 20 ~ 25 元。在林地管理方面，老人也是非常用心。以前自己家分到 2 亩的自留山，主要是松树和杂木。为了响应国家退耕还林政策，老人在 2007 年的时候，主动种植了 2 亩松苗。他说，当时自己种植松苗，没有花费多少。因为松苗是国家给的，自己只出劳动力和土地。两年过后，老人的松苗管理得非常好，长势比别人家的好，于是他决定在 2010 年再种植 2 亩。2010 年的种植没有国家的补助，老人买了 1500 棵松苗，花了 450 元。老人很高兴地说道，等他的松苗都长大成树木了，他能够赚一笔。这不仅有利于水土的保持，还可以给自己带来经济上的收入。养殖方面，除了村里有一家大规模的养殖场外（养 300 多头猪），可能没有几家的养殖规模能有陶云贵老人家的大。虽说他养的猪称不上规模养殖，但一般的农户很难做到。老人在家养猪，不仅对猪饲料、猪的长势需求方面很了解，而且老人还很会看市场价格。据老人介绍，最近几年养猪市场中，2007 年的价格最好，那一年，他家养了 27 头猪，赚了几万元。他家已经持续养猪 5 年了，最多的时候就是 2007 年养的 27 头，最少也有 15 头。2010 年他家养了 19 头，老人说价格不好，不敢养多。当问及老人为什么这么忙还要想到养猪时，老人仍然是笑笑，说："当时我看到养猪的人很少，加上我退下来了，没有很多的事情要做，我就想到要养猪。家里人都很支持的。于是我就开始盖猪圈，学习技术。"老人虽然人已老，但思想不老。

陶云贵家的家庭收支情况。在收入方面，陶云贵家的收入来源主要是养殖收入和种植收入。养殖收入，主要是养猪收入。2004 年，陶云贵看到村子里有几家养猪收入不错，他自己想试试，于是在当年花了 4000 元盖了个大猪圈，大猪圈隔成 5 个小猪圈，每个小圈可以养 5 头猪。由于市场价格不稳定，因此每年的养猪收入不一样。陶云贵老人说在近两年的养猪中，除了 2007 年市场价格稍好外，其他年份价格不理想，收入不高。以 2009 年为例，陶云贵家养了 20 头猪，收入 13000 元。陶玉贵家养了一头耕牛，已经养了 30 年。陶云贵介绍，这头耕牛每两年会下一头小牛犊，把小牛养 3 年后，可以卖到 2000 元。陶云贵家很少养鸡，即使养，仅供自己家里食用。种植方面的收入，主要有水稻收入、花生收入。陶云贵家没有种植甘蔗，据老人介绍，他不种植甘蔗的原因有两个方面，一是家里没有劳动力；二是家里土地较少。他家 6 亩旱地，其中 5 亩是用来种植玉米，1 亩种植花生。种植的玉米只够自己家喂猪。1 亩花生，除了自己家吃的外，还可以收入 100 元。陶云贵家有 3 亩水田，平时家里吃饭的人少（只有他和老伴），每年在水稻方面都能带来点收入。2009 年，陶云贵家种植的水稻收入有 4000 元。除此之外，还有低保收入每年200元，政府补贴收入400元。2009年，陶云贵家共收入19700元。在支出方面，主要有生产性支出和医疗费支出。2009年年初，陶云贵家买了20头小猪，其中300元一头的买了7头，180元一头的买了13头，总共花了4340元，饲料每年要花4000元。买玉米、水稻种子花了500元，化肥1500元，农药300元，请小工费400元。家里新添了电饭煲，花了160元，老伴生病，看病花了4200元。2009年陶云贵家共支出15400元。陶云贵家的主要电器和耐用消费品有电视机、DVD扩音机、缝纫机各1台。

陶云贵老人的愿望。在谈话到最后的时候，很高兴的是老人向我们诉说了他的愿望。他认为自己已经慢慢变老，这是岁月不饶人，没有办法。不过他希望儿女不管怎么苦，都要让孙子们上学，希望儿女好好抚养和教育好下一代。陶云贵夫妇只有一个儿子，儿子生了两个女儿，陶云贵对此非常高兴。他很坦然地说，他的孙女非常可爱，每天都围着奶奶转。看来，老人没有重男轻女的意识，在他的眼里，只要教育得好，男孩女孩都一样。老人在谈完对自己家庭的期待后，还对村庄的发展有独到的见解。陶云贵老人认为，班利村要想很好的发展，首先必须抓住教育。目前，班利村的教育情况令人担忧，大部分人家的小孩只能读到初中就不读了。原因是语言沟通交流有问题，课堂跟不上，成绩不好。为此，陶云贵有两个希望，一是国家能给他们村庄多安排些教师，让孩子们真正能读到书；二是希望班利村的家长们要鼓励、支持孩子读书。

（四）经营特色小店的村主任家

我们调研小组来到班利村已经有三四天了，对班利村也有了大概的了解。这里的村民热情又淳朴，虽然没有大富大贵，但是他们却过着田园般的生活，怡然自得。经过小组讨论，我们决定对村主任的家庭进行访谈。因为全村有800余户人家，村主任家算是较富裕的家庭。因为村主任忙于村里的事情，我们只能自己来到他的家。我们来的第一天，村主任就已经为我们介绍过了他的妻子，所以彼此之间不再拘谨。

村主任他们一家是不去田里劳作的，这使我们的访谈时间有了自由性。午饭后，小组成员边散步边朝主任家走去。在我们还没有到达其家门口时，他妻子老远就扬着手，喊道："大学生们，过来坐啊，聊聊天。"我们几个高兴不已，快步走上前去。这里要说明的是，我们并没有到主任的家里，我们聊天的地方是主任家开的小卖部，而小卖部紧挨着他家。因为他妻子要照看小卖部，家里没有人，所以尽管只一步之遥，我们也不好意思要求主人带我们参观他们的房子。但是光看他家院子和这个小卖部就知道他家过的是小康生活了。

他家的院子很干净整洁，这一看就是村长夫人的功劳，一个勤劳的女人收拾出来的。最引人注目的就是院里的三轮车和主任的面包车了。在班利村一般家庭为了收割庄稼用的是拖拉机，而主任家里用的是三轮车，而且从其表面看，好像好久都没有人用过了。后来经其夫人介绍，三轮车买了也不常用，因为他们一家平时都不种田，只是小卖部进货的时候用用。他们也有自己的农田，到了插秧、收割的时候，他们会花钱请工人们去做。所以他们的生活就不像班利村其他村民一年四季都忙于种田，收割，其妻子每天看守小卖部，主任每天在村里处理大大小小的事情，所谓“男主外、女主内”的优良传统在他家体现得尤为突出。

他家的小卖部更是别具特色，大家知道村子里的小卖部不止一家，班利村也是如此。在村主任家开的小卖部对面就有一家小卖部，另外在村里还有两家，这几家小卖部之间的距离非常近，无形中存在着小小的竞争。我们观察到其他几家小卖部均设有台球桌，可能目的一方面是吸引村民前来买东西，另一方面也是村民休闲娱乐的方式。主任家的小卖部别具特色，有三间房子，第一间房子里面摆的是农作物的肥料、农药之类的物品；第二间房子就是人们日常用品和一些零食，而且在这间房里有一台电视机，这台电视据主人介绍，几乎一整天都开着，当没有顾客的时候，主人就会看看电视。与此同时，在第二间房子上面挂着他们小卖部的牌子，但是这个牌子不一般，在其右下角写着“商务部万村千乡市场工程农家店”，最下面一行字是“澜沧拉祜自治县商务局制发”。我们笑称这是个背景墙。第三间房子是一些拖鞋、球鞋，还有妇女们织包用的毛线团（班利村的村民常常会自己缝制斜挎包，形状类似于正方形，在其下方的两个角上挂有两串小毛线球，小毛线球的个数依主人个人的喜好而定）。当我们小组的目光同时集中在还没有完成的包上时，主任妻子立刻站起来将她的制作过程、制作方式给我做了演示，着实让我们大开眼界。她的动作是那样的娴熟，心里的喜悦不时地从她的脸上流露出来。她说这也是乡里给村里安排工作，希望村里妇女利用农闲多做点传统特色的包包。自己的爱人是村长，自己总是要带头来支持他的工作。

小卖部门前没有台球桌子，只在这三间房子前面摆放了两张长长的竹椅，旁边放有很多小的竹凳子，我们的访谈就在这长椅上开始了。主任妻子是一位非常健谈的人，她说话的神态和语气总给人一种温暖随和的感觉。她边为我们准备茶水、瓜子，边谈着自己的生活、自己的家庭。就小卖部“商务部万村千乡市场工程农家店，澜沧拉祜自治县商务局制发”这块牌子，她这样解释道：他们家的小卖部是由乡政府资助的，店里的货架都是政府给的，至于自己进什么样的货卖什么样的东西，政府是不管的，政府也不会收取他们任何费用。她说，小卖部是在她丈夫当选村主任前就开张了，现在倒给村民提供了一处公共聊天的地方。小组成员不时地端详着这家店铺，并连连称赞着。据她介绍，这个店铺平均一天能赚一两百，当问到为什么不在自己的小卖部前摆一个台球桌，这样不是更能够吸引村民吗？她看看对面的台球桌，笑笑说，如果摆放台球桌就会到很晚才能关门，没有的话她十点就关门了，她不想那么累。我们正聊着，突然他们的女儿过来了，这个小女孩高高瘦瘦的，皮肤白净（因为云南地区紫外线较强，所以这里的人们偏黑瘦），高高地扎着一个马尾辫，显示出她 13 岁的动感与活跃。她冲我们笑笑，就去看电视了，她母亲帮忙解释道，让我们不要见外，这孩子和她爸爸一样，不善言谈，小孩现在 13 岁了，在县城里读初中。她父母的意愿也希望她好好读书，将来能像我们一样，在大城市读书、发展。

村主任和其妻子婚后只有这一女，所以夫妻二人特别宠爱他们的女儿。当我们问及是否会怪怨主任没有时间陪他们母女？她笑笑说，有过，但她知道自己丈夫不仅对自己的家庭有责任，更是对全村的百姓有责任，所以她认为自己没有任何怪怨他的理由。她谈到，尽管主任平时很忙，但是一有时间就会煮饭给他们母女二人，有空的时候会带妻子进货，接送女儿上学，等等。这么和谐的一家，让我们为之高兴，为他们的幸福而感动。

在闲谈之余，我们又聊起来他们的家庭收入，其妻子告诉我们，小卖部大概一年能赚 1 万元，她自己还养了十头猪，可是由于一个人忙不过来，现在只剩五头猪了，这些猪每年也能收入将近 2000 元。还有自己的田地，虽然出钱让别人去插秧、收割，但是最后自己还是能赚 3000 元左右。最后就是主任的每月 1500 元的工资了。所以一年他们家的总收入将近 3 万元左右，这在班利村已经是很高的收入了。他妻子看到我们好奇的眼神，她又进一步解释道，我们家的收入在村里算是比较多的，但是同时开销也大。女儿在城里上学，花销也比较大；主任每天开车出去办事，油钱等花费每个月 2000 元左右；有时候县里、乡里来视察工作，虽然村里有接待费，但是远远不够，也需要家里拿出一些来补贴等，就这样每年能积攒下来几千元。如表2－4所示：

表 2－4　　2011 年支出明细表　　单位：元

总支出	生产性	接待	衣服	看病	通信	进货	红白喜事	教育	住房
25000	4500	3000	2000	500	1500	2500	1000	10000	0

可以看得出，村主任家的花销确实很大，教育支出和生产性支出占了总支出很大的比例。此外，他妻子还谈道，在班利村，村民们很少会积攒金钱，他们都是有钱就花了，不会考虑将来的日子，只注重眼前的享受。但是她不想那样，她想象城里人那样生活，女人也会开车，希望自己过更加宽裕的生活。在问及她去过什么地方的时候？她不好意思地笑笑说道，长这么大没有出过昆明市，即最远的地方也就是昆明市。她自己表示非常想到像北京、上海、广州等这些繁华的都市去看一看，但是由于自己文化水平比较低，害怕自己出去上当受骗，找不到回家路，所以也只是想想罢了。谈到这里，又讲起了她的教育问题。主任的妻子是另外一个村里的，家里条件很不好，姐妹比较多，为了减轻家里的负担，父母为了让她们充当劳动力，剥夺了她们受教育的权利，所以她只有小学二年级的文化水平。即便如此，也看得出，她是一位很有思想的女性，或许这也是受主任的影响吧。在来到这个村子的时候，我们发现很多人穿着傣族衣服（因为自己本民族的服装比较沉重，在田里劳作的时候不方便），可是村主任的老婆却不是这样的打扮，她穿一身套裙，高跟鞋，披肩长发，很时髦的样子。我们问及她为什么不穿傣族服装，她解释道，她不太喜欢那样的服饰，觉得穿着不舒服。可见，她是一位敢于突破的女性，敢于尝试着改变生活，改变人们一成不变的习惯。或许是受她的影响，村主任的衣服也是很汉化的，只有在重要节日或是参加什么重要会议，才穿自己本民族的服装。一般情况下，他们夫妻二人都是汉化的服饰，给人一种不一样的风格和感觉。

在我们访谈期间不时有村民过来买东西，主任妻子都是微笑面对，热诚相待。正如之前村主任和我们谈到的，他有一个善解人意的妻子，虽然她没有高学历，相貌一般，但是她心地善良，能把家里的事情照顾的井井有条，能够让主任安心地工作。他还有一个懂事的女儿，虽然他们仅有一个孩子，但是他们夫妻二人从不溺爱她，娇惯她。这就是村主任幸福的家庭。是的，他们没有几百平方米的商品房，也没有高级小轿车，但是他们的生活是安逸的，充实的，心情是快乐的，精神是自由的，我们为这样的生活而感到羡慕，祝福村主任，祝福他的家庭。

（五）坚毅善良的养猪户杨云青家

杨云青，男，36 岁，拉祜族，高中文凭，妻子叫李二妹，30 岁，拉祜族，没有上过学。夫妻两个人有一个儿子，叫杨顺明，10 岁，拉祜族，上小学四年级，活泼可爱。杨云青一家三口住在约 95 平方米的砖瓦结构房屋里，在班利村算是比较富裕的人家，家庭和睦，相处很和谐。

杨云青虽然年龄不大，但村里的乡亲们习惯叫他杨大哥，因为他是村里出了名的致富带头人。他平时很忙，白天基本不在家，要么去自己的猪场工作，要么去乡政府或县城购买饲料、养猪技术的书本等，有时去景洪或孟连参观养猪场、谈合作，等等。傍晚时分，我们来到杨云青家时，看见有二十几名乡亲围坐在他家的院子和房间里聊天看电视，杨大哥正在和一些人谈论着什么（后来得知这是几位来自景洪的饲料老板）。看到我们到来，他非常热情邀我们一起喝茶聊天，我们的访谈就此开始。

杨云青是村里的致富带头人，目前他拥有全村最大规模的猪场，共有 400 头猪，价值 40 万元；同时，作为一名入党多年的党员，他从 2006 年便开始，出于“让乡亲们共同发展”的目的，以个人出资资助的方式资助了 4 户村民共 8000 元养猪，2009 年开始为全村村民免费提供养猪技术的讲解，后来又与村民联合出资，于 2010 年 1 月 18 日成立了班利村“达佳生猪产销农民专业合作社”。作为一名老党员，在带动全村村民科学规模化养猪致富方面做出了非常大的贡献，杨云青这个名字，不仅在澜沧县东回乡，在旁边的孟连县也是很响亮的。然而，当我们问及他 2009 年的家庭收入状况时，却得到了令人吃惊的答案，亏本 4 万元。

表 2－5　　2009 年家庭收入来源情况　　单位：元

职业	收入	职业	收入
种植业	0	本乡镇就业工资	0
渔业	0	外出打工	0
家庭手工业	0	运输业	0
畜牧业	0	政府补贴和社会救济金	1764
养殖业	0	出租草场耕地房屋等	0
旅游业	0	其他经营性收入	7000

原来，杨云青家里近十年来的经济来源主要是靠养猪获得的，因此他家的养猪史也是其家庭经济情况发展的主要脉络。杨云青 1993 年毕业于澜沧职业高级中学，曾学习会计专业，由于学习期间成绩不好，杨云青的家人为他出资两万元买了一辆二手客车，由于车况不好，一年的经营状况并不理想，期间还发生过车祸。1994 年时杨云青放弃了经营客车，回家卖百货，同时共投入了 700 元，买了五头仔猪进行最早的养殖。在初期他自己买了很多有关养猪技术的光碟和书本，从技术入门到猪舍的建造，都是一个人摸索的，第一年的辛苦劳作让他赚得 300 元。从 1994 年到 2003 年十年间，杨云青家里的养猪业平稳发展。2004 年时，杨云青用多年的积蓄在孟连购买了 8 头猪仔，再加上家里已有的 15 头猪一起饲养，但是，让他想不到的是，这 23 头猪在两个月内全部死亡。对于一个在村里养猪经验比较丰富的人来说，无疑是很大的打击。于是，在接下来的一年左右，他没有再养猪。到了 2005 年国际小耳猪项目在村里开始推广，杨云青与当时的负责人杨文忠合作，共同参与了第一批的试点项目。他向项目组借了 1000 元，同时获取了美国人的资助和技术指导，第一年在县兽医站购买了 10 头小猪。在该项目的支持下，杨云青 2005 年所养的猪成活率 100%，这极大地增强了他的信心，同时，经过一年的实际操作，他学到了更加科学的养猪方法并积累了丰富的养猪经验。2006 年他继续向国际小耳猪项目贷款 3 万元，总共购买了 160 头种猪，当年的收入达到 7 万元左右，2007 年贷款 4 万元，当年收入共 8 万元左右。然而好景不长，近两年市场低迷，杨云青的猪场 2008 年亏损 3 万元，2009 年接着亏损 4 万元，目前共负债 7 万元。

当谈到出现这么大的亏损的原因时，杨云青告诉我们造成连年亏损的原因是多方面的。一方面，2006 年杨云青对自己的猪舍进行了大规模的扩建，当年由于资金紧张，他与一家饲料公司合作，公司同意以赊账的形式提供猪饲料，等猪生长成熟并销售后再收回资金，然而 2006 年 11 月当新猪舍刚建好时，该公司毁约，拒绝提供猪饲料。当时的杨云青将自己所有的积蓄都投入到新猪舍的建设中，根本没有多余的资金用来购买饲料。由于资金无法周转，饲料供应不足，2007 年杨云青全年的生猪产量受到了一定的影响。这也是他在多年养殖中最困难的时期。这种影响又持续到 2008 年和 2009 年。另一方面，从 2007 年开始政府鼓励村民广泛养猪致富，并且规定每头母猪补助 100 元。在这样的政策背景下，所有的村民都开始养猪。2008 年一年后由于盲目饲养，市场供大于求，生猪价格突然下滑，下降到了 8 元/斤，而当时饲养猪的成本是 10 元/斤，几乎所有的养猪户都出现亏本，作为当地的养猪大户，杨云青家的损失尤为惨重。

表 2－6　**2009 年家庭支出情况**　单位：元

总支出	生产性	衣服	食品	看病	教育	娱乐	红白喜事	交通	通信	住房
133320	2000	1200	1000	1200	5920	0	0	3000	200	118800

如今，杨云青几乎把所有的精力都投入到合作社上，在他的影响下他的妻子现在也成了养猪的一把好手，家里的 12 亩田地也都由妻子打点。

（六）勤劳坚韧的米粉店老板李健强家

李健强，男，佤族，25 岁，初中毕业，现在是当地一家小有名气的米粉店的老板。家有三口人，分别是他本人、孩子和妻子。他的儿子名叫李想男，在县城读书，由孩子的姨妈负责照看。有两个弟弟，均已成年。大弟名叫李健华，2010 年 23 岁，现在县城打工；二弟名叫李健红，2010 年 21 岁，现在北京打工。

他开办米粉店的过程，显示出了家庭重大变故对家庭的重大影响，让人感到些许心酸。本来，李建强原本有一个幸福的家庭。可在 2005 年的时候，他的母亲在孟连打工的时候不幸被人拐卖，使得一个美满的家庭顿时解体。

他的父亲因为接受不了这一打击，变得成天酗酒，精神恍惚，以致最后出家。他也因为家庭的变故，更为了寻找母亲而不得不在初中毕业后出外打工。这种变故使其家庭生活水平急剧下降。在2005年之前，李健强家的生活水平在班利村属于较高水平。在他上小学四年级的时候，家里就购买了电视机1台，在当时全村只有2至3户人家拥有电视机，而现在家里的电视再没更新过。此外，在李健强4岁时，家里就购买了农用车，在初中毕业前家里已经拥有了4台农用车，但现在这些农用车由于寻找母亲早已变卖。在他的米粉店访谈的时候，我们看到了一台老式的傻瓜相机。据李健强介绍，这是他在上初中时家里购买的，由于近年忙于寻找母亲和做生意，资金有些紧张，至今尚未更新。最近虽然李健强通过开米粉店，使得家里的生活水平与母亲走失后相比有所提高，但家里主要的耐用消费品还是在母亲走失前购买的。只是近年来随着手机的普及而添置了新手机，大件耐用消费品只添置了一台电冰箱，而且这台冰箱也是为了经营米粉店而借债购买的。

表2－7　**2009年家庭耐用消费品情况**　单位：个

项目	个数	购买时间	项目	个数	购买时间
电视机	2	1996年	农用车（拖拉机）	0	
电冰箱	2	1999年，2007年	卡车	0	
洗衣机	0		小轿车	0	
照相机	1	1999年	电话	0	
影碟机	1	2003年	组合音响	1	2001年
电动车	0		手机	2	
摩托车	2	2000年	自行车	0	

在外出寻找母亲的打工过程中，李健强首先来到重庆，在当地的一家火锅店里做帮厨，收入为每月700～800元。在做帮厨的这一年时间里，他一方面供养父亲，一方面还通过广电传媒寻找母亲。一年之后，他南下广州，在一家火锅店打工。由于有了在火锅店的工作经验，他的工资上涨到了每月1260元。在广州工作的这一年时间里，他不仅学到了店面经营方法，有了一

万多元的存款，而且通过电视台记者的帮助，最终找到了母亲——只可惜母亲已经在山东嫁为人妻，无法回家和他们相见。

在知道了母亲的下落和现在的情况之后，李健强便带着遗憾和打工的积蓄回到家乡。他经过市场考察发现，虽然当地有做米粉的传统，但是米粉经营者少（当时只有一家米粉店），外来人员对米粉这一当地小吃的需求量大。为此，他便利用自己的一部分积蓄开办了这家米粉店。

在米粉店的经营中，他利用自己所学到的经营方法，将米粉店每年的经营方式划分为两种。一种是在每年的4~7月，外来人员主要集中在这段时间来班利村，米粉店在原有经营时间的基础上，进一步延长营业时间，在晚八点到深夜两点则主营烧烤的夜市，而且在经营项目上不仅有米粉等传统经营项目，还经营火锅。另一种是在每年7月到第二年4月之前，由于当地天气开始不那么炎热并逐步转凉，则主要经营米粉、砂锅等传统经营项目。另外，每天米粉店还兼营早餐。

由于李健强经营有道，米粉店平时每天的收入（不含早餐的收入）大概有700~1000元，早餐的收入也达到了300~400元。而在米粉店经营最好的时间是圣诞节前后。由于国外游客较多，每天的收入翻倍。

表2-8　**2009年家庭收入来源情况**　单位：元

职业	收入	职业	收入
种植业	0	乡镇就业工资	0
畜牧养殖业	0	外出打工	43200
家庭手工业	0	政府补贴和社会救济金	0
渔业	0	出租草场耕地房屋等	0
旅游业	0	其他经营性收入	292000
运输业	0		

李健强凭借自己的勤奋，使得自己的家庭逐步摆脱了母亲走失后的巨大损失。凭借开办米粉店积累下来的资金，李健强开始进一步扩大自己的事业。在经营米粉店的同时，他在一年前又盘下了一间交通较为便利，离旅游区较近的百货商店，为乡亲和游客服务。说到今后的打算，李健强想进一步积累

资金，把市场扩大到县城，在县城开家服装店。由于自己开了两家店，使得生产性支出和租房支出较多。而且为了使在县城开设服装店的计划能够成功，他每月都要购买服装杂志，使得家中的娱乐支出在这个小村庄里居于较高水平。

表 2-9　　2009 年家庭支出情况　　单位：元

总支出	生产性	衣服	食品	看病	教育	娱乐	红白喜事	交通	通信	住房
31112	6000	4800	13000	0	0	200	1400	600	600	4512

在班利村的每一个早上，我们都看到李健强的米粉店里生意兴隆。众多乡亲和游客在这里打牌喝酒，那种热闹的场景让我们感觉到这个家庭从阴霾走出后的幸福美好。李健强的努力勤奋为这个家庭带来了富足和欢乐，我们也希望这样的幸福和快乐能持续下去。

十二、中等户

（一）甘于奉献的李路迪家

李路迪是个开朗热情的拉祜族女生，2010 年 21 岁，初中文化水平，信仰基督教。家里一共四口人，李路迪，爸爸、妈妈和姐姐。

第一次见李路迪是在班利村教堂，在从山脚下陆陆续续赶来的人群中，可能是同龄人的缘故，我一眼就看到了她，那双炯炯有神的大眼睛是那么的明亮而又清澈。作为唱诗班的一员，她悠扬动听的歌声更是让我们惊叹，在这样一个边陲的村落，一个被青山环绕，被云海笼罩的世外桃源，配上这歌声，宛若天籁，真的如置身仙境。

当听到这优美的歌声时，我立刻就萌发了一定要访问这个美丽的拉祜族女孩的念头。她身上那种气质，那种纯粹，都深深地吸引着我。她的身上有怎样的故事？很幸运，在班利村的那段时间里，李路迪作为我们的翻译与我们一起入户访谈，走家串户，我对她的生活有了更深入的了解。

李路迪出生在一个普通的拉祜族农村家庭，父母都是虔诚的基督教徒。

在李路迪很小的时候，父母就带她到教堂做礼拜。受家庭环境的影响，李路迪初中毕业之后既没有继续读书，也没有外出打工，而是选择了一条与村子里的年轻人不同的路——到保山圣经学校继续学习关于基督教的知识。李路迪说，小时候跟随爸妈到教堂，自己什么都不懂，只是看着大人们读经、唱歌，觉得大人们唱的歌很好听。自己在中学的时候虽然也参加唱诗班，但对于圣经的内容、圣歌的歌词都没有深入地理解，仅仅是机械的读与唱。李路迪说在保山的两年时间里，她对圣经的知识进行了系统的学习，对基督教的相关知识有了更多的领悟。李路迪说自己在保山圣经学校学习的那段时光是最快乐的。每天白天上课，晚上做晚祷，周三周四练诗歌，周五献诗，周日参加主日学，学习生活安排很紧凑，所以每周五和周日下午的休息时间李路迪会与朋友们一起到广场或是小吃街逛逛，看看衣服，吃吃小吃，休息放松一下。经过一年的系统学习，李路迪掌握了更多的关于基督教、关于圣经的知识。从二年级开始，每个周日，李路迪在老师的安排下与同学一起到各个教会讲道，现在每个月她也会到班利村的教堂讲道。

从保山毕业回到班利村，李路迪开始在2006年成立的拉祜文培训中心担任经文老师，农忙的时候帮助家里采茶、收甘蔗。李路迪的妈妈2010年50岁，在家里与李路迪一起做拉祜族传统的衣服和包包，干农活。爸爸54岁，在拉祜文培训中心做义工，工作包括管理图书、给老师和学生准备饭菜。李路迪家里种有5亩地的玉米，市值800元；水稻2亩，市值2000元；甘蔗5亩，市值5000元；茶5亩，市值6000元；另外家里还养有4头猪，市值3000元。李路迪和爸爸在拉祜文培训中心的工作都属于义工，没有工作报酬，一年下来只有100~200元的生活补助。村里人对这一家人的评价都很高，说他们心地善良，感谢他们为村民不计报酬的提供服务。

李路迪一家的收入来源除了田地之外，很大一部分来自路迪和妈妈做的手工。路迪的妈妈心灵手巧，做的服装和包包很漂亮，路迪在传统的服装样式上会添加自己设计的一些新的花样，绣一些新的图案，搭配的颜色也很漂亮，路迪家做出来的服装和包包常常与别家做的是不一样的，村寨里乡亲们都愿意买路迪家做的手工。路迪和妈妈做一个包包和一套衣服都要花一整天的时间，平均一个月可以卖10套左右。

表 2-10　　2009 年家庭收入来源情况　　单位：元

职业	收入	职业	收入
种植业	5000	本乡镇就业工资	0
渔业	0	外出打工	0
家庭手工业	0	运输业	0
畜牧业	0	政府补贴和社会救济	1500
养殖业	3000	出租草场耕地房屋等	0
旅游业	0	其他经营性收入	13000

村子里与李路迪年龄相仿的年轻人很多都去县城打工了，曾经与路迪一起在培训中心教课的朋友在两个月之后也出嫁了。据李路迪说，她的朋友在澜沧的饭店里唱拉祜歌，每个月包吃包住，可以拿到 800 元的工资。看着朋友们可以打工挣钱，李路迪也犹豫过自己是否还要坚持在培训中心做没有报酬的讲经老师，最终她还是说服自己，留了下来，为村子里的基督徒服务。

李路迪一家的生活水平在村寨里属于中等，住房建筑面积有 75 平方米，基本的家用电器有电视机 1 台，影碟机 1 部，组合音响 1 套，另外还有手机 2 部，摩托车 2 台。李路迪对家里这样的生活是比较满意的，她说她和爸爸在拉祜文培训中心的工作虽然没有工资，但是几年做下来她自己是非常乐意坚持下去的，工作的时候自己不仅对圣经的知识有了更深的体悟，还能够为村寨的基督徒服务，一想到这些她就感觉很开心。家里虽然不富裕，但是家人都很勤劳，能吃苦，一家四口相亲相爱，她觉得这样的生活很幸福。

表 2-11　　2009 年家庭支出情况　　单位：元

总支出	生产性	衣服	食品	看病	教育	娱乐	红白喜事	交通	通信	住房
9300	3000	1500	1000	0	1500	0	1000	700	600	0

李路迪平时喜欢唱歌，除圣歌之外，她也喜欢一些流行音乐，还喜欢吉他与架子鼓。在班利，我们曾看过她和另外的伙伴边用拉祜文唱歌，边用吉他伴奏的表演，很精彩。像其他的拉祜族姑娘一样，李路迪能歌善舞。李路迪说逢年过节村子里聚会是她最开心的时候，因为这时候村子里外出打工的

朋友们也会回来，与她们在一起唱歌跳舞是自己最喜欢的事情。

在村民心中，他们把李路迪当作段牧师的接班人。对于村民的期待，李路迪说自己还是有压力的。如果能成为牧师，她会一丝不苟，仔细认真地为村子里的基督徒服务；如果不能成为牧师，她觉得当一名普通的信众，每天到教堂里学习圣经、唱诗也是很快乐的事情。

（二）经营小超市的刘玉秀家

与刘玉秀大姐相识是由于我们去她开的小超市买水，刘大姐是个很热情的人，她主动与我们打招呼，询问我们是从哪里来的。我们听她普通话很好，就与她交谈起来。通过聊天我们得知，刘大姐 2010 年 37 岁，是四川人，丈夫是江西人，之前夫妻二人一直在福建打工，但由于刘大姐的母亲和兄弟姐妹都在澜沧县和孟连县做生意，所以三年前刘大姐和丈夫也来到了班利村。刚到村子时，刘大姐发现村里的人不精通做生意，村子里没有超市，村民的许多日用品都需要去孟连县集中采购，很不方便，于是夫妻二人租了一间十平方米左右的平房，开起了超市。刘大姐有三个女儿，都留在四川老家里由婆婆照顾，大女儿 17 岁，已经不读书了，也没有找到工作，和奶奶一起照顾两个妹妹。二女儿 13 岁了，正在读初中，成绩在班里只是中等水平，刘大姐虽然想让孩子好好读书，但自己离孩子这么远，文化水平又有限，也只能每天打电话让孩子认真读书，并不能给予帮助性的指导。刘大姐的小女儿 2010 年 3 岁了，1 岁时就来到了班利村，从小和村子里的孩子们玩，还学会了地道的拉祜语，与村里的孩子没有区别。刘大姐担心孩子在这样的环境下生活，普通话会不标准，再加上村里没有幼儿园，孩子得不到早期启蒙教育，于是 2010 年年初，刘大姐把孩子送回四川上幼儿园，希望女儿能得到好一点的教育。

刘大姐的超市有六平方米，进门处放着一个装雪糕的冰柜，冰柜上方的墙上放着一台 21 寸的彩色电视机。与超市一帘之隔的是刘大姐的厨房兼卧室，比较简陋，大概有四五平方米，有简单的锅碗瓢盆和一张一米多宽的木床，床上凌乱地堆着一床被子。“卧室”其中一面墙被改造成了货架，各种各样的货物一直堆到靠近房子的天花板，由于货物挡住了窗户，整个“卧室”又阴又暗，刘大姐笑着说虽然住宿条件不太好，但这样有利于保存货物。刘大姐每天早上七点多就开门做生意，一直到晚上十一点左右才关门，这主要是为了迎合村民们早出晚归的作息时间。超市里的商品种类很多，既有螺丝钉等五金商品，又有拖鞋、洗衣粉、卫生纸等日常洗化用品，更多的是烟、酒、果汁、零食等，商品的质量一般，价格不算太贵，基本能满足村民的日常生活需求。在与刘大姐交谈的过程中，来买东西的人络绎不绝，多是来买烟买酒的人，一次消费大都在30元左右。刘大姐帮客人拿烟打酒的时候会用拉祜语或普通话和他们聊天，聊天的内容大多是地里的稻谷收了多少，家里的孩子什么时候开学之类的家常话。我称赞刘大姐生意不错，刘大姐却摇头说前两年村里的超市少，来她店里买东西的人挺多，但是当时她和丈夫初来乍到，听不懂当地村民讲话，不知道他们要买什么，错失了不少生意。后来刘大姐好不容易学会了拉祜语，能够与村民自如交流了，可是村里又新开了四家超市，其中两家的规模和种类都要胜过她家的超市，好多村民都到新超市买东西了。现在村里有六七家超市，竞争很激烈，生意越来越不好做了，但是不做又没有经济来源，只能硬着头皮做下去。

说起日常生活，刘大姐告诉我们，刚来班利村的时候语言不通是最大的困难，不仅影响生意，空闲的时候想找个人聊天都不行。那段时间总感到背井离乡的寂寞，所以总去县里找兄弟姐妹聊天。不过这种情况在一年以后就得到很大的改善，性格开朗的刘大姐认识了很多村民，见面时总能聊上几句。说起饮食习惯，由于四川与云南的饮食特点差异不大，所以刘大姐在这一方面并没有不适应。她笑着告诉我们，她做的菜比当地人做的还辣，村民经常说只要闻到她炒菜时的烟就会被呛得鼻涕眼泪直流。刘大姐特别喜欢村里的环境和风景，每次下过雨，她都会坐在门口看纯净透彻的蓝天，缥缈翻滚的云烟和半隐半露的青山，只要看到这些景色，刘大姐就会神清气爽，把一切不开心的事统统忘掉。刘大姐唯一不满意的就是村里到处乱跑的散养鸡和一刮风就尘土飞扬的路。当看到村里的小孩子不穿鞋在泥土路上跑的时候，刘大姐感叹农村的卫生还需要改善。由于卫生条件和居住条件不好，三个孩子即使放假有时间也不愿意过来和父母一起住，即使刘大姐多次打电话叫她们，她们也不肯来。刘大姐每天的工作很单调，就是看店和做饭，我们到刘大姐店里两三次，都没有见到她丈夫。刘大姐总抱怨丈夫太懒，不体谅她，不帮她看店进货，每天只知道跑到别人家打牌喝酒，吃饭的时候才回来。有的时候刘大姐自己去县城进货，回来时已经累得全身没有力气，丈夫也不帮忙把东西摆上货架。村民们在货架上找不到自己要买的东西，就直接去别的超市了，刘大姐经常会因为这样失去生意而和丈夫生气。说到丈夫时，刘大姐神情稍有黯淡，但马上又笑起来了，说现在赚的够吃够用，没必要让自己压力那么大，生活还是很美好的。

对于经济收入，刘大姐看的很平淡，并没有真正计算过每年的收入和支出具体是多少。根据刘大姐说的日常主要花销，我们帮她算了一笔账。租来的房子每年2000元房租，这个倒是相对便宜；由于超市的冰柜常年开着耗电量大，加上生活用电，每月的电费加起来要200多元，水费50多元；刘大姐每天都会给在四川老家的孩子打电话，每次都不少于半个小时，每个月的电话费在300元左右；刘大姐家没有种地养猪，所有的米面肉菜都要从晨市上买，有的时候刘大姐去孟连进货还会顺便给自己买件衣服，而丈夫每两天就要抽一包30元的烟，吃饭的时候还要喝酒，除去自己超市能自给自足的用品，刘大姐和丈夫两人每个月的生活花销竟然都在2000~2600元之间，这比城市有些人的消费还要高很多，除此之外，刘大姐每月还要给四川的孩子们寄去3000元，供她们上学生活；最初开超市时，刘大姐拿出3万元用作进货成本，但从那以后就再没计算过收支，只知道没货了就进，有钱了就花，搞不清楚花出去的是赚来的利润还是应该留作进货成本的本钱，也不知道又搭进去多少积蓄。这样粗略地算下来，刘大姐一年的支出竟然达到7万元左右，这个数字让我很惊讶，我怀疑刘大姐是不是算错了，但是通过观察刘大姐家的饮食情况以及她所说的丈夫对烟酒的消费，这个数字还是可信的。根据刘大姐所说的一年还能剩下3万多元，那么刘大姐每年的总收入能达到11万元。2011年刘大姐想买辆6万元的面包车，丈夫就可以开着车带她去县城进货了，但是考虑到丈夫爱喝酒开车不安全，所以买车的计划一直没实现，现在刘大姐去进货是搭乘寨子村民进城的拖拉机，一次两元，很便宜。

刘大姐对现在的生活比较满意，看店卖货的工作虽然忙碌却很充实，刘大姐开朗热情的性格也使她交了不少朋友。虽然没有真正算过开店三年到底赚了多少钱，但现在也是吃穿不愁，以现在的生活水平来看，她也算村里的中等富裕家庭了。对于以后的生活，刘大姐打算走一步看一步，没有长远的规划。现在刘大姐对拉祜语听说自如，已经习惯了村里的生活。超市的生意也渐渐稳定下来了，而且大部分亲戚都在孟连县，一有时间就能见面，能够相互照顾。刘大姐已经把班利村当作自己的第二故乡了，近三年是不可能离开这里了。为了开店，刘大姐和丈夫已经三年没回四川老家了，就算是过年，也是和孩子们分开的。孩子们在老家跟着奶奶过年，这让她觉得很对不起三个孩子。刘大姐在大年初一的鞭炮声和拜年祝福中开店做生意，这种心酸的春节刘大姐也已经习惯了。刘大姐物质生活虽然比较宽裕，但老家的三个孩子却总使她牵肠挂肚。刘大姐和丈夫常年在外打工，她的三个孩子在家跟着奶奶生活，实际上也算是留守儿童了。大女儿高中没毕业就不读书了，粗重的体力活她不愿意做，体面的工作对学历和电脑外语水平要求高，她又做不了，所以一直找不到合适的工作，只能每天在家洗衣做饭，照顾奶奶和两个妹妹。刘大姐担心她这样每天待在家里不与外面的社会接触，以后真正走上社会会被骗。二女儿刚刚读初中，成绩不太好，也不止一次地表现出厌学的情绪。刘大姐虽然着急，但离女儿这样远，只能每天打电话督促其好好读书，教导效果可想而知。她很担心二女儿也会像姐姐那样过早地离开学校，踏入社会。三岁的小女儿暂时没有学业和工作方面的困扰，但长时间与父母分离，由年迈的奶奶和未成年的姐姐照看，安全是最令人担心的问题。目前，至于老家的三个孩子，就先让她们自由发展，等她们长大一些再做打算。其实，刘大姐也知道生活只是暂时的安逸，三个女儿也都处于成长的关键时期，大女儿高中都没毕业，很难找到满意的工作，只能选择做生意或一些体力劳动；二女儿由于受家庭环境和姐姐的影响，学习动力不足，如果像姐姐一样提前辍学的话，又将面临和姐姐一样的难题，同时二女儿恰好又处于青春萌动期，在一些是非问题上缺乏父母的正确引导，难免会胡思乱想或做出一些傻事；三女儿虽然在上幼儿园，但如果从小得不到父母的关爱和正确的教导，不知道长大后会以一种怎样的人生态度来面对生活。这些话，刘大姐反复地说，放不下一个母亲的心。上述这些问题刘大姐其实都考虑过，但是在帮助孩子们时又感到有心无力，毕竟刘大姐和丈夫的文化水平也不高，没有给孩子们做好榜样，每月 3000 元的生活费虽然能够保证孩子们在村子在老家有比较宽裕的生活，但也使得孩子们过于享受安逸，失去了学习的动力，这些条件都不利于孩子们以后自立自强地生活。刘大姐想把孩子们接过来生活和学习，但是现在居住条件有限，孩子们如果都过来的话还要重新租房子。而最难解决的问题是，这里的就业机会比四川老家要少，大女儿想在这里找到一份满意的工作就更难了；正在读初中的二女儿不仅要转学，要适应新的学习环境，还要面对一个生活环境和语言都不同的同龄群体，要建立新的人际关系，融入新的集体；而上幼儿园的小女儿更让刘大姐发愁，班利村里没有幼儿园，把孩子送到县里的幼儿园又不放心，这样小女儿就只能像从前一样和村里的小孩子们玩，启蒙教育就无从谈起，如果三个女儿都不爱读书没有文化，刘大姐真不知道该为谁担忧了。其实，把孩子们接过来一起住也只是刘大姐一厢情愿的想法，三个孩子过惯了城市生活，谁都不愿意到乡镇甚至是村里生活，所以这个想法一直没有实现，孩子们的问题也只能通过别的方法解决了。

在长长的聊天中，乐呵呵的刘大姐一想到孩子们的事情就愁眉不展，但是转念一想又笑了，她说，她想到高中毕业的自己现在能过上这样富足的生活，也就放宽心了，孩子们的生活只能由她们自己选择了，刘大姐只是尽最大的努力为她们提供物质帮助。这就是传统典型的中国型家长，为孩子操一辈子的心。

（三）帮人建房的周学刚家

访谈周学刚一家时，去了几次都没有成行，前三次去都只有一位老奶奶在，老奶奶不懂普通话，只会说拉祜语，通过她上幼儿园的 6 岁的孙女的翻译，我们才得知周学刚和他妻子张玉梅去澜沧县城购买制作拉祜族服饰的布料和配饰，要晚上才能回来。等到晚上十点，我们再去周学刚家时，周学刚和他妻子终于回来了，全家七口人正在客厅看电视，我们的访谈也就随即开始。

一进周学刚家，就明显感觉到大家庭的热闹。现在，周学刚家一共有七口人，分别是周学刚，其妻子张玉梅，妻子的外婆张娜回，妻子的妈妈陈娜美，妻子的继父李扎波，两个女儿，分别叫周瑞、周婷。通过访谈我们得知，周学刚本是贵州人，汉族，2010 年才 29 岁，2002 年随同乡到班利村帮助村寨里的人建房子，期间，在帮助张玉梅家盖房子时，认识了张玉梅，两人一见钟情，在帮忙盖完张娜美家房子后的不久，也就是 2003 年，周学刚和张玉梅便结婚了，因为岳父岳母就一个孩子，周学刚便从贵州到妻子家做了上门女婿。

周学刚告诉我们，他有两个哥哥，一个姐姐，现在都在贵州，在自己很小的时候，父母便去世了，只好跟着两个哥哥。他 16 岁左右的时候，跟随着乡亲出门打工，开始自己照顾自己，曾先后在贵州、四川、云南等地帮人建房子，一个月大概能挣到1000多元，差不多能够自己养活自己，还能结余一点钱。2001年的时候，有人告诉他和一起打工的工友，说云南尤其是云南少数民族地区，现在正大量建新房，现在去这些地方，肯定好找活路。工友一起讨论决定是否要去云南，有的人认为云南的边远地区太偏僻了，交通什么都不便，不想去，周学刚想，只要能挣钱，偏僻也没有关系。于是，经过商量，2002年过完春节，他便和一部分乡亲到了云南，先后在保山、大理，普洱市等地帮人建房子。同年的七八月的时候，到了班利村。由于国家出台了对少数民族地区建新房给予各类补助的优惠政策，张玉梅家决定建一栋新的砖瓦房，看见有建筑工人到了班利村，便请了周学刚及其他工人帮忙盖房子。在新房建造过程中，张玉梅发现，工人中有一个小伙子干活特别卖力，并且也特别认真，便开始关注和留意他。她经过打听，知道了这个小伙子叫周学刚，并对他很小就没了父母、自己出来打工自己养活自己的经历感到特别佩服。于是，便有意地接近周学刚，经常找他聊天，还经常帮周学刚洗衣服。一来二去，周学刚也开始注意起这个拉祜族年轻女孩，对她的好感与日俱增。张玉梅家新房完工后，在收拾东西准备走的时候，周学刚感到特别地不舍。工人们看见周学刚不想离开，一下子就明白了，这小子是喜欢上了张玉梅，于是大家一张罗，向张玉梅提亲，张玉梅立即就答应了。在周学刚带张玉梅去贵州见了两个哥哥和姐姐之后，回到班利村就和张玉梅正式结婚了。周学刚笑着告诉我们，结婚的时候，自己刚好22岁，而妻子才16岁，所以当时没法登记，结婚证都是后来补办的。因为考虑到自己在贵州什么都没有，再加上岳父岳母就一个女儿，便决定上门，就跟妻子一家一起生活。

结婚后，周学刚依旧是帮人盖房子，只是不再跟随其他工人去其他地方，就在班利村和班利村周边的几个村寨。由于几个村寨要建新房的家毕竟不是很多，所以，周学刚一个月能挣到的钱最多也就1000多元。雨季的时候，几乎没有收入。为了维持家庭正常开支，在没有活路的时候，便下田务农，以此来补贴家庭开支。

2004年，大女儿出生，给这个大家庭又添一份热闹，2008年，小女儿出生，使这个原本热闹的大家庭更加热闹。随着两个女儿的出生，家庭的一年开支更多。为了养活这个大家庭，周学刚除了努力找活干之外，张玉梅的外婆张娜回、母亲陈娜美干起了自己的老本行，做拉祜族民族服饰。

张玉梅告诉我们，外婆张娜回2010年65岁。1988年，张娜回丈夫也就是张玉梅的外公生病去世。为了养活女儿陈娜美，张娜回到澜沧县城寻找工作，找了几个星期也没有找到，于是外婆便在澜沧县城租了一个小铺子做小买卖，在澜沧县城一共做了四年的小买卖。在做小买卖中，外婆自学学会了做拉祜族民族服饰。于是1993年，便回到班利村开始做拉祜族衣服裤子等传统服饰卖。在做衣服时，张娜回的女儿也就是张玉梅的母亲陈娜美在旁边帮忙，帮着帮着也学会了做传统衣服。于是，两个人干脆就一起做起了拉祜族服饰店。在我们问道能不能看看外婆做的拉祜族服饰时，外婆高兴地把我们领到了她做服饰的房间，并拿出了几套拉祜族衣服裤子，向我们展示，并且还让我们各自试穿了一套。

通过外婆张娜回的讲述，我们也了解到，拉祜族服饰的形成与其不断迁徙的历史密切相关，拉祜族的传统服饰崇尚黑色，与澜沧其他民族如傣族、哈尼族、彝族等亚热带地区民族的服装风格有所不同，仍保留着南迁以前北方民族服饰的一些特点。[①] 此外，拉祜族的服饰美观、宽松、大方，极富民族特色。拉祜族男人多数穿黑色或蓝色无领对襟短衣，青年人还要配上一件黑面白里的褂子。年纪大一些的男人，都穿无领开襟短衫，老幼都穿裤管很大的斜拼裆长裤。成年男子往往还要佩戴一个烟盒和烟锅，身挂一把长刀。拉祜族妇女服装具有青藏高原妇女服装的特点，多穿黑布开襟长衣，衫长到脚面，开叉至腰部，衣领和开叉处都镶绣彩色花边和银泡，缀有银泡装饰，喜欢用红色或白色花边镶缀在袖口、襟边，显得光艳美丽，下穿长裤。每逢喜庆日子，拉祜族女性特别是青年妇女，都要身着用银制品装饰的盛装，带上耳坠耳环，脖系项圈，头缠包头聚集在一起，这时到处是银光闪烁，美丽动人的景象。“背袋”既是拉祜族的生产生活用品，也是男女共同喜爱的服饰之一。无论走到哪里，拉祜人都会挎一个背袋，装上生产、生活必需品。拉祜背袋的装饰，有的用小块花色布组成几何图案，有的用银泡或绒丝线制作，色彩鲜艳，美观大方，多数由美丽的拉祜女手工制作而成。外婆告诉我们，在糯福、东回一带拉祜族的背袋是用红、白、黑等多色线织成，并缀有贝壳和数个线穗和绒球。拉祜族妇女头上常裹一条4米长的黑色头巾，末端长长

---

① 据史料记载，拉祜族源于羌人族系，先秦时期就由甘青高原往南迁移，约在春秋战国时期由川西迁入云南。公元10世纪以后，拉祜族祖先从大理、楚雄一带分东西两路南迁，东路拉祜西顺哀牢山西侧和无量山东侧南下；西路拉祜纳经弥渡、巍山，渡澜沧江到达今临沧，然后迁到澜沧、勐海一带，逐步形成了今天的分布格局。

的垂及腰际。姑娘的头巾有多种裹法，且十分讲究。在歌舞之中找恋人时，小伙子爱上哪个姑娘，便借机抢走她的头巾，姑娘若心里愿意便不索回，还会以绣制的帽子和精美的挎包相赠。若姑娘不喜欢这个小伙子，就会竭力抢回头巾，以示拒绝。拉祜族妇女喜欢佩戴银质耳环和手镯等饰物。拉祜族男子头裹黑色头巾或戴帽子。帽子是用6~8片三角形的蓝、白色布缝制而成。帽子的边口缝有一条蓝布边，顶端缀一条约半尺长的各种颜色的线穗。现在，有不少人戴便帽。

外婆接着告诉我们，在做衣服时，会在衣服上绣上一些花纹图案，有拉祜语称之为“哈克布”的月亮花、太阳花、蚂蚁上树花、扁担花等等。太阳花和月亮花在拉祜族人民心中代表幸福与光明。这些花纹常用来装饰大口裤的脚边，还有一种用色布拼成的三角形图案常以二方连续的形式镶嵌于长袍的襟边和护腿套上，非常具有民族特点，拉祜语称其为“卡巴”，译为汉语叫作“箭篾花”，是弩箭箭尾形状的写实图案，象征着猎手们的箭瞄得准、射得远。在襟边，紧靠“卡巴”的两侧，有数条色布拼成的条形图案，拉祜人认为，那道道色布记录下来的是猎物行走的每一条路线，沿着这些路线前进，人们就会猎获不计其数的猎物。在拉祜族长期的游猎生活中，狗发挥了无可替代的作用，促使人们对它产生了一种特殊的情感，为了保护狗，人们想出了许多不吃狗肉的传说与禁忌，而犬齿图案也悄然出现在服饰中，并且成为一种最具代表性的民族纹样。透过外婆给我们展示的这些花纹图案，我们不难看到，狩猎在拉祜族生产生活中曾有过怎样重要的地位，以至于直到今天，狩猎生活的印记还深深地烙在他们的服饰中，成为一种永不磨灭的回忆在本民族中流传。当然，善猎也为他们赢得了“猎虎民族”这样一个勇敢者的称号。

外婆告诉我们，以前做拉祜族服饰时，需要的布料大部分是靠自己种麻纺线解决，少量是依靠与其他民族进行交换解决。麻的加工较为复杂，有剥麻、撕麻、搓纺、漂白、拉直等工序。60年代以后，棉布普及，麻布的生产越来越少，现在做服饰需要的布料都能去商店买到，再也不需要用麻纺线。现在做一套衣服，成本一般需要100多元，卖的话便宜的200多元，贵的能卖到500多元，一般是附近村寨的乡亲来买，但有时候也有其他地方的比如演出队来买拉祜族衣服。一年，外婆能做八九十套衣服，大概能挣到七八千元，在家庭和收入中，占了很大的比重。

通过进一步访谈我们了解到，周学刚岳父岳母的经历。岳母陈娜美2010年48岁，岳父李扎波2010年47岁。李扎波为陈娜美第二任丈夫，陈娜美跟前夫结婚生活的时间里，感情不和，经常被前夫欺负，最后忍受不了前夫，终于离婚。离婚后，家庭中没有了男性劳动力，很多农活都需要别人来帮忙，这个时候，李扎波经常过来无偿帮助陈娜美，渐渐的，陈娜美逐渐接受了李扎波，和李扎波组成了一个新的家庭。李扎波入赘陈娜美家，照顾陈娜美母亲和女儿，结婚后，陈娜美依旧跟母亲做衣服，李扎波去农田干农活，开始维持这个家庭的运转。到2003年，周学刚入赘之后，压在李扎波身上的担子才减轻了不少，家庭主要的负担逐渐过渡到周学刚身上。

表2-12　2009年周学刚全家收入及其来源情况表　单位：元

职业	收入	职业	收入
种植业	5000	本乡镇就业工资	10000
渔业	0	外出打工	0
家庭手工业	8000	运输业	0
畜牧业	0	政府补贴和社会救济	300
养殖业	3000	出租草场耕地房屋等	0
旅游业	0	其他经营收入	0

从表2-12中我们可以看出，家庭手工业、种植业和本乡镇就业工资构成了周学刚全家的收入来源，一年下来，接近3万元，在班利村属于中等收入。对周学刚2009年全家支出情况调查，我们得到了表2-13：

表2-13　2009年周学刚全家支出情况表　单位：元

总支出	生产性	衣服	食品	看病	教育	娱乐	红白喜事	交通	通信	住房
23000	11000	1000	3000	2000	1000	1000	1500	1000	1000	500

从表2-13来看，周学刚一家一年支出最多的是生产性支出，占了47.8%，包括购买化肥、种子、手工业原材料等，食品和看病支出比重也比较高。每年周学刚一家能够结余3000余元，在班利村中，属于中等偏下。

表 2－14　　周学刚家耐用消费品情况表　　单位：个

项目	个数	项目	个数
电视机	1	农用车（拖拉机）	1
电冰箱	1	卡车	0
洗衣机	1	小轿车	0
照相机	0	电话	1
影碟机	1	组合音响	0
电动车	0	手机	3
摩托车	1	自行车	0

从表 2－14 中可以看出，周学刚一家电器像电视机、电冰箱、洗衣机都有，在班利村中算是比较齐全的家庭了。

当我问周学刚现在有什么困难时，他叹了口气说道，现在的困难主要有三个：一是云南这边的雨季太长，一到雨季对于我们建筑工人来说就是噩梦，雨季中没法建房子，就没有活路可做，也就没有了经济收入，一年下来也就能干五六个月，剩下的时间只能闲着，没有稳定的工作可做是第一大困难。二是这么一大家子，一年的各项支出是一大笔费用，一年大概是两万多，而一年拼命挣的钱差不多也就两万多，所以没有什么结余。而随着两个女儿的长大，用在两个女儿身上的钱肯定又是一大笔，家庭负担重，光靠自己建房子、岳父务农、外婆和岳母手工业挣的钱肯定是不够的。如何养活这么一大家子，是一个很大的困难。三是自己患有白癜风①，第一是担心自己能不能医好，第二是不知道两个女儿有没有遗传白癜风，担心两个女儿以后会怎么样，所以白癜风病是这一家的不定时炸弹。

① 白癜风（vitiligo）是一种常见多发的色素性皮肤病。该病以局部或泛发性色素脱失形成白斑为特征，是一种获得性局限性或泛发性皮肤色素脱失症，是一影响美容的常见皮肤病，易诊断，治疗难。中医医学称之为“白癜风”或“白驳风”。白癜风是后天性因皮肤色素脱失而发生的局限性白色斑片，使得局部皮肤呈白斑样。医学上通常把这种病变叫色素脱失。此病世界各地均有发生，印度发病率最高，我国约有万人发病，可以累及所有种族，男女发病无显著差别。

对于今后的计划或者打算，周学刚告诉我们：没有什么大的打算，就是想方设法的多挣钱，如果接下来一两年在家里挣钱还是很少的话，可能会和妻子一起出门打工，让岳父岳母帮忙照顾孩子，然后送两个女儿上学，争取能上大学。至于更长远的计划，就是等两个女儿长大后，让其中一个女儿招一个上门女婿来维持这个家庭。那个时候，就不用自己操心了，自己也能好好享受一下天伦之乐了，更远的事情，就交给女儿和女婿了。

看着其乐融融的一大家，听着周学刚的长远打算，从心底感受到这是乐观向上的一家人，真心祝福他们全家幸福。

（四）尊知重教的李文家

今天不是周末，村民们在家的可能性很小，但是心里怀揣着访谈的任务，不出去碰点运气实在是不甘心，所以和队员江哥在吃完早饭后，另辟蹊径，朝着一条以前从未走过的乡间小道迈去。道路泥泞，刚下过雨的地面很难走，好不容易遇到一户有人在的村户，进去一问，不懂汉语。没办法，今天出门没有翻译，只能继续寻找合适的访谈对象。在我和江哥徘徊着要不要继续另辟蹊径的时候，隐约听到路旁的房子里有谈话的声音，我和江哥对视一笑，“有戏”。

聊天的是一对男女，开始我们以为是夫妻，特高兴，因为很多家庭里的男主人都能够勉强听说汉语，后来指手画脚说了半天，才发现原来那位男性村民是邻居，不太会说汉语。这家的女主人可能知道我们是村里做调研的大学生，特别热情，又是搬凳子又是倒水的，搞得我们也不好意思马上就走。没坐几分钟，女主人比画着就离开了，大概过了十几分钟才回来，搞得我们很迷茫，后来才发现，她是去地里叫她男人回家协助我们工作来了，因为男主人是他们家唯一会说汉语的人。我们顿时觉得特别感动和惭愧，心想，这么善良的村民，一定要好好挖掘他们的故事。

男主人名叫李文，瘦瘦的个子，看起来就是一个特别勤劳和精干的人。只是小学毕业，文化不高，却是组里的会计，帮着村委干活。李文和妻子认识，是在村里集体看电视的时候。那个时候电视在村里是稀罕的东西，拥有者寥寥无几，想过一把电视瘾，大家只能搬着板凳去有电视的人家，同去的次数多了，两人就熟稔了起来。两人结婚的时间是2000年，十年过去了，伴随着岁月的流逝，他们的家也一步一步的发展了起来。刚结婚的时候，李文家没有独立的房子，跟着岳父岳母住，岳父母家里有一个妹妹和两个姐姐，七个人住在面积有限的空间里，非常拥挤，但是当时的经济条件并不允许李文两口子出来单过。家里的小女儿李三妹是2002年出生的，为了给小孩一个好的生活环境，两人在2003年筹划着建了一座茅草房，正式从父母家分家出来独立。刚建好的房子，没有片瓦，是自己砍竹子并在家里人的帮助下盖起来的。家里没有米，没有碗，没有锅，没有任何家具。而那时还没有到收成的季节，没有收入来源，李文就出去给邻村的农户家干活，每天赚取20元的劳工费，每天节省下来，给家里添置点必需品。那时，自己的地加上两家父母给的地，李文一家总共有了9亩地，也算是达到了每人3亩地的平均水平。从此，李文一家的新生活开始了。

刚生小孩的时候，家里度过了一段非常艰苦的时期。小三妹因为妈妈要下地干农活，断奶特别早，所以导致营养不良，身体一直不好，到了两岁的时候不见好转，只能去医院就医。那个时候，医疗费对于李文家来说真的是一笔额外的巨款，为了支付费用，不得不把家里的牛卖了。在村里，卖牛是一件非常重大的事，因为都是靠农活养家，没有了牛就意味着家里的地都要靠人工，就算是把身体累垮了，也不见得有多大的收成。而李文当时就算是把牛卖了，也不够付5000元的医疗费，只能再找亲戚朋友借。这时候，屋漏偏逢连夜雨，妻子的身体也出了状况，得了气管炎。总之，妻女的身体问题给当时刚刚独立出来的李文家带来了非常重大的打击。但是，李文说，当时的他只是觉得很困难，没有丝毫灰心与绝望。他认为自己和妻子还年轻，还有很多奋斗的年头，现在遇到困境没有什么好诧异的。他还说，现在最开心的就是女儿从那以后，身体好了不少，以前经常生病，现在非常健康，钱花的值。

说起女儿，李文特别有神采。现在女儿七岁，正读小学，特别爱学习。李文说，自己当初小学毕业就没读了，并不是因为自己不想读或者成绩不好，完全是由于家里条件不允许，现在虽然家里条件仍然困难，但是只要有一丝机会，就要让女儿接受尽量多的教育。在家里没事的时候，李文最喜欢做的事情就是陪女儿做作业。他现在的水平，还能给女儿辅导，帮女儿认认字，算数学。说着说着，李文还特意把三妹的作业本拿了出来让我们看。那应该是李三妹的家庭作业本，上面李三妹的作业做得非常认真，字写得很工整，上面每页纸都有老师的评语，三妹的本子上最多的就是大大的红优。李文说，女儿每天都会自觉地学习，一天至少看两次书，预习和复习功课。他对女儿在学习上的期望非常大，希望女儿将来能去澜沧小学读书，之后能留在城里的好学校里受教育，以后不要像父母一样，只能一辈子留在农村干农活。

在李文家里，二人对女儿的态度可以说是相当宠爱。女儿每天上学前，会给2元零花钱。当时我们觉得很惊讶，以李文家里的条件，每天给女儿2元的零花钱，可以说是家里一笔很大的花销了，他们真的很舍得。李文说，主要还是怕女儿在学校受委屈，小朋友都有零花钱，不给或给少了，女儿肯定会生活得不开心，自己和妻子省点没关系。2010年女儿过生日，李文夫妻还特意花了50元买了一个大蛋糕，叫了三妹的哥哥妹妹，一起庆祝生日。另外还花了150元给三妹买了新衣服新裤子。这200元本来是家里唯一的存款，是专门为三妹第二年读书准备的，可是夫妻俩想着这么多年，也没给小三妹正经的庆贺过，这次就大方点，读书的钱再存。李文说，女儿特别喜欢跳舞，每次学校有表演，都会参加。可能是爸爸平时和三妹交流得更多，女儿和爸爸的关系特别亲，平时不上课的时候，李文喜欢带着三妹去地里干活。他不舍得女儿下地，便要女儿在旁边的田野里自己玩，三妹也特别乖，爸爸干农活的时候，就自己一个人在田埂上，也不跑远让爸爸担心。

李文说，家里的经济条件是从2009年才开始真正好转的，主要是家里的甘蔗大丰收，卖了好价钱。

表2-15　　**2009年李文全家收入的来源情况调查表**　　单位：元

职业	收入	职业	收入
种植业	20000	本乡镇就业工资	0
渔业	0	外出打工	0
家庭手工业	0	运输业	0
畜牧业	0	政府补贴和社会救济	3000
养殖业	2150	出租草场耕地房屋等	0
旅游业	0	其他经营收入	0

从表2-15可以看出，李文一家在2009年总共收入有25150元，这只是

粗略估计，如果算上李文和妻子偶尔外出务农赚的钱，就要在其他经营收入一栏里加上一个数字。由于据李文介绍，在2009年，和妻子出去的非常少，收入可以忽略不计，他自己也记不清到底是几十元了，所以就没有显示出来。

结合表2-16中李文一家在2009年的农作物、牲畜、家禽情况，我们可以更清楚地了解到李文家的具体收入来源。

表2-16 **2009年李文一家农作物、牲畜、家禽情况表** 单位：元

种类	亩数	折算价值	种类	亩数	折算价值	种类	亩数	折算价值
玉米	3	4000	瓜果	0	0	羊	0	0
麦类	0	0	花草	0	0	牛	0	0
薯类	0	0	烟草	0	0	马	0	0
棉花	0	0	油料	0.1	350	驴	0	0
蔬菜	0	0	糖茶	3	4600	猪	3	1400
水稻	1	1200	桑麻	0	0	禽类	52	400
大豆	0	0	药材	0	0	其他	0	2400

通过表2-15、2-16可以看出，李文家的收入主要集中在种植业，而种植业中，又主要是靠种甘蔗和稻谷。班利村这两年主要的经济收入都是靠种植甘蔗，很多村民家里生活改善都源于甘蔗的收成好，能卖个好价钱。表2-16中的糖茶项目主要就是指的甘蔗。李文家的养殖业主要是养猪和养鸡，他家养了3头猪，50多只鸡，其中有20多只还只是小鸡。这样的规模，在农村不算大，李文说，他和妻子本意是想多养点，可是家里只有两个劳动力，平时要照顾田里，家里顾不过来，女儿还小，所以扩大养殖的设想只能等几年之后了。油料作物，指的是李文家的花生，种的不多，主要是自己家里的人吃，不能算是收入来源之一。表2-16中的最后一项——其他，是我们自己加上去的，因为除提供的选项，李文家里还种了旱稻，总共两亩地，不大不小，但是也给家里带来了收入。就在我们去李文家里做访谈的当天，李嫂子没下地的原因就是要在家里晒谷子，把稻谷铺散在平地上晒干，以防潮湿长虫子。

李文家现在住的砖瓦房是2009年新修的，主要居住面积大概有80平方

米。李文说，自己更喜欢村里传统的吊脚木材房，但是现在村里、附近木材紧张，很难买到合适又不贵的木材，只能新盖砖瓦房了。李文的这个想法和班利村的大部分人都不同，村里的人有了钱，就想给家里新盖砖瓦房，放弃木材房。然而李文却觉得，住木房子才更方便，对于他来说，修砖瓦房后，还得另花钱盖牲畜住的偏房，而住木房的话，就不用了（当地的建筑风格是，房子不是平地而起，房子下面有较大的由木柱撑起来的空间，一般用来储存物品和饲养牲畜）。新建房子，是李文一家在2009年花销最大的一个项目，花费了36000元。虽然要借上一大笔，但是李文相信按照现在的势头发展下去，自己家的情况会越来越好，肯定能还上借款。家里之前的茅草房住起来太不方便和安全了，换成砖瓦房之后，家里的生活环境好了很多。为了给妻子和女儿创造好的环境，李文算是绞尽脑汁。刚修好新房的时候，家里没有什么家具，为了让家里更有生气，李文特地猜想着妻子和女儿的喜好在圣诞节的时候买回了宣传画贴在墙上。说到这的时候，李文还不太好意思地望了眼坐在旁边的妻子和女儿。感受着一家人之间温馨的气流，心中一股暖流淌过，无比安宁和开心。

表2-17　**2009年李文一家支出情况表**　单位：元

总支出	生产性	衣服	食品	医疗	教育	娱乐	红白喜事	交通	通信	住房
51170	7600	1000	2500	320	150	100	3000	500	0	36000

李文家另外一笔较大的开支，是生产性支出，李文家主要是用来购买肥料、农药和种子。据班利村民介绍，虽然每年收成的季节能收入一笔钱，但是去除掉之前的开支，其实最后就所剩无几了，大家很难有储蓄，都只能过一年算一年。这样年复一年下来，村民们只能期望农作物卖出的价格多长点，肥料农药再便宜点，致富的希望是不大了，至少能保证家里的条件会越来越好。

乡下的村民很少买衣服，李文家也不例外。一年到头，不到必需的时候，是不会添置新衣的。2010年家里买衣服最多的要算小三妹了，李文和妻子2010年也添置了两套衣服。李文说，这一来，近两年夫妻两个不出意外情况是不会买新衣了。

家里的医疗费，主要还是李嫂子的气管炎，间歇性地发作时，便花上几十元买副药暂时吃着，稍微好点了，就不管了。也没问过医生根治需要多少钱，得过且过吧。教育和娱乐费用的支出，主要就是三妹了。现在她是家里唯一的小孩，教育费用还不算贵，家里还能支付。李文说等过两年家里条件好点了，还想要个小孩给三妹做伴，将来两人老了，也多一个依靠。

就调查问卷的显示来看，李文家的基本条件比上不足比下有余。

表 2－18　　2009 年李文家家庭耐用消费品情况表

项目	个数	项目	个数
电视机	1	农用车（拖拉机）	0
电冰箱	0	卡车	0
洗衣机	0	小轿车	0
照相机	0	电话	0
影碟机	0	组合音响	1
电动车	0	手机	0
摩托车	1	自行车	0

相对班利村一些村民家在这个表中全填零的情况来看，李文家确实可以算比上不足比下有余。有电视机、影碟机，还有摩托车，只要再加上一辆拖拉机，就很不错了。李文说，他们家 2010 年的奋斗目标之一就是给家里添置一辆拖拉机，这样一来，运甘蔗、稻谷就方便多了，自己也可以轻松不少。

李文有哥哥、姐姐、弟弟各一个，李文家现在算是经济条件最好的一个了。问他原因，他的回答很坦然："因为我学了技术和知识。"李文头脑很灵活，他种甘蔗讲究种植技术。问他的知识从哪学来的，他马上从柜子里拿出一本农村百事通来。这是一本专门为从事农业的人定制的书籍，他说村里能读这本书、愿意读这本书的非常少。自己虽然是小学水平，有些地方都看不懂，但是他自从村里免费提供这本书起就一直坚持看。里面会告诉村民怎么种甘蔗、怎么种水稻，怎么施肥配农药，怎么处理一些基本的农业问题，他从上面学了很多东西，所以他种的甘蔗和稻谷的产量比村里的其他人要高。自己的兄弟虽然也读过书，但是他们不愿意花精力看这些。李文说，做任何事，掌握了知识和技术，效果会更好，自己一直坚信这点，所以他自己坚持不断学习，也要求女儿不断学习。

结束采访的第二天，我们在村主任家吃饭的时候又见到了李文。原来是村长请他来帮忙招待客人的，因为当时对李文家的事很感兴趣，所以就和村主任多聊了会李文。村主任说之所以请李文来帮忙，是因为他平时就很勤快，做事踏实，找他帮忙很放心，而且李文还能做一手好菜，李文自己也很乐于帮助其他的人。李文在组里当了三年的保管员，2010 年开始做会计，也是得于村民们的信任和认可。

李文为了改善家里的条件，也曾试着出去打工。在 2006 年的时候去了姐姐打工所在地广东，待了半年，每天挣 100 元，比在家时的收入高多了。后来考虑到老婆一个人在家带孩子做农活太辛苦了，不得已只能回来照顾家里。半年时间他挣了 5000 多元，除去吃饭的费用，他给姐姐留下一笔钱，自己带着 2000 元就回家了。他说，有家的人，在外面跑总是不放心。在农村虽然收入少，生活苦，但是安心、开心，看着妻子和女儿高高兴兴的，就满足了。

李文是我在班利村见到的唯一坚持不断学习的成年人，他没有因为自己的基础差，年龄越来越大而放弃，这种远见和毅力打动了我们，相信在他的带领下，李文一家肯定能越来越好！

（五）乐观有担当的中等户李小兰家

李小兰，女，30 岁，拉祜族，小学四年级文化程度，信仰基督教。有两个妹妹，幼年时有一个哥哥，但不幸早夭。家里有 5 口人，分别是自己的父母、自己的丈夫和孩子。虽然李小兰家里的生活水平不是很好，但她依然对生活充满了信心，以乐观的态度来面对困难，为这个家庭不断操劳着。

李小兰小的时候，就随父亲在寨子里收牛，将收到的牛再拉到县城贩卖。她十四五岁时，就开始在家里的 15 亩的甘蔗地里劳作，帮助家人种植甘蔗。1994 年，完小四年级后辍学的李小兰第一次来到了昆明，在昆明民俗村开始了自己的第一份工作——跳拉祜族传统的摆舞。据李小兰自己介绍，在昆明民俗村，她深深感觉到了城市生活的优越。在昆明民俗村，李小兰每天的工作时间是从早上 9 点 30 分到下午 4 点 30 分，其中有 1 ~ 2 小时的休息时间。每天跳舞 5 ~ 6 场，每场舞的时间是 1 小时。虽然民俗村的经历使李小兰增长了见识，开阔了视野，但是每月 300 元的收入依旧入不敷出。在一年后的

1995年，李小兰回到家中，继续帮助家人干农活。

在1997年的圣诞节，李小兰经人介绍与现在的丈夫结识，并于次年结婚。婚后，尤其是在1999年儿子出生后，李小兰便不再外出打工，而是在家里做活，以此来支撑这个家庭。现在，李小兰一家的收入主要来自于甘蔗、糖茶这些经济作物的种植收入以及养猪的收入。此外，李小兰的丈夫每年在县建筑队打零工也能给家里带来1000～2000元的收入。除了经济作物的种植和打零工的收入外，李小兰的母亲也在农闲时做一些像拉祜族的小包等传统工艺品来补贴家用。但这些工艺品的数量较少，带来的收入很少。

表2－19　**2009年家庭收入来源情况**　单位：元

职业	收入	职业	收入
种植业	20000	本乡镇就业工资	0
渔业	0	外出打工	1000～2000
家庭手工业	0	运输业	0
畜牧业	0	政府补贴和社会救济	0
养殖业	7000～8000	出租草场耕地房屋等	0
旅游业	0	其他经营性收入	0

表2－20　**2009年农作物、家禽、牲畜情况**

种类	亩数	种类	个数
水稻	2（自用）	牛	2
甘蔗	8	猪	11
糖茶	5		

虽然李小兰的家庭收入较低，但家庭的开支较大。主要是以下原因：

第一，靠天吃饭，对自然灾害的抵御能力差。李小兰家的15亩农田的灌溉用水主要来自自然降水，对自然灾害的抵御能力差。特别是最近几年干旱频发，使得李小兰家的经济作物受到较大损失。

第二，劳动力和土地缺少。李小兰家有5口人，但因为孩子只有10岁且父母患有慢性病，家中的主要劳动力只有李小兰夫妇两人。而且李小兰家承包的土地只有15亩，土地面积也偏少，制约了经济作物的种植。尤其是2007年以后，每斤糖茶的价格一直在20元以上，特别是2007年达到了每斤60元，但由于土地面积的制约，使得糖茶的大规模种植无法开展，进一步增收较为困难。

第三，家庭成员的开支较大。由于李小兰的哥哥因为离婚而外出打工，不再赡养父母。李小兰便照顾起两位老人的起居。两位老人因为患有慢性病，每年4000~5000元的医药费就由李小兰负担。

除了父母的医药费，较大的红白喜事开支对于这个家庭来说也是一个不小的负担。2009年，李小兰家的收入只有27000元，但红白喜事开支却至少有2000元。

表2-21　　2009年家庭支出情况　　单位：元

总支出	生产性	衣服	食品	看病	教育	娱乐	红白喜事	交通	通信	住房
97770	4000	2000	8000	1000	800	0	2000	800	600	80000

虽然眼前的生活较为艰难，从李小兰的身上，我们依旧能感受到一种平和、乐观的精神。说起未来的规划，她告诉我，因为近几年村子的旅游业逐步兴旺，她想借着这股东风，在村里做一些水果生意。如果贷款能尽快还清的话，她想去澜沧地区承包土地种茶，扩大经济作物的种植规模。对自己的孩子，和天下所有的母亲一样，她愿意为了自己的孩子而出外打拼。最近的安排，她想在孩子小学毕业后，把孩子送到澜沧上初中，接受更好的教育。

（六）知足常乐的李老四家

班利村的气候与昆明一样，四季如春，由于其地处山区，种植面积广，所以有时候比昆明还要凉爽一些。白天，村民们大都去地里劳作，太阳温和地照射着村里的家家户户，显示出一片祥和与宁静。偶尔会听到一群叽叽喳喳的小鸡，跟着鸡妈妈在草地觅食，那群可爱的小家伙使你的脚步不自觉地向它们靠拢，甚至有一种想要抱起它们的冲动，但是它们的警觉性很高，在离它们仅一步之遥的时候，鸡妈妈会迅速地抵挡在前面，作为掩护使小鸡们顺利逃脱，这或许就是源自于动物的一种爱的本能的表现。傍晚时候，村民们劳作回来，村里顿时热闹起来，袅袅升起的炊烟，拖拉机、三轮车往来的声音，夹杂着疲惫的牛的叫声，与白天完全是截然不同的景象。

晚饭后，我们调研小组要开始入户访谈工作了，由于村里没有路灯，加之我们不知道所要访谈对象的家庭住址，所以由村主任带领我们走进班利村的雅口组李老四家。班利村除了村主任、副主任、书记等领导干部外，还设有八个小组，分别将村民们划分在这八组里，若是有重要事情，村主任就集中村干部和小组组长交流讨论，再由各小组组长传达给村民们。不到十分钟，我们就来到了这户人家门前。他们住的是由政府资助改造建成的木板房，这种房子的抗震力很强，房屋是用坚实的柱子支撑的，一方面，遭受自然灾害时不易倒塌，同时木板房住着不潮湿。我们四五个人想要迫不及待地进入房屋，可没想到刚上台阶就有狗叫，因为天黑，所以着实把小组成员们吓了一跳。后来，主人家的小孩出来，为我们照亮台阶，看好狗，这才顺利进入屋里。

屋分两间，卧室和客厅，厨房另外。客厅足够宽敞，里面只摆了一套电视音响，茶几也是木质的，卧室仅仅有一张使用很久的床，再没有别的物品。我们小组四处观赏着，只见一个八九岁的小孩跑前跑后为我们准备板凳，给我们倒茶水。或许因为害羞，或许是语言沟通的问题，他一直在微笑着，默默地尽他小地主之谊，为我们忙前忙后的。主任接着解释道，其父马上回来，其母带着妹妹到教堂做礼拜了，一会儿回来，让我们略等几分钟。

过了一会儿，我们小组见到了英俊潇洒的男主人。刚一进门，热情的他就因为孩子没有给我们倒酒而责备孩子，因为在班利村，酒是他们的待客常用品[①]。这是一个由四口人组成的年轻拉祜族家庭。就这样，围着木质的茶几，借着月色和灯光，我们开始了和李老四的访谈。

李老四，35 岁，小学文化，其妻子 33 岁，没有读过书，由于法律允许少数民族生两胎，李老四夫妇有两个孩子，一儿一女，大儿子已经上小学三年级，小女儿 3 岁了，一家四口人均为拉祜族。虽然李老四只有小学三年级的文化水平，但是跟他聊天始终给人一种饱读经书、温文尔雅的感觉。李老四

① 我们小组在此次调研的过程中发现，村里的男女老少都爱吃辣椒、喝酒，这也与他们所在地的气候有关系，因为这里比较潮湿，若是不吃这些东西，身体就会湿寒，这样就容易患有风湿性关节炎等疾病。

告诉我们，由于年幼时，家里人口多，经济条件也不好，到了他入学的年龄时，只能跟随着哥哥姐姐去放牧，帮助家里干一些力所能及的农活。那时候自己也小，父母也是没有念过书的人，所以全家人对读书都不重视。小学三年级时，由于家里的经济条件有限，加之农忙时节，于是在父母的劝说下他放弃了求学道路。此后，便帮助父母放牛、收割庄稼，现在回想起来也颇后悔自己没有继续读下去。他告诉我们，主要也受当时村里的气氛所影响，那个时候像他们这么大的孩子都不读书，所以他也就人云亦云，造成现在的文盲的状态。他的求学道路直接影响了他对自己孩子的教育。他决心让自己的孩子把书读下去，不管家里多苦多穷，一定要让孩子顺利读完，不要让孩子们再延续自己放牛、种地的生活。

正当我们谈得高兴的时候，其妻子领着小女儿回来了。妻子穿着傣族的长裙（因为拉祜族本身的族服非常的厚重，下田劳作很不方便，所以妇女们就选择穿傣族的长裙，既凉快又方便），扎着长长的马尾辫，更加凸显了她苗条的身材。看到他妻子，我们小组成员一致认为这对年轻的夫妻真是郎才女貌，而且还有两个非常漂亮可爱的孩子。我们想要与这位美丽的妻子聊天，可惜她不会说普通话，所以只能由她丈夫做我们之间的翻译了。李老四一家都信仰基督教，当我们问其妻子，认为信教和不信教有什么区别？她告诉我们，这种信仰的东西，仁者见仁，智者见智。她觉得自己没有读过书，每天只能种地、看孩子，觉得人生就这样重复着没有意思，至少该做点自己喜欢做的事情，于是他就选择信教了。信教使她的精神世界更加丰富了，从来不觉得空虚、无聊。星期六他们从田里劳作回来，吃过晚饭后，全家人就去教堂做一个小时的礼拜，做礼拜也就成为他们生活中不可或缺的一部分。我们被他们家这种虔诚的态度所打动，甚至觉得他们比我们更有追求，活得更洒脱一些。

小组成员在屋里的门上把几张奖状细细端详了很久，这个宽敞的客厅，除了那套音响设备外，最引人注目的就是门上贴的几张奖状。李老四告诉我们，这是他大儿子的奖状，他每年考试都会赢得这样的荣誉，而且他是全班前一、二名的学生。说到这里，我们看到这对夫妇难以掩饰的骄傲感和喜悦感。这时，我们也向这个可爱懂事的小家伙投去赞许的目光，并以他为傲。李老四说道，他希望自己的儿子像我们一样，在大城市读书，出去开阔眼界，将来为班利村做出他的贡献。

大儿子在上学，小女儿3岁需要有人照顾，所以家里没有富余的劳动力外出打工以补贴家用，一直以来，耕种庄稼是李老四一家唯一的经济来源。李老四介绍说，家里养了一头牛，那是他们庄稼人的“命根子”，家里并不宽裕，没有多余的钱买拖拉机耕种，所以牛成为他们耕种和收割的重要工具。每天晚上一听到牛有动静，李老四就起来看看，有时候要起四五回，担心牛丢了，这也是他们养狗的目的。他还养了两头猪和十几只鸡，这些基本可以满足他们家的食用需求。李老四谈到，在家庭年收入方面，每年会涨一点儿，相比前几年生活也宽裕了不少。2011年一年的总收入是12000元，这都是种地的收入。在开支方面，全家2011年在生产性支出、衣服、食品、教育、看病、红白喜事、通信等方面的支出，总计是10000元（见表2-22）。

表2-22　　**2011年支出明细表**

总支出	生产性	衣服	食品	看病	教育	文化娱乐	红白喜事	通信	住房
10000	4500	1000	1400	300	300	700	1000	800	0

不难看出，李老四一家最重要的支出是生产性方面的，占到总支出的45%。由于国家实施了义务教育政策，所以在教育方面的支出就少一些，大儿子学费、书费不收，自己只买笔、书包等学习用具，而且学校每天还会给他们发鸡蛋吃。在生产性支出方面比较多，主要用来买农药、肥料、种子等。2011年李老四一家在住房方面没有花费，现在住的木房子是2010年由政府资助10000元盖起的。他们用的水是引自山泉水，纯净又健康。这里没有煤烧，做饭用的是木柴和沼气，李老四介绍道，因为每家每户饲养的牲畜比较多，所以用沼气很方便，而且很环保。在看病方面，他们四口人非常健康，基本没有大的开销，村里的医院无论是打针还是输液都比较便宜，加上国家政策好，看病给报销，这也大大减少了他们在这方面的花费。但是李老四又说道，虽然国家给报销医药费，但是过程比较缓慢，程序比较复杂，对于不识字的村民报销就更加困难。他希望医药报销方面有所简化，不要让老百姓等太长时间。

在谈及拉祜族文化的时候，他们一家都相视而笑。在我们小组熟悉班利村的时候就知道这里是摆舞之乡，男女老少都会跳摆舞。这些舞蹈都是他们自己编排的，根据饮食、节气、生活等编排出各种各样优美的姿势。政府还经常邀请班利村的村民到乡里、县里、市里等其他地方进行演出。据介绍，村里的孩子们六七岁的时候，就能够跳摆舞了。他们耳濡目染，在音乐和舞蹈的熏陶里，这群可爱的孩子们更多了几分天真和可爱。当我们小组的目光都集中在墙角那些吉他时，李老四马上意会。他说，在大家农闲的时候，三五个人会结伴到他家来练习舞蹈，唱歌，大家在一起很开心。当问及他是否会吹葫芦丝时，他摇摇头，不好意思地笑了。我们小组成员将一把吉他递给李老四，李老四很大方地给我们弹起了吉他，唱起了拉祜族的歌曲。他们的歌曲大都是自己编写的，吉他也是他们自学的，歌声优美动听，我们认为要比现在流行的歌曲更能唱出人的心境，更耐人寻味。当我们被这优美的歌声所吸引的时候，他妻子居然悄无声息地将一箱啤酒放到我们跟前。小组成员惊奇地看着她，这位美丽的年轻妈妈用她的拉祜语说道，这样的情景不能没有酒的，为了高兴，我们一起喝一杯。面对这样的盛情，我们没有任何推辞的理由，个个举起酒杯，跟着他们唱起祝酒歌，并将酒一饮而尽。

伴随着歌声我们的访谈也就接近尾声了，我们小组又问了最后一个问题，即夫妻二人还年轻，是否考虑出去打工以多挣一些钱？让生活过得更加宽裕一些。李老四给了我们这样的回答："我们没有要出去打工的想法，现在我们通过种地赚的钱足够一家四口的花销，我们对于这样的生活很满足。每天日出而作，日落而息，农忙的时候大家互相帮忙，隔三岔五地到彼此家里喝喝酒聊聊天，星期天跳跳舞，到教堂做做礼拜。我们一家四口很开心，我们不需要一些奢华的东西，只希望平安快乐就行。"听完这一席话，我们顿时有一种大彻大悟的感觉。所谓的"知足者常乐"应该就是这样的境界吧。

似乎还有很多话要说，但是天色已晚，我们对于这样的夜间打扰深感抱歉，到最后主人依然热情地将我们送出家门。走在回去的路上，看见村里星星点点的灯光以及天空明亮的星星，我们虽然疲惫但很开心。就像李老四所说的一样，一家人开心快乐就好，切勿追求太多的物质生活，只要精神世界足够丰富，即便住在茅草屋也是幸福的。祝福李老四一家，祝福所有班利村的村民，愿他们生活幸福快乐。

十三、贫困户

（一）两个女儿被拐走的罗又那家

罗又那是班利九组的村民。九组组长带我们去他们组寻访贫困户，第一家去的便是罗又那家。去他们家的路上，我们问组长原因，组长只是简单地告诉我们其实他们组跟他们家情况差不多的还有几家，之所以第一家选择去罗又那家里，是因为他们家情况比较特殊。因为时间的关系，我们也没有再向组长细问，只是跟着组长一直走。到了以后发现，罗又那家的情况比我们想象还要糟，一大家人只能挤在一间小屋子里，屋子很黑，除了两张床和两件做饭的炊具，没有什么其他的东西了。刚去他们家里的时候，虽然天已经黑了，但罗又那去地里还没有回来，只有妻子罗红梅在家里做饭，见到我们，罗红梅老人有些不好意思，但还是很热情地招呼我们坐下，给我们倒水，放下手中的活来配合我们了解一些他们家里的情况。

罗又那家的情况很特殊，家里一共五口人，夫妻俩和三个小孩。这样一个家庭结构让我们很好奇，两个老人带着三个小孩，交谈中罗红梅老人没有提到自己的子女，给我们的第一感觉就是这个家里肯定出过什么事情。进一步了解后我们慢慢发现了他们家家庭结构如此奇怪的原因。罗又那家本来有两个女儿的，但是两个女儿却先后被拐卖出去了，前些年一直是两位老人自己生活，不知道什么原因，失踪多年的两个女儿又先后回来了，而且还带来了三个孩子。两位老人本来以为可以一家团聚，好好的过日子的，但现实却远没有两位老人想的那么简单。两个女儿回来后都是没过多长时间就留下孩子自己走了，从此杳无音信，剩下两个老人和三个孩子组成了这个奇怪的家庭结构。在罗又那现在的这个家庭里，罗又那 57 岁，妻子罗红梅 56 岁，两人都是文盲，结婚 39 年；大外孙罗利星 2010 年 15 岁，在乡中学念初一，2002 年被罗又那的大女儿送回来跟外公外婆一起生活；第二外孙李成虎 2010 年 8 岁，在村子的小学里上三年级；小外孙李成星 2010 年才 5 岁，李成虎跟李成星是罗又那小女儿的孩子，2006 年被小女儿送回来跟外公外婆一起生活。

和罗红梅交谈一会之后，罗又那从地里回来了。虽然罗又那年纪还不到

60岁，但看上去却比实际年龄要大很多，也许是经历的事情太多，压力让他看上去要老很多。三个在外边玩耍的孩子看见我们，也跑回家来坐在周围。大孙子罗利星很腼腆，但却有着同龄人没有的那种成熟，也一直帮着我们翻译，把他了解的情况告诉我们。两个小点的孩子一直嬉笑打闹，这个年纪的孩子确实不应该被这个家庭的情况所影响，快快乐乐才是他们应该做的。罗又那回家坐下以后，边跟我们交流边抽着当地特有的水烟筒。刚跟我们交谈的时候，罗又那很激动地想要表达自己的家庭情况，但是由于语言的障碍，表达得又不是特别清楚，我们听得也不是特别清楚，但是大概意思能知道，他想说他们家情况很特殊，家里需要帮助，现在家里吃的都已经不够了。交谈的过程中，周围的邻居也慢慢围过来和我们一起讨论，虽然他们的语言我们没法听懂，但是能感觉出来村民对他们家的情况很关心，也希望有人能够帮助他们家。

通过两个老人的讲述和周围邻居的帮忙，我们很快便了解了他们家的情况。罗又那和罗红梅是39年前结的婚，结婚四年以后有了第一个女儿，跟着过了两年，第二个女儿也出世了，那时候虽然家里的经济条件不是特别好，但是一家四口也生活得非常幸福。家庭的转折点发生在1991年，那一年15岁的大女儿被人拐走了。当时女儿被拐走以后，家里很着急，四处寻找，为了寻找女儿的下落，家里花光了所有钱，并且欠下了高利贷。罗又那告诉我们，当时寻找大女儿花了8000元。8000元对于20世纪90年代初的农村来说无疑是一个天文数字，但是为了能找到女儿，家里还是尽了最大的努力，精力和财物都花了，大女儿最后也没有找到。寻找大女儿那段时间，家里不仅丢下了田地的农活，还向很多人借了钱，让这个原本条件就不好的家庭变得更加困难。寻找女儿不只对家庭的经济影响很大，对小女儿也产生了很大的影响，由于要寻找大女儿的下落而没有时间去照顾小女儿，忽略了对小女儿的关心，让小女儿的心理也发生了很大的变化，大女儿失踪一年后，年仅14岁的小女儿也被拐走了，从此也是杳无音信。这个原本就受到很大打击的家庭更是雪上加霜。小女儿被拐这次，家里没有再去寻找，不是不想，实在没有能力再去寻找了。两个女儿都被拐走了，罗又那夫妻俩很伤心！一个幸福的四口之家只剩下两个老人孤独的生活，这放在哪个家庭都是不小的打击。自从两个女儿被拐走，家里欠下很多债以后，情况就再也没有好过。一方面两个老人觉得生活没有了盼头，另一方面两个老人还必须努力还清之前欠下的债。

2002年，这个原本已经支离破碎的家庭又出现了另外一个变化：大女儿回来了。失踪十年的大女儿突然回来，让两个老人很兴奋，并带回来一个小男孩，也就是大女儿的儿子罗利星。大女儿回来以后自己说去了湖南，嫁给了一个湖南人，但是男人病死了，自己没办法，只能带着儿子回家。两个老人没有任何的怀疑，只要女儿回来就好，不管以前发生什么。罗又那说那段时间家里终于又有了家的感觉。但是好景不长，在家里住了两年的大女儿不知道什么原因又走了，没有留下任何的信息，只留下当时不满十岁的罗利星。大女儿走了没多长时间，小女儿也回来了，而且带来了两个小孩，其中一个不到一岁。小女儿这次回来什么也没说，两个老人也没问。因为有了上次大女儿的打击，两个老人再也不敢有任何的期望了。果然，结局惊人的相似，小女儿在家里没有住上多长时间也走了，也是没有留下任何的信息，只留下那两个孩子。两个女儿的出现又失踪，再次给了这个家庭沉重的一击。但是两个女儿这一次再失踪，给两个老人留下了三个孩子，两个老人至少不用再那么孤独。两个老人带三个孩子，生活确实过得很苦，但三个孩子就是老人的希望。为了三个孩子能感受亲情的温暖和更好的生活，两个快60岁的老人一直在努力。

在访谈的期间，我们看了看他们家的房子，五口人住看起来很拥挤，里边什么值钱的东西都没有，没有任何的电器，外边也很旧。他们家现在住的房子算上外边的休息的地方一共不到70平方米，材料都很老了，只是一个简易的木板房，很简陋。他们家以前的房子是在村头的，但是因为加了三个孩子，房子不够住了，才想办法建起现在这个房子。这个房子是他们家三年前修的，之所以看起来这么旧是因为当时没有能力买材料，只能把原先房子的材料拆下来重新再用一次。盖这个房子没有买材料，也就花了三四千元，但是即使花的钱不多，他们家还是因为盖房子欠了两三千元的债，到现在还有一千多元没有还清。整个家庭孩子还小，只有两个老人算得上是劳动力，再加上都是文盲，没有什么技术，家里的家庭收入一直不好。他们全家一共有16亩土地，其中1亩是水田，其他的都是旱地。也不知道什么原因，家里没有分到林地。家里没有什么像样的工具，他们家耕地主要就是靠牛和人，一头牛和3把锄头就是他们家种地的所有工具。2009年罗又那全家的家庭收入只有6000元左右，主要还是种植业，2009年种植业的收入为4000元，占了整个家庭收入的2/3，其中种了3亩甘蔗，最后砍了10吨，收入2000元；种了3亩花生，收入1000元；种了2亩黄豆，收入1000元；只种了2亩玉米，但是玉米地收成不好，2009年只有400斤，自家养猪养鸡使用。罗红梅会一点做衣服的手艺，每年帮人家做衣服可以有500元左右的收入，每年给别人家里打零工也可以有500元收入。另外，2009年他们家养了1头猪，最后卖了500元，接受政府的补助700元，这就是他们家2009年全年的收入情况。一个五口人的家庭，一年的收入才6000元，生活肯定会过得很拮据。在支出方面，2009年他们家的生产性支出大概是2000元，衣服支出500元，食品支出1000元，看病支出400元，教育费用为1000元，娱乐、交通、通信的费用一共加起来是300元，为现在的房子打地板花了3000元，2009年总的支出为8200元，支出是高于他们家收入的。如果将修房子看成特殊情况，他们家的收入和支出也只是刚好能持平，没有任何的结余，这就不难理解他们说修房子的钱都是向别人借的了，以他们家的经济状况，要想存点钱也是不太现实的。这样一个收入在村子里肯定算是比较困难的，即使他们家的支出很节约，但也只是勉强能够支持5个人的生活。2010年上半年他们家的主要收入只有两个月前卖的一头猪700元，种植业还不到收获的季节，上半年的收入也相对较少，而现在他们家一共养了大小鸡40只和一头两个月大的小猪，一头四年的母牛和一头两年的小牛，在当地算是家畜比较少的。罗又那家的情况很特殊，他们家有什么事邻居也会尽力帮忙，政府也注意到他们家的困难，也会尽力去帮助他们家，2009年乡政府就给了他们家700元的困难补助以及大米、食用油等，2010年因为干旱的影响，家里的收成不够，老罗说家里肯定不够吃，现在只能再想其他的办法，希望可以解决，孩子都还在长身体，不能让孩子饿肚子。

关于三个孩子，正在上初一的罗利星最懂事，我们做访谈时，一直在给我们翻译，这个年纪的孩子本来应该是快乐的，但是罗利星不是。每当说到他的父母时，他的眼神总是流露出悲伤，他说他从小就没有感受过父母的爱，也一直在期望。现在他已经记不住父母的样子了，父母的形象在他的记忆里很模糊，对父母只有怨恨。罗利星很懂事，学习成绩也很好，2010年在学校还考了班级第二名的好成绩。他也非常渴望上学，上大学一直是他的梦想。现在，罗利星放假的时候会帮外公外婆做一些像放牛这样力所能及的事，为外公外婆分担一点压力，当我们问到他以后想做什么时，他没有很明确的答案，只是想继续上学，以后争取能挣钱让外公外婆过上好日子。罗利星也知道家里的情况不好，所以在乡里上中学很节约，一个星期只要20元生活费。三个孩子现在也只有罗利星在村子里有户口，当时上户口时花了500元，而两个小孩李成虎和李成星都没有户口，不是老两口不愿意，而是上户口的钱对他们家来说是一笔很大的开销。他们还没有能力办，只能让两个小孩暂时黑户，以后家里条件好点了再慢慢想办法。幸运的是，虽然两个孩子在村子里都没有户口，但是上学时跟其他有户口的小孩是享受相同的待遇的。

对于家庭的以后，罗又那不敢有太多的奢望，只是想尽量想办法把三个孩子养大，让他们能健健康康地成长起来。老罗现在也想不通女儿为什么会那么狠心的丢下这三个小孩，对于女儿的做法，他也感到很无奈。但是为了亲情，老两口没有其他的办法，只能承担起照顾三个小孩将他们抚养成人的义务。现在他们老两口面临的最大困难就是家里劳动力不足，只靠老两口根本没有能力保证三个孩子的生活。随着孩子的成长，需要的东西肯定会更多，而老两口的年纪正在一天天增大，体力也一天不如一天，这三个外孙该怎么养大是他们现在考虑得最多的问题。老罗告诉我们现在家里最希望的是能有一台电视机，能看到外边的世界，能让孩子开开眼界，多学习一些东西，不想这些孩子再像自己这么命苦了。而且现在这几个孩子连一件好点的衣服都没有，也没有被子等日常生活用品，为了能让孩子有一个好一点的成长环境，希望有好心的人能够帮助他们，让孩子过得更好一点。

在外人的眼里，罗又那家里虽然很困难，但是人很好，也很朴实，以前村里修路占了罗又那家的土地，但他们家没有向村里要求补偿，即使自己很困难，为了全村人的利益，他们家选择了贡献出自己的土地，这都证明了罗又那不是那种不讲道理的人，他们全家都有着农村里那种憨厚老实的性格。相信随着几个孩子慢慢长大，罗又那家里会变得更好，找到属于这个家庭的快乐和幸福。

（二）坚持供学的张四明家

到达班利村已经四天了，我们对整个村子的住户有个大概的了解。访谈张四明家，是我们多次讨论决定的。第一次在做他家问卷的过程中，发现张四明家是班利村女儿唯一能读到高中的人家。除此之外，发现他家比较贫穷，所以决定对他家做一个专访。清晨，刚吃过早饭，我们就急匆匆地来到张四明家。这么早来到张四明家，有些不妥，但是错过了这个时间，意味着我们要等到晚上 7 点才能见到他。张四明和他妻子非常勤奋，早上起来吃过早饭，把家里的牲畜喂好，他们就到地里干活，一直要晚上 6 点才回来。因此我们选择清早去，是想拦住他们，请求他们给我们点时间，让我们了解他家的情况。走在半路上，我非常担忧，生怕人家不理会我们。另一方面，害怕在语言上沟通不了。到了他家后，发现，我的这些担忧似乎显得有些多余。因为我们不是第一次去到他家，他们对我们不是那么陌生。他家住在教堂下面公路旁，房子是具有拉祜族风格的吊脚楼和马屁股房。吊脚楼非常小，仅仅只有 20 平方米，据主人介绍，这个小小的吊脚楼他自己盖了两次，一次是从教堂后面的老房子搬来。另外一次是马路要扩宽，政府要求他们家的房子要做移动。为了帮助张四明做吊脚楼移动，政府给予补助 700 元。吊脚楼是张四明家的伙房。而牛就住在吊脚楼下面。旁边有个不到 3 平方米的小猪圈，三头小猪正规规矩矩睡在里面，头和尾都与墙壁接触。上吊脚楼的梯子有点别具一格，每次我们上下都有女主人的帮忙，而主人家上下却很利索。吊脚楼旁边是正在修建的砖瓦房，这新砖瓦房是班利村统一规划的新农村住房——“马屁股房”。新房未建设完毕，我们只能看到外表。主人直接带领我们进入吊脚楼，女主人看到我们的到来，非常热情，尽管她说的是拉祜族语言，我们一句也听不懂，但是从她那热情的表情我们知道她是在招呼我们。她一会为我们倒水，一会搬凳子，一会生火做饭。而男主人坐下后，他似乎会说一点点云南方言，即使我们努力去听方言，但我们之间的沟通还是存在很大的问题。正在我们犯愁的时候，张四明却把小女儿张晓兰叫来了，他说她女儿可以帮我们翻译。尽管有点羞涩的张晓兰很难开口，但是在父亲的要求下，她不得不帮我们当翻译。可能是很少说普通话的缘故，刚开始她显得有点紧张，后来慢慢适应了。

拉祜族夫妻张四明家是一个和睦奋进的家庭。张四明夫妻是同龄人，两人都出生于 1971 年，共同养育了两个懂事孝顺的女儿。大女儿张八妹，17 岁，曾经就读于澜沧县职业高级中学，现已辍学在本县糯福乡打工。辍学原因是这两年他家在修建新房，她想帮父母减轻点负担。小女儿张晓兰，13 岁，毕业于班利村小学，2010 年 9 月到文东中学继续上学。在与我们谈话的整个过程中，小女儿始终依偎在父亲的怀里，一副很幸福的样子。她母亲则在忙着做早饭。在做饭的同时还不时地回答张四明的提问。大女儿的辍学，家里非常遗憾，但是他们认为是孩子还小不太懂事。大女儿打工所挣的钱，大部分都是给家里寄。打工快半年了，寄回来的钱比村子里同龄人寄得多，这让因她辍学而伤心的父母有一点点安慰。张四明说："女儿告诉我们说是她不想读书，我估计她是心疼我们才不读的。刚读高一的时候，她就告诉我说："爸，我干脆不读了，学费好贵啊。"我说没有事的，只要你能坚持读下去，我把所有东西卖了都供你去读。没想到她真的不读了。"说完这句话，张四明狠狠地抽了几口烟，似乎还想说什么，而没有说出来。张四明夫妇认为现在女儿毕竟长大了，他们也不能勉强她去做什么，只要女儿还记得家，对家里好，不走歪路他们就心满意足了。

班利村最近两年，为了响应拉祜族文化传承基地的建设，发展非常快。班利村干部在住房方面首先对班利村进行连片规划，可大部分村民在资金方面非常困难。而张四明家却与众不同，他们不但响应政府的要求，还搬离了以前的住处。他家原本是住在教堂后面的山坡上，那水、路不通。为了和别人一样，不落后于别人，张四明夫妇在几年前已决定把自己的家搬到路边，交通方便。在做出决定后，张四明夫妇经过多年的存钱，于是梦想实现了。据张四明介绍，他现在正在修建的砖瓦房，共有 72 平方米，是典型的拉祜族民居"马屁股房"。目前，修建房子已经花费 10 万元，政府补贴 1 万元，已兑现 0.3 万元，自己承担了 8 万元。这 8 万元中，贷款 2 万元，其余的是自己多年积攒下来的。

张四明是个爱动脑、勤动手的人。不管在什么方面，似乎都不会难倒张四明。无论干农活、做家具、泥水工还是做生意，在村子里，别人能做的他都能做。据他介绍，妻子张那努没有上过学，不识字，而他自己也只小学毕业，对汉字不是很熟练，因此每学习一样新的东西非常费劲。光靠在书本上学习很困难，一是现在科技方面的书，有拉祜文字的非常少见；二是自己没有多少时间来看书。他现在练就一身的本领，大多是跟别人学习来的。比如做泥水工，在寒冷的冬天他免费帮别人干一个月的活，才把基本技术学到家。张四明的记忆力非常好，别人怎么做，他记得清清楚楚，回到家里还不断做试验，因此他每学习一样东西都非常快。他介绍说，如果他不会泥水工，那么他家正在修建的房子不只花 10 万元，要花得更多。张四明不但勤劳还非常有胆量。据张四明回忆，夫妇俩 1990 年结婚，结婚时，家徒四壁，什么也没有，生活非常艰难，最严重的时候甚至没有饭吃。为了改善生活，夫妇俩婚后起早贪黑，不断地开挖荒地，希望能多种植庄稼，能有更多的收入。但是他们没有想到，刚开挖的土地土质不好，没有化肥的施用，再多的土地也没有什么收成。这给刚刚有点信心的夫妇一个沉重的打击。随着女儿们的出生，生活更加困难。正在没有办法的时候，他听到一个消息，说街上可以贷化肥，也就是赊购化肥，只是价钱比现价贵。赊化肥的过程就是年初商家给你化肥施用，到年底卖粮食还人家。张四明半信半疑来到街上打听，还真有这么回事。于是大胆的张四明在1994年年初的时候赊购了大量的化肥，也就是从这一年开始，张四明家的情况逐渐有了好转。在以后的年份，张四明家逐渐变得比别人好，还经常借钱给别人，从中收取一点利息。如今，张四明家能有这么好的条件，是靠夫妇俩的勤劳苦干得来的。

张四明家的收支结构。张四明家的收入主要有种植业收入、养殖收入和打工收入。以2009年为例，种植收入：张四明家共有田地20亩，其中14亩甘蔗地，2亩玉米地，2亩旱稻地和2亩水田。由于劳动力少，对甘蔗管理不好，他家14亩甘蔗地收入8000元；他家玉米地很少，据张四明说，种甘蔗收入比种植玉米多，在玉米种植方面主要是用来喂猪，一年种植的玉米够下一年喂猪就行。所以，他家的玉米种植收入不能直接体现。张四明家的2亩旱稻和2亩水稻，除了自己家一年消费的外，还可以带来收入6000元。养殖收入：2009年，张四明家一年共养了6头猪，收入8000元；据介绍，张四明家在6年前买了一头耕牛（母牛），过了几年，这头耕牛陆续下犊2头，他们家一直把小牛养着，目的是让它长大后多卖钱。在2009年的时候，他们家卖掉其中一头小牛，收入3000元。打工收入：张四明夫妇在农忙时，不但能早早地完成自己家的农活，而且还经常到邻村打工，主要是帮人家干农活，比如插秧、收割谷子和砍甘蔗等。在农闲时，不管村子里还是村子外面，只要有活干的地方，张四明夫妇都会去干活，以挣点钱补贴家用。据张四明介绍，他们家这种打工收入一年有800元。2009年，张四明家的收入总共25800元。张四明家的支出主要有生产性支出、教育支出、生活用品支出、通信费支出和建房支出。以2009年为例，生产性支出：张四明家买种子、化肥、农药三样的支出花了2000元，买仔猪支出1200元，平均每头仔猪200元。生活性支出：张四明家买衣服和生活用品上总共花了2800元。教育支出：2009年，张四明的大女儿在澜沧县读高中，一年支出4000元。通信和交通支出，共花了

1800元，其中通信支出1000元，交通支出800元。2009年，张四明家的建房支出为3500元。除此之外张四明家在人情方面的支出有600元。2009年，张四明家共有支出15900元，结余9900元。张四明家的耐用消费品有电视机、DVD、音响各1台，摩托车1辆，手机2部。

张四明的发展远景。张四明对女儿读书的期望非常大，他希望小女儿能继续读书。只要小女儿能读，他就是卖掉家里所有的东西都要供小女儿读。他希望小女儿不要再走大女儿的道路，希望小女儿能上大学，能走出去。至于他和妻子，以后还是继续种地、养猪。打算下一步多喂几头猪，把喂猪的规模做大，赚更多的钱。

（三）中缅联姻的李老二家

我们调研所在的班利村属澜沧拉祜族自治县，澜沧拉祜族自治县位于云南省西南部、澜沧江以西。西部和西南部有两处与缅甸接壤，国境线长80.563公里。我国西南边境每年会有大量的农民到缅甸的农场打工，班利村的李老二就是出境打工族的一员。

李老二在境外打工三年，2008年回到家乡，并带回来一位缅甸女孩组成家庭。如今，生有一子，但是据我们了解，李老二与这位缅甸女孩的“婚姻”并没有经过法定程序，也就是说，他们的婚姻关系是不合法的。但是按照东回乡派出所工作人员的说法，李老二与缅甸媳妇已经构成了事实婚姻，按照2010年新出的政策，他们所生子女可以在班利村上户口。

李老二的家位于班利村雅口寨的水泥路旁，房子是2009年新盖的，三间宽敞的砖瓦房前有一个水泥场。我们去他家时，他正在水泥场晒稻谷，翻译向他说明我们的来意后，他热情地将我们迎进屋子，倒上茶水，笑呵呵地请我们坐下。新房装修得很漂亮，白色的墙和地板砖，正屋里摆着简单的木制家具，上面放着一个大彩电，彩电右边的墙上贴满了照片，我们凑上去一看，几乎全是他和他爱人的合影，他指着其中一张照片说：“这是我们在缅甸结婚时照的。”右边的屋子现在用来开杂货店，里面靠墙放了两个货架，上面堆着一些凌乱的小商品，看起来店铺才刚开不久，商品的种类很少。靠近门口的地方摆着一台电冰箱，应该是用来卖冷饮之类的。李老二的普通话不是特别流利，所以我们的访谈进行得比较缓慢。

李老二，1985年出生，小学毕业，文化程度较低，信仰基督教。家中有六口人，2009年哥哥嫂子分家出去后，父母和妹妹跟着李老二住。在去缅甸打工之前，李老二一直在家帮着父母干农活。由于家里有18亩地，干活的人不够，所以李老二从小就是家里的主要劳动力之一。2009年李老二家种植玉米6亩，折算价值3500元；水稻3亩，折算价值4000元；甘蔗7亩，折算价值5000元。从事畜牧业收入6000元，一年总的收入是15000元左右。人均收入2500元，处于国家贫困线以下。

2004年，李老二和村里几个小伙子一同来到缅甸，在靠近中国边境的一个私人农场打工，主要的活就是割橡胶、挖可可。谈到在农场干活的那段时间时，李老二说他们每天7点就起床，干一天的活，到晚上六点才回家，十分地辛苦，他的手起了很多老茧。农场的工资完全以干活量为标准，每天都不一样，有时候挖的可可，割的橡胶多，一天能挣到五六十元，有时干的活少，一天才挣30元。农场老板每个月一结工资，我问他："你们老板有没有拖欠过工资？"他回答说："没有。"在缅甸打工三年多，李老二一直和四个朋友一起租房子住，每个月房租100元，四个人平摊。平时不上班的时候，他经常和朋友们出去玩、喝酒，因此三年下来积攒的钱并不是很多，除了给家里寄回去3000元之外，他几乎没有任何存款。李老二说自己是一个很爱交朋友的人，他在缅甸结识了很多的朋友，2008年回老家之前，每一年的春节他都在缅甸的朋友家过年。我问他对缅甸人是什么印象时，他说："缅甸人都很友善，待人很好，也很淳朴，我打工的那个地方也是拉祜族人多，所以大家都很像。"

2008年，李老二回到了老家，并且带回来了缅甸媳妇儿。这位嫁来班利村的缅甸女孩叫张多林，2010年22岁，拉祜族人。她家在缅甸的农村，家中4个兄弟姐妹，一个哥哥，一个姐姐和一个弟弟，生活更显贫困。2005年，张多林离家出去打工，希望能赚些钱帮助父母把弟弟养大。2007年初，两人在朋友的介绍下相识，由于两人打工的地方很近，在慢慢的相处过程中发展成为男女朋友。2008年，李老二的父母希望他能回家，不要再在外面打工，再加上他自己也觉得到了该成家的年龄，所以决定回家结婚。

但是，经过我们调查，李老二和张多林的这段跨国婚姻实际上未通过法定的程序。张多林嫁来中国时只办理了入境证，并在当地乡镇派出所开证明，其户口并没有转来班利村。"结婚"的时候，李老二给了张多林父母6000元的礼金，并且在双方家里都办了酒席。但是因为张多林的父母都比较年迈，所以结婚的时候只有张多林的哥哥来中国参加婚礼。结婚后张多林第一次来到中国，虽然她本人也是拉祜族，但是仍然有很多生活习惯和当地不一样，再加上陌生的环境，与周围的人不熟，所以刚来到班利村的时候十分不习惯。张多林性格比较腼腆，在我们访谈时一直远远地坐在一旁抱着孩子，我们问她问题，她也只是看着我们微笑，并不回答。李老二告诉我们，她会拉祜语，听得懂汉语，但只会说一点点汉语。刚来班利村时，张多林还习惯于用手抓饭吃，但是慢慢地改变了习惯，开始用筷子吃饭。在生孩子之前，张多林平时的生活就是下地干活，回家做饭，有了小孩之后，她就专心在家带孩子。我们问她喜不喜欢这里的生活时，她想了想，点点头，脸上漾起了幸福的笑容。

从班利村到缅甸张多林的家只需要一天的车程，所以结婚后，李老二经常带着张多林回娘家，有时候一个月会回去两三次。张多林的父母年迈，哥哥姐姐也分家出去，所以家里的农活都没有人干。结婚后这两年每到农忙的时候，李老二都会抽出一到两周的时间去帮岳父母干活。李老二一家都很勤俭节约，家里的钱主要花在生产性消费上，买种子、化肥等，2009年这一项支出花了5000元左右，剩余的支出则用来添置生活用品。一年下来，家里每个人才在圣诞节买一套衣服，一般都是穿以前的旧衣服，并不在衣物上花多少钱。回想起这些年来，买的最贵的衣服还要算2009年给老父亲那件外套，花了60元。李老二感慨，衣服贵不贵，穿着都一样，没必要再买这么贵的衣服了。勤劳朴实的农民从不在意穿的有多好，用的有多值钱，更不知道城里人的攀比和虚荣之心从何而来，他们只要能简单地生活下去就满足了。

但是2009年李老二父亲生病卧床。老人受尽了病痛的折磨，也享受到了家人对他的关爱。每天李老二和媳妇都会轮流照顾他，给他做好吃的，帮他排解心理压力，家人朴实的言语让他坚强起来，恢复得还算快。老人卧床十多天病慢慢好转，如今身体完全康复。当时恰恰是田里最忙的时候，每天李老二和媳妇在田地里干完活儿后，还得急匆匆地赶回家，照顾父亲，给他做饭，为他端茶递水。那段日子，李老二都瘦了一圈儿，天天要忙田里还要照顾家里的病号，虽然辛苦，但是却从没抱怨过半句，一家人的感情在病床前又得到了升华。看着一天比一天好的父亲，李老二心里觉得十分高兴和激动。妻子的贤惠也让他特别感动。虽然父亲的病花了家里2000多元的积蓄，但是李老二说钱以后还会有的，老人身体健康才是无价之宝。

2009年年底的时候，李老二把新房子的一间屋子拿来开杂货店，虽然现在货物不是很多，生意一般，但是目前雅口寨就只有这一个店铺，李老二相信以后，货物齐全之后，小店的生意会越来越好。访谈进行到最后时，我问他对未来生活有什么打算，他告诉我们：盖房子时找亲戚借了2万元，他希望未来一两年后还清。另外还希望未来两三年内能买一辆农用拖拉机。说到这时，我突然想到，眼前这位拉祜族小伙子才刚刚25岁，但是已经成了一家之主，有自己的家庭，还肩负着侍奉年老双亲的责任。在外打工的经历让他增长了见识，开阔了眼界，收获了很多从前在班利村没有学到的知识和能力，使他有了经商的头脑，懂得了为未来而打算。他知道，外面的世界是在飞速发展的，而班利村仍在缓慢的发展，但是自己不能一成不变，而要融入这个迅猛发展的时代。

在李老二这位年轻的拉祜小伙子的身上，我看到了这个古老民族勤劳勇敢的传统在闪闪发光，也看到了拉祜族未来发展的希望，就如同这一家人红红火火的日子一般，越来越幸福。

（四）单纯种植的李扎母家

贫困户李扎母家位于班利村完小边上，在当地村民的指引下我们初次来到李扎母家时便发现，与村完小的楼房以及周边邻居家的砖瓦房相比，李扎母家的双层木房显得十分突兀。

在李扎母大女儿李丽南的引导下，我们走进了昏暗低矮的木房上层。李扎母家的双层木房所用材料均为木材，包括木柱、木板和木椽，木房因坡势而建，是一种架空的楼房。李扎母一家人都住在上层，房子的下层摆放着一些杂物，几头牛和小鸡也喂养在房子的下层。只有两扇门可以照些亮进来，所以房子内有点黑暗。

我们到访时有几个邻居刚好也在李扎母家串门，大家围着烧柴的火炉而坐，其中那位皮肤黝黑、身材瘦弱的中年人就是李扎母。李丽南告诉我们她父亲是一个文盲，除了拉祜族语言和当地方言之外不会讲普通话也听不懂普通话。李扎母看上去有些木讷，这位憨厚老实的大汉一直像个孩子一样有些羞怯地坐在女儿后面，通过女儿的翻译跟我们进行交流。

在李丽南的介绍下我们得知，李扎母于1968年出生在班利，但是现年才42岁的他看上去却像五六十岁，这或许跟生活的重压有关。在整个访谈过程中，李扎母一直在不断地抽着手里的水烟筒，很少与我们有眼神交流。他是一个地地道道的农民，平日里除了务农，大部分时间都在家里待着，没有打工经历也没有做生意的经历。作为一家之主，李扎母是一个很勤快的人，他说他能做的就是通过干好农活儿来让这个家过得更好一点。李扎母的妻子李娜妹长他三岁，是班利村那布寨人，作为家里的主要劳动力，李娜妹平日里的大部分时间也是在干农活儿。虽然受教育程度也很低，但是李娜妹读书读到了小学，在这点上要优于丈夫。给我们做翻译的李丽南是李扎母夫妇二人的大女儿，1992年出生的她现在已经是一个一岁孩子的母亲。虽然已经出嫁，户口也已经迁到了婆家，但是由于婆家就在李扎母家的旁边并且两家的关系很好，李丽南经常带着孩子来娘家坐，自己感觉就跟还在娘家的时候一样。李丽南其实2008年才从东回乡中学初中毕业，家里现在这么困难也跟她以前读书时花费了为数不小的一笔钱有关。除了李丽南，李扎母夫妇还有一个二女儿，名叫李丽平。李丽平1996年出生，目前在东回乡中学读初一，一年下来的生活费以及书费也给家里带来了不小的负担。

李扎母一家的经济收入大部分是靠务农。2009年，在李扎母和妻子的共同辛劳下，李扎母家种了6亩甘蔗，4亩玉米，2亩水稻，2亩茶叶，此外也种了半亩花生以及半亩薯类作物。在夫妇二人的劳作下，这些田地的庄稼收成还不错，成了家里的粮食和主要经济收入来源。李丽平说："平日里爸爸和妈妈干活儿很辛苦，种庄稼不容易，要走很远的山路到地里，家里能干活儿的又只有他们俩，很累。我放假回家时也会一起帮着干农活儿。"来李扎母家串门的邻居有的能听懂我们的谈话，也在边上说了起来，"李扎母家只有两口子干活儿，还有孩子要读书，生活过得不太好。"除了种植农作物，李扎母家养了3头牛、4头猪以及十多只小鸡，这些家禽家畜都喂养在他们所住木房的下面。在班利村，由于地形的特殊性，大规模的机械操作几乎不可能实现，牛就成了干农活儿的重要帮手，犁地、运输等重要任务就落在了牛的身上。按照当地的市场价值折算，李扎母家的3头牛可以卖到6000元，但是一般农户都不舍得卖掉。2009年，由于家庭收入面临了危机，李扎母和妻子二人才决定卖掉其中一头，给家里带来了2000元的经济收入。由于家里较为贫困，政府近些年来给他们家发放了低保金，400 元补贴让这个家庭的困境有所缓解。

表 2－23　　李扎母家 2009 年的收入来源　　单位：元

职业	收入	职业	收入
种植业	6100	本乡镇就业工资	0
渔业	0	外出打工	0
家庭手工业	0	运输业	0
畜牧业	0	政府补贴和社会救济	400
养殖业	3000	出租草场耕地房屋等	0
旅游业	0	其他经营收入	0

从表 2－23 中，我们可以看到李扎母家的家庭经济结构较为单一，除了种植业以外，在手工业、外出打工、运输业等方面没有任何收入。就种植业而言，也都是传统的甘蔗、玉米、水稻、茶叶的种植，而这几种农作物中除了水稻是良田，可以从河流引水灌溉以外，其他的几种农作物都是靠天降雨来进行灌溉，一旦遇到天气干旱或者洪涝等灾害，庄稼的收成就会大大减少。李扎母也告诉我们，除了家里缺少劳动力以外，自然灾害也是影响他家里收入增长的一大原因。其次，由于受到当地土质、地形等因素的限制，农作物的种类也比较单一，他们家也从没有尝试过在当地有所推广的种桑养蚕、咖啡种植等新型农业。

就 2009 年而言，虽然李扎母家一年的收入还未过万，但是整个家庭的各项开支却很大。

表 2－24　　2009 年李扎母家各项开支情况表　　单位：元

生产性	衣服	食品	看病	教育	娱乐	红白喜事	交通	通信
3700	2000	1560	260	1200	0	500	600	360

李扎母告诉我们，包括上述各项支出在内，家里 2009 年一年的收入已经全部花完，并且还跟别人借了 3000 元。近些年来，化肥、种子、农药等生产

性资料的价格上涨也给李扎母家的增收带来了一定困难。

在跟李扎母的大女儿李丽南交谈的过程中，我们发现虽然李丽南已经出嫁，但是娘家却还在给着她生活费。李丽南的婆家就在娘家隔壁，其丈夫年龄也不大，两人虽然已经有了一个将近一岁的孩子，但是二人还没有和婆家分家，除了平时帮着家里干些农活儿之外，其丈夫也闲在家里，二人并没有什么经济收入，全靠婆家和娘家供给生活费。李扎母和妻子基本上每个月会给大女儿40~50元的生活费。虽然日子过得紧张，但是夫妇二人还是很愿意给女儿女婿生活费。后来李丽南的丈夫也来到李扎母家中，我们问二人有没有想过怎样给家里带来更多的收入？李丽南和丈夫笑着说，他们还没有考虑过这些事情。其实，李丽南和丈夫属于典型的早婚，虽然二人已经成家，但还不具备足够的建设家庭的责任意识，对双方父母的依赖很大，这又从一定程度上使得李扎母一家的支出增多。

我们环顾了一下李扎母家的居住环境，整个木房子的上层被分成了一大间和一小间，大间房子相当于客厅，一家人在这里看电视、烤火、做饭以及存放物品，小间屋子内住人。房间内除了一台电视和一套音响之外没有其他任何的家用电器。在火炉架子边上放着一个破旧的柜子，放着两口锅以及几个罐子，这就是李扎母家的橱柜，并没有专门的厨房。在烟火的熏染之下，柜子表面是一层黑黑厚厚又油亮油亮的灰垢。在小间房子内一共摆放着两张小木床，李扎母夫妇和二女儿就住在里面，由于没有窗户，这间屋子内一片漆黑，只能靠木板缝隙透出的光和电灯来照明。房子的四壁由木板搭建而成，一到刮大风的时候里面也会有不小的风。好在当地的气候是四季如春，不必担心有寒冷天气的侵袭。

李扎母说，现在的房子已经住了十多年了，他也想过要重新修一下，但是苦于没钱，其间除了在房顶上加瓦之外并没有做过其他的修葺。其实，这样的房子并不抗震，但是资金有限，一家人又不得不住在这里。提到这些的时候，木讷的李扎母话就更少了，只是在一旁低着头摆弄手中的水烟筒。

在访谈的最后，我们问到一家人对未来家里的致富以及发展有没有什么打算，一向话少的李扎母却显得很有打算，他抢在女儿之前告诉我们，他要把家里的房子翻修一下。我们又问道，准备怎么翻修，李扎母比画着说要在大间房子的中间加上一根木柱，因为房子现在稍微有些倾斜了。这是李扎母在未来几年内的重大打算，虽然这个打算看上去是那么简单，但是对于一个贫困家庭来说，想改变家里的状况不是一朝一夕就能完成的事情，或许他们的每一步都会走得比较缓慢跟艰难。家境困难的李扎母一家目前还没有任何新的致富打算，这也反映出了农民自身的发展意识仍然比较滞后，只求温饱，不求致富，只顾今朝，不虑未来的思想意识也是家庭发展与扶贫工作的拦路虎。

我们希望李扎母一家能够在政府政策的支持以及自身意识的改变中慢慢从贫困的生活中脱离出来，也希望李扎母的二女儿能够通过教育逐渐改变自己的命运，祝福李扎母一家的生活能够越来越好。

（五）没田可种的李扎破家

李扎破，拉祜族，1971 年出生在缅甸，90 年代初，随父母从缅甸迁回澜沧拉祜族自治县的东回乡，1993 年跟住在班利村的妻子结婚，结婚时入赘妻子家，于是李扎破也就从此在班利村生活。之前几次路过李扎破家的时候，都没有注意到那是一栋房子，或者说是都没有注意到房子里边竟然会住人，以至于去采访的时候，向导带我们去李扎破家的时候，走到李扎破家门前，我们还在问向导还要走多久才能到李扎破家。因为展现在我们面前的是一个矮小、破旧的小木屋，如果不是仔细看，很可能被当作放杂草什么的仓库，还没有进屋，就已经被房屋的破旧程度所震撼，那么家里会是什么情况呢？

这个时候，突然一只小狗从屋里跑了出来，对我们吠叫，惊吓之余，一个中年男子出来呵斥小狗，小狗立即安静下来，我开始打量起这个中年男子，这个男子看上去大概 40 多岁，黝黑的皮肤，幽邃的双眼，以及显现出疲惫的脸颊，心想，这个人一定就是李扎破吧，果然，向导告诉我们，这个人就是李扎破。

看见有客人来，李扎破高兴地欢迎我们进入家里。一进家里，一股发了霉的味道扑鼻而来，简单扫视一下房屋的家具和格局，整个房子就一间房子，一眼能够把整个家看全。一个不到二十平方米的小房子，硬是被分成了厨房、卧室、客厅三个部分，并且整个房间到处都塞有东西，右边角落放着两个小床，床顶放了几件破旧的衣服和一些茅草，床下堆着一些破烂的瓶瓶罐罐，中间是客厅，但被背篓木材占去了一大部分，左边是厨房，没有厨房柜，碗、筷子都放在一个小木板上，而锅直接放在用石头砌成的小灶上，小灶旁边码了一堆烧火的木材，除了灯泡外，没有看见任何现代化的电器，除了自己用木板搭建的床外，也没有任何像样的家具，此时贫困两字立即在我的脑中环绕。

这个时候，李扎破给我们递来三个凳子，我、我的同伴以及向导接过凳子便坐下，看见李扎破和一旁的小孩都蹲着，正准备说你们也坐吧，突然发现整个房间就三个凳子，他们没有凳子可坐，所以只能蹲着。看见这一幕，心想，这是什么一个家庭，他们怎么生活啊！由于出生和成长在缅甸，加上没有上过学，所以根本听不懂普通话，只能说拉祜语，所以我们的访谈只能完全依赖向导给我们翻译。通过访谈，我们对李扎破和他的家庭开始了解起来。

李扎破的父亲是中国人，澜沧拉祜族自治县人，由于中国五六十年代大跃进、“文化大革命”等国内动荡的环境，李扎破的父亲离开中国，逃往缅甸。不久在缅甸娶了一个老婆，从岳父家分到了几亩田，便在缅甸安顿下来，并先后一共有了三个儿子，三个女儿，其中李扎破是六个儿女中最小的。在缅甸，他们家的生活也算过得比较稳定，李扎破渐渐的成长。到 80 年代，随着中国国内社会的稳定，尤其是改革开放经济的发展，再加上离家后对家乡的思念，李扎破父亲开始准备全家迁回中国，遭到了妻子强烈的反对，但李扎破父亲认为自己是一个中国人，现在国内稳定了，就该回到中国，坚持要迁回中国，妻子拗不过他，最后同意全家迁回中国，因此，80 年代末年，全家一起迁回了澜沧。很不幸，迁回澜沧不久后，李扎破父母就相继去世，同时，五个兄妹也先后结婚。

在 1993 年的时候，通过媒人介绍和撮合，李扎破和妻子结婚了，按照风俗习惯，李扎破到了班利村岳父家生活，在岳父家一共生活了将近十年。1995 年，大女儿出生，取名李娜儿。大女儿出生后，各项开支多了起来，家里开始拮据起来。妻子开始嫌弃李扎破没有能力、安于贫困现状，经常有事没事地骂李扎破，家中开始出现不和谐的声音。2000 年，儿子出生给这个破碎的家庭带来了短暂的一番喜庆和热闹。但在儿子出生不到三个月，妻子又开始后悔当初嫁给了李扎破。她忍受不了如此平凡清贫的生活，认为李扎破没有给她带来幸福的生活，也没有那个能力带给她安逸的生活。而在这个时候，外村有一个从深圳回来的男人，经常过来有事没事找李扎破妻子，向她讲外面的世界有多么的精彩。妻子终于经不住诱惑，丢下还不到三个月的小儿子李永，在一天晚上偷偷地跟那个男人出逃了，出逃之后便再也没有了消息。到2002年，妻子回到家，向李扎破提出了离婚。李扎破明白了两人之间的感情是再也不能继续了，就同意离婚了。离婚后，李扎破和两个孩子不能再待在妻子家，便用一些木板茅草在一片荒凉地搭了一个简易房子。原本是打算过渡住几个月，然后就建新房，但没想到，一住就住了将近十年，直到现在还住在这个破旧的简易小茅草房中。离婚时，妻子把两个孩子都给了李扎破，同时，还把李扎破耕耘的所有田地也都收回去了。因为结婚的时候，李扎破一亩田都没有，全是妻子家的，现在离婚了，妻子觉得理所当然的要全部收回去，家具什么都没有分给李扎破。就这样，离婚后，李扎破除了两个孩子和一个临时搭建的简易小茅草房之外，什么都没有。

离婚后，没有了田地，还有两个孩子需要照顾，这个时候是李扎破最困难的时候，有时候都没有下锅的米，两个小孩饿的嗷嗷直叫。但李扎破根本没有办法，有时候背着两个孩子暗暗地哭。周围邻居，本村村民看见李扎破的窘境，心生怜悯，就叫李扎破去做散工，帮他们去田里干活，种玉米、插秧苗、种甘蔗等各类田地里的活路，每天包吃还给15元工钱，在周围邻居、村民的帮助下，温饱问题算是勉强解决了！

2003年的时候，村里一户田地比较多的村民，把家中的七亩地租给了李扎破，每年收一点租金。就这样，李扎破总算有了自己耕种的一块田地，在田里种上了玉米、甘蔗，在忙完自家的农活之后，依旧会去打散工，挣钱去给大女儿李娜儿交学费。2002年，李娜儿进入班利村小学开始读小学。李娜儿在班利村上学的时候，放学回家后还要帮助李扎破照顾李永，同时还要做一些力所能及的家务，包括做三个人的饭，洗三个人的衣服。穷人孩子早当家，小小年纪的李娜儿就承担起了原本属于她母亲的那份责任。家境的窘境一点也没有影响到李娜儿的成绩，每天李娜儿都刻苦学习，勤奋好学，成绩始终在班上是最好的。2008年，李娜儿考到澜沧拉祜族自治县的民族中学开始读初中。到澜沧民族中学读书后，李娜儿更加刻苦学习，成绩已经在班级前列。但与此同时，女儿异地求学使得每天的开支一下子增加到40元，这对李扎破家来说绝对是一个天文数字。幸运的是，李扎破的两个哥哥，看见侄女读书成绩那么好，也希望侄女以后能有出息，于是，两个人就核计一起供李娜儿上初中。尽管上学的费用由两个伯伯负担，但李娜儿还是在课余时间去澜沧的一些小餐馆帮忙洗碗、端盘子、当餐馆服务员，一天下来也能挣十几元，拿挣到的这些钱来补贴家里，也算是减轻了李扎破的负担。与此同时，李扎破的儿子李永2006年也开始到班利村小学读书。李永也比较幸运，班利村小学校长等负责人看见李扎破家的贫困，就决定减免了李永所有学费，同时，还给李永提供吃的。为了感谢学校，李永也特别努力地学习，成绩每学期都考得特别好，也算是没有辜负大家的一片好意。

2009年，班利村一个小餐馆开业，生意还不错，需要一个服务员洗碗，老板就叫了李扎破去洗碗，考虑到李扎破还需要去打散工，老板就让李扎破早上和晚上去洗两次碗，一天给15元，再加上去打散工的钱，一天下来也能挣到二三十元。

看着这么贫困的一家，我问李扎破："既然在中国这么贫困，那对当初在缅甸生活得好好的而父亲一定要迁回中国这事有没有后悔过，现在有想过再回缅甸吗？"李扎破听到我问这个问题，突然变得有一点凝重起来，叹了口气回答道："当初要迁回中国，最主要的反对者是我妈，我们倒感觉无所谓。最关键的是，后来迁到中国后，正好错过了中国包产到户分田的时间，所以我们没有了田，而在缅甸的田地，因为迁到了中国，田地也被收回去了，所以，就算回去，也不会比在这待着好。同时，毕竟，我爸是中国人，而现在我的家人都生活在这里，我的家也在这里，根算是扎在了这里，想回去也不可能了，还是安心的就生活在这里吧！"

当我问到这四十年来你感觉最困难的时期是哪段时间时，他有点哽咽地说道："离婚后的那三年，田地没有了，房子没有了，什么都没有，没有了田地，不能种甘蔗玉米，没有收入来源，当时也想出去打工，但这个想法根本不现实，因为两个孩子还小，还不能自己照顾自己，我还要花时间精力去照顾他们两姐弟。如果我出去打工，就没有人照顾他俩了，而待在这里，又没有什么挣钱的办法，所以，没有挣到钱，就没有钱买米，以至于我们一个星期能吃上几顿饱饭已经算是幸福的事情了。我的兄妹看见我们家揭不开锅，只好经常接济我家，给我们送些米等吃的，这样我们撑过最苦的三年。而现在我们也好不到哪里去，只是现在租了一块别人的田地，还能去打打散工，去餐馆洗洗碗，有了活可做，就能挣到一些钱，这样算是保证了吃的，不会再饿肚子。但是，除了保证吃的外，几乎没有什么钱了，一年用于生产支出的钱如买甘蔗玉米种子大概要花2000多元，用于两个孩子读书生活方面一年大概要4000多元，用于生活方面的支出要2000多元，一年下来要八九千元，而我一年能挣到的钱最多也就8000元左右，根本没有结余的钱去买衣服，买家具。我们全家三口人，都快三年没有买过新衣服，身上的衣服都差不多穿了三四年了。说得不好听，我们现在住的这个房子，连别人的猪圈都不如，但我没有办法，连买衣服的钱都没有，建房子的钱根本没有希望。现在我最怕的就是生病，生病了没钱治，所以，这十年来我们全家都没有去过医院，就算再大的病就呆在家里熬着，自己找到草药治治。"讲到这里的时候，李扎破眼中已经湿润起来，能够明显地感觉到他强忍着不让泪水流下来。接着他继续说道："这十年，真是苦了我的两个孩子，李娜儿才四五岁时，就要照顾弟弟，还要做一些家务，因为我帮别人打散工，就不能待在家里，家里就剩下了他两姐弟。李娜儿就得自己做饭，自己洗碗，还要洗衣服。一个才四五岁的小女孩，就要做这么多的事情！上学后，别人都只需做完老师布置的家庭作业就能休息了，而她仍旧需要做家务。现在到澜沧读中学，放假的时候，别人都回家，而她还要去餐馆洗碗，放寒暑假也是。同样的，李永也是，出生不到三个月，就没有了他妈的照顾。而我一个大男人，不懂怎么带小孩。可以说，李永从出生就跟我开始吃苦，现在姐姐去了澜沧县城，家中的家务就落在了他身上，做饭、洗衣服都得由他做，从心底对姐弟俩感到愧疚。"讲到这里时，强忍的泪水终于从李扎破眼中流了出来，这个时候，我注意到，一直蹲在角落里的李永眼中也早已有了几滴泪珠。或许，他想起了过去的艰苦，或许，是听自己的父亲的话有些感触。

当我问到今后有什么打算，或者有想过改变现状的想法没有，他苦笑着，然后回答道："我现在这个样子，还能有什么打算，现在政府一年给我们补助500元，也算是雪中送炭，但从根本上也解决不了问题，现在女儿读初中，儿子读小学，开支尽管很大，但毕竟还不是最多的，如果以后上大学什么的，肯定远远超过现在的开支，而那个时候，我劳动能力肯定没有现在强了，我不知道到时候怎么办。现在尽管有一块田地供我种甘蔗玉米，但这块田毕竟不是我的，说不定哪一天就被租给我的人收回去了，怎么办？我都不敢想这样的未来。我不是没有想过改变贫困的现状，但我实在是无能为力，不能出门打工，只能待在班利村，能挣到的钱也就那么点。离婚后，我也不是没有想过再找一个，帮我照顾两个小孩和持家，但是根本不可能，没有人会愿意嫁给一无所有还有两个孩子的人。现在的我，只有拼命地找机会挣钱，到处找散工做，做完散工就去餐馆洗碗，洗完碗之后回到家就编一些背篓、竹筐、席子什么的去卖，再苦再累都要去做，能多挣一点钱是一点。离婚后的十年里，我不知道是怎么走过来的，每天辛苦劳作天黑后回到家里。只要看见两个正在长大且又懂事的两个孩子，我的心马上就感到欣慰，再苦再累也值得。大女儿特别喜欢花，我就和她去邻居家要花种，回来种在房子周围，现在房子周围全都是花。儿子喜欢小狗，邻居家下了一窝小狗，他就跑去向邻居要了只小狗回来。刚才向你们狂吠的就是李永养的小狗，也算是我们这个家的一分子了吧。我现在想的就是，一定要送两个孩子上大学，用你们所说的知识来改变他们现在贫困的生活，不管多苦多累，我都会拼命地为实现这个目标去努力。”

采访结束后，我们破例多送了李扎破家两条毛巾，不是可怜他家，也不是因为他们家的贫困，而是因为他们家没有因为贫困而堕落，丧失了生活的目标，没有因为窘迫，就丧失了生活的原则。李扎破，用自己的辛苦劳动来养活自己，李娜儿，用自己课余时间去勤工俭学来减轻家庭的负担，李永，勤奋刻苦懂事。在辛苦劳动贫困的生活中，也不忘追求生活，在房子周围种上一些花花草草，养了小狗，给我们展现出为追求生活不断努力，不放弃的向上心态，衷心祝福李扎破全家以后的生活越来越好！

（六）地少人缺的李老三家

班利村的拉祜村民，几乎都是农业户，而且大部分家庭都只能保持温饱，家里少有积蓄，要想扩大生产，就只能靠贷款。有些村户家窘迫到一直过着有一天是一天、家徒四壁的生活。李老三家就是这类户的典型之一。第一次来李老三家，是村主任带领的，看着热情憨厚的李老三，嘴角因为客人的到来而微微扬起，似乎有些羞涩，这样纯真的表情，我们怎么也没猜到他们家是这一带的特别贫困户。

户主李老三 2010 年 30 岁，小学学历，家里四口人，有老婆、儿子、女儿。儿子 10 岁，女儿才 1 岁。所以，家里的劳动力只有李老三和他老婆两个人。据李老三说，当年自己读六年级的时候姐姐和弟弟都在读，家里实在支撑不下去了，母亲急得只能偷偷抹泪。李老三作为家里的长子，毅然决定自己退学，让两个姐姐和弟弟继续读下去。所以，他们家除了弟弟后来自己不愿意读外，其他的两个孩子都是初中毕业。可惜的是，有一个姐姐在出去打工的时候，被拐卖走了，也曾经从四川回来过一次，说自己已经在四川结婚生子了。从那以后就再也没有回来过。今天回忆起来，李老三没有显示出丝毫后悔的情绪，更多的是遗憾和无奈。李老三当时学历低的直接后果就是，自己因为学历差，见识少，汉语不流利，失去了出去打工的机会，而现在，有勇气有能力出去了，自己却拖家带口的，作为家里现在主心骨，把老婆和年幼的孩子单单放在家里，自己是放心不下的。所以，有可能这一辈子，李老三都可能无法走出班利村了。

在做问卷的过程中，我们具体了解了李老三家的收入构成。一个有12栏内容的收入构成表，李老三家的回答只有一栏有数字可填，而且仅仅5000元。也就是说，李老三家四口人，全部的收入有且只有种植业的5000元收入。李老三2000年和老婆结婚，婚后没有分家，跟着父母、兄弟姐妹住在一起，一大家子人一起种地搞生产，家里共有18亩地，七分水稻。家里的情况十分窘迫，父母生病，家里人口多。2005年弟弟结婚后，李老三就分家出来，他分到了7亩地，三分田（当地旱地称“地”，水稻称“田”）。当我们问到他，致使家庭条件贫困的主要原因是什么时，李老三很清醒地告诉我们：家里地少，再就是家里能干活的也不多。李老三家里总共有7亩三分地，三亩种玉米，四亩种甘蔗，三分地种上水稻。李老三表示，光靠这7亩地，家里的条件很难维持下去了，如果能再多分一些地，李老三愿意更加累一点。往年，玉米收成的好，还能卖2000元左右，2009年天旱这项收入没有。4亩甘蔗能收入5000元，当然，这项收入还没有扣除种甘蔗过程中的农药和肥料等生产性开支。村民们说，甘蔗卖的钱虽然还有几千元，但是每年本钱也要几千元，最后没剩几元。李老三家也属于这种现象，甚至更甚，有的时候一年种下来只能够本，亏本的时候也常有。

李老三家现在有两间房，一间木板房倚着一间砖瓦房。其实严格说起来，李老三家自己没有房子。因为现在家里的那间砖瓦房是寨子里的教堂给李老三看教堂付出的工资，或者说是教堂资助给李老三家的更合适。当初教堂修房子的时候，李老三因为信教原因和一位长者很熟，因此在教堂选择守门人的时候，长者推荐了李老三，所以李老三家暂时拥有了一间砖瓦房。当年从家里分家出来时，李老三家除了7亩多田地，没有任何财产。自己借了一笔钱在现在居住地的坡下修了一间木板房。后来修教堂之后，才迁了上来。要不然，一家四口住一间房子，真是能产生“摩肩接踵”的效果。我们仔细观察了李老三现在家里的环境，发现家里一间房子放着两张床，一间屋子里烧着柴火，旁边放着一些炊具、碗筷和几把小竹椅子。除此之外，再也没有任何其他的家具和物品。李老三家里本来还有头牛，2009 年也死了。现在一头稍微大点的牛值好几千元，李老三家里近段时间是肯定不会也没有闲钱买牛，以后干活的时候就要完全靠人工或者向邻居们借用了。

当我们调查到李老三家的农用工具（生产性固定资产）时，一张表格是满满的 0（代表没有）。我们在班利村做入户调查，很多家庭都至少有一两种生产用具，李老三家是连一个犁也没有。说起种植甘蔗，我们问他有没有讲究什么技术和技巧，李老三笑笑说，“没有技术，就是这么多年的经验”。李老三种甘蔗，属于“自学”型，没有接受外界的知识。前几天去另一户做访谈时，该户家里就有几本农用书，专门针对农民讲种植技巧的。李老三说，他从来没看过这类型的书，自己也看不懂。他在这之前一直都不知道村里还给村民提供这类型的书看。听我们说了之后，李老三似乎表现出相当的兴趣，只是仍然迟疑自己小学认的几个字能顶上用场吗？李老三家的甘蔗产量不稳定，有时候收成好，有时候入不敷出，我想，除了自然条件之外，也和他不注意总结和学习种植技巧有关吧。希望李老三以后能在勤奋耕种之余，花些心思在改进技术上，争取把产量提上去。

表 2－25　　**2009 年家庭支出情况表**　　单位：元

总支出	生产性	衣服	食品	医疗	教育	娱乐	红白喜事	交通	通信	住房
3000	1600	200	100	800	85	0	0	0	0	0

从李老三家的家庭支出情况表，我们可以看出，李老三家里的主要支出集中在生产性支出和医疗支出。生产性支出是李老三家收入的必需项目，只有花钱买种子和买农药肥料，自家一年的生活费才会有着落，这项是无论如何也省不下来的开支。另一项主要支出是医疗费，生病让李老三家生活雪上加霜。生病的是家里的主要劳动力李老三，他腿部风湿病犯了。早在 2008 年，李老三就因为腿风湿在家休养了大半年，这大半年的时间都没有出门干活，地里收成非常少。老婆又是在 2008 年怀上二胎也无法干重活，再加上李老三的医药费，家里已经承受不住了。2008 年是李老三家最困难的一年，为了维持生计，他们找亲戚东拼西凑借了 4000 元。平时没钱用了，就临时去村

里找户人家做帮工，一天20元。

从表2-25还可以看出，他们家四口人，一年买衣服才花费200元，平均下来每人一年也就50元，大概只能买套质量比较差的衣服。食品费用100元，是少之又少了，家里的水稻是自己种的，菜就是地旁边的一些瓜、蔬菜，一年之中吃肉的机会很少，过小节的时候也不舍得吃，顶多过年和过圣诞的时候会买点猪肉，杀只鸡。85元的教育费用，是花在儿子平时的杂费、买书买笔上。现在李家的教育负担几乎没有，儿子还在义务教育阶段，这几年都不会花费，女儿还小，离上学都还有五六年时间，所以，李老三说，这几年，可以不用为孩子们上学的事情操心。

表2-26　2009年李老三家家庭耐用消费品情况表

项目	个数	项目	个数
电视	0	农用车（拖拉机）	1
电冰箱	0	卡车	0
洗衣机	0	小轿车	0
照相机	0	电话	0
影碟机	0	组合音响	0
电动车	0	手机	0
摩托车	0	自行车	0

表2-26显示出的结果非常让人惊讶。李老三家里没有一件耐用消费品，这在贫困村班利都算是很突出的事例。没有电视机，这种情况在班利村很少见，李老三一家人，在农忙后的晚上，想看电视的话只能去邻居家。拖拉机主要是村民们托运甘蔗和玉米等一些农作物，李老三家里没有，以前家里产量少，还可以花几十元租村民的，以后可能需要自己添置一辆以备不时之需。李老三说，在2010年，家里花1000元买了辆二手摩托车，花了300元买了一部二手手机。买摩托车的原因是李老三家里的地离住处太远了，来回步行得要四个多小时，时间都浪费在路途上了。买一个手机，是李老三一直想要的。有了手机之后，在干农活的时候和家里人联系更方便了，和岳父母的沟通更多了。李老三家买上摩托车和手机后，李老三觉得自己家的条件要开始改善

了。李家的“初始”资金来源于前两年的政府补贴。李家之前是不可能会有闲置资金的，2008 年政府给李老三家补贴了 200 元，2009 年补贴了 400 元。李老三用400 元租了7 亩地种上了甘蔗，加上家里原有的7 亩甘蔗，李家两个人种上了 14 亩地。第一次收成之后，李老三就还了亲戚 2500 元。我问李老三，既然能租地种甘蔗，而且收入会增加，以前怎么不租呢？李老三说，以前家里太穷根本没钱，没人会愿意租地给他们。李老三说，在乡下，家里穷，村民们会看不起，不愿意把地租给付不起钱的人。好在这两年政策好，政府能给补贴，虽然不多，但是李老三用到实处，解了家里的燃眉之急。李老三对于家里的未来的经济发展充满信心，他说自己不怕穷，只要有地，自己就肯干。现在能租上地，又买了摩托车节省出更多时间干农活，明年的收成会更好，买甘蔗后就可以还清欠款了。2010 年，李老三的父母身体不适合再干农活了，准备把一块地腾出来给李老三家。李老三做了长远的规划，他准备在这块地上种树，近几年肯定是不会有收入的，但是十年之后，就是一笔不小的财富，正好可以用来给儿子娶媳妇。

李老三的家庭，虽然贫困，但是丝毫没有影响一家人的生活态度。李老三对现在的生活很满足，在他的概念里，只要能活下去，过一天就算一天，自己就该满意了，至于更好的经济条件，自己暂时还不能想，将来有机会再争取。李老三这么多年最开心的事莫过于有了一双儿女。儿子 2010 年读三年级，特别爱读书，也懂事，现在已经帮着家里放牛、做饭了，李老三说有机会要送儿子去外面读书，希望儿子不像自己没有机会出去看看外面世界。对于儿子，李老三十分舍得。儿子在村里读书，家里每天都会给 1 元零花钱，虽然不多，但是对于李老三的家庭来说已经很难得了。他说，“大家都有钱花，他自己一个人没有，我怕他不舒服，不快乐”。女儿才一岁，还腻在父母身边。我们采访的时候，小小的身子一直靠着爸爸撒娇。李老三虽然不会很明显地表达自己的情感，但是他宠溺的眼神，小心的动作，无一不透露着爸爸对女儿的喜爱。本来，依李老三家里的经济情况，再多要一个孩子会使负担更沉重，但是李老三喜欢孩子，希望有儿孙满堂的一天。

李老三现在还是组里会计，2010 年刚被选上来的。老会计年纪大了，耳朵不太灵敏要退休，大家就在 2010 年把李老三选了上去。李老三只是小学学历，相对其他村民没有特别的优势。我们采访时，刚好李老三的邻居来串门，就在旁边帮忙说，“大家觉得他老实可靠啊，都相信他”。做组里的会计，会花费自己平时的时间，李老三不介意。他没有用语言表达出自己为什么想要做会计，只是用“是”和“不是”回答着我们的理解。他觉得他想要尝试一些自己以前没有做过的事，他可能没有意识到自己的行为其实是勇敢地迎接了一次陌生的挑战，是自己生活中难得出现的亮点。

李老三家的邻居很健谈，而且汉语说得比较流利，见我们和李老三沟通困难，热心地帮我们做起了翻译，还说出了很多自己的看法。在她看来，李老三家里确实困难，因为基础条件太薄，很难得到改善。她说李老三的老婆，以前儿子还小的时候，要干农活还得背着孩子去地里，要不然放在家里没人照顾，特别累。李老三为了能早点赶去地里，多干点活，只能起早摸黑，就算是这样，家里年年也剩不了钱。按她的话理解，这种情况在班利村实在太普遍了。乡下人，每天能保证不饿肚子有个地方住就不错了，要想存点钱光靠种点地是不可能的。她还说，现在李老三家就期待着孩子能快点长大，家长自己心里开心，孩子大了也能干活，以后老了还有人养老。这点希望，是班利村的村民最大而最普遍的期望。

李老三和老婆现在最迫切的愿望是能有钱修一间自己的房子。村里的房子一般有两种，一种是用木板做的，一种是砖瓦。现在村里木材原料缺乏，就算是修木房子，也要花3万元，砖瓦房就更贵了。李老三说，“这种价钱，存钱的话是存不上了，只能等过两三年家里情况再好点了，自己出一小部分，借一部分”。旁边李老三的邻居补充说，乡下就是这种情况，除了吃饭不饿肚子，要做什么都得借钱，明年还今年的，后年还明年的，除非不买什么东西了，就可能会有不欠钱的那天。李老三只是笑着不语。从之前交谈得出来的经验，这种情况下，李老三的意思就是不反对，没有意见可发表。当时听了这种情况，一种无力感油然而生，这样的生活一直下去会有什么奔头？天天劳累，起早贪黑，还是没有出头的那天！但是李老三却觉得无所谓，可能是见惯了村里这样的情形，大家都是这样，没有什么奇怪的，至少大家都还好好的活着，家庭关系和睦幸福。当问起李老三的兴趣爱好，他思考了片刻还是保持沉默。李老三平时的生活除了干活就是干活，看电视聊天都是极少的，爱好这词对他而言真是陌生词。

贫困不可怕，可怕的是没有战胜贫困的准备和勇气。李老三家虽然没有制定出宏伟的富裕展望和计划，要求的仅仅是能达到村里一般村户的平均水准，但是他们踏实，一步一步稳扎稳打，不好高骛远、不抱怨现实，以平实的心态看待在我们看来难以忍受的事实，对于他们来说，就是最好的处理方式。脱离贫困，住上自己盖的房子，应该是指日可待！

（七）让人心酸的李日火家

刚看到这个小男孩时，他脸上冷漠的表情与他那 14 岁的年龄根本不符。当我们去到他姑妈家时，他就安静地坐在家里的一个角落里，我们问他也不回答，好像外界的一切都与他无关，看到小日火这样，我们心里感到一阵心酸。随后，他的姑妈告诉了我们一切，我的内心又一阵颤动，对这个小男孩身上发生的一切充满了震动，但又无可奈何。

原本日火应该有一个完整的家庭，但是上天好像跟他开了一个天大的玩笑，让他小小年纪就失去了这一切。日火家里靠种地维生，由于爸爸身体不好，地里的收成也不是很好，种的粮食刚够一家人糊口，那时妈妈刚生了日火，正是需要营养的时候，可是家里的现实状况是仅够糊口，根本没有多余的钱去给妈妈补充营养。由于营养不足，那时候的日火比同龄的孩子要瘦弱很多。妈妈看着很是心疼，却又不知所措，她天天抱怨日火的爸爸。这样时间一久，日火的妈妈再也忍受不了这种贫困潦倒的日子加上和日火爸爸的感情已经破裂，在日火一岁半的时候，妈妈忍着巨大的痛苦，拿着行李悄悄地离开了。直到现在，日火再也没有见到过妈妈。从此，日火和爸爸相依为命。

由于爸爸要下地干活，日火只能交给姑妈来抚养。姑妈是个善良的人，看着可怜的小日火，发誓一定要对日火好，在这十几年中，姑妈也确实做到了，倾尽自己的一切对日火好。可是姑妈家也有两个孩子，有时候也会显得力不从心。爸爸身体不好，加上繁重的体力劳动，小日火不得不承担起家里的一切家务劳动。从 4 岁起已经开始砍柴、烧火、做饭、帮爸爸煎药，一切都手到擒来，这些都是他再熟悉不过的事情了。虽然辛苦，但是小日火不觉得，因为爸爸和姑妈的爱可以弥补这一切，再苦再累也是值得的。转眼间，到了李日火上学的年龄，在爸爸和姑妈的期盼下日火背着书包进入了向往已久的教室。日火读书很认真，他很想出人头地，很想做一个让爸爸和姑妈骄傲的孩子，也想让妈妈为丢下这样的孩子而感到后悔，抱着这样的心态他走进了学校，但是同学的流言蜚语彻底将他击垮了。俗话说“好事不出门，坏事传千里”，他妈妈离家出走的事已经在整个村里传遍了，同学们都说他是没人要的孩子。从此，日火每天都沉默寡言，脸上没有任何笑容。爸爸看在眼里，疼在心里。李日火的爸爸是一个老实巴交的农民，除了会种地外，其他的什么都不会，而且由于劳动过于繁重，早早就落下了病根，爸爸知道自己的病，但还是坚持下地劳作，为了省钱，也从不去看病，而且他没有把自己的病情告诉任何人。就这样自己默默地承受着，有时腹痛难忍，只好躲到墙根下咬咬自己的嘴唇，不愿惊动任何人。其实妻子当年的离家出走对他的打击十分巨大，但他没有告诉任何人，也从心底真正的原谅了妻子的不负责任。自己再苦再累也无所谓，但看着儿子这样整天的沉默寡言，他的心在滴血。终于在日火 9 岁的时候，他不堪重负，离开了这个世界，过早地结束了自己年轻的生命。那年他才 32 岁。这对日火来说无疑是一个致命的打击。妈妈的离去对日火还没造成这么清晰的痛，因为那时他还小，对妈妈没有清晰的记忆，但是爸爸和他一起相依为命 8 年，他早已经习惯了，可是爸爸却又突然地离开了自己，自己彻底地成了一个孤儿。日火的心理防线彻底崩溃了。自从爸爸死后，他再也没有踏进过学校的校门，任凭老师和姑妈怎么劝都不管用。于是，他小小年纪就辍学了。

爸爸死后，日火搬去了姑妈的家里。姑妈家里也不是很富裕，靠种甘蔗维生，还有就是表姐妇女主任的工资，加起来也就七八千元。每年能产 20 吨左右甘蔗，卖到糖厂一吨 450 元，能收入万八千元，去掉一些日常开支，剩下来的也没多少了。而且天有不测风云，姑妈家的儿子还被搞传销的骗去了，几年都没有回家，姑妈真是有苦说不出。日火虽然小，但也深知姑妈的不易。所以，只要是日火力所能及的事，他都帮着干，十分懂事。但是内心痛苦的日火也渐渐地迷上了抽烟和喝酒，似乎只有这些才能让他渐渐地从烦恼中解脱出来。姑妈一家看着年少的日火，心中充满了苦恼。

当我们去到日火家的时候，他就安静地坐在一个角落里，看见我们也没有打招呼，可以感受到这个少年内心的麻木。姑妈一家很热情地招待着我们，我不时瞟一眼日火，只见他拿一根木棒在地上不停地划着，没有丝毫要加入我们的意思。突然表姐对日火说了一句“去烤只鸡吧”，虽然我们再三推迟，还是没能逃过这一家子的热情。日火熟练地从外面捉了一只鸡回来，拿起刀瞬间砍到鸡的颈部，一股鲜血顿时流了出来，我的心里打了个寒战，但这在日火看来，早已是家常便饭了。表姐把鸡剁好拿在架子上去烤，一股香味扑鼻而来，不一会一盆香喷喷的烤鸡端了上来。表姐的爱人又搬来一箱啤酒，烤鸡就着啤酒，很美味。日火也凑过来和我们一起吃。几杯啤酒过后，日火的话匣子也打开了。他说，非常欢迎我们来到班利村，自己不太会说话，希望我们不要介意。说话间，日火显示出来的成熟口气完全不像是一个14岁的孩子。其实我们又怎么会介意呢，如果换作是我们，可能早已没有活下去的勇气了。看着这个坚强的孩子，我内心充满了敬佩之情。说到自己为什么不读书了，日火只是淡淡地回了一句“不想读了”，其实是他不想增加姑妈的负担而已。我们几个和日火姑妈一家坐在一起谈日火，她说日火是个可怜的孩子，如果不是出生在这样的家庭，也许可能会和你们一样去读大学，将来会有出息。是啊，好好的一个孩子，真是可惜。我们的心里在如是感慨。

我们正说着，日火的表哥进来了。日火的表哥很健谈，他给我们讲述了他被骗去大同做传销的经历，说自己是被朋友叫去的，不是被骗去的，自己的工作是正常的工作，是有工作的。但被问到回来为什么身无分文时，他变得哑口无言。他妈妈跟我们说，他在大同期间，被骗光了身上所有的钱，回来的路费还是父亲给寄过去的，而且在那边受到的是非人的待遇，每天只给吃蔬菜，回来时已经是瘦得皮包骨。讲到这些，日火的姑妈眼睛里的眼泪在打转，可以看得出母亲对儿子充满了心疼。但日火的表哥也许是出于对自尊心的维护，他不想让别人知道自己被骗，硬是说自己做的是正当的工作，是上门推销化妆品的那种，并说自己以后有机会还是会去的。听到这些话，一家人都无奈地摇了摇头，不知该说什么才好。

我们就这样说着聊着，感觉我们也成了这个家的一分子，这个家庭虽然清苦，但其乐融融的氛围战胜了一切。

第三部分　村民

十四、村干部

（一）尽心尽力的村支书李小保

李小保，拉祜族，1962年出生，初中文化程度。他踏实肯干，一步一步地成长起来，从农业技术人员、小队会计到担任村党支部书记职务，最终成为整个班利村带领村民脱贫致富和社会主义新农村建设的一面旗帜。1980年初中毕业以后，李小保并不像其他人一样，有份正式的工作，相反，他选择了回家干活。回到村庄，他看到整个村庄在种植方面非常传统，导致大面积的土地得不到很好的利用。村民粮食产量普遍不高，导致来年青黄不接。1983年，结婚后的李小保立志要帮助村民提高粮食产量，不能让班利村落后于其他村庄。他思来想去，要帮助村民，该怎么帮？经过一段时间的深思熟虑，他想了个法子，到乡上去请求帮忙。乡长在认真听取他的来由后，同意让他去乡上先学习玉米种植技术和水稻种植技术，培训的主要内容为播种技术、使用化肥和农药技术等。1984年，他在村里当上了农业技术人员，同时担任那得头组小组的会计。“小组会计”这一职务他从1984年一直担任到2005年。从1984年到现在，他耐心地指导村民种植，带动村民致富。村民们对他的任劳任怨，非常感激。对于村民们来说，他就是一个学习的好榜样。因此，2007年5月他担任了村党支部书记。

作为村里成长起来的最早的一批初中生，李小保考虑到自己初中文化程度不高，要靠自己学习科技知识来带动村民致富，想必有些困难。因此他在刚开始就主动在东回乡农管所申请要参加农业技术的培训，以达到用科技带动村民致富的目标。据李小保回忆，他学习的第一项科学技术是推广水稻杂交、玉米杂交的技术，主要内容包括播种技术、施用化肥技术、使用农药的技术。东回乡为了发展农村，使农业经济逐步上升，解决村民基本生活问题，在每年的冬天会组织各个村的干部技术人员到乡里培训，而班利村在20世纪80年代初，村干部文化水平普遍低，接受新技术的能力较差。因此在东回乡科技培训的任务自然落在李小保这样年轻人的身上，这正好也帮助他实现他的理想——自己先学科技知识，带动老百姓学习科技知识，用科学种田。当时，冬天在东回乡集中培训，闲时他自己看科技材料。到春天开播的时候，李小保说动3~5户村民（包括他自己家），用刚学习来的新技术种植自己的田地。刚开始的时候，村民们不信任新科技，对新技术有抵触，不愿意接受。针对这种情况，李小保的做法：一是说服村民。被说服的这些村民主要是相信自己的、和自己一般岁数的年轻男性。二是以点带面。被李小保说服的这些村民在他的指导下，用技术种田，取得很好的收益。其他村民看到后，跟着学习用科技种田。三是争取上级政府帮助。整个村大部分人家都已用科技种田，只剩下小部分人不愿意的时候，李小保向乡里请示要求乡里给予一定的支持，包括种子、化肥的补助等。如此种种，这才从根本上解决老百姓的思想问题。对于全村的技术推广，李小保不但平时对村民宣传教育，而且还亲自到每家每户的田间地头做技术指导。

早在1986年的时候，杂交玉米已经得到很好的推广。村民们的收成都不错，和以前相比，增收了几成。可是，李小保不满意，他觉得不理想。按理说，应该不只是目前的收益状况，是什么原因呢？难道是自己的技术指导有问题吗？难道村民没有认真学习吗？经过实地考察后发现，问题出在土地上，土地肥力不足。班利村大部分的土地是坡地，且坡度较陡。云南雨水较多，雨期较集中，量较大，因此，每次下雨过后，地面表层泥土大多会被冲走，严重的时候庄稼也被冲掉。针对以上这种情况，为了让老百姓合理利用土地、增加土地肥力、增加收入，李小保和村干部商量，把班利村当时的情况如实上报。正好工作时机契合，澜沧县非常重视，于是县里就下派工作人员实地考察，要求科技局技术人员亲自到村里对村民进行坡改梯培训，指导村民们如何挖坡地，如何做好防洪工程等。当时，村里没有推土机，李小保组织村民用人工挖。刚开始，老百姓不同意坡改梯，因为这个过程是把新土翻上来，肥土翻下去的过程，新翻上来的土质不好不肥，挖后的土地，在近5年之内，几乎没有收成。为了让老百姓看到长远的利益，李小保费尽一切心思，使用一切手段进行宣传，甚至一户一户地劝说，但老百姓还是不为所动。他干脆先把自己家的田改成梯田，过了几年后，他的庄稼比别人的好，老百姓这才慢慢接受坡改梯能带来收益这一事实。尽管老百姓接受了坡改梯，但是问题又出来了，如果整个村的土地光靠人工来挖，那要挖多少年？这成了一大难题，他又去东回乡求救。通过多次努力，在最近几年，村里的坡改梯已经使用机器而不是人工，节省了不少劳动力。

1998 年，为了进一步增加村民的收入，李小保向村干部反映要求在村子附近划出一块试验田，推广杂交稻上山技术，即种植旱稻，这是班利村第一次搞旱稻上山。刚开始，村民们不理解，不知道李小保在做什么。在得到村组织的同意后，李小保主动地向东回乡政府申请一批种子、化肥以及农药，就开始在村里做起了水稻旱栽。在这之前，他只知道听别人说水稻能旱植，并且可以提高产量。李小保对这一新鲜事物很感兴趣，主动要求到县里去学习。经过一段时间的技术培训后，李小保又决定要在村里做个试验。当时的东回乡并没有强制每个村都做这个试验，只要求各村根据自己的情况选择性地推广旱稻上山。经过前几次技术推广的经验，李小保深知，要给村民推广一项新的技术，那得自己先试验，只有自己成功了，村民们才会相信，才会接受。然而，这项工作并不像以前的杂交水稻推广那么简单，它要求非常严格，如果在某一个环节出现问题，那整个试验过程就白费。比如其在化肥用量和种子用量方面都要求比较少，一亩地只需要底肥 5 公斤、种子 1.5 公斤，如果超过这个标准，就会影响整个过程。功夫不负有心人，李小保在村里的试验田的产量明显得到提高。村民们看到了这一成果，又跟风相继学起了杂交稻上山这一技术。从那时候起，村民们都愿意种植旱稻，整个村旱稻种植的规模越来越大。东回乡知道这一情况后追加种子、化肥和农药的补助来特别鼓励他们继续种植。据李小保介绍，现在乡里非常重视他们村的旱稻种植，每年乡里要求班利村每个小组至少要种植 100 亩旱稻。村里拿到这个指标后，分配到每家每户。李小保则是他们身边永远的技术人员。

李小保也是当年甘蔗种植推广的主力。班利村的甘蔗种植最早是在 1988 年，当时东回乡为了发展农民的经济，乡人民代表大会提出意见，要求在乡里建立白糖厂。经过几番周折，孟冰白糖厂成功建立。东回乡人民政府下文，要求每个村种植甘蔗，以供应白糖厂榨糖的需求，同时给农民提供了一条很好的收入来源。班利村和其他村庄一样，响应乡政府的要求，开始种植甘蔗。

可是，当时的班利村没有任何种植甘蔗的经验。学习种植甘蔗的技术又落在李小保的头上。在乡里集训一个月以后，李小保把乡里统一引进的品种带到村，并发放到每家每户的手中。但是，这次可不像前几次可以先搞试验再逐步推广，这次是乡里的下发的硬指标，村民必须完成，技术方面的指导由李小保配合乡里来指导。麻烦来了，村民们拿到种子后自选栽种。由于每家根据自己土地的肥沃程度来选择土地，栽种的地方不统一，这给李小保的技术指导工作带来不少的麻烦。毕竟村里只有他一个技术人员，没有那么多时间和精力跑那么远的地方指导每一个村民。第一年种植甘蔗的收成很低，李小保深为自责，以为是自己的原因（在种植技术方面指导不足）。于是，在下一年的甘蔗种植过程中，他向村干部反映要求全村甘蔗种植尽量集中。即便是这样，甘蔗的收成还是不好。这次，他怎么也想不通是什么原因。后来在不经意的闲谈中听说邻村的甘蔗种植也不好，他才知道，这不光是他的技术问题，也有可能是种子问题。他把这一问题反映到乡里。乡里告诉他，这批种子可能确实存在问题，因为大多数的村庄都来反映同类问题。乡里向他保证，一定要彻底解决好这个问题。李小保安心了，有乡政府出面帮忙解决，他就不那么担心了。后来乡里派了专业技术人员到村里检查种植过程，发现也不是种子的问题，是这个品种的甘蔗不适应当地的土质。于是乡里帮助他们换了另外一个品种。按理说，品种改变了，产量应该得到提高，可是班利村的产量也没有相应地提高。李小保想来想去，发现在技术方面还是存在细节的偏差。于是他主动要求再去深入学习甘蔗种植的技术。据李小保介绍，后来的这次技术学习非常适用，同时要求更高了。以前大家种植甘蔗都比较随意，把坑挖好，放上底肥，盖上土，再放种子。现在要求挖坑要达到 40 厘米 ×40 厘米的标准，一亩地需要种子 1.2 吨。在农药方面也很讲究，雨天用药和晴天用药不一样。小雨一般用“丁草”（一种农药名称）效果比较好，晴天就不用这个药，换用其他的农药。在技术方面过关后，班利村的甘蔗种植增产不少，也受到了孟冰糖厂的重视。村里在最近几年都超额完成任务。目前，糖厂每年给村里的任务基本都是在上一年种植面积的基础上增加 200 亩。2010 年村里种植甘蔗的任务是 2600 亩。老百姓自己得到实惠后，也会主动种植甘蔗，有的人还特意承包别人的土地来种植，挣了不少钱。李小保说：“村民自觉种植甘蔗后，我们省心多了，不像以前那样给他们做工作非常困难。”

2000 年，李小保顺利地当选支部委员会成员。为了感激大家对他的信任，他想更好地工作让村民们更加富裕。在知道村里土质适合种植茶叶后，他不顾其他村干部的反对，强烈建议当时的村支书在村里规划地块做茶叶基地。经过几番努力，老村支书终于同意。在得到支书的同意后，李小保又向乡政府反映，并详细介绍班利村开发茶叶基地能够带来的经济收入。乡政府领导听完后非常赞同，主动帮班利村联系茶叶公司，请求茶叶公司在茶苗和技术方面给予班利村帮助。茶叶公司经过周密调查，发现班利村确实适合种植茶叶。于是，双方建立合作。2001 年开始种植第一批，共有 723.85 亩。当年那些茶苗是茶叶公司扶持，村里负责管理。在第一年的时候，公司技术人员一边培训村民，一边指导开挖土地。2007 年，又多种植了 30 亩。到目前为止，班利村的茶叶种植总共有四个品种，即营生茶、血牙百豪、无姓系和复三行三干三。李小保现在当上了支部书记，他不顾村务事情的繁多，一定会抽空再琢磨琢磨种植技术具体指导老百姓。几个月下来，发现自己又当支书又是技术人员实在忙不过来，于是他想到必须要培养一个或一批班利村的新一代技术人员。经过几番考察后，他发现村里年轻人大多已外出务工，没有几个年轻人踏实在家务农。于是，他的主意就打到自己小儿子李小明的身上。他不但教他学习管理茶叶的技术，还把他送到澜沧县城学习茶叶加工技术。看来，李小保不光是想扩大班利村茶叶种植面积，他还想有朝一日自己村也能加工自己生产出来的茶叶。真不愧是有技术头脑的，还是有经济头脑的书记。除此之外，为了帮助老百姓养殖，李小保多次到乡里争取无息贷款，鼓励村民们把养殖业做大，增加他们的收入。

此外，李小保对班利村的经验和发展规划也有明确和清醒的认识。以前的班利村猪无圈、牛无棚、人无厕，疾病肆虐，路不通。而现在整个村庄村容村貌整洁干净、人畜分离、饮水卫生、道路通畅。2007 年 5 月 18 日，李小保以多数票当选班利村党支部书记。他说，这是村民们信任他，愿意跟着他把整个村庄变得更漂亮。自打上任支部书记后，他把村子里贫困情况向上报，建议把处于危险状态的那布四组全体搬迁。那布四组处于大山脚下，随时可能遭受山体下滑的威胁。为了全组村民的人身财产安全，李小保把整个情况向乡里反映要求给与资金帮助。最后，每户搬迁有 5000 元的补助。这项工程在 2007 年 10 月开始动员，到 2008 年 1 月 20 日完工。

李小保的努力得到政府的肯定和村民的赞扬。1985 年，全村动员坡改梯，李小保在整个工程中，承担着重要的技术培训任务，当年完成人工坡改梯

1000亩。当年，李小保荣获澜沧县农业局、科技局“科技先进工作者”称号；1988年，荣获东回乡新农广校奖励的“科技先进工作者”的称号；2007年任职后，先后荣获“优秀共产党员”“优秀党务工作者”“组织奖”“先进党支部奖”等。据李小保介绍，这两年要在班利村修建“文化传承基地”“摆舞之村”，这是全村甚至是全乡的重点工程。要完成传承基地、摆舞之村的建设，必须对整个班利村进行大的改造，主要从四个方面进行：一是饮水问题改造。目前，班利村水源只有一个，且管道老化，遗水现象严重。2010年上半年，由于云南大面积严重干旱，村民们在生产生活方面用水相当困难。为了让老百姓充分蓄水，澜沧县在旱灾时要求全县所有共产党员捐款，建立“共产党员爱心水窖”。李小保在得知这个消息后，主动到乡里申请修建水窖并动员全村所有的共产党员出工出力，为村民们修建了一个20平方米的水窖。二是道路改建。李小保上任后，不断到乡里争取道路改建经费，终于把以前的砂石路改为踏石路。这项工作从2008年开始，2009年完成。不过目前完成的只是村里的主干道。李小保说，要建立传承基地，需要进一步的改建，通组路要完成，有可能砂石路还会升级。三是收集与整理拉祜族以前在生产生活方面用的工具，如刀、枪、衣服等，要在文化传承基地里进行展示。四是改造电网。班利村的电力不足，需要进一步的改进，满足村民的需求。望着挽着泥裤腿，穿着解放鞋但眼睛里满是希望的简朴支书，我的脑海只有一对词“地气与希望”。

（二）扎实质朴的村主任张绍六

班利村现任村长名叫张绍六，年仅36岁，当我们小组第一次见到他时，觉得有些不可思议，这么年轻就当村长了。所以，我们的脑海中总是浮现出这样的问题：他有什么过人之处吗？他是怎样当选为村长的？年纪轻轻村里会有很多老人不服气，他是如何处理的？村里的大事小事，他是如何处理的？他是如何对待他的村民，以怎样的方式与他们相处的？等等一系列关于他的问题驱使着我们不断与他沟通交流，不愿错过与他沟通的任何机会。

1. 村长当选之路

相对于村里其他中老年的乡亲们，村主任中专毕业，在村里文化程度比较高。他中专毕业，最初是在一个村里当老师。他在学校里教语文、数学、政治等多门课程，教学认真，关心学生，深得校领导和家长们的尊敬和喜欢。教学两年以后，他又当上了村里甘蔗辅导员。所谓甘蔗辅导员，很像市场经济里的经纪人，帮助村民出售甘蔗。他根据买家的要求，与村民们再根据甘蔗的产量、质量进行交流与沟通。当时，村里的家家户户他都要去熟悉他们的甘蔗情况，与此同时他也开大车，当甘蔗的运输员。当他以一个辅导员的身份进入到每家每户，逐步了解他们的生活、生产状况，久而久之获得了村民们对他的信任，这为他当选村主任之路奠定了坚实的群众基础。据他自己介绍，在选举的那一年，和他竞选的是老村长，老村长已在村里工作六年多，所以他的实践经验远比自己丰富。这让他很担忧，觉得自己真的是以卵击石。但是结果却令人出乎意料，村民们最后选择了他。至于原因他自己谈到，可能是因为自己学历较高一些，对于村子的农业经济发展规划得比较长远，能够从村里现有的条件出发发展村里的经济文化。加之自己出去考察的地方比较多，眼界开阔，这也是村民们信任他的原因之一。但我们认为他不仅关注村民们甘蔗产量的销售问题，更加注重以何种方式才能让村民们获得丰厚的利益，也更懂得怎样才能使整个村子的经济状况不断地改善，这才是人们推崇他、信任他的最重要的一个原因。

2. 村主任的贡献

2012 年是张绍六担任村主任的第三年，虽然他担任的时间不长，但是为村里做了很多贡献，这些贡献村民提起来时个个都非常赞赏。尤其是老一辈的拉祜村民，不仅对他的工作给予肯定，同时也给予其极高的评价。他为村民们做的事情主要有以下几方面：

(1) 铺路

从通乡公路拐到村口的砂石路，由于是出入村子的必经之路，让人印象特别深刻。当我们第一天进入这个村子的时候，我们仿佛颠簸在野路上，两边种着成片的甘蔗、玉米等，到处充满着乡土气息，一直颠到村寨口才变换成我们熟悉的水泥路。在这种颠簸中，我们都觉得个性得到天然的解放。据村民们介绍，在张主任上任之前，整个村子里到处都是泥土路，加之他们那里的天气阴晴不定，所以长久以来路上一片泥泞。这种环境不仅影响村民们出行，而且给整个村子的整洁度、干净度带来严重的影响。可是，修整这条道路要想获得政府的资助，不仅花费的时间长，而且程序也比较复杂。因此，张主任和村里主要干部经过几番讨论，决定自己和村民们进行修整。倘若是直接铺成水泥路，费用很高，怕村民们接受不了，于是张主任决定先用石子铺路，这样不仅省钱，而且使得自己的村子看起来别有一番乡间情趣。当时即便不铺水泥路，铺石子路也需要大量的工人，可是谁都不曾想到，是村主任带领村民们生生把这个修路的硬任务给扛下来了。村长说，村民们都很乐意帮忙，大家谁都没有异议，目标只有一个，即修好这条路，方便你我他。当我们的小组了解了这件事情后，不禁对村主任竖起了大拇指，若不是他具有亲和力，与村民们坦诚相待，就不会获得村民如此的拥护。

(2) 继续进行危房改造

云南是自然灾害多发地带，例如山体滑坡、泥石流、地震等，这些严重地影响着村民们的正常生活。在我们进村的时候就发现，有些房子是砖房，有些房子是木房子，为什么会有这两种风格的房屋，后来村主任回答了我们的疑问。他谈到，班利村在1978年的时候发生过一次地震，房屋和死伤人数比较严重。那些年因为国家经济情况发展缓慢，政府没有大量的资金帮助我们建房子。近些年，随着社会经济水平的不断发展，国家政府每年都资助我们村民进行危房改造。每年主任都会去村民家里考察他们的房子，将危房数目上报给政府。政府会给每家一万元的补助建设新的房子。但是，谈到这里，主任一脸惆怅，他说，你们也知道，村民们有他们自己的思想，也就是在他们看来，即便是危房，他们也不愿意搬走重建新房，因为他们已经住习惯，对自己的房子有感情。我们也一脸的疑惑，面对这种情况，他怎样去说服村民呢？主任也猜到我们要问的，他说开始的时候他和几位村干部不断地给村民做思想工作，从各个方面让他们看到房屋改造的利益，渐渐地村民们就有所领悟。我们说服归说服，村长又继续谈到，在我们班利村，有一个很好的现象，那就是只要在村里树立一个典范，村民们就会自然而然地支持某件事情或是某个人。例如这种危房改造，大多数人不同意，可是当有一家村民的房子改造成功后，其他村民觉得不错，这样房屋改造工作也就顺利进行了，而村主任也无须再进行说服。最后，主任总结到，只要让村民们看到实实在在的好处，就不用浪费大量的口舌去做思想工作。

(3) 咖啡公司的投资

班利村的村民们除了种植玉米、水稻、甘蔗外，他们还种植咖啡。据村主任介绍，在此公司没有投资之前，村民种植的咖啡只能自己运到别的地方去卖，而且价格卖得比较低，相对赚得也比较少。主任谈到，引进咖啡公司的目的就是让村民们见识一下先进的生产技术，不仅可以改变村民们落后的生产观念，而且也方便村民们在农闲的时候去公司当临时工。班利村的村民们很淳朴，他们有时候想出去打工，但是路途比较远，加之文化程度比较低，上当受骗的可能性比较大，所以这家咖啡公司可以帮助村民们找属于自己的第二职业，除此之外，主任还谈道，现在村里的大学生本来就少，加之他们出去开阔了视野，毕业后选择回来的可能很小。久而久之，村里只剩老人和小孩子，变成“空心村”，那是很可怕的事情。咖啡公司的引进，也是为了留住那些刚毕业的大学生，也想给留在父母身边的年轻人一些机会，也想为本村的经济发展寻找些自己的力量。

除上述贡献外，主任还给我们介绍到未来几年要在班利村建飞机场和高尔夫球场，这两个重大的项目已经报上去了，正在等待批复。在谈及建机场和高尔夫球场时，主任深吸了一口气说，土地是属于农民的，要想让他们放弃自己所依靠的“衣食父母”是一件非常困难的事情。但是，即便困难重重，我们依然相信村主任会一步一步说服自己的村民，顾全大局，注重长远利益，不断地为村民的幸福而努力。

3. 村民眼中的村主任

（1）老人眼中的村主任

村主任带我们走进一家贫困农户家里进行访谈，在访谈即将结束的时候，村主任不在场的情况下，我们小组又将话题转到村主任身上。这位老伯已经65岁了，他的拉祜语我们有点费解，但是他旁边的孙子，却给予了我们极大的帮助。老伯谈到，刚开始小张当村长的时候，我们这帮老人确实有反对意见。觉得他太年轻了，缺少经验，万一村子里发生什么事情怕他不会处理，处理不了。但是经过这两年的观察和他处理事情的能力，我们这帮老人渐渐地转变了对他的看法，从不理解到理解，从不赞同到赞同。老人说，村长他组织村民们一起铺的石子路，大大地方便了我们的出行，村长他是一个热心肠的人，时刻为村民们着想，时刻为村子的发展着想，村民们都很感激他。从老伯的言谈和眼神中，我们调研小组也明白了村主任的努力已经得到了回报，他取得了村民们的信任。

（2）李书记眼中的村主任

李书记已经在班利村任职五年了，他比村主任大十几岁，作为村主任的同事，我们小组认为他也是最了解主任的人。他谈到，我们这些老干部已经老了，思想也落伍了，跟不上时代的步伐，有些事情都愿意交给这个年轻人去干。作为村主任，本来有些小事不用他自己亲自去办的，可是几乎村里的每件事情他都是亲自办的——谁和谁打架了？谁家房屋漏水了？谁的牛被偷走了？——等等这些在我们每个人认为琐碎而又繁杂的事情，他都要亲自去看看，帮助村民们找到解决的办法。当然，在一些重要的问题上，他会通知村干部，村里的小组组长前来讨论商量。有时候，我们的讨论会不欢而散，因为毕竟他们年轻人的想法与我们这些人有一定的差距，但是即便如此，他从来都不会不闻不问，而是继续商量讨论，直到达成一致的意见。所以我们这些村干部，不管年长的还是比他小的，都愿意跟着他替村民们分忧解难。他不仅与村里的干部们关系相处融洽，就连乡里的干部们也非常重视他，没事儿的时候经常来班利村与他喝酒、闲聊。李书记进而解释道，他并不是单纯地陪乡领导喝酒，而是以一种轻松的状态向乡领导反映村里的实际问题。

(3) 妻子眼中的张主任

每天看到张主任忙碌的身影，我们小组很是好奇，他是如何照顾他的妻儿的？他有时间去陪她们吗？在家里他是一个称职的丈夫和父亲吗？在一次偶然的机会，我们就与其妻子闲聊起来，她是一位非常健谈的人，有很强的亲和力。当聊起她丈夫时，她脸上和眼里流露出来的是高兴和喜悦，看得出来她对他满满的爱。她和我们说到，他经常不在家，手机一晚上都不会关机，害怕村民有事找不到他，有时候凌晨三四点村民有事，他起身就去了解情况了。当我们问及村主任由于忙于村里的事情，没时间陪她们，就没有一句怨言吗？她很大方地笑笑说，哪能没有？谁不想自己的丈夫陪着自己啊？只是我们不能，他有更重要的事情要忙，我不能那么自私地要求他陪着我。若是他不忙的时候，也会给我们做饭，陪我们去县里买东西。我全力支持他的工作，家里的事情我可以照看好的。给你们举例说吧，他一直还想要一个小孩，我表面不同意，其实我又何尝不想要呢？只是因为他是村主任，我们必须以身作则，搞好村里的计划生育，你们也知道农村人想法没有那么远，有的家里三个孩子还有，所以我们目前暂不考虑要孩子了。若是要也等他不当村长了，我们可以再要。这样一位看似平凡的女人，虽然不会用什么华丽的语言去形容她对丈夫的爱，但是她已经用实际行动证明了她的爱。我们小组的女孩子们个个都投去敬佩的眼神，同时也为村主任有这样一位贤妻而感到高兴。

(4) 张主任最难忘的事情

当我们问及当村主任这两年来有没有自己最难忘的事情，村主任沉思片刻，谈道，“你们也看到由于我们村的医疗条件有限，所以像手术之类的事情我们只能到县医院、市医院去做。有一回，村民因饮酒过量，突然不省人事，我们就送到最近的县医院。可能因为医生也没有太大的把握，不给进行抢救。面对这种情况，我当时急得很，情急之下，我厉声道：‘你们只管抢救，出了事我来担，我是班利村村长。’没想到，经抢救病人脱离危险，现在健康的很哪。”说着，主任脸上露出得意的表情。后来，主任也强调自己当时下决心让医院抢救也是心里没底，但是为了生命，他都想赌一把，不管结果如何，他都愿意承担所有责任。这也是他当村长期间思想斗争最激烈的事情，好在一切顺利。听完后，我们为主任的坚决果敢而折服，有时候作为领导，就得稳住局势，敢于做别人都不敢做的决定。

4. **我们眼中的村主任**

还记得第一天，我们来到班利村的时候，远远看到年轻的村长向我们走来。他有点跟我们保持着距离，也不爱说话。张主任带我们熟悉村里的情况与环境，走在路上，主任一直对于村里不整洁的环境而感到抱歉。其实，对于我们这些孩子们，很喜欢那种泥土的气息，自然的状态。一路走来，他成为我们的导游，为我们介绍村里的特色景物、民族风情。很快，我们就发现他的热情。当在教堂附近看到一个小水库时，小水库的水管漏水了，我们以为主任会打电话叫村民们过来修一下，没想到他自己卷起袖子就修起来，大约二十分钟后，水管就修好了。这一路上，凡遇到垃圾之类的他都进行直接顺手规整，不时地和碰到的村民打着招呼，热情地介绍着我们。后来，我们见过他从自己的存折里拿钱为同村的人垫付医药费的样子，我们见过他为了村里事情跑东跑西的样子，我们见过他为了村民的事而去乡里争取的样子，我们见过他与朋友畅聊的样子，我们见过他与村民促膝而坐的样子，我们见过他受挫沮丧的样子，我们见过他办事成功喜悦的样子……我们开始有点明白为什么村民愿意选他当村长了，他是一个不善言谈的人，但是他心里想的却是班利村的村民，班利村的发展前景。他从来不会因为事情小，而不屑去处理，对于村里、村民的每件事情他都很认真地帮助解决。他自己说过，这是他的责任，也是他自己愿意为村民做的。每每看到他忙碌的身影，我们心里的敬佩感就油然而生。我们认为班利村有这样一位优秀的村干部，一定会有好的发展前景，村民的生活一定会富裕起来的。为村主任加油，为班利村加油！

（三）爽朗利落的那得头组长

那得头是班利村的一个组，坐落在中心寨西北方的一座山头上，离中心寨大约15分钟车程。那得头亦是拉祜族聚居区，于是我们和村长定下时间，前往调研。

由于正值当地雨季，前一天竟下了一天的雨，幸好这里村村通路，基础建设还算不错，倒也不碍出行。原来对“要想富先修路”这句口号并没有太多感受，当切实住在这里后，方才真切意识到路的重要性，毕竟，对于这里分明的雨季和厚沃的胶泥红土来说，“晴通雨不通”着实是一个难以克服的问题。

一路绕山而行，薄雾缭绕，雨后的空山只余漫山的甘蔗田和一片片松林，车行而过，松针淡淡的味道便漾进车里来，喜欢这山林的味道，因为这是我们蜗居在大都市里稀缺的自然的味道，松树尚且低矮，气势未成，但“退耕还林”还是初见端倪，相信长此坚持，必定是一个造福后世的功业。

进入那得头，抬眼便看到一个简单的篮球场，虽只有一个篮球架，但它的出现还是让我觉得意外。等组长安排完其他事务，于是跟随他到他家聊些事情。组长家住在一处缓坡中央，院子不远处长着两棵高大的菠萝蜜树，正是菠萝蜜成熟的季节，比篮球还大的菠萝蜜挂了满树，丰硕而诱人。组长家依坡盖有一间大约80平方米的住房，住房对面是一间40平方米的灶房，里面储存着一些农具与杂物。灶房旁是一个猪圈，养着几头猪。猪圈旁是一处空场，搭着一些枝干，几十只鸡或在枝头或在地下，分散着觅食。

进入房门，只见房子按当地习俗分成里外两间，里屋作卧室，外屋会客。外屋依墙放着几只沙发，破旧得椅垫分离，沙发对侧的墙角放着一个电视柜，上面放着电视机和VCD，电视正开着，孩子们守在一侧津津有味地换着台挑选着节目，心下数数，也有二三十个台，有几个学生和孩子们交流电视心得，可见这里和外面的世界因为有电视的传播，差距并不大。沙发旁放着一个高高的柜子，上面竟然摆着一个卡拉OK机，旁边放着两只话筒，心下惊讶，想卡拉OK在城市的家庭里已悄然隐没十余年了，而这里仿佛还方兴未艾，或许是因为乡村生活的单调，或许也是因为少数民族能歌善舞的传统使然。靠墙的一张柜子上在显眼处摆着一张先进集体的奖状，于是，和组长的访谈便由此开始。

那得头组长，是一个黑黑瘦瘦的男子，脸上总露着笑，说话爽朗利落。他先介绍说整个小组有357人，93户，一共有580亩地，如今最大的问题是喝水难，说组里准备先贷款修辅水管，分摊到每个人大约46元，作为组长，他希望能带领大家把生活越过越好。

他说他是孤儿，而养父吸毒，养母眼瞎了后更无力照顾孩子，于是他寄养在叔叔家，由于从小没有上过学，他并不识字，只是会说话罢了。19岁时在叔叔的张罗下结了婚，在班利村当上门女婿。

4年后，也就是他23岁时，他又回到了那得头，自立门户，分田分地，自己盖起了一间属于自己的小茅屋，那时，他拉牛犁地，孩子没人带，干活时就背在身上，虽然条件艰苦，但毕竟有了自己的家。他来到那得头后，信了基督教，说到信教，他感慨地说，村里每周休息一天，为了做礼拜，他每周洗澡，保持卫生，还学习了许多文明礼貌，再加上教会给他当众讲话的机会，使得他由不善言谈逐渐到能当众分享1小时，他在教会中还学会了拉祜文字，使得他摆脱了文盲的困境。由于文化知识的逐渐增长，使得他在之后的生活中受益匪浅。可能也是源于这份改变，他是我们接触过的人中最重视也是最强调文化的人。

1987年，他24岁时，参加了队委会，当上了护林员和民兵队长。那时他的地少，收成也很少，都不够一家人吃，日子过得非常苦。直到1988年，他多承包了4亩田后，方才解决了家中的温饱问题。

1989年，温饱自足后的组长，心里想买一辆手扶摩托车，于是和老婆盘算，发现家中没有那么多钱，于是他决定先从事养殖，以多一些积蓄。他卖了三头猪，得了1080元作为基础开始经营。

1990年，银行前来调研，因为有一些老贷款要清理。而他父母曾经就有这些贷款，像他这种情况的村里还有十多家，于是，他联合村里有这些情况的村民，说服他们一起先还掉贷款，因为他知道“好借好还，再借不难”。银行的办事人员很感谢他们的支持，也很理解他们的困难，许诺说，只要有困难，欢迎他们随时前来贷款。有时候也想，对于经济紧张的这些贷款户来说，能说服他们还贷的确是一件非常不容易的事，而组长能带领大家一起还贷，或许正说明了他平时的威望和超强的说服力，还有就是那不可多得的长远眼光。

1991 年，他开始种植甘蔗，总共种了 9.8 亩，但由于是第一年试验种植，再加上遇到天灾，天旱得只出来 3 亩，算下来，那年亏了 2000 多元。在之后的 1992 年到 1994 年，他吸取经验教训，又连种了三年甘蔗，以每吨 50 到 60 的价格出售后，一年结束，竟能收入 3000 元，而这对于一个小山村的普通农民来说，实在是一个不错的收入。

1993 年，他又当上了政治组长，也就是生产组长，使得他更加有信心增加生产收入，带领大家摆脱贫困，过上好日子。头脑灵活的他，认为只靠土地难以进一步提高家庭收入，于是，在 1995 年 5 月，他贷款 3000 元，自己拿出 2800 元，买了一辆手扶拖拉机。除了日常生产外，做一些货运生意，买些玉米、谷子等农产品到澜沧县去卖，这样，每个月的毛收入就能有 3000 元，这一年，是他荷包满满的一年。

一年后，也就是 1996 年，他以 7200 元的价格卖了旧的手扶拖拉机，又以 8000 元的价格买了一辆新车，日子越过越红火，他心中亦有了憧憬。他一边用新车继续他的货运生意，一边趁闲时拉了些河沙等建筑材料，在他心里，一座新瓦房已然在心里开始修建。

1997 年，他又以 7000 元的价格卖掉家中的手扶拖拉机，因为备好了木料，他的建房梦想即将实现。他把房子承包给村中的工匠老八，总共花了 2.8 万元，把他期盼了几年的新房盖了起来。或许是人类潜意识对房子的需求，只觉得有一间自己的房子，心里便有了一种安定和踏实的温暖，看着组长熠熠生辉的脸，我想那年的他虽然积蓄花费殆尽，但住在自己奋斗起来的房子里，那种充实与快乐是什么都无法代替的。

然而在 1997 年，由于澜沧糖厂破产，以前送去的甘蔗钱也成了未知数，于是，那两年也没有再种甘蔗，直到 2000 年，有人接收糖厂，把前三年糖厂的欠款还清重新开业，收到欠款的组长又开始重新种甘蔗。为了拓展收入来源，他贷款 1 万元，花 9300 元买了一辆新拖拉机，业余时间做起了运送茶苗的生意。

2001 年，组长看到运输业还有空白，于是又花 22600 元买了辆农用车，用来运输插苗用的土，每月的毛收入可达 7000 元。2001 年底，又把农用车卖了 16700 元，贷了 20000 元，花 36000 元买了辆 4 缸车，结果这一年由于开车不慎，光修车用去16000元，年底，他一气之下，把车卖了10000元，这一年光这辆车里里外外亏了4万多元。

2004年，恢复元气的组长又买了辆手扶拖拉机，开了一年，却没什么生意，于是又卖了6000元。

在2005年贷了2万元，花27500元买了辆新车。

2006年到2007年，他用这辆新车替人拉茶叶，自己挣取运费。

2008年，又买了一辆新手扶拖拉机，用于犁地、耙地等农业用途。

2009年，他买了辆二手东风车，结果开了三天，坏了三天。那一年，儿子结婚了，开走了他的旧东风车。

2010年，组长自己又买了辆新东风，农闲用于拉甘蔗。

听组长讲他这几年的历程，只觉得新奇，这个外表朴实健朗的男子，要家庭没有富裕的背景，要知识没有文化做积淀，但他就凭着自己的聪明与认真，像是做生意一样买来买去汽车，着实在这个山村中不多见。也就是凭着这份敏锐的见解，他一次次抓住了商机，使得一穷二白的他在村中反而是先富裕起来。而且，他常使用贷款，按他的话讲，他信用好，银行每月来审核，由于他情况很好，被评估为贷款优质客户。他就是村中那个敢于吃螃蟹的人，但这也源于他的胆识，方才使得他能闻风而动，最先赚得了那一桶桶金。

看到家中的小孩子，于是问起了他的儿女。他说他和大儿子一起住，二儿子自己出去过日子，女儿也嫁人。他说，以前他小时候，老师曾经说："不认识字，长大就没办法。"他那时候还不信，长大了，发现老师说得真对。所以，自己走过的弯路，他不想让孩子们再走，所以这也是他格外重视学习的原因。他现在最大的愿望是想儿子们能过得更好，希望孙子们能好好读书。

我问他，想不想出去到城里去生活？他豁然一笑，说，他并不想搬出去住，因为他知道自己在那里过不好日子。而且，他的孩子们又不愿意做生意，也不愿意打工，只想在这个小山村里过着有田有地，有吃有喝的日子，所以也都不愿出去。听后只觉得，或许在他们看来，土地便是使他们心里踏实和使他们生活有着落的唯一。何尝不是呢，在城市中的我们不也为了那小小的但却寸土寸金的房子，努力奋斗吗？毕竟对我们那没有摆脱土地束缚的心灵来讲，那一小块地也是使我们的心踏实和温暖的重要因素啊！

说到最后，组长颇多感慨，他说在他当上组长后，他做到了村中水、电、路三通，并组织盖起了篮球场。大家也支持他工作，他也想带领大家真正致富。

忽然想起了一句话，“聪明的人很多，诚实的人也很多，但既聪明又诚实的人却不多”，但看到组长，我相信我碰到了一个既诚实又聪明的人！不知怎么，心中敬佩这个农家男子的同时，甚至有些可惜这样一个人才没有留在城市，但细思后，也释然，或许这里才是他的土壤，在这里他能得心应手的发挥他的才能。

（四）挥洒青春的村官张海

我完全没有把他和村官联系到一块，一副吊儿郎当的模样，戴着一副眼镜，穿着一身休闲的服装，一双运动鞋，就是我对这位村官张海的第一印象。“你们好”，张海很热情地和我们打了招呼，随即把我们一伙人带到了他的办公室。在办公室里，我看到了村里唯一的一台电脑，看我们看着电脑，“哎，这电脑拍一拍才能工作，而且老死机，网吗，过几年就通上了”，他说着很轻松，充满了自嘲，一种习以为常的自嘲。

张海是本县谦六乡彝族人，1982 年出生，2009 年从昆明学院旅游管理专业毕业，同年的 9 月考到了班利村当了当地的村官，如今已有将近三年的时间。说到在班利村的三年，张海同志感触颇多。初到班利村的时候，过惯了城市的生活的张海还是有点不习惯。他不适应班利村没有电脑，不能上网，没有任何娱乐活动，而且他也不知道跟村里的人怎么沟通，最初的那些日子每天都不知道干些什么，不适应的感觉如此强烈。不过，这种不适应感并没有持续很长的时间。张海回忆着，“村长第一次见到我的时候，就激动地说‘以后村里就靠你了’，这让我压力很大。刚开始看我不适应，村长就每天叫我去家里吃饭，随后就当前村里的发展情况给我做了简单的介绍，让我有个基本的了解，然后很期望我在未来的日子里能为村子的发展提供一些帮助。看着村长和书记那期盼的眼神，听着他们爽朗的笑声，看着他们热情地与自己聊天，之前阴霾一扫而空，不适应感也抛到九霄云外”。张海觉得与他们的距离拉近的同时更觉得肩上有了“责任”的担子，工作也有了动力，“就算是为了村长和书记那期盼的眼神，我也得认真工作啊，虽然我没什么经验，凭年轻那股冲劲我相信我能成功”。经过半个月左右的时间，张海就基本适应了班利村的生活。

入乡随俗，班利人热情，人情味浓，中午一块吃饭自然难免，也是人之常情。其实，一去吃饭张海就有点发怵，为什么呢？因为他听到村干部们小声嘀咕着要劝他喝酒。果不其然，怕什么来什么。尽管再三推辞，还是没能躲过。端起酒杯，看着周围人投来的目光，似乎这一杯酒有了歃血为盟的意境。张海仰头喝了下去，他明白这是农村人不把自己当外人的最朴实的表达方式。张海看到他们很高兴，自己也很开心，他也希望村里把他当自己人。他自信这是一个好的开端，他相信今后随着工作的开展，随着与村民的接触，他也会成为村民们心中的“自己人”。这三年，张海为此不断奋斗着。从那以后，张海就把村官当成了自己人生开始的第一份事业，并为能在这个岗位上有所建树而努力奋斗着。三年，农村这个大舞台让他完成了自己完美的蜕变：从学生到工作，从陌生到熟悉，从青涩到成熟，从胆怯到干练。

多年以来，班利村的甘蔗产量很乐观，每年都能盛产大量的甘蔗，但苦于没有更好的销路，村民辛辛苦苦种的甘蔗不能卖个好价钱，有的还直接烂在地里，要不就被厂商以很低的价格收购，对此，村民一直都很苦恼，张海看在眼里急在心里。只有让村民的这些甘蔗卖个好价钱，村民的生活才能有所改善啊。抱着这个目的，张海跑遍班利村附近的所有糖厂跟他们去谈甘蔗的收购价格，并带领这些厂商亲自来看看当地生产的甘蔗，当然他也常常去乡里寻求帮助，总之，能用的办法他都用上了。皇天不负苦心人，他终于找到了当地一家大规模的糖厂答应以450元一吨的价格收购班利村所有的甘蔗。要知道，以前村民的甘蔗只能卖200多元一吨啊！听到这个消息，村民高兴极了，奔走相告这一好消息。村里所有人从此对这个新来的小伙子刮目相看，张海也彻彻底底被当成了“自己人”。

班利村地处我国的边境地区，是地震多发的地方，由于村民的生活条件有限，住的房子都比较简陋，一旦遇到地震房子必毁无疑。看着这个状况，张海跑去和村长商量，谈到这件事情村长也是一脸的无奈，“这个问题我也早就考虑到了，但是村民的民房改造是一个大工程，如果没有国家的资助，单靠我们是根本不可能完成的啊”。听到这句话，张海的心顿时凉了半截，是啊，民房改造需要很大一笔资金，单靠村里的这点资金是根本不可能完成的，但是看着村民那破败不堪的房屋，这项工程又迫在眉睫啊，为此，张海连夜把班利村村民房屋的情况写好，第二天一大早就交到了乡长的手里，乡长被他这种认真的精神所打动，答应把材料递交上去，并尽快给予回复。经过三个月的等待时间，终于等来了乡长的好消息："国家同意给班利村每户人家1万元的补助用于民房改造。"听到这个消息，张海几乎激动得说不出话来。他立刻把这个好消息通知给了各个村干部，村干部们立刻沸腾了，都在为这个好消息欢呼雀跃着。刚刚被胜利的喜悦所洗礼的张海，又被现实冲击陷入了深深的苦恼之中。现在农村里盖一个房子至少5万~8万元，因为这里的人太穷了，即使国家给每户补贴1万元，对于改造各户的房子来说，这点钱是远远不够的。因为村民还得自己贴好多钱，而且这些钱对于有些贫困户来说，不啻天文数字。张海意识到这项工程执行起来实在是太难了。好些村民直接表达就不愿意，张海挨家挨户地进行劝说，但是收效甚微。张海当时苦恼极了，他怎么也想不通，"这是好事情，国家给补贴1万元这是难得的机会啊，为什么他们就不愿意呢"，张海百思不得其解。但沉静下来的张海转念一想，也有点理解生活在边远山区长期处于贫困的村民们。这些村民赚点钱着实不容易，而且由于村民固有的习惯，不愿意对自己生活的地方做出改变。想到这些，张海舒心了许多。通过这一段时间的观察，张海发现班利村的村民有跟风的习惯。张海想，如果让他们切切实实地看到民房改造所带来的好处，那情况或许不一样。有了这样的想法，张海去找村干部商量，让一部分愿意改造的村民来优先实施。于是，民房改造轰轰烈烈地开始了。经过几个月的时间，一幢幢崭新的房子起来了，那些不愿意进行改造的人看着别人崭新的房屋，也纷纷心动了，逐渐地参与到这个工程中来。张海的"计谋"成功了，他终于可以安稳地睡个觉了。不到一年的奔波，张海那原本稚嫩的样子已经蜕变得有些沧桑，脸被晒得黝黑黝黑，嘴角也起皮了，嘴上也裂了口子，褪去城市人浮华的样子，走在村里，更让人感到踏实。张海说，看着那一排排建起来的新房子，这点苦、这些变化又算得了什么呢。张海的内心充满成就感，他也渐渐地成为村民依赖的年轻人。

民房改造还在推进中，但张海还是没敢松一口气，因为要想改善村民的生活水平还是要提高他们的收入。通过一段时间的观察，张海发现，班利村种植的农作物比较单一，除了玉米就是甘蔗。玉米一般都是家用的，也不对外销售，村民几乎把全部的经济收入希望都寄托在了甘蔗身上。这种靠天吃饭的生活方式如果不改变的话，村民很难达到小康生活。其实当地的土壤属于碱性土壤，十分适宜茶叶和咖啡的生长，而且这些东西可以拿到市场上去卖，价格是甘蔗的好几倍，由于良好的地理优势，也可以出口到缅甸和老挝等地，张海被自己的发现所鼓舞，但想到自己对这些一窍不通，光有想法是不行的啊，还得有一套具体的实施方案。张海苦思冥想，有一天，“招商引资”，一个词语突然蹦出来了，要想实施这个方案，必须要有专业团队的指导，否则根本不可能成功。有了这样的想法，张海去找村干部谈。听到张海的这个想法后，村干部们拍案而起，“不愧是大学生啊，跟我们这些没文化的人就是不一样啊”。说时迟，那时快，村主任立刻拨通了乡长的电话，让乡长给推荐专业种植咖啡茶叶的厂商。正巧，康恩贝集团当时正好有开发当地的咖啡和茶叶的项目，正在寻找合作对象。在乡长的引荐下，康恩贝集团的负责人看了班利村的土壤状况和当地的气候状况，立马和班利村签了合约，约定由康恩贝集团提供资金和技术，由当地村民负责种植，最后由康恩贝集团负责销售，村民根据销售状况得到提成。“虽然这项工程刚刚启动，还没看到效益如何，但我相信在不久的将来一定会为当地的经济收入做出卓越的贡献。”张海如是说。

不知不觉中，张海在班利村已经工作快三年了，这三年来张海取得的成绩有目共睹。张海始终扎扎实实地为当地村民服务，为班利村献计献策，赢得了村民一致的好评。但是张海没有满足自己现在所取得的成绩。他说，这两年村子虽然经济有所改善，但当地的教育还存在着很多的问题。说到这里，一股淡淡的忧伤掠过张海的眉梢。“这里的人对小孩的教育还是不够重视。女孩太早结婚生孩子，村里也没有幼儿园，所以孩子们享受不到学前教育，一般到 8 岁才开始上学，这就和城里的孩子落了一大截，也错过启蒙学习的最佳黄金年龄。在班利村只有一所小学，村里的孩子都在那儿上，如果再往高上就得去县城了，所以有很多小孩一般都是读完小学就不再读了，你们说，这怎么能行呢?”“不仅如此，即使在上学期间，农忙的时候大人也会叫孩子去帮忙，导致学生落下很多功课。受大人的影响，很多学生小小年纪就染上了抽烟喝酒的陋习，我对此很是担忧啊。当地的学校少，教师也少，加之教学质量差，当地只进行拉祜语和汉语教学，英语这些课程根本不开，导致这里的孩子跟城市孩子的差距越来越大。孩子是未来的希望，只有把孩子们的教育抓好，这个村子才能从根本上转变贫穷落后的局面。教育是一个地区的根本，尤其在农村，教育尤其重要，只有普遍提高当地村民的素质，才有可能在经济上更上一层楼，否则，这个村子的发展前景很是让人担忧。”说到这里，张海越来越激动。后来又说到前一段时间有十几个村民都被骗去外地搞传销，最后身无分文地回来，搞得很狼狈的事，他说，如果他们多读一些书，多知道一些外面的信息，多一些法律知识，多一些自己的想法，可能也不会被骗啊！

张海在班利村任期的三年已经快到了，说到三年到期，张海说还是选择继续呆在班利村，把自己未做完的事情做完。富兰克林·罗斯福总统曾经说过："时代要求我们大胆地相信，人类努力可以改变世界，可以达到新的、更美好的境界。"在村官这个岗位上，在农村这个舞台上，张海继续演绎着一个大学生村官的"给力青春"。有了这样的年轻人，我相信在未来的三年，班利村肯定会是另外一番景象。

十五、致富能人

（一）能干豁达的前主任李四

李四是前村主任。第一次去采访他的时候，是在黄昏。我们找不到他家，是班利村妇女主任带着去的。他家离班利大概有 1 公里左右。记得当时请妇女主任带我们去的时候，她还迟疑了一下，后来看到我们很渴望得到她的帮助，她才答应带领我们去。一直沿着公路向东回乡方向走，大概走了 20 多分钟，妇女主任指着路边一个大院说，李四家到了。由于是黄昏，加上是下雨天，我们进了他家大铁门后，女主人热情地招呼我们直接进去，可惜，男主人不在。真正看到他家全貌，是在第二次访他的时候。他家大院有 400 平方米，院子的周围都是房子。正对大门的房子是他家的厨房，厨房大概有 40 平方米。其左面是养蚕房，蚕房有 300 平方米；右面是养鸡房，有 200 平方米，正对厨房的是住房。他们家住的房子非常漂亮，是当地典型的"马屁股房"。"马屁股房"是当地建设新农村修建的标准房子，60 平方米。结构是砖瓦房，中间客厅，两头平分为两个卧室。据他介绍，这些房子是 2007 年才修建的。以前的老房子，现在是大儿子在住。在去之前，我们早就听村里的人说他很能干，因此更是有种迫不及待想见的心情。可能是因为我们这些陌生人的无邀自来的原因吧，刚见到李四时，他话不多，人很精干，眼神游离，但对我们是非常热情。李四，拉祜族，1963 年出生，初中文化程度。从小和爷爷住在一起，他并不像其他人那样，一开始就有家庭的帮助，而他只有一个年迈的爷爷，所以在家庭方面的事情大多是靠他来解决。一老一少的家庭格局练就了他的胆量和勇气，把他锻炼成为一个好奇心强，敢于尝试的人，也正是因为这样的性格，他从一无所有到基本都有。

李四初中毕业后，回到家里帮忙种地。1987 年结婚以后，先是大儿子的出生，接着二儿子的到来，有了妻子的帮忙，他们俩把整个小家经营得很幸福。李四不仅是把自己家弄得很好，而且他平时很热心去帮助别人，不管谁家有困难，有事情，他总是第一个赶到，真心诚意地帮助别人。久而久之，得到了村民们普遍的信赖。那个时代在班利村，最大的困难莫过于饮水困难。以前在村子里，没有自来水管，村民用水是靠自己到山里去挑，更没有一家能安装太阳能。现在，光班利，就有好几家安装太阳能的。发生这么大的变化，得益于当年李四的勤奋。90 年代初，澜沧县要求乡级政府要加以重视农村地区的饮用水困难的问题。于是，东回乡在和班利村干部商量后确定，由村民集资部分、乡里补贴部分，把大山里的水引到村子了，方便村民用水，提高生产生活质量。经过几番周折，班利村的饮水基本得到解决。可是两年过后，班利村的用水又出现了问题，水上不来了。究其原因，原来是疏于管理。据村民介绍，当时的管水任务非常辛苦，每天起早贪黑，要检查水源、水管是否出问题。于是，许多人都不愿意去干。1996 年，村干部决定，让全村人投票选举管水员。平时热心、勤奋的李四在多票中胜任，担起了管水这一重要职务，这也是村民们对他的信任。

李四辛辛苦苦四年的管水，村干部们看得一清二楚，村民们记在心里。2000 年村主任换届选举，李四以多票当选，当年 12 月上任。李四回忆，他刚上任村主任的时候，第一件事情就是带领老百姓开挖茶地。以前村子里荒地很多，李四就组织村民开挖土地来种茶。他的工作主要是争取让乡政府和茶叶公司给予更多的支持。茶叶种植本来不是他们村的项目，李四介绍说是他费很大的力气才去弄来的，所以一定要带领村民们好好干，让村民们能够得到相应的经济回报。开茶地的时候，是一个组一个组的分片开，开出来的土地当时属于村集体，目前已分给各家各户自行管理。当时这个项目是孟连县和茶叶公司联合开发的，茶叶公司负责茶苗和化肥，村子里就只出土地和人力。在开挖的时候，乡政府给了 25000 元的伙食费补助，但发展过程资金需求量变大，他甚至也去借钱来搞茶叶种植。当资金最紧缺时，李四还用自己仅有的300元的工资来补贴。第二件事是退耕还林。李四上任后，山上的林木全被砍光了，导致严重的缺水。李四看到这种情况后，直接到县林业局反映，要求对村子搞绿化建设。这就要求要栽树，要美化。当时政府提供树苗，李四负责对整个村子绿化的规划和组织老百姓把树苗栽种下去。树苗栽种到谁家的土地上，长大的树就属于那家的。这项工程是2005年开始的，李四也是当时这项工程的主管。

当上村主任后，李四深知，既然村民信任自己，就不能让村民失望，不能辜负村民们的一片真心，自己的担子加大了更重了，自己一定要让村民们在经济上发展起来、在生活上富裕起来。于是他就拟定几步计划，一步一步地推动让村庄逐渐发展起来。首先是要修路。90年代，班利村没有公路，人们赶集就是靠走，买卖东西只能背和担。90年代末，村里提出组织开挖公路，但一直都没有得到实施。其中原因主要是土地协调不下来。刚上任的李四也遇到这一大难题。他相信，只要自己有信心、有决心、有诚心，一定能协调好村民，让大家同心协力挖通公路。他经过多次地动员、劝说，有时甚至把自己的土地补偿出去。经过几个月的折腾，村民们终于在土地上做出让步，同意一起开挖公路。在他的组织下，经过两年的辛苦，村子里有了一条像路的“路”（这时的路，只是泥路，没有沙子铺垫）。虽然这算不上公路，但是比以前还是好多了，至少村民们赶集的时候不用走毛狗路了，在天气晴朗的时候，村民们还可以运些东西出入村子。即便村民感到有些满意，李四还是觉得不够，他认为根本满足不了村民们的未来长久需求。于是他打算准备升级成石子路。问题出现了：铺石头是需要资金的，筹集资金是农村开展各项工作最艰巨的事。当初开挖公路的时候，只需大家出力，部分人损失点土地，如今要换上砂子，还要筹集现金，这是让村民出力又出血。村民中议论纷纷。他知道，村子里的人没有存款，要修路，只能请求乡政府帮忙。决心已定，他就三番五次到乡里去诉苦要求乡政府能够划拨一定的经费以帮助他们村修建公路，解决村民的基本需求。功夫不负有心人，三年之后，政府划拨了一部分的专项资金资助村子修建公路。拿到经费后，李四把村子里所有的人召集起来，把每家每户应完成修建公路的任务分配好，修路工程如火如荼展开。经过一年的修建，2005年，以前的泥路终于转型成沙石路。沙石路的修建，方便了村民，还引来了不少做生意的外来户。但是，两年过后，沙石路变成了以前的泥路，因为沙石路耐不住车子的碾压，很快路基就被压坏。石子和泥混在一块，形成很大的坑，车子难以通过。为了解决这个问题，李四曾多次组织对路面进行填补，但这些努力收效甚微，路面还是难行。2008 年，根据国家政策规定，云南省得到了相应的道路修建补贴资金，要求在村级道路上要加以重视。李四就充分利用这次好机会，经过几番申请，乡政府终于同意下拨资金修路，彻底地好好修修这条通村主干道。于是，2009 年通往班利村的沙石路变成了踏路（也就是我们说的砂石路）。虽然我们感到十分颠簸，但村民觉得目前他们对这样的路已经十分满意。对此，李四回忆说："村民们记得的我为他们做得最好的一件事情就是修路。我连任了几届村主任，精力大部分都放在修路上。我总觉得要发展必须要先修建道路。"

村民普遍说，李四是富有经济头脑并敢于尝试新事物的人。李四出生的家庭非常贫寒，父母对抚养他自己没有多大信心，加上一个人居住的爷爷非常孤单，总想有个人陪伴，于是从小他父母就把他送来和爷爷一起住。也许是多方面的原因促成他从小就富有思想，敢于创新。别人没有想到的，他先想到，别人想到的，他已经做到。这种有超前意识的人在农村很难找到。从村里开始推广杂交玉米、杂交水稻、旱稻上山、种植茶叶、养蚕、喂猪等，他家都是第一个尝试的。在平时，他为了种植、养殖，看了不少有关技术方面的书。一般是自己先种植和养殖成功后，才推荐村民种植、养殖。现在李四虽然退下来了，但在村干部开会时，他还经常被邀请。在出席的会议中，他目前更多的是对村民在种植方面的技术培训，耐心地给他们进行讲解。他敢于尝试新鲜的东西，接受新鲜的事物，接受新知识，这也是当下促成他大家业的前提。当时，在班利村，很少有人养蚕。因为他们都害怕不成功。据李四介绍，他现在养蚕的技术是自己在书上学的，尽管他自己知识文化低，但他有颗向往新知识的心，并愿意去学习。他学习后，先是在自己家做试验。如养蚕，他在自己家的土地上种植桑树，在院子里建立养蚕房。根据养蚕的技术标准一步一步的学习实验。尽管乡政府鼓励村民养蚕，但大多数的老百姓还是比较保守，不愿意接受。李四和其他人想的不一样，他认为自己没有亲自去做，怎么知道有没有收入。他不但养蚕，还准备种植咖啡和搞运输。为了要自己种植咖啡，他不仅在书本上学习种植咖啡的技术，而且还经常到别的种植咖啡的地方去参观学习。搞运输，是他为小儿子设计好的路线。目前，他的小儿子正在考驾照，准备明年给他小儿子买辆 10 万元的大车，让小儿子跑运输。大儿子则主要在家帮忙干农活。他家的养殖，李四也很有头脑，他从不在市场上买仔猪，他自己先养母猪，只要母猪下崽，他就不卖，留着饲养，到能卖的时候再卖掉。

2010 年 3 月，李四从村干部的队伍中退了下来，这对他家庭经济的发展方面来说，有更多的精力。刚刚退下来，他就把整个家庭的发展规划得很好。在种植养殖方面，他打算，以后自己家在各方面都要发展，既要种植茶叶、咖啡等经济作物，还要养蚕、养猪。考虑到自己的土地不够，他准备承包别人的土地来种植，光咖啡种植就要从别人那承包 50 亩土地。在咖啡种植方面，李四说他家以前没有种植过，现在乡政府建议并鼓励种植，他觉得这一思路很好，如果能种植成功，他还打算以后把种植面积扩大并自己对咖啡进行加工。在家庭劳动力分配方面，他打算让大儿子大媳妇在家帮忙种植，小儿子则跑运输，小儿子媳妇帮忙养殖。在家庭钱财管理方面，李四说，是由他一个人掌管，一个人亲自对收入和支出进行估算。整个大家庭在经济发展上是一个整体，不能分家。当问及为什么不能分家时，李四显得更有兴趣了，话不多的他也开始滔滔不绝，正准备给我们上一堂农村经济学的课程。他说："如果我把他们都分出去了，我家的劳动力就变少了，养殖种植是需要人力的。如果没有人帮忙，就搞不起来。这不，你看今天我家请了那么多人帮我打谷子，这也是个重体力活。劳作必须要人多，人少了干不下去。再说了，我儿子他们还年轻，做事我有点不放心，特别是对他们自己的小家庭发展方面，我觉得他们还得在我身边锻炼一下。一旦把他们都分家出去，他们很有可能弄得一团糟。"听了李四的这番话，我们觉得真是见识了农村发展家庭经济的现实一幕，直接的感觉是经济虽然发展了，但在家庭模式上回到了传统的社会。但从现实的角度看，这是很经济的，也容易积累财富。李四的形象很容易让我联想到《亮剑》中的李云龙，那个来源于农村基层实践的精明人，而这也更有力地论证了农村经济模式必须用走基层的实用算法才能起效用。

（二）开朗健谈的饭店老板岩罕

饭店老板岩罕一直被称为"艾"老师——岩罕在傣语中是"金子"的意思，而"岩"在傣语中发音为"艾"，故入乡随俗读成了"艾"；之所以称之为老师，一为尊称，二为岩老师在孟连娜允镇文化站上班，业余还担任娜允文化站和澜沧东回乡的葫芦丝学习班的老师，所以，说起来也是地道的老师。

岩老师是班利村的傣族女婿，是我们接触到的人中最城市化的人，他是我们的房东，也是我们的私厨，所以他是我们在班利村中最熟悉的人之一。

初识岩老师是在到达班利村的那天，他家经营着村中唯一的一个饭店，由于有空房，两个学生亦安排住在他家。他的饭店名字叫“哈烈哈嘎哦扎阔”，这是一句拉祜语，翻译过来是欢迎您到这里来的意思。饭店是用竹板搭建的颇有傣味的房子，里面还隔出两个小包间，桌子是当地常见的竹制圆桌，一次性筷子、纸杯、纸巾等小物件一应俱全，周围墙上还装饰有拉祜族的象征——葫芦，和傣家常见的手掌宽的大酸角，虽然这样的饭店在城市中并不稀奇，但在一个偏僻的山中小村，却实属不易。而且，村中能有一个饭店已然出乎我们想象，而这个饭店让我们有宾至如归的亲切感觉就更加难得了。于是，好奇之下，对饭店的主人也怀揣了很多揣测和想象。

所以，当岩老师出现时，亦暗暗观察了许久：岩老师长得瘦而精神，虽然亦是云南人，但的确比当地拉祜族的肤色略白也细致些，五官疏朗干净，两只眼睛放着精明的神光，可能是出过门见过世面的缘故，和他说话倒也通畅无阻。岩老师很讲究，对做饭亦有灵性，再加上他对做饭的材料和配料颇多要求，所以在这里我们享受了一段顿顿私房菜的奢侈生活，现在回味起来依旧留恋不已。

或许他在当地确实有些不同，再加之我们心中那许多问号，于是一天晚上约了岩老师聊天，地点就在他在班利村卫生所里的临时住处。房子是一个套间，外屋最多十平方米，放着一张床，和两只旧沙发，几只圆竹凳散放在一侧，屋角还堆了些旧物，愈发显得屋子逼仄，里屋更小，似乎只有一张双人床，算是他们的卧室。

岩老师很开朗，亦很健谈，边抱着他那大水烟边和我们聊些他的生活和人生。

岩老师是1966年生人，是地道的娜允水傣。岩老师的父亲以前在泰国谋生活，曾有一妻，回国后结婚又生有一子，后再婚才有了岩老师兄妹。他说他小时候曾碰到过一个很会看命的人，说他很会拿钱，也就是很会赚钱的意思。或许这有些冥冥之中的意思，从他之后的许多经历来看，我们发现岩老师的确是一个非常精明的人，且能洞察到许多商机，这也就是他与这个相对闭塞的小山村村民的最大的不同之处，亦是吸引我们探究的原因之一。

岩老师有一个哥哥两个妹妹，少时家境贫困，于是读书时就利用课余时间砍柴，捡毛石（建筑用的小石头）换钱以补贴家用。后来他发现捡毛石比砍柴赚钱，于是就带着妹妹有空就去捡毛石卖给建筑队，据说对家中经济还颇多帮助。

五年级时，家境稍好转，可父亲却得了病，动手术又花去家中部分积蓄，使得稍见好转的家境又急转而下。鉴于实际情况，岩老师和家人在缅甸卖了些父亲从泰国带回的金子，大约1800元做本钱，从国内买上胶鞋，然后拿到缅甸去卖，这一次赚了些钱，使得困顿拮据的家庭状况逐渐回暖，而担负重责的岩老师此时也就是十二三岁的模样。事后回想，或许正是幼时的艰难困顿与无着无靠，间接地成就了岩老师的自主独立与直面担当，也是他在之后的人生中勇于挑战，奋斗不息的品格成因！

之后的时间里，岩老师课余便挑米卖钱，以补贴家庭。就这样进入初中学习阶段，转眼三年初中生涯结束，毕业后的他为了减少家庭负担决定当兵。印象中在那个时代，当兵是一份很不错的职业和出路，而年龄尚未达到招兵年龄的他想办法报大一岁终于如愿以偿，和众多云南老乡一起到了东北做特种兵，一直到五年后，复员回到镇上当了民兵连长，这一干就是七年。

生性能歌善舞的岩老师不甘于只奉身武装，于是1992年，26岁的他想办法同时兼职到了县文化站，一年后，深感文化不足的他，又毅然决定由单位和个人各出一半学费到昆明艺术学院读了三年中专。这对于当时当地那许多有着稳定工作和基本收入的同时期人来说，自己再花钱去读书实在是非常不可理解的，然而岩老师之所以做出如此的人生选择，或许是觉察到了时代的新要求，但更多的或许是因为性格中那对新生活不安分的追求。

在昆明学习期间的岩老师，依旧没有停止他追寻的脚步，1994年，也就是在昆明读书的第二年，他去重庆旅游时无意中接触到一家火锅店，食指大动之余，心中便产生了一个想法，于是他找到老板，商谈后以2000元买到了这家火锅的配料。再回到孟连后，就帮助两个妹妹按照配料经营起了火锅店，据他说现在在孟连县同行业中已数一数二了。听罢亦有不解，于是问他为什么不自己做？他深深吸了口烟，淡淡地说当时只是想帮助家人，而且他的心还在外面的大千世界。听到此，只觉得眼前这个精瘦的傣族男人除了精明与责任外，或许更多的还有着对生活的憧憬与奋斗。

昆明艺术学校毕业后，可能是流连大城市的繁华与日新月异的生活节奏，他又在外待了一年，直到1998年，成了孟连县文化站的正式职工，方才结束了他游走的脚步，在文化站里教授葫芦丝演奏及排练舞蹈。或许天生有些浪漫的艺术气质，岩老师吹拉弹唱无所不能。记得有一天，他带我们去他在文化站的练功房时，推开那扇巨大的门，迎面就是那整墙的镜子和干净的地面，以及墙上贴着的在各地演出的照片。面对着自己熟悉的洒满汗水与梦想的地方，只觉得岩老师顿时精神焕发起来，脚步轻盈而飞扬，历数着墙上他们精彩的曾经和故事，我们忽然感受到了他对自己所从事职业的热爱与自豪！尤其是提到2008那年，他带着舞蹈队到北京参加表演完毕后在鸟巢参观，当他随性带领舞蹈队跳起民族舞蹈，人们围观赞叹的盛况时，脸上更是洋溢着一股骄傲的神情。

滇西南结婚很早，岩老师亦是，在当兵的第二年他就订了婚，2000年，岩老师的妻子去泰国打工，从此一去不回，留下了两个儿子。于是2004年，他们正式离婚，离婚后的岩老师一直过着孤身一人的单身贵族生活，跳舞唱歌，倒也自在。我总好奇，以他的工作环境和浪漫气质，似乎应是艳遇不断，不愁再婚的，可为什么坚持了那么几年的单身？岩老师说，虽然身边亦不乏爱慕者，但对于经历过婚姻的他来说，他心中早已有了自己的择偶标准，他宁可多加等待以寻觅到心中的理想女子，而不愿意凭一时热情而选择一份不适合自己的婚姻。

提到感情，我们亦很好奇，因为在我们心中，偏僻的地方总是以一幅封建落后的形象出现：没有自由恋爱，不能离婚，人们保守而逆来顺受。所以，涉及感情婚姻时，我们也是一副小心翼翼的样子，唯恐触及少数民族地区敏感的神经。然而，通过这些日子的接触，村中人虽然没有大城市那样的繁华热闹，但也绝不是安于现状的保守和一成不变的落后。这使得我们和岩老师的访谈和沟通顺畅而直白。

岩老师说，2008年他曾到班利村考察，主要是想记载和保留班利村拉祜族的一些旧人旧事，顺路也到村里看望一下他的亲家。在这里，他遇到了亲家的好朋友——他现在的妻子。他现在的妻子是村里卫生所的姚大夫，也是村中的一个女强人，她性格开朗，吃苦能干，但却有一个不幸福的婚姻，姚大夫是个敢爱敢恨的女人，她忍受不了这种名存实亡的婚姻，于是毅然决然提出离婚。为了自由她坚持打了几年的离婚官司，终于于2008年放弃了所有财产，只身带着女儿结束了令她痛苦的婚姻生活，由于她净身出户，只能搬到了村卫生院的宿舍。也就是那年，岩老师认识了她。

说到现在的妻子，岩老师一片温情，他说妻子是拉祜族的精英，她的坚定执着、爽朗能干正符合自己的审美标准。对于这样一个优秀的女子，他不惜放弃城市生活，不顾家人朋友的匪夷所思的目光与质问，而选择在班利村居住下来。他更是每日骑着摩托车每次花 40 分钟行走在 30 公里的山路上，往返于孟连县与班利村之间。有一次，岩老师的父亲前来探望儿子，当看到屋里只有一台电视机和几件旧家具时，实在不理解儿子的选择。但岩老师却坚持自己的选择，他相信这就是他渴望的幸福生活，他相信他们的未来一定充满光明。毕竟，对于经历过婚姻的人来说，能找到一个让自己踏实和温暖的人，那种满足与坚定是用金钱无法换得的。

在之后的两年，岩老师通过各方信息，了解到班利村将来是一个很有发展潜力的地方，于是他买了村中的一处地方，盖了房子和饭店，把这作为投资对象。他相信未来旅游发展的要求，班利村一定会越来越体现出它的优势，而一个像样的旅馆和餐厅一定是重中之重。说到未来，岩老师顿时滔滔不绝，他说将来要把现在的小平房推掉，再盖成楼房，完善基础设施，让人们住得更舒心一些。餐厅也要就地取材，依山势建成一处观景平台，取竹做台，面临坡下那一片芭蕉树，可观远山，可赏近树，迎风而坐，沐阳而谈，那一定是一处令人流连忘返的地方！

每每听到岩老师的畅想，我们也陶醉其中，听到尽兴之处，不觉也指点河山起来，仿佛已看到这片美丽小屋的巨变。我相信凭着岩老师的勤劳与努力，他的梦想一定会实现！

聊完后，不觉已入子时，屋外星空璀璨，银河历历，路旁树丛中传来喧耳虫鸣，月夜下，竟闻到一股浓郁的花香，这个平凡的小山村，现出一种别样动心的美丽。我想岩老师或许也是这个小山村里美丽的风景，只是掩在了白日的喧嚣下罢了。

离开村子的那天，天色欲雨，由于走得匆忙，岩老师想摆上一桌丰盛的拿手菜为我们送行的意愿都没有成行，只是临时就便做了些饭菜。厨房忙完，他来到餐厅，和我们道别，实实在在地和我们喝了告别酒，完全没有别人所说的狡猾，以至于醉倒而没有等到和我们合影留念。或许他知道分别总是伤感，眼不见而心不乱吧！

（三）坚毅的个体户小伙李进强

注意到李进强并不是偶然，在班利村，有两个早餐馆，其中一个就是李进强开的。而他个人，外表特征也很明显，他和普通的班利村民不同，他不是黝黑的皮肤，没有健硕的体魄，稍显精明的眉眼，秀秀气气、白白瘦瘦的佤族小伙，很容易就能被从憨厚的拉祜村民里认出来。

李进强 2010 年才 25 岁，初中文凭，是班利村少有的个体经营户之一，他在外面闯荡了两三年学了一些技术和本领才回到的班利村，算是村里见识比较广的年轻人。李进强一家是小时候从外地搬过来的，刚来时家里没有家底，条件艰苦，人又比较多，负担很重，所以在他读完初中以后就被迫辍学了，对于这点他一直很遗憾，因为自己觉得那时候成绩还不错，是可以继续读下去的。当时他决定毕业后直接出去打工，不跟着父亲一起干农活，李进强说主要还是两个方面的原因。一方面，初中毕业后的李进强就是一个比较有想法的人，他有自己的追求，想学技术和本领将来改善自己的生活条件，渴望看看村外的世界。另一方面，也是最重要的，他想出去寻找母亲。李进强的妈妈在 1996 年的时候就失踪了，后来确定为被拐卖走了。在云南这个边境省份的封闭乡村里，出现这种拐卖事件可以说是并不罕见，而遇到这种情况，很少有人会花很大代价去寻找家人或者报警，通常的做法就是顺其自然。李进强那时才十岁左右，正是需要母亲关爱的年纪，虽然年纪小，但是心中母亲的印象要比两个弟弟要更清晰，失去母亲的痛苦也更为深刻。特别是在半年后，失踪后的李妈妈给读书的李进强寄来一封信，信里面给他大概说了些自己的现状并留下了联系地址和电话。李进强说，妈妈来信之后自己并没有告诉家里的其他人，因为弟弟也还小不懂事，他也知道就算家里人知道了也不会去找，那还不如不说。此外，妈妈在信里也表示自己不愿意回去，所以，小小年纪的他就把妈妈的消息隐瞒了下来。等年纪稍微大点，他打电话去找过妈妈，但是那边的消息不是说妈妈不在出去打工了，就是没人接听，甚至于后来，完全失去了和妈妈的联系。所以，初中毕业被迫辍学的李进强，心里揣着出去打听妈妈消息的心思加上对外面世界的好奇心，就坚定的和爸爸表示不愿意干农活，要跟着村里的人出去。

李进强打工的第一站是在四川。跟着老乡来到四川，李进强的打算是找个地方先学学技术，顺便打打工，看看自己适合干什么，然后拜托认识的朋友打听有没有妈妈后来的消息。在四川，李进强人生地不熟，度过了一段非常彷徨的时期。刚来，自己也没什么本领，找工作也不容易。还好四川火锅业非常发达，在老乡的介绍下，他先是在一家火锅店找了一份帮工的工作，主要是帮忙配配火锅料打打杂，有机会也跟着学习做火锅的技术，每个月800元，勉强能过活。在火锅店做了一段时间后的李进强发现自己对理发比较感兴趣，就在火锅店打工的同时，自己又找了一个理发店学习理发。这段时间的李进强最忙碌也最充实，因为他同时要干两份不简单的工作，把火锅店的活干完之后，他得赶到理发店，因为是免费学习，所以在理发店他除了学习技术之外，也必须干很多零碎的杂活。后来由于理发店的老板要求收取学费，李进强被迫停止了学习理发。这时候的他觉得特别沮丧，上进的他实在是找不到好的机会学习自己喜欢的技术，生活上又得不到改善，于是决定换个环境，转战广州。

李进强在广州并没有如愿以偿找到喜欢的工作，晃荡了一个多月，最后还是凭借在火锅店工作一年的工作经历又干起了老行当，在火锅店找了份工作，虽然工资略有提高，升为1300元每月，但是这个工资水平在广州也只是勉强度日罢了。在广州待了近1年，李进强发现自己格外想念家乡，加上在餐饮上多少积累了点技术不算学无所成，他决定回家去。他最遗憾的还是在外面闯荡两年多，并没有得到关于妈妈的星点消息。说到这个话题，李进强显得特别伤心，马上就沉默了下来，似乎在盘算着什么。果然，他拜托我们，希望我们回去问问我们周围的同学，有没有山东某某地方的人，看看有没有他妈妈的消息。据他所说，这似乎已经成为他的一种习惯。以前也有一些下来调研的城里人，也曾经答应过帮他寻找，但是回馈的消息都是没有遇到相符的人。

刚回来的李进强并没有如期开起自己的小店，因为没有本钱，父亲也帮助不了多少，所以终归回到了地里，做起了农民。但是种地一直不是自己想要的生活，他不愿意一辈子都要风雨无阻的往返于田地和家里，每天两点一线，他一直没有放弃自己的想法，没有忘记自己想摆脱农民身份的理想。在和父亲种地的三年时间里，他精打细算，苦心经营，终于有了一点积蓄，为自己独立的个体生涯打开了一扇门。

2008年，李进强用尽积蓄又加上父亲的帮助开了一家小卖店，为村民提供一些日常生活用品和小食品。小卖店的选址并不是在自己家附近，而是在班利。因为他家所在的半坡寨人少且住得不集中，生意不会很多，在那里开小卖店不能作为自己营生的根本手段，所以他在班利租了一间小房子，独自干起了小生意。在乡下开小卖店虽然活不重，但是事情也特别多，而李进强只有一个人，所以从开店、进货到看店，方方面面的小事都得自己来，还要加上处理各类事件，在第一年里，李进强说他尝尽了创业的辛酸。幸亏那个时候村里还不像现在，小卖店的数量有限，所以在第一年，李进强收入还不错，这也让他信心大增。

在2009年，李进强的生活终于迎来曙光，说来也算是双喜临门了，他先是与现任女朋友确定了恋爱关系，马上又开了自己的早餐馆，前途一片大好。李进强的女朋友比他小1岁，也是村里的人，不同寨，以前虽然认识，但是不熟。在李进强开小卖店的这一年时间里，女朋友从普洱市打工回来和李进强确定关系后，就留了下来帮助他看店，二人共同奋斗。问起两人的恋爱经历，李进强显得特别腼腆，声音都变小了许多，说"也没有什么特别的，就是两个人熟了，自然而然就到一起了"。我们采访他的时候，女朋友并不在，说是昨天去思茅进烟去了，因为每年这个时间段，烟酒要涨价，所以得在过年过节之前好几个月就进好货。说起女朋友，李进强很满意。因为自从有了女朋友，自己生活上就方便了很多，小卖店的工作也有人分担了，还不用忍受以前一个人的寂寞，因为都有外出打工的经历，也算是有很多共同语言，两个人在生活上也有共同的理想，性格也特别互补，这一切并不是父母给安排的，自由恋爱很符合自己的设想。

因为在2008年开小卖店生意还不错有了点积蓄，加上有女朋友在家帮工，李进强决定在小卖店旁边再开一个餐馆，主要供应早点。所以从2009年开始，李进强每年花4000元，在大班利寨租了两间房，一间开小卖店，一间开餐馆。李进强的小卖店和村里的其他小卖店还有一点不同，显得特别突出，因为他的小卖店取了一个名字"强鑫"，这在城镇里虽然太普遍了，但是在班利大寨，也仅此一家而已（其他的小商店都只是营业开张，并没有名号）。从这点也可以看出，在外面跑过的人确实不一样，带来的做事方法就很花样和吸引眼球。李进强开小餐馆除了以上提到过的原因外，还有一方面就是因为村里开小卖店的竞争比较大。在他家小卖店对门就有另外一家百货店，是外地人开的，他家的货物更全更多，所以李进强家的小卖店在这块就没有什么优势了。这时的李进强并没有因为第一年收入比较乐观就蒙蔽双眼，他敏锐地觉察到这样下去，自己的小卖店肯定经营不过人家，利润会越来越少，自己必须转向一个自己有优势和擅长的行业，这样才不会在将来的某一天因为竞争而被淘汰。因此，他决定开一家餐馆，把自己在外打工两年的经历利用起来。而在班利村，村民们每天出去干农活，都是自己带饭，除非有什么情况，很少有人会去餐馆吃饭。所以李进强根据需求，把自己平常的营业范围集中到早餐上，然后在某一个季节还提供烧烤、砂锅等，以满足村民闲暇时候的需求。我们在班利村住了近半个月，几乎每天都是在李进强的餐馆吃饭，大家都很喜欢吃他做的米干和米线，可以说是他的餐馆让我们在班利村的每个早晨都有所期待。据李进强介绍，开一个早餐店每天要做的主要就是，早上起来买猪肉，进米线米干，准备佐料。李进强家的猪肉都是在本村的村民那买的，每天大概100元10斤左右的猪肉就足够了，而米干米线则是孟连的人早上送过来，每天40斤。李进强家的早餐佐料很香很辣，我们都喜欢让他按当地人的口味给我们调，每天每人一大碗，总能吃的见碗底。早上他家除了有早餐之外，还有凉菜，也是我们的最爱。前面提到的，李进强家会在某段时间还提供烧烤和砂锅等稍高消费的菜式，这得因于当地的生产时间。班利村的村民的主要收入来源于种植甘蔗，而甘蔗的收成季节主要是在冬季，再加上这段时间过圣诞节、过年，所以在冬季和开春这段是村民口袋最殷实最舍得花钱的时间了。李进强就在那段时间的晚上向村民提供烧烤、砂锅，生意还很不错，客源主要是村里的一些年轻人，晚上闲下来了，就在李进强这吃吃东西、喝喝酒、吹吹牛（聊天的意思）。从这点看来，李进强的确有一些经营头脑，他会根据不同的市场需求，提供不同的服务给村民，既让自己的经营红红火火，还带来了外面世界的经营方式，丰富村民的业余生活。

李进强的小卖店在淡季的时候每天营业额300多元，稍微好点的时候每天两三千元，过年过节的时候甚至每天能达到七八千元，这点大大出乎我的意料。一个条件很艰苦的村庄，每天交易额达到这个程度，是我没有估计到的。谈起小卖店和小餐馆的利润，李进强一笑带过，似乎不好意思说出来，但我们从他的面带笑容的脸色和舒畅的心情，不难猜到，现在的收入情况，应该很让他满意吧。在我们采访李进强的这段时间，店里来了好几个村民，都是平常和李进强很熟悉的，在农忙之余，来玩玩牌，聊聊天。他们的欢声笑语，让这个寂静的村庄生气不少，让我们感受到了一种与普通农村不同的轻松和快乐。这与李进强提供的休闲场所密不可分吧。

谈起李进强的业余爱好，他并不像其他的村民那样思索一番后憨憨地笑说“除了干活，好像真没有了”，他说：“我喜欢开服装店。”开服装店是李进强因为自己的兴趣爱好而衍生的想法，在我们聊天的过程中我了解到，他每个月都会出去一两次购置新衣服，他喜欢各式各样的服饰，这种情形在村里实在罕见。他开着餐馆，却没有选择深色耐脏的衣服而是选择全身白色，这样的人，是对自己的服饰除却基本的需求外有着精神需求的人，腰间时尚的腰带似乎和朴素的村民格格不入，但是却代表着李进强自己内心对服装的追求。以后虽然不一定能在服装上有什么成就，但是李进强说：“如果有机会，我还是想试一试开服装店的感觉，试一试自己搭配衣服，然后希望得到顾客的认可。”这样的李进强，有着自己明确的方向和追求，让我十分佩服。

除了李进强的餐馆经营渐入佳境，他的家庭也没有落后。家里是十年前开始租地种甘蔗和玉米的，当年他家就有 60 亩甘蔗、20 亩玉米这样大的规模，这在村里还是很少见的。他家从以前的贫困演变到今天，其中的艰辛作为学生的我很难想象到。目前，他父亲现在在半坡寨种有 60 亩甘蔗、20 亩玉米、14 亩水稻，还养了近 100 只鸡，是村里的种植大户，经济条件也进入中上等行列。李进强则表示，对于农活这方面，他的贡献很少，因为这些年他的心思都没有在那上面，主要是他的父亲一手担起来的。看来，李进强的上进和奋斗精神是出于父亲啊。据李进强的介绍，我们大概也能估摸出他父亲每年的收入不会少过 4 万元，在班利村，这样高的个人收入很让人歆羡。说到这个情况，李进强表现的很淡定，我的惊呼也没有引起他的情绪波动，真是一个非常内敛的人。

在李进强出去打工的那段时间，父亲已经经人介绍再婚了，继母同样是再婚的，缅甸人，来时还带来一个妹妹，跟着李家姓，叫李小珍，现在已经 5 岁了。李进强和妹妹关系很不错，过年过节还一起出去玩。现在父亲已经不太管他，不负责他的生活，李进强觉得父亲再婚这样的结局很好，他叫继母二妈，说他们三兄弟都不爱干农活，二妈平时还能帮衬着，父亲也不至于太孤独。他的两个弟弟这些年也都出去打工了，一个在北京，一个在昆明。两个人每年都或多或少的会寄些钱回来。李进强给两个弟弟都布置了一个任务，就是在外多打听打听有没有妈妈的消息。这段时间，刚好二弟弟回来休息，待在他家帮忙看生意，一年难得见一次，他很珍惜和弟弟相聚的时光。

问起李进强对现在的生活还有什么不满，他说想去一个更发达的地方生活，想自己的后代比自己起点高一点，乡下虽然好，但是见识了城市便捷的生活方式之后，还是会希冀自己能有机会继续体验下去。他和女朋友已经初步决定在2010年11月结婚了，两个人合计着过段时间一起去城里生活。先在城里租个房子开火锅店，等有钱了希望在城里能买个房子。他自己也知道实现这样的计划对于他们这样基础的人来说很难，但是他愿意去试。他想自己以后的孩子能在城里上学，上大学！

李进强看起来软弱羞涩，其实不然。他骨子里的那种坚毅，支撑他从初中毕业一无所有到现在拥有两家店，并且可能冲出乡村走向城市，和村子里很多一辈子辛苦劳作的人相比，他的人生经历更加丰富，更加多彩；李进强看起来木讷不知变通，实则精明通透，一步一步踏踏实实地改变父亲为他设定的农民命运。他为自己的理想奋斗了，他为自己的兴趣努力了，虽然一路不是很顺畅，将来也可能布满荆棘，但是一句话：苦尽不是终会甘来么！

（四）川籍摩托车修理店老板赵景富

给赵景富做访谈是一个很偶然的机会，因为他的摩托车修理店是在刚进村子的地方，虽然离我们住的地方不远，但村子头的村民少而且比较散，我们去摩托车修理店的方向不多。7月20日我们上午查找完一些资料，正好下午没有预约的访谈对象，就往村头的方向走走看看。在农村，如果天气好的话，大部分村民都是去田地里的，所以一路上没有碰到什么人，到了老赵的摩托车修理店时，老赵正好没什么事做，坐在一辆送修的摩托车上，似乎很悠闲。难得碰到一个有时间的人，我们当即决定去和摩托车修理店的老板交流一下，肯定能找到我们要的信息。老赵很热情，也很健谈，还有因为老赵不是本地人，出来闯的时间也很长，语言上自然没有什么障碍，沟通起来很顺畅。

老赵告诉我们，他是四川遂宁人，2010年48岁，来这个村子也就一个多月，修理店是老赵自己开的，因为没有时间和精力，以前是兄弟经营，但是兄弟一个多月前去更好的地方发展了，这个修理店也就由老赵自己来管理和经营了。刚开始我们只是想和老赵聊聊，没有想过要做专访的，一方面因为老赵不是本地人，另一方面老赵来村子一个多月，对村子情况也不一定熟悉，但通过跟老赵的交流我们发现虽然老赵来村子的时间不长，对村子的情况却很熟悉，对村子的发展也有自己的看法，这就是我们采访这个村子所需要的。作为一个来这个村子开店的外乡人，老赵的看法在很大程度上是客观的，不同于一直生活在村子里的村民，可以为村子的发展提供不同的看法和建议。而且老赵告诉我们，他打算一直在村子里干下去，不想走了，慢慢地融入这个村子，这在很大程度上促使我们把老赵当成一个本地人来看待，也促使我们改变原来的想法，对老赵做一个专访。

随着跟老赵交流的深入，发现老赵是一个很开朗很健谈的人，对很多事情都有自己的看法和见解，看事情的眼光也要长远和开放很多。也许这就是老赵出来闯了这么多年所积累的经验吧。老赵告诉我们，他 20 岁就从四川老家出来自己闯了，算算到现在也有 28 个年头了，这 28 年里，老赵去过很多地方，广州、深圳、缅甸都去闯过，但时间最长的就是在云南，其他地方就算去也就最多待过两年，云南的大部分地方他都去闯过。老赵告诉我们 20 岁按现在来说还是在学校上学的年纪，但他那时候却自己离开家来到云南闯自己的事业，遇到了很多的困难和不适应，刚出来时最让他头疼的就是语言问题，虽然四川老家的方言和云南的方言有一些相似的地方，但是因为云南少数民族比较多，很多民族语言自己根本就听不懂，特别对修摩托车的人来说，交流不顺畅有些时候没有办法正常的工作和修理，经常得自己一点点去摸索，导致工作的效率不是很高。

老赵告诉我们他们家兄弟八人，都是修摩托车的，兄弟几个一个帮另一个，慢慢都走上了修理摩托车这条路。问他当初为什么选择修理摩托车这个工作时，他说刚出来自己闯时来到云南人生地不熟，语言也不通，没有什么可以自己去做的，刚好自己有一个老乡在云南修理摩托车，便找到他跟他边学习语言边学习修理摩托车。后来发现随着经济的发展，云南的摩托车拥有量增加了很多，发现摩托车修理是一个前景很好的行业，就一直坚持下来做到现在。讲到自己修理摩托车的经历，老赵说最得意的就是自己在国外修过摩托车，说完这句话，老赵自己也笑了起来，原来他说的在国外修车是指在缅甸亩平做过一年的摩托车修理。老赵跟我们解释说虽然缅甸不是什么发达国家，经济条件也不好，但在缅甸修理摩托车却让他开了眼界，也看到和学到很多东西。讲到这里，他给我们举了一个简单的例子，自己去缅甸修理摩托车的时候出境证不难办，但是到了缅甸才知道，那边办理营业证和暂住证都非常难，不花钱根本就办不了事，而且缅甸官员都非常专制，没什么民主法治可言，自己又一次因为丢垃圾的事和当地官员私人发生了一点小摩擦，结果自己被当地警察局给抓走了，还罚了自己300元。其实当时自己并没有做错什么，只是私人之间的误会，但是因为官员的权力自己还是受罚了，很冤，但那就是当地的现实，没有办法去改变，为了生存自己只能努力去适应。老赵跟我们说从那件事以后，他在缅甸做生意都会非常小心，做事做人也慢慢根据那边的规矩改变起来。总之，他学会了很多在现实生活中的生存办法，对自己后来的影响很大。

跟老赵交流的时候，老赵的妻子正在准备做饭，看到我们去了也很热情地丢下手中的活过来跟我们一起交流。老赵的妻子看上去很年轻，一问才知道妻子叫刘小焕，2010年才37岁，不是本村人，是澜沧县的，也算得上是本地人。但是前边老赵跟我们说他儿子2010年25岁了，怎么妻子才37？带着这个疑问我们向老赵求证，知道真相后恍然大悟，老赵跟妻子是重新组合的家庭。老赵原来的妻子很多年前已经去世了，后来在云南修理摩托车时经人介绍认识了现在的妻子。现在的妻子离了婚，有人给她介绍老赵认识时，她觉得老赵人很可靠便交往起来。当我们问到两人什么时候结的婚时，老赵开始有点尴尬，后来向我们解释说他们俩其实并没有领结婚证，只是经过双方亲人和孩子的同意，就在一起了。老赵说其实结婚证现在对他们来说也不是那么重要了，因为他们俩都有各自的孩子，而且孩子最小的也15岁了，没有必要再去在乎这些形式上的东西，重要的是两个人的心在一起。老赵说其实现在认识他们的人都早把他们当夫妻看了，他们的感情比那些拿了结婚证的还要好得多。老赵自己有一个儿子，2010年25岁，在邻县孟连自己经营一个摩托车修理店，2009年刚成了家。妻子有两个小孩，一儿一女，离婚以后都跟了女方，大女儿2010年19岁，在云南旅游学校上大专，小儿子2010年15岁，不喜欢上学，在孟连跟着哥哥学习修车技术。说起自己的几个孩子，老赵的脸上满是笑容，说自己的几个孩子不管是不是自己亲生的都很听话，自己也不用操心，可以和妻子轻轻松松的过日子。像这种重新组合的家庭，一般会面临很多问题，但是老赵说他们家没有，一家人虽然是后来才在一起的，但是相处得非常和谐。老赵也向我们透露了他们家这么融洽的诀窍，那就是孩子不管是不是自己的，都公平对待，孩子能感受到爱，自然也就不会去闹或者不满意了。老赵说女儿比较喜欢上学，他就一直支持，不管女儿想学什么，他都尽力去支持女儿，小儿子和大儿子在孟连学习修车的技术，大儿子和小儿子虽然不是亲兄弟，但非常照顾小儿子，每个月会为他存 500 元，等他 18 岁成年了，技术也学会了，也有资金去开自己的店。在夫妻关系的处理上，老赵说他们家一直是男主外，女主内，自己在外边闯，妻子照顾家庭，这样能够很好地分工和协调，自然也就不会有什么大的问题出现。

老赵在村子开店是租的彭老四的房子，房租一年 3800 元，水电费是每个月 10 元，这些都不算贵。老赵向我们透露他在来村子之前是在孟连开店的，一个月可以有 10000 多元的收入，生意相当好，现在自己年纪也不小了，就把那边交给儿子，自己和妻子来村子里边生活也挺不错了，农村空气好。我们问老赵现在在村子开店的收入情况，老赵说自己也说不上来，村子里边生意不确定，多的时候一天可以有 600 元的收入，但是少的时候也只有 100 元左右，但总体来说还算是不错了，一个月至少也会有 2000 元收入，比打工好点。老赵告诉我们现在生意也不好做了，很多有摩托车的人都学会了一些简单的修车技术，而且村子里还有另一家当地人开的修理店，两家一分，生意就少了，但是老赵说自己不怕竞争，因为自己的技术好，本地的修理店技术和零件都不足，修不了刹车和发动机，而自己可以，这就是自己的优势，生意少了不怕，重要的是技术，以后还会慢慢变好的。老赵自己开店也有二十多年了，跑过很多地方，虽然没有赚到很多钱，但老赵说自己很满足了，因为可以到处去玩玩看看，这是许多有钱人都没有时间和精力去做的。“人活一辈子，就是为了找吃找穿，钱这东西，生不带来，死不带走的，吃穿满足了，就是好好享受生活”，老赵的这句话就是说出了老赵的对待人生，对待生活的态度，不求多么的富裕，但求生活得很自在，老赵说自己就是这样的人，没有多么伟大的追求，只希望过得舒服就满足了。

总之，老赵给我们的感觉就是那种对待生活很平和的人，没有太多的抱怨，只是自己默默地去努力，没有太多的要求，只是会去追求一种释然的生活。也正是这种积极的人生态度，老赵看上去很年轻，一点也不像快 50 岁的人。我们也问老赵，他是外地人，来这个村子里做生意开店有没有遇到什么大问题，老赵的回答很干脆，没有任何思索的就说了出来，语言就是他现在面临的最大问题，因为村子是少数民族村子，很多人不会讲汉语，有人来修车时只能用手比划，用手指，很多问题就会很麻烦，最后老赵感慨地说：“要想在少数民族地区发展，学习语言真的很重要啊。”

老赵也是个很有长远眼光和发展头脑的人，他会根据不同地区摩托车的多少来决定自己开店的地址和规模，所以老赵以前在县城的时候生意非常不错的。还有老赵也跟我们说，以后云南的农村的摩托车会越来越多，自己不怕没生意，会一直做下去，不会放弃这一行业。另外一个问题就是村子的生活成本还是相对较高的，因为菜少，很多菜需要从外边拉过来，菜价比较贵，自己跟妻子两个人，一天差不多得用 20 元的生活费，生活费贵点还能接受，但是最麻烦的还是吃水，只能自己去旁边的村民家里抬水，比较浪费时间和精力，不过老赵说这边的村民还是很好的，不欺负外地人，去抬水也还是容易，自己以后也会慢慢去解决吃水难这个问题。他告诉我们，其实在村子开一个拖拉机修理店也是很不错的，现在拖拉机很多，但真正修理拖拉机的却没有，修理拖拉机也是一个很有前途的行业，但是自己年纪也不小了，不想再去做这一方面了。我们观察也发现，村子里农用拖拉机确实很多，但是没有修理的地方，很多村民拖拉机出现问题了没办法，只能去外边请人，很麻烦成本也很高。这一点看法就可以看出来老赵是个很细心，很有眼光的人，虽然来村子的时间不长，但通过自己的观察很快就了解这个村子。

来村子一个多月，老赵对村子的人和发展有自己的看法，老赵认为村子里的村民还是相当不错的，很朴实，也很讲道理，虽然拉祜族的村子还有点落后，但村民都很团结，有什么事都是相互帮助的，说到这里，老赵为了向我们证明自己说的话，给我们又举了一个例子，上个月村子有两辆摩托车被偷走了，整个村子都能团结起来发动去寻找，最后追到了邻县把摩托车给追了回来。在村子的发展方面，老赵说村子的土地很多，但是缺水，种植的农作物也很单一，需要继续发展经济作物的种植和兴修水利工程，只有有水了村子才能发展下去。

对于家庭和自己的以后，老赵没有太长远的想法，就说自己会一直修理摩托车，直到自己修不动才会停下来。自己现在正在存钱，以后老了也有能力自己养自己，不会给孩子增添任何的负担，以后不修理摩托了就带妻子回四川老家。老赵经过这么些年的努力，在四川老家镇上也有一幢 240 平方米，价值 50 万的房子，自己以后跟妻子回去了也有地方可以住。而且老赵的思想很开放，很独立，他说他跟妻子愿意接受去养老院，不像现在有的老人思想很保守，反而会给孩子很多的压力，儿子已经打算在这边买房子落脚了，以后自己回去四川老家儿子也不太可能有太多的精力和时间来天天照顾自己。

对于孩子，他们也没有太多的要求，只是希望孩子自己去闯，靠自己，只有去闯了，才能学到东西，才能成长。老赵的大儿子现在已经有一个三个月大的小女儿了，老赵说自己也是当爷爷的人了，心里很高兴，看到这个家庭正在向好的方向发展，想想自己以后也可以儿孙满堂，就很幸福。等看到女儿和小儿子都有美满的家庭和生活，他这一辈子就满足了。老赵就是这么一个思想很开放，很独立，也很有眼光的人，跟他交谈，我们也学到了很多东西，相信在老赵的领导下，他的家庭会越来越好。

十六、教育工作者

（一）真诚谦虚的小学校长李扎儿

李扎儿于1958年出生在当时的一个地主家庭。当年爷爷和奶奶都是当时拉祜族的第一代文化人，那时他们的文化水平就已经相当于现在的中专水平了，这样，他们比别人更懂得持家，一有点儿钱就买田买地，日子精打细算，总是比别人过得好一些。那时候，家里有8头牛，其中母牛有3头，猪有3头，田很多，到底有多少已经想不起来了。“文化大革命”的时候，他们家的房子被换给了村里最穷的人，一家人则被赶到养牲口的茅草屋里住，猪和牛也都给了公家，爷爷奶奶、爸爸妈妈都遭到了批斗。这种家庭成分也给他带来很不好的影响。读小学时，人家能加入少先队员行列，他却不能。1976年，他初中毕业以后，因为成分不好，没能再继续读书。

当他回忆起小时候读书的情境，就是天天读记毛主席语录的日子。不管背的有多么熟了，还是得整天看毛主席语录，没有其他的知识进行补充，不免觉得单调乏味。放学后，他还要背上放着锄头的包，牵着比他结实的牛，去村里的山头，边放牛边挖野菜。家里没有饭吃，只能靠苦涩的野菜充饥。作为家中长子的他，不得不每天去挖野菜，帮助家里减轻负担。有一次，李扎儿在挖野菜的时候，不小心把锄头锄到了自己的小腿跟上，鲜血直往外流，年幼的李扎儿忍着疼痛，继续在山间挖野菜。现在，每当他看着小腿上留下的伤疤，就不由得想起小时候艰辛的日子。那道伤疤，那道痕，不仅清晰地留在了腿上，更是牢牢存留在他童年的记忆中。

小学三年级的时候，正是全国三年困难时期，这个偏远的小村子也没能逃脱粮食极缺的噩运。李扎儿和母亲为了让家里人渡过难关，用一些生产用具从缅甸换回来了大米。李扎儿说，他印象中那重重的大米压在他身上，倘若只是行走半个小时的路程，兴许还能忍受，但是家和缅甸的路途无法缩短，背上大米，那段遥远的路途显得尤为难走。李扎儿单薄的肩膀上撑起了30斤大米，沿着崎岖的山路，步行2天，终于到家。回到家，李扎儿的脚肿了，疼痛难忍，连路都走不了了，家里把从缅甸背回来的大米吃完了，他的脚还是没有恢复过来，依然肿得厉害。艰苦的环境，锻造了李扎儿不怕苦不怕累的精神，这期间的辛酸苦辣，我未曾亲身体验过，从听闻中却能深刻体会到李扎儿的隐忍与坚强。

李扎儿读书的时候，十分刻苦用功。身边有些孩子每天得过且过、在学校混日子的状态丝毫没有影响到他，只因他内心有一个坚定的信念，那就是好好读书才不会受人家欺负。事情还得追溯到李扎儿还未上学的时候，家里有一次杀猪过年，有一个外地人来到他们家买猪，竟用15元买走了半头猪。他说，当时怪只怪家里没一个人会识秤，就眼睁睁地被外地人给骗了。从此，李扎儿下定决心要好好读书，母亲也支持他："再艰苦也要坚持下去。"一次受骗催生了一个孩子的认真求学之心，在以后的日子里，即使条件再艰苦，他也没说过要放弃。35个和他一起上小学的伙伴，最后只有他一个人读完了初中。

初中毕业后，因全国正处在"文化大革命"的笼罩中，身背地主成分的他，自然不能再继续学业了。回家后，他只得放牛。一个人放23头牛，从早到晚，日复一日，即使生病了，也不敢耽误一天（除了过年他可以休息），这样他就可以保证最高的出勤率，挣得更多的工分，帮助家里缓解经济压力。从小就懂事的李扎儿，在家里遇见困难的时候，总是能帮家人分担许多。虽然当年稚嫩的肩膀扛不起整个家庭，但是他给予的支撑却总能抚平几道父母额头上焦虑的皱纹。

李扎儿凭借着惊人的毅力，终于在1976年小有成就，他当上了卡扩小学的代课教师。每个月64.5元的工资，并不算多，只能省吃俭用。那个时候，他就负担起照顾7个弟弟妹妹的重任。弟弟妹妹都和他住在一起，李扎儿负责弟弟妹妹的吃穿住用行，甚至连上学都是他一手管的，这使得原本都不够花的钱更为紧张。李扎儿也希望弟弟妹妹能多读点儿书，将来更有出息，可他们却不爱读书，最终早早地结束了学业。现在，李扎儿每每想到这些，心里就有悔意。他反复追问自己，如果当初强迫他们多读点儿书，即使自己再苦再累，也不至于他们现在都面朝黄土背朝天，过着如此劳苦的日子。身为长子，李扎儿心中更多的是装着整个家，却少有自己。

李扎儿在卡扩小学做了 4 年代课教师后，便考试转正当了班利村小学的正式教师，工资自然有所上涨，刚开始每个月工资就有 425 元。尽管那个时候，弟弟妹妹还是由他照顾，但是生活条件是一天比一天好。1988 年，李扎儿在澜沧技术学校进修了两年半，拿到了中专文凭。知识逐渐丰富的他，教书育人也逐渐有了自己的一套方法，领导和上级对他的表现都很认可。他曾经三次被评为“县级先进教师”，2007 年还被评为“县级先进个人”，本来，他可以获得更多的荣誉，但是李扎儿挣脱名利的束缚，把荣誉看得淡如水。他几次退出参评，把机会让给其他年轻人，给他们更多的工作激励。

如今，李扎儿当校长已经 20 余年了，其师德和人品备受人们尊敬。当初刚开始选校长的时候，他并没有意向要当校长。因时任校长不是当地人，不了解当地的民风民俗，不适应当地环境，且喜欢喝酒，经常耽误正事，实在是不能继续胜任校长这个职位。前任老校长就劝李扎儿，想推荐他当校长，因为李扎儿当地群众基础好，文化水平又高，在同行中威望又高，比较适合当校长。李扎儿勉强同意了老校长的请求，答应只做一年的校长，到时候再另寻他人。可是一年校长当完之后，他却脱不了身，民意选举依然是他的票数最高，他只得继续当下去，这一干就是 20 多年。在这 20 多年里，李扎儿认真为学校的发展想出路，为了让每个适龄的孩子读好书，他经常往县教育局跑，表达学校的发展困境，争取为学校赢得更多的发展资金，为孩子创造良好的学习环境。学校教师不够，他要一边管理还一边教学，有时候压力大的整晚都睡不着觉，早晨起来看镜子里的自己，都觉得苍老了很多。但是，为了对得起大家对他的信任，他选择了无私奉献。

做了校长后，李扎儿经常到县教育局接受培训，学习管理知识。培训完后，心中就开始了对学校的重新规划，从改善校舍到配置师资力量，事无巨细，心里都会有一番自己的打算。就像一个小菜园，里面到底该种些什么，怎么种，总会在主人接受技术培训后变得更加明朗化。当然，一切决定不能单靠自己的主观想法，李校长还召开民主大会，听取各个老师和同学的意见，进行民主协商，全盘考虑清楚后才做最后定夺。那宽阔的篮球操场，三层高的教学楼，落花满地的水泥路，芝麻开花节节高的学习成绩，怎能离开李校长的英明决策和民主管理呢？

李校长现在教三至六年级的品德和社会，所教课程虽然不如语文和数学那么正式，李校长却没有放松对学生的要求，仍然严格管理。李校长坦言，自己历来是学生心目中最怕的老师。难怪路上碰见的几个小孩子，在看见李校长之后，都远远地跑开了呢！但他教出的学生都很佩服他，虽然小时候孩子们可能不是很理解，但是待他们长大，对李校长总是充满了感激之情。现在村里的村主任，就是李校长的学生，就是这样对我们表达着他对李校长的看法。看着教出来的学生各有成就，李校长眼中总是饱含着满足的泪花。“桃李不言，下自成蹊”的快乐，永远是属于老师的。

李扎儿不仅担任班利村小学校长，还是“摆舞之村”建设的组织人之一。班利村是东回乡摆舞建设的主要村庄，村里男女老少个个都会跳摆舞，乡上自然选择了班利村作为传承摆舞文化的主要阵地，李校长则主动参与“摆舞之乡”的建设与组织。每次过节前，出去演出前一两个月，他召集村里的年轻人到学校的操场进行训练。由于大家都是业余的，白天还得在田地里干活，晚上才有时间，所以训练时间都是每天晚上。大家的表现都很积极，平时可能不爱读书，但这种玩玩闹闹的事情却十分爱参加，大家积极性很高，在操场上有模有样的跳着。虽然演出队没有经费来源，大家都要自己掏钱买服装买道具。生活困难的他们，并没有什么怨言，总是觉得能为拉祜族的发展做点儿什么就一切都值了。李校长告诉我，传统的摆舞展现了拉祜人民生产生活的场面，一举手一抬头之间，都是人民生产生活时的动作，很原始很古朴，自然就缺少了艺术的美感。现在他正在考虑，如何让摆舞变得更美丽，使其有种“源于生活，又高于生活”的艺术，李校长先在村里组织大家进行训练，等训练的差不多了，就会去乡里、县里再由其他的专人进行训练。如今，村里的摆舞演出队，去过很多地方表演，从乡里、县里至广西、杭州、北京等，他们一路载歌载舞，走遍祖国的大江南北，舞动了拉祜族文化之魂。在杭州举办的中国电影金鸡奖颁奖典礼上，在中央电视台的舞台上，总有那么一首歌是放给班利村的演出队听的，他们边听边翩翩起舞，舞出了拉祜民族的最强音。

李校长的爱人是他去他姑妈家那边儿玩的时候认识的。一来二往间，他被她的温柔贤淑给打动了。那个时候，恋爱不像现在这么开放，公共场合牵手都不允许，于是秘密谈恋爱成了主流。就这样他们俩地下恋情持续了两年。在1978年准备结婚的时候，他告诉了当时的校长，请他来喝喜酒，校长心中不由一震，“小伙子从来没有说过有女朋友，怎么突然就说要结婚呢?”可见，当时，李校长的恋情进行的有多么隐秘。现在想来，李校长都不由得哈哈大笑，大概是觉得当年恋爱的好玩儿和不可思议吧。李校长还清晰地记得结婚那天，他花了16元买糖买烟，用来招待亲戚朋友，虽然现在看起来不多，但是那已经超出了他一个月的生活费。想想，不免觉得那时生活的不容易，李校长不经意间流露出丝丝伤感之情。现在他已经有了两个女儿，女儿都长得花容月貌，才气也超出一般。大女儿2010年28岁，在云南幼儿师范学院读过三年书，后来不想读了，便回家务农。来之前，我和她女儿有过一面之缘，感觉她是一个很活泼开朗的人，说话声音柔美动听，活泼却不失礼貌，看得出应该受过比较好的教育。小女儿2010年20岁，2009年刚从卫校毕业，现在在邻村阿芒村做村医生，打算8月参加公务员考试。小女儿是个很害羞的人，我刚到她家时，李校长不在家，只有她一个人在那儿看电视。问她李校长去哪儿的时候，她什么话都不说，只是撒腿就跑，拉来她妈妈，她妈妈只好用一口不流利的普通话告诉我李校长的去向。再问及校长什么时候回来，小女儿也只是摇头并不说话，可见她的羞涩。

李校长很有商业头脑，也多亏他的聪明智慧，才得以让孩子们享受了很多年的教育。1999年，李校长在学校开了个小卖铺，并贷款1200元买了个冰柜，成为全村第一个买冰柜的人。由于云南四季如春，冬天温度也不冷，一年四季都可以卖冰棒，冰柜的收入就不受季节的影响，给家里带来很大的财力支撑。孩子们上完课，放了学，演出队在操场排练完，村民们在田间劳作完，总爱去小卖铺买几根冰棒。一个星期下来，单靠卖冰棒最多就能挣500多元，孩子们读书的生活费用就一并解决了。不到两个月，就还清了贷款。李扎儿兴奋地回忆，有时供不应求的场面真的让人很有成就感。直到2008年，因为家里没人再愿意守着小卖铺，才退出了冰棒业。

李校长一家目前住在学校宿舍里，整体条件还算不错。客厅里摆放着一个25英寸的TCL大彩电，这个彩电已经买了10年了，当时就数他家彩电是全村最大的了。客厅里，一套沙发静静地环着两面墙，李校长告诉我，沙发是2005年买的，总共花了2200元。1986年他借钱买了一台录音机，是全村第一个买录音机的人。说起全村第一，他不禁给我讲起了他们家其他的率先举动。他们家是第一个种甘蔗的，第一个买缝纫机的。那个缝纫机是 1984 年买的，他用卖花生的 140 元买了缝纫机。2002 年他买了摩托车，自己出了 4000 元，妹夫则给他出了 2700 元。2004 年，他家盖了新房子，两层的楼房，现在已经给了大女儿一家住。

李校长对未来充满期待。下半年，他准备学驾驶，拿个 C1 本儿的驾照。然后在未来的两年里，用自己多年的存款买一个微型轿车。这样两年后退休的他，就可以带着妻子驾着车，心随所动，自由驰骋在广袤的天地间，享受无忧无虑的生活。至于房子，李校长想为自己和老伴儿再建一栋房子，通过这些年的住房公积金，他很有信心，建一个温馨的房子不是难题。到时候，他就可以和爱人一起享受着天伦之乐，在温馨的家里，做着自己想做的事，看着怡情的书，听着悦耳的音乐，和爱人一起慢慢变老。这过程，没有喧嚣，没有世俗的纷杂，有的是幸福满屋。

李扎儿，小时候，受了很多磨难，长大后，凭借自己的努力与拼搏，收获了成功的果实。他，就像一块璞玉，在经历岁月的打磨和人生的洗礼后，终于实现了自我价值。如今，铅华尽去，留下的只有淳朴的沉淀，他只希望在余下的人生里，能够儿孙绕膝，在美美的村庄里，和牵手一生的爱人慢慢变老，共同回味那逝去的青春年华。

（二）恬淡朴实的教师成克权

还清晰地记得第一次见成克权老师时的情境，那般无意和巧合。那天的班利村正经受着淅淅沥沥的小雨的洗礼，就这样撑着伞，我来到了班利村小学。虽然已经到村里很多天了，但是却从没有踏进过小学校园半步，只是远远地从住处眺望过这片圣地。暑期早至，学校教学楼的大门都关着，校园也很清净，我站在外面，仔细地看着眼前的教学楼，从认真地看着墙上张挂的“国家扶贫教育工程”到透过玻璃仔细看着教室里面的设备，一切都透着一股熟悉的气息，那里也有我读过的小学的影子呢。沿着落花满地的小道，我走到了学生和老师住宿的地方，大大的木板床铺，锁不上的已经坏掉的门告诉我这就是艰苦的学生住处，不知不觉地我已来到了老师住宿的地方，一排清一色的房间，外面堆着各种家居用品，只有一间门半掩着，我探着身子，透过那道虚掩着的门，看见一个男人躺在沙发上，正酣睡着，房子虽小，但是里面的陈设却很齐全，有电视，有冰箱，有沙发，有茶几，我偷偷按下快门，然后悄悄地离开，直觉告诉我，下次我一定会回来这儿找到他。

第二天，我再次来到那个酣睡的男人家。这次，房子里多了一个女人和孩子，一家三口人坐在一起，正在吃刚刚煮好的玉米，一家人脸上都洋溢着幸福和满足的笑容，让我都不忍心打扰这其乐融融的场面。我站在门口，还是被女主人发现了，她忙放下玉米，招呼我进来坐，还没有等我说明我的来意，他们就已经知道我们就是前几天来村里调研的北京来的大学生。他们顺手把煮好的香香的玉米塞了一个到我手里，让我尝尝。玉米很嫩，一咬，嘴里就是满满的甜汁，甜至心间，像极这家人给我的感受。这还没完，她又端出了买来的青苹果让我吃。热情至极，让我立刻感受到了这个小家的温暖。

慢慢地我就和男主人谈起来，知道他就是这个小学的教师，名字叫成克权。成老师睿智的眼神中总是满含着谦和，个子虽不高，却有一种坚毅的感觉。1996—2001 年在大山乡中学任代课教师，那时一个月的工资才 170 多元，实在是无力让这个家过上好日子。于是，2001 年，成老师通过自己的努力由代课教师转为正式教师，工资也涨到 1600 元，转正后，成老师就一直在班利村小学任教，孜孜不倦，长此以往，没有丝毫的抱怨。

成老师并不是本地人，而是湖南人。小学、中学和高中都是在湖南完成的，后来的专科他选择了来到云南。在校学习期间，他就深深地爱上了这片土地。在他的认知世界里，他知道云南边远地区的小学教育质量远不如其他地方，孩子们很聪明，却没有人愿意教他们，任凭他们放任自流，就这样云南边远地区的发展始终是跟不上节奏。如果他选择了留在云南，他就可以靠自己的力量带动一批又一批孩子的成长，虽然力量微小，但是积少成多，他相信，不远的将来，云南的边远地区也是花团锦簇，希望丛生。凭着自己的坚定信念，湖南汉子就留在了云南最边远的地区，从此扎根于此，没有怨言。

这里的小学教育是实行双语教学，一、二年级是用拉祜语和汉语教学，三年级之后就开始用汉语教学。由于学校里 98% 的学生都是少数民族，绝大多数又是拉祜族，平时和外界接触较少，孩子们汉语水平不好，只能在上学期间，通过老师教来学习汉语。成老师说，拉祜族孩子学习汉语比较困难，一是汉语确实不好学，二是孩子们都还小，很贪玩，学不进去。针对这种情况，成老师和学生打成一片，互相学习和帮助，学生教自己拉祜语，自己教学生汉语，互相鼓励，大家共同进步。

村里的生活条件不是很好，虽然实行了义务教育免除学杂费，但是许多家庭连孩子的资料费都不能自给。学习要想进步，基本的资料费是必需的。成老师为了让自己带的每个孩子都能有比较好的发展空间，常常自己掏钱帮孩子们买学习用具和资料。看着孩子们一天天的成长进步，成老师心里总是比吃了蜜还甜。因为在这块希望的热土上，只有耕耘的人才最能感受其间的快乐和收获时节的喜悦。

但是耕耘时，也难免碰见倔强不听话的石头卡在田地里，影响播种。成老师的班上也有很贪玩的学生，经常逃课。每每遇见这样的情况，成老师不管天晴还是下雨，都会立刻到逃课学生的家里进行家访。这个时候，成老师会变得很严厉，告知学生的家长，不要宠着孩子，该学习的时候不学习，到时候只是害了孩子。成老师晓之以理，动之以情，让每个贪玩的学生最后都回到了课堂，安心地学习着。当然逃课的不仅只是贪玩的学生，还有生病，因家庭原因等不来上课的，如父母离异或离家出走的，给孩子很大的精神压力，最后也就不愿来上课了。成老师针对不同的情况，对学生和家长进行看望、疏导和教育，最终让教室里的座位上都坐满了学生。成老师讲着，我满脑子都是张艺谋的电影《一个也不能少》的画面。

整个班利村就一所小学，使得许多家离校很远的学生都不得不小小年纪就选择住校。孩子们太小，很多事情都无法完全自理，洗衣服不会洗，吃饭不会自己去食堂打，晚上上厕所不敢一个人出去。这些成老师都得帮助孩子们，告诉孩子们什么事情该怎么做，一步步慢慢地教他们，给他们勇气和力量，让他们学着慢慢成长。成老师在课堂上要灌输孩子们知识，下课了，放学了，还得照顾他们的衣食起居，让我一个外人看起来都感觉十分累，但是成老师却很满足地笑着说，和孩子们打交道很有意思，没有什么累不累的。是啊，当一个人把自己完全融入自己所从事的事情中去的时候，充分享受其间的过程的时候，心里满满的装的都是幸福和快乐，而辛苦早已在和幸福的对阵中不战而败。

成老师在教学的过程中，也不忘给自己充电。他深知现在的社会发展很快，知识的更新更是如此。如果还自我陶醉在现在的状态中，到时候只能误人子弟。于是，2004 年，成老师通过函授继续学习，获得了本科文凭。知识结构的重新架构，让成老师在教学的过程中更为舒坦，这样学生就能获得更为完整的知识，自己也觉得对得起“人民教师”这个称号了。过几天，成老师就得去县城学习了，这次学习主要是网上学习，上面要求每个教师至少学习 48 个小时。他觉得 48 个小时远远不够，决定在县城多学习段日子，尽管会很费力费钱，但是为了充实自己的知识，一切都是值得的。成老师很希望我也能看看他们网上学习的内容，热切地把学习的网址告诉了我。刹那间，我觉得我也有必要加入其中，和他一同感受学习的乐趣，记录下学习的点滴。

成老师勤勤恳恳的工作得到了社会的肯定。在东回乡教学先进的评比活动中，成老师两次被评为优秀教师，分别是 2005 年和 2007 年的优秀教师。荣誉在外，成老师并没有丝毫懈怠，仍然孜孜不倦地在自己的岗位上做好教书育人的工作，以期对得起村民对他的信任。成老师在村里也十分受老百姓尊重，大家对他都尊敬有加。每次成老师去家访，家长都极力配合他，给他工作极大的支持。成老师很感激老百姓，觉得正是他们这种对教育的重视，才让他更好地发挥自己的职责。

作为一个老师，桃李满天下是最为高兴和自豪的事情。当问及成老师有什么事情现在让他想起来仍很感动时，成老师给我们讲了一个小事。那是 2009 年，成老师被抽去县里批改小学升初中试卷，那么多老师都是从各个不同的学校抽去的，彼此间都不是很熟悉，突然一声："成老师，您好啊，您还记得我吗？"让成老师不禁一惊，眼前的这个老师很年轻有朝气，但是那脸庞却很陌生，成老师实在是想不起来自己和这人有怎样的一面之缘。"我是您的学生啊，我叫马安全。"那一刻，成老师笑的灿烂如花，只因为现在他教过的学生都有出息了，都和他成为同行了，没有什么比学生成才这个回报更好了。偌大的希望之地，又多了一个同伴，陪他一起耕种，和他一起守候收割时的喜悦，那种幸福，何人不懂？

成老师在 2000 年结婚了，爱人叫李红兰。他们俩是在教书的时候认识的，那时候他们都是代课老师，却是在不同的学校。爱人在肖塘小学任教，自己则在大山乡中学任教，两所学校相距十多公里。路途的遥远并没有阻挡住这份缘分。一次，大山乡中学派老师到肖塘小学交流指导工作，其中有成老师。就这样，成老师因工作的机缘认识了李老师，后来二人郎有情妹有意，成就了这段姻缘。成老师坦言，当时是被李老师的善良所打动。李老师的心地非常善良，心眼儿特别好，这点我已有所感触，虽然和李老师还是初次见面，但是她热心招待我，拿出家里的玉米、青苹果和矿泉水，让我不要客气。对于我的突然造访，她也没有意见，占用她老公的时间进行长时间的访谈，她也总是微笑以对，这些都给了我极大的安慰和帮助。成老师拥有这么一个贤惠美丽的妻子，心间压不住的甜蜜直往脸上写。成老师在和我交谈的时候，爱人则坐在一边认真地教儿子写暑假作业。那一刻，成老师家里的空气都让我嗅出了幸福的味道。当问及是什么让这个家变得如此温馨幸福的时候，成老师却有点儿说不上来了，想了许久，才告诉我家里要幸福，是在保证正常生活的条件下，家庭成员经常地沟通，特别是夫妻之间，如果不沟通，出现的问题就解决不了，就谈不上幸福。也许，在成老师的眼里，家里的幸福已经成为一种习惯，就像周围的空气，时时存在，包围着每个人，这才惹得成老师一时说不上来，而对于家里为什么没有“缺氧”，他则给出了一个所有家庭都应该遵循的原则，那就是彼此沟通，这样，小小家庭便自有幸福。

成老师9岁的儿子成威林在班利村小学读三年级，是班里的班长，经常被评为优秀班干部。成威林学习成绩也很优秀，这点让成老师很自豪。但是成老师并没有强烈要求儿子将来一定考大学。这种宽松式的管理，让儿子总能在学习期间，还自由发展自己的兴趣爱好，如打篮球、打乒乓球等。成老师认为，现在考大学并不是孩子的唯一出路，如果孩子能够在别的道路上发展得很好，就没有必要强求和施加压力。到时候，让孩子学个一技之长，只要能够靠自己生活的很好，上不上大学就没那么必要了。成老师的一番见地，让我有种很轻松的感觉。现在大多数家长都把自己的孩子往上大学这条路上逼，不管孩子愿不愿意，适不适合，都先上了大学再说。如果都能像成老师那样，因材施教，尊重孩子的意愿，各行各业中成才的人兴许会更多。

成老师现在已经在澜沧县城买房子了，房子有100多平方米，价钱还算合理，每平方米1700多元，总共花了20多万元。这些钱都是靠成老师和爱人十多年来辛辛苦苦积攒而来的，他们既要教学，也种田喂猪，逐渐拓宽收入渠道，再加上平时省吃俭用，一套县城的房子在2010年终于属于他们了。县城拥有了房子，儿子就可以见识更大的世面，接触更多的人，接受更好的教育。成老师买房子时，考虑得更多是关于儿子的因素，可怜天下父母心。我看着正在一边写暑假作业的成威林，不禁替他高兴起来。

成老师所住的学校宿舍里，还有一间房子是他的书屋。书屋不是很大，靠墙放了一个大大的木头书架，上面整齐地陈列着书籍，大致扫一眼，绝大多数书籍都是教学用的，还有一部分是成老师在读函授本科时用过的书。成老师很爱看书，年轻的时候爱看中国名著和世界名著，现在已经不怎么看了，主要是把心思集中在教学上面，看的书也主要是关于如何教学方面的书籍。成老师感叹，现在读书的时间没有以前多，他很想回到从前，能每天都有很多时间读书，充实自己的精神世界。成老师把自己的大部分时间都花在了学生身上，留给自己的时间却越来越少，自然读书的时间就少了，我十分理解他，也被他的这种无私精神所打动。

成老师家里的条件还不错，家中麻雀虽小，但五脏俱全。彩电、饮水机、沙发等都恰当地摆放在整洁的客厅里，外面的摩托车则安静地停靠在墙边。成老师的家和我以前去过的村里其他农户的家对比的话，已经算中上等了，那些在田地里辛苦劳作的农户，虽然一辈子也是勤勤恳恳，但是却过不了好日子，想想如果他们也有文化，也有自己的一份工作，生活就会大不同了吧。

每个人都有对未来充满期望的权利。成老师对未来的想法很简单朴实，他不奢望荣华富贵，只求今后全家人能平平安安地过上平平淡淡的日子，不争名，不夺利，全家人平安就好。这种恬淡的性格，恰好让他能安心留在这个村子任教，恰好也引来幸福常驻他家。对于自己，他渴求能学更多的教育理论知识，以教出更好的学生。本村的学生若是听到成老师的这句话，该是多么感动与鼓舞呢？

离开他家时，天已不再下雨，灿烂的阳光洒满了整个村子。那一刻，我看见远处的田野上，开满了金黄的花儿，迎着风在笑，而成老师则一直默默地守候在旁边。

十七、宗教人士

（一）克勤克己的牧师段三妹

为了工作方便，我们决定住在班利村。因为曾到过农村，所以心下也不抱有其他想法，觉得只要能凑合住即可。当被安排到牧师家时，看到房间实在是有些出乎意料。我们住在二楼，虽然从地面木板的情况看，房子有些年头了，但屋内却很干净。小小的屋里有两张床，床上还上着粉色的蚊帐，枕头被褥一应俱全。屋内放着一张矮矮的小桌子，墙上还贴着一张日历，细看上面有人用笔写着“某月某日，和某某去昆明”的记事小语，从人名上看是一个外国人的名字，于是琢磨着牧师家一定是常有人来。屋外搭出去一个小小的阁楼，环绕放着一排竹编长椅，中间是一只竹几，颇有些客厅的味道。大家纷纷称赞，觉得住在这里竟有住别墅的感觉。于是，心下也揣测着主人是一个什么样的人。

牧师一家并不住这里，而是住在远处的一座小山头上，再加上他们很忙，虽然我们借住在他家，却是少有见面的机会。但因着心中这许多好奇的想法，决定约牧师夫妇聊聊他们的工作生活，地点就在他们这间可临风观山的室外小厅内。

那天，天气非常好，是经历了几个雨天的一个阳光灿烂的日子。牧师夫妇接待完来客后，就来到这里。可能是他们的身份有些特殊，见面时竟还有些疑惑的谨慎，我们说明来意，夫妻俩才慢慢放松下来。牧师很瘦，可能是从事宗教职业的缘故，显得沉着而冷静，牧师的老公身材略胖，浓眉大眼，眼睛闪闪发亮，透着精明利落的神采。

由于是夫妻一起参加访谈，于是话题自然而然从夫妻俩的结识而开始。牧师听到这个话题，有些不好意思，笑罢，说 1992 年，她 26 岁时从昆明神学院毕业回家，当时在公路边下车，随身还带着被子、书籍等东西，于是在岔路口等着搭车。这时，他现在的老公经过，那时他在路旁的茶场工作，碰见了等在路边的牧师。于是牧师问他说："小伙子，有没有车子可以稍我回家呢？"于是，现在的老公，出去找了辆拖拉机把她送回家。我们问牧师的老公当时是什么感觉，他坦言："当时没什么感觉。只是见她带了那么多书，又会讲汉语，心想这个拉祜姑娘真是不一样，很特别。"

就这样一别一年，一年后，当时茶场放假，他到班利村上做小买卖，忽然发现她在村中给别人打针，另外还自己开着一个小卖部。一问方知，她原来经教会推荐，1992—1993 年期间出去学医，所以，他们无从见面。

再见面，他动了心，但又有些怕，于是他白天有时候到她那里讨些饭吃，由于吃饭时没有菜，所以第二天，他再来时便带了些肉。那年圣诞节时，他来到班利村，当时正生着病，过圣诞是村中的一个大节日，人很多，牧师招呼众人忙得不可开交，于是询问谁能帮她倒水招呼众人，他毛遂自荐，抱病帮忙，见到的人都夸这个小伙子真不错。这或许就是那星星之火，在牧师心中留下了一点火种。

第二次，再见面时，他就直接问牧师，"你要不要我？"坦诚而直率得让我们这些旁听者都有些惊诧，但或许在这些少数民族地区，只有这坦率的表达方才足以显示他们的热情与真诚。牧师当时身在教会，考虑再三，她只能说，她自己做不了主，得要问教会中的长老们方才行。

之后，教会中的长老们在一起也商量，考虑到牧师年龄也大了，到了婚嫁的年龄，但工作需要，她又离不开班利教会，于是长老们决定："只要小伙子答应遵守教规，并且在班利村生活就行。"他回家考虑了一天，也没有问父母，第二天便答应了。

我们也问，毕竟他是傣族，而牧师是拉祜族，不论从生活上讲，还是信仰上讲，都有很多不同之处。他说，他父母不同意他找一个拉祜族女子，而且，那时班利村还没有修路，一到雨季，路面上没膝深的泥，根本不通车，条件比山外艰苦多了。但他心意已决，说："行不行也就是她了。"于是，他因着这份执着的爱，决定改信仰基督教，自己在村中盖了房子，定居在班利村。

以前朋友还笑话他跟拉祜人过拉祜日子，还改信仰，但现在看到他生活得自由而舒适，而且因为在教会也有工作，也增加了许多见识，有了很多出去见世面的机会，大家现在反而很羡慕他。说到此，他满脸的满足与自豪。或许是他的执着成就了这段婚姻，又或许是这份婚姻成就了他现在的生活。

说到这些，似乎都是宗教结的缘，于是转而谈起牧师和教会的缘分。牧师出生在缅甸，母亲是缅甸人，父母都是基督教徒。在她 3 个月大时，一家人回到班利村。出于宗教的信仰要求，她母亲回班利村后，慢慢创建了村里的家庭聚会，耳濡目染间，她从小也皈依于基督教，长大后，更是辅助母亲承办周日的家庭聚会。

1980 年，国家恢复了宗教。1983 年，省里的牧师来村中讲"三自"，当时她 15 岁，教会让她接待省里的牧师。闲时省里的牧师问她："想不想读神学。"她说自己很想读，但自己只读过 5 年书，省里的牧师让她写一段话，讲一讲自己的感受与想法，她写完给了牧师。第二年，也就是 1984 年，省里的牧师又来到班利村，送给她一本竖排、繁体字的圣经。作为回馈，她送给省里的牧师一个拉祜族特色的包。

按照拉祜族的传统，女子十五六岁就要结婚，而她却为了那个要读神学的理想，一直没有谈及此事。父亲很焦急，经常催促她找个人家，幸而母亲有些文化，她支持牧师坚持自己的理想。就这样，一等就是 5 年，还是没有结果。那时她已经21岁，于是她做了个决定，准备结婚。男方是孟连的缅甸人，而且还是缅甸的拉祜族人，又是基督教徒，民族和信仰都十分般配。双方家长都很满意，决定等男方房子盖好就结婚。结果在男方正式提亲的前三天，省里的牧师视察澜沧大地震来到班利村，顺便接她到昆明神学院读书。家中人和教会长老商量后决定先别结婚，而去读书。于是，她来到昆明开始了她的读书生涯。

刚开始，她连汉语都不懂，为了学习，她多读了一年，四年后，她从昆明神学院毕业回家，于是遇到了现在的老公，结婚时她已经26岁了，对于她这个年纪结婚，在城市里或许不算什么，但在一个有着早婚传统的少数民族村子来说实在是非常难以想象。细思牧师的这一系列人生决定，信仰占据了极重要的位置，也是这份信仰的执着，她坚定而义无反顾。

说到信仰，我们很关心她们夫妻俩的相处之道，毕竟生活是琐碎的，何况她老公原先并不信仰基督！她说，她老公信教后，改变很大，以前他年轻时好玩，玩台球，玩牌，还赌博。有一次他在澜沧玩台球赢了90元，进门就拿给她看，她很生气，把钱扔了出去，说自己再穷，也不要那些钱。说到这，牧师的老公呵呵笑了，说自己的老婆“良心好，就是脾气不好”。牧师听后，笑着看了看她老公，眼神中竟露出一种少女的羞涩来。随后，她也肯定说她老公真是改变很多，以前抽烟喝酒，但现在烟酒皆不沾了。虽然言语简单，但我们还是从那些质朴的话语中，从他们交流的视线里，感受到了他们夫妻俩一种浓浓的信任与支持，赞赏与爱戴。又想起，一次在牧师书房的墙上，我们看到他们夫妻俩照的大头贴，亲密而幸福的样子，忽然想，在信仰的虔诚与稳重之外，她们一定也是浪漫而热情的。

牧师有一个儿子，十六七岁的模样，正处在青春少年有一点逆反的时期，于是问到孩子的教育。牧师说，她对儿子只是在品德上严格要求，其他方面并不约束，她也鼓励孩子入团，入党，毕竟宗教是内心的东西，和学习生活并不抵触。

班利村有一个规模不小的培训中心，每天站在小楼上就能看到，据说现在由牧师来负责，于是也就问起了这件事情。牧师说，澜沧县基督教徒很多，以前没有综合学习过程，大家都只是自学，为了做好基层工作，为了大家能全面正确的学习，教会办了学校，佤族在上允镇，拉祜族在班利村，这样整个澜沧县6个乡镇，58个堂点，会选派人来学习。只要完成了国家的九年制义务教育的人，只要家庭能供养即可前来学习，学时两年，将来可以再继续读神学院。现在，培训中心有6个老师，教吉他、音乐各一名，其他都教授圣经，法律法规由当地民宗局来讲。

培训中心的房子是1998年开工建设，由泰国基督教总会捐款所建，2000年建成，但由于没有条件，一直没有真正交付使用，直到2006年，省宗教厅批下来“培训中心”才正式挂牌，中心的伙房也是由省委统战会捐建的。而且，那几年，老牧师意识到“现在大多数基督徒都没什么文化，这完全落后于时代要求，为了提高整体信教民众的素质，要培养年轻人来接替老一辈人员成了当务之急”，于是，2006年，老牧师让她接手培训中心，并接替牧师的职位，开始处理教内事务。但维持一个学校并不是一件简单的事情，学校自养能力薄弱，老师都不拿工资，只是全义务尽责。于是老师轮流一人带一天课，余下时间则自己工作，赚钱养家。学生自带粮食，由老师一人一天轮流做饭。虽然维持这个培训中心非常不易，但牧师还是很有信心，她相信学校的前景会越来越好。

聊完这些，天色渐已暗下来，夜灯在村中闪闪烁烁，小楼上清凉而舒适，由于这里几乎全村信教，牧师在村中算是有一定威望的人，但除了这份公共身份外，牧师毕竟还是一个母亲，一个妻子，她也是一个活生生的普通人，也有着喜怒哀乐，但她依据从小所受的教规处理着自己的工作生活，宗教在她的心中完全是一个精神指导，让她努力而自强。我们不是宗教徒，有些宗教感情亦无法理解，但我们觉得哪怕就扫除文盲和传承民族文化上讲，宗教还真是有些贡献的。

（二）笃信热情的麦田里思考者李扎努

李扎努老人是我们遇见的一个非常特殊的访谈者。绝大多数的访谈者都是被我们寻上门去，唯有这位老人主动找到我们，邀请我们去他家聊聊拉祜民族文化。于是，我们全组人员全部去了老人的家里。李扎努家有一个大大的庭院，里面收拾得很干净。庭院里栽种着各种植物，叫得上名儿的，叫不上名儿的，都在庭院里竞相生长着。仙人掌正拼命地开着那黄色的花骨朵儿，小米椒则在一旁舒展着纤细的枝丫，小小的椒粒儿在枝头探头探脑，好不调皮。芒果树、枇杷树、菠萝蜜树等则静静地守候在一旁，甘当坚强的卫士。

经典的“马屁股房”，焕发出新的生机，明亮的地板砖，墙上齐腰的白色瓷砖，都没有久经岁月腐蚀的痕迹，足见这房子也是刚盖没几年。客厅内，组合家具上摆放着一台彩色电视机，就是这台电视机，让老人足不出户，依然和外界保持着紧密的联系。饮水机、冰箱、茶几、沙发等一一映入眼帘，散发出宽裕的光芒，老人家里的气息透露出老人一定有一段非常传奇的经历。

李扎努1959年出生在一个富裕中农的家庭，在家中排行老四，共有七个兄弟姊妹。虽然兄妹很多，负担很大，但家里还是供他读到了初中。毕业后，他就开始做小队的记分员。在老人眼里，记分员的工作就像是政府机关内的秘书，主要是帮着记记写写，他当时负责给小组里的人记工分，每天每个人干了多少活，挣了多少工分，老人都认认真真记下来，不敢有丝毫懈怠。为了不给别人把工分记错，老人总是仔仔细细，反复检查，有时候，工作到半夜两三点才休息。期间实在是撑不住的时候，就用冷水洗把脸，然后再继续工作，这种兢兢业业的工作作风总是让周围的人佩服不已和由衷放心。

“文化大革命”的时候，当时批斗之风盛行，他的丈母娘也成了一个被批斗的人，组织要求他批斗自己的丈母娘。李扎努知道丈母娘确实没有犯什么组织上言及的错误，只是嘴滑，不爱配合组织而已，但情形所迫，虽心有不忍，还是不得已为之。那时，人们白天干完活后，晚上大家聚集在一起开批斗会。他让丈母娘跪在散落一地的玉米粒儿上，玉米粒儿很老、很硬、很小，跪在上面，膝盖上被硌出许多坑，疼痛难忍。他看在眼里，痛在心间，遭受着心理的巨大折磨，恨不能帮丈母娘承担一部分。40年之后，他还能感到那种疼。大包干的时候，他积极性很高，成为大包干的推动者和带头人，为了每天挣最多的工分，即使下雨天他也在田地里干活。但是，每年田里产的粮食不够，即使挣了很多工分，最后也只能换一小部分粮食，一家人还是不够吃。他只好跑到缅甸，用大缸在缅甸换大米。四五十公里的路程，他背着重重的大米，用脚步一步步地丈量着遥远的路程。回到家后，腰酸背痛，脚肿得厉害，不能多走一步路，但是他却还是在田地里带着大家一起干活，希望来年会丰收。那些好吃懒做、在集体劳动中混日子的人见他如此认真干活，自惭形秽，不得不认真干起活儿来。谈及做记分员的时候虽很辛苦，但与时代中那些付出生命为他人奉献的人比起来，自己的行为微不足道。老人现在回想起当初的大包干、大跃进时，仍能表现很理性很公平的态度，秉持辩证的态度，认为其有利有弊，有利的一方面是确实调动起了大家的集体参与性，弊端在于有人浑水摸鱼，也有弄虚作假阻碍了人们生活水平的提高。在这偏远的小山村，却能有如此深邃的思考，不免让我叹服。在我看来，老人一分为二的认知，在同龄人中实属少见。

李扎努喜欢看电视，尤其是凤凰台的新闻资讯节目。在他眼里，看电视不是为了简单地消磨日子，而是想和世界走在一起，与世界同呼吸，共命运，不和外界脱钩。看着外界的新闻，再想想自己的人生，这过程让他觉得十分享受。2009 年，他从电视上看到，有三个大学生为了救江中不小心落水的小孩儿牺牲了，惋惜之余，更多的是佩服。虽然社会上有些人说，三个大学生换来一个小孩儿，实在是不值。但是，李扎努认为，虽然家庭和社会为这三个大学生的教育和成长付出了很多，他们的人生被期许了很多，但是当看见别人有困难、有危急的时候，如果他们不挺身而出的话，怎么对得起这么多年来社会为他们的付出，怎么对得起作为一个大学生的良知呢。社会上那些人的看法虽然有一定道理，但是价值判断更应该以奉献和爱为标准，那三个大学生虽然死了，其精神却还长存。李扎努讲到这些，格外激动，不禁握起我们的手，感慨道，现在的大学生都是好样的。看着他灿烂的笑容，听着他充满感恩和赞扬的话，我不免有些惭愧，现在也有缺乏社会责任感和道德底线的大学生啊。所幸，他没有提及，我也不敢告诉他，希望他保存心中那份美好的情境，而我，或许，不能改变那些不是好样的大学生，却可以改变自己，使自己变得更无私，更甘于奉献。

李扎努 70 年代曾到乡里接受会计培训，当时全乡只有 50 个人有培训资格，他因为在工作岗位上勤勤恳恳被选上。六个月认认真真的业务培训，让他更加熟悉如何更有效率做好会计工作。培训结束后，就回粮食局工作了一段时间。当时很多单位都想要他，但是因为他仍然离不开生他养他的地方，他选择了回到小队里做会计。虽然工资待遇不如其他单位，但是能为老乡服务，让他觉得尤为满足。就在这个平凡的工作岗位上，他一直干到 90 年代。岗位虽平凡，但是只要热爱它，同样能创造出不朽的神话。他在做会计期间，分工并不像现在如此明确，只要能做的都得一肩挑。于是，李扎努还是人民矛盾调解员。他很有口才，不管什么矛盾在他的调解下都能化解，小至村民之间，大至小组之间。在他的脑海深处有一件事情现在想来都很自豪。两个小组因为地皮纠纷，矛盾升级，两个小组的人都背着四五百斤的火药准备决一死战，危情一触即发。李扎努发挥自己的才智，从情理和法理两个角度劝导两个组的代表人物，终于凭着他的三寸不烂之舌，平息他们心中的怒火，两拨人化干戈为玉帛，理性解决了地皮矛盾。谈及这件事，李扎努丝毫不掩饰心中的喜悦和得意，称自己在和平解决这件事中的贡献那是相当大。这时他的表情就像个小孩儿那般可爱。

做会计时，还有一件得意之举让他至今记忆犹新。20世纪80年代初，村里规定凡是乱搞不正当男女关系的，男方罚款8元，女方罚款4元，很多年来，男方罚款数额总是女方的两倍。李扎努认为，不正当男女关系不仅男方有罪，女方也有不可推卸的责任，既然惩罚就要一视同仁，绝不姑息手软。于是，他修改村规民约，将男女罚款数额都增加到20元。男女罚款数额从此都一样，拉祜族的社会风气也有所好转，偷盗抢等不良行为也比以前减少了一半。他的这种敢想敢做，积极办事的认真态度，总是为这个村庄带来了生机和好转。

爱之深则责之切，李扎努总是对班利村这片故土抱有很多希望，看见它茁壮成长，他比谁都高兴，看见它遭受了灾难，他比谁都难受。他告诉我，班利村的人很好很朴实很热情，我们去别的村调研，不会受到比在班利村更好的礼遇。至于这点，我已经感受到，我们去每家每户做访谈或问卷的时候，主人总是客气有加，给我们端出家里最好吃的东西，热情之至，常让我们感动得语塞。李扎努坦言，现在班利村人变得贪心了，不像以前那般团结了。现在每个人心里都有自己的小算盘，不愿意团结起来为整个村的繁荣发展想办法。谈起这些，老人眼里掠过一丝惆怅。他已为这块热土勾勒好发展的蓝图，老人享受着天伦之乐，年轻人有自己的事业和追求，小孩儿健康快乐地成长，每家每户相互帮助，不分彼此，有困难时，搀扶着一起走，有快乐时，大家一起分享。可是如今，贪婪之兽潜入有些人心里，年轻人见不着了，村子发展的希望亦是渐渐渺茫，但他不愿看见本村比其他寨子发展得差，访谈之间，我们明显能够感受到老人的急切。

李扎努是个特别虔诚的基督教徒，每说几句话都习惯性地带出圣语。1983年，他开始信仰基督教，时至今日，他已经是村里的资深教徒。有些人，表面上信仰宗教，行为上却依然我行我素，价值观念没有发生大的改变。而李扎努骨子里却有着善良的教徒本质。他严格遵守教义，一言一行，都遵照着上帝的旨意。他乐善好施，看见别人有困难，总是不自觉就伸出援助之手。村里有人农忙时，家里人手不够的时候，他会主动去帮人家干农活儿，干完了之后，不求在人家家里吃一顿饭，不求人家还工，只求得到心理的满足。村里的泥巴路下雨后，泥泞的下不了脚的时候，他会默默扛起锄头，独自一人用锄头把家附近的路锄平，让雨水流出去，再在路面上铺上干燥的吸水柴灰，让路人不再绕行。看着路人放心大胆地从自己铺过的路上走过，他心里比吃了蜜还甜。在他的理想世界里，每个人都是善良的和乐于奉献的。老伴儿不理解他的做法，时常指责他爱管闲事，却依然改变不了他的想法，他还是一如既往地愉悦地帮着需要帮助的人。老伴儿的不支持不理解，让他觉得很生气，在他眼里，自己的所作所为都是值得的，而老伴儿的狭隘，是因为没有笃定的信仰导致，虽然老伴儿也信教，但是她的精神境界却没有达到上帝的要求。

老人说，现在社会的复杂已经渗透到社会的每个角落。信教的目的也变得多元化，但非纯洁。李扎努看着来来往往的信教人士，心里把他们归为五类：一是还没把教义搞清楚，盲目信教的人；二是为了个人利益而信教的人，他们想从教堂获得符合自己利益的好处，如免费的吃喝；三是为了信教而信教，什么都不懂的人，他们不会把教义贯穿到自己生活的方方面面，更不会以严格的要求要求自己；四是为了礼拜天能休息一天而信教，他们的目的单纯，想把自己从早忙到黑的劳作中稍稍解脱一下；五是那些功成名就的人为了获得荣誉和更多的名利与权力而信教。李扎努对信教人员精炼而到位的归类，源于对生活的细致观察和认真思考。从他的言语间，不难看出他对那些伪基督教教徒的鄙视和不满，至于如何端正人们的思想，李老先生则表现出了更多的无奈。

滴水之恩，当涌泉相报。李扎努是一个感恩的人，这和他信教后形成的人生修养有很大关系。老伴儿有心脏病，曾经接受过别人的帮助，现在她身体好了，李扎努觉得就更应该帮助别人，奉献别人。他主动义务性地帮教会修理水管，帮村里组织一些活动，无偿拿出家里的东西帮村里办事情，哪家有困难了，总有他帮忙的身影。这个虔诚的身体力行的基督教徒对自己的信仰无比坚定。他将所有的美与丑、善与恶都自觉地和信仰联系起来，而耶稣永远是救世主，其间的期许与希望是多么坚定，但是我们只靠信仰上的自律可以吗？显然，当今社会的复杂和多元，也需要他律。我没敢说出来，只是不想打破老人心中美好的希望，毕竟心存一份信仰并没有什么不好。

李扎努和老伴儿于 1979 年结婚。比妻子大 12 岁的他，总是处处让着，处处照顾着妻子，家里的气氛一直很美满。1980 年他们的第一个孩子出生，取名张腊妹。虽说是个女孩儿，他并没有觉得丧气。他觉得男女都一样，调侃道现在男孩子比女孩子多了，生个男孩子更麻烦，到时候讨老婆还得操心。这般幽默和积极的心态，难怪眼前的他还是那么精神焕发，神采奕奕。1983 年，小女儿出生，取名张心妹，女儿的出生给这个家庭带来了许多喜悦，一家四口人从此过着平淡幸福的日子。家里后来也并没有再添人丁，李扎努说是要遵守国家的计划生育规定。他极高的思想觉悟在封闭的小村子实为少见和可贵。

说起自己的家庭，他的思绪又回到大女婿身上。平平的语调间，却掩藏不了老人心中的伤感。大女婿是公务员，两年前不幸死于一场车祸。大女婿生前经常开着车带他出去走走，见识外面的世界。在大女婿的陪同下，他去过昆明，去过四川，那些曾经的美好，就在转身间消逝，让老人想起来不免伤心。印象中的大女婿是个特别能干的人，外地有商人来谈生意时，总会亲自拜见大女婿，听大女婿的安排和指导，足见大女婿在当时的影响力。可是天灾人祸却偏偏让大女婿给赶上了，白发人送黑发人的凄凉让老人现在想起来都暗自神伤。可是事已过去，老人唯有好好爱惜自己，好好过日子，才能对得起远在天堂的女婿。

老人有自己的梦想，那从小便根植在他心间的梦想一直没有被现实动摇过。他想做一个文学家，用自己的一字一词一句披露社会的黑暗，颂扬社会的美好。经历了很多，看到了很多美与丑的事与人的他，有时候，真的想动笔把它们记录下来，附上自己的感慨。到时候，人不在世了，自己的思想还留了下来，想想也是件很有成就的事情。老人思想很前卫，有着另一个不寻常的梦想，那就是做一个心理咨询师。现代人，心理压力很大，动不动就得了抑郁症，如果自己是心理咨询师，就可以帮助他们，让他们重获生活的乐趣和希望。这就是老人真实而简单的想法。前不久，他从凤凰台了解到，一个心理咨询师跳楼自杀了。他不能理解，作为一个心理咨询师，帮助了那么多心理有疾病的人摆脱疾病，却为什么唯独不能拯救自己呢？老人百思不得其解，只留一声辛酸的感叹，因为，在老人积极乐观的眼里，没有什么可以阻挡他积极地生活。如果他能影响周围的人，甚至全国全世界的人，那该有多好！

李扎努对未来的生活没有太多要求，只求能平平安安生活。对生活没有什么要求的他，却对自己以后有更严格的要求。他说，虽然不能像科比、姚明和成龙那样有钱，在中国成立许多慈善点捐款捐钱给需要帮助的人，但是他会在余生尽更大的努力去做好事，只要有条件就会奉献爱心。一生只求奉献，不求回报的他，说出自己的这些想法时，并没有让我震惊，相反，我觉得这才是一个真正的他，一个真正为别人而活着的他。

离开他家时，天色已晚，漆黑的夜空笼罩了整个村子。李扎努老人点燃了几根松油木，为我们照亮了归去的路。愈烧愈烈的松油木，光也变得格外明亮，那光像极了山村和老人的希望之光。

（三）淳朴虔诚的基督教徒胡扎丕

对胡扎丕的访谈，算是偶遇，当时我们在访谈一位信仰基督教的老人时，老人把胡扎丕也叫到了他家，并且向我们推荐了他，说他是班利村基督教堂的唱诗小组长，对班利村的基督教文化特别了解，也很会唱基督诗歌，因此，在征得胡扎丕的允许下，对胡扎丕进行了个人访谈，对他进行了一个全面的了解。

胡扎丕，拉祜族，1964 年出生在班利村，现在家有五口人，分别是岳父，胡扎丕和妻子张娜海，两个儿子。1971 年，胡扎丕进入班利村小学就读小学，1977 年小学毕业考入到东岗村中学就读。初中毕业后，由于家庭困难，无力继续供胡扎丕上学，胡扎丕就放弃了考取高中。正好当时班利村的红糖厂招工人，于是欣然前去应聘，并成功进入班利村红糖厂，所以，差不多是初中一毕业就开始了工作。1977—1980 年三年内，胡扎丕一直在红糖厂工作，负责熬糖。这也算有一个不错的工作，每月有工资拿，工作又不怎么劳累，倒也过得不错。1980 年，按照当时上级的规划和要求，班利村的红糖厂厂址需要迁到孟连县。因此，班利村红糖厂发出通知，所有工人都必须跟随红糖厂去孟连，如果不愿意去孟连的话，就只好离开红糖厂，这个时候，胡扎丕面临一个艰难的选择，因为一方面红糖厂的工作是特别轻松，待遇也很好，不想放弃，但是要是跟随工厂迁到孟连的话，家中生病的父亲、两个弟弟就没有人照顾。胡扎丕母亲去世的早，在两个弟弟才几岁的时候，母亲就于 1974 年因为生病而去世了，父亲长年患病，没有了劳动能力，需要有人在家里照顾，同时，两个弟弟还小，也需要有人在家里照顾。艰难的抉择下，胡扎丕放弃了去孟连红糖厂上班的机会，留在了班利村务农，照顾父亲和两个还未成人的弟弟。因此，胡扎丕也就丧失了拿固定工资成为国家工人的机会。

不在红糖厂上班后的两年，也就是1980年至1982年，胡扎丕一直待在家里务农，去田里种甘蔗、玉米。1983年，迁到孟连的班利村红糖厂改名孟连红糖厂，新工厂全部竣工。因为缺熟练的熬糖工人，红糖厂依旧还是向胡扎丕发来了通知，通知胡扎丕仍旧可以去红糖厂上班，还能正式转为城市户口，成为一名有固定收入的工人，但还是由于家庭等各种原因，最后胡扎丕还是谢绝了红糖厂的邀请，继续在家务农。当时同村的跟胡扎丕关系很好的一个小伙子，去了红糖厂，现在已经是红糖厂的一个主任，每个月工资3000多元，在孟连县城买了一套100多平方米的房子。胡扎丕说现在特别羡慕他。现在想起当时的决定，他也有些后悔，但是他说："没办法，谁叫自己是老大，必须留在班利村照顾生病的父亲和两个弟弟，如果我丢下家人去孟连红糖厂，一个人去享福，良心肯定会不安的。"

1983—1985年，胡扎丕在班利村依旧是务农，在田地里种甘蔗、玉米，还有水稻。在那个时候，班利村的情况是男少女多。既然是男少女多，男的就特别好找媳妇，按照胡扎丕的原话是："按照当时我家的条件，现在肯定找不到老婆，不过在当时却很容易找到。"当时，有一个姑娘长得还不错，家境也比较好，姑娘的爸爸是班利村基督教堂的长老，在解放战争时，参加了农兵，为澜沧的解放做出了积极的贡献。胡扎丕找媒人去提亲，她竟然答应了，不过要求是胡扎丕必须做上门女婿。胡扎丕考虑到，两个弟弟现在已经长大，已经能够自己养活自己，同时，也能照顾父亲了，女方家境好，去做上门女婿也算是比较好，就同意了女方的要求。1985年夏天两人正式结婚，结婚后就入赘了老丈人家。很快，结婚后一年，也就是1986年，胡扎丕的第一个孩子出生。但很不幸，孩子天生聋哑，这件事情对胡扎丕的影响很大。胡扎丕开始认为任何事情有因必有果，孩子天生聋哑，必定是上帝对胡扎丕的惩罚，而胡扎丕的这些想法正好与基督教所宣传的一些思想不谋而合，因此，胡扎丕开始关注起基督教。一有时间他就去班利村基督教堂听听牧师讲圣经，渐渐地，他被圣经上所宣传的思想和精神所吸引，他开始转变观念，慢慢地认为祈祷儿子今后有一个幸福的生活、要给聋哑的儿子赎罪才是他要做的，他需要接受上帝的教诲，于是，他加入基督教。1987年，胡扎丕正式接受班利村基督教堂牧师的洗礼，成了一名基督教徒。从此，他虔诚学习圣经，不断领悟基督精神，还坚持不断地参加班利村基督教堂的唱诗班的学习。经过刻苦的学习，胡扎丕的唱诗能力获得了飞速的提升。2000 年的时候，被大家推举为班利村基督教堂的唱诗班组长，负责教授新基督教徒唱读圣经（每周要唱五次）。

1989 年，班利村基督教堂买了一个电影放映机，邀请胡扎丕为电影放映员，胡扎丕本身就对电影特别感兴趣，所以一邀请就答应了，最后教堂和胡扎丕达成协议，放电影所卖的门票收入，80% 归班利村基督教堂，20% 归胡扎丕。当时，在班利村和周边几个村一年放电影的门票大概能卖到 2 万多元，这样一来，胡扎丕一年光放电影就能有 4000 元左右的收入，这在 20 世纪 90 年代可算是高收入了。因此，胡扎丕一干就干了十年，直到 2000 年，随着电视的普及，去教堂看电影的人越来越少，最后放电影的收入还不够成本，只好放弃。胡扎丕告诉我们，这十年是他最高兴辉煌的十年。在 20 世纪 90 年代的农村，作为一个电影放映员，特别让人羡慕。作为一个放映员，可以到处走，到处认识新朋友，十年里结交了几百个朋友。在胡扎丕放电影时，很多人都想跟着他学放电影，胡扎丕都没答应。最后有一个小伙子特别虔诚，胡扎丕放电影放到哪，他就跟到哪，胡扎丕看他这么诚心，就破例收了他做徒弟。不过现在，胡扎丕有点后悔收他做徒弟，因为那会儿根本没有考虑到放电影只能持续几年，最后耽误了小伙子，这点确实让他有点遗憾。在做放映员的十年之间，只要有时间，胡扎丕就会去班利村基督教堂参加唱诗班，从接受牧师的洗礼之后参加唱诗班，一直坚持到现在。当唱诗班的组长后，要负责的工作很多，这花费了胡扎丕很多的精力。作为感谢，班利村的基督教徒每年都会送胡扎丕一些礼物或者一两百元。另外，在每天早上，有时间的话胡扎丕就会去屠宰厂帮人杀猪，胡扎丕的杀猪技术特别好，所以屠宰厂还请他去帮忙杀猪，每天杀完猪，屠宰厂就会送胡扎丕几斤猪肉，算是感谢或者说是报酬。

1992 年，胡扎丕身体突然感到不适，但开始以为是小病，没有注意，拖了一个多月，肚子里疼得让人受不了，只好去医院检查，才发现自己患了阑尾炎，只好住院做手术，但是很不幸的是，第一次花去了 4000 多元做手术竟然失败了。1993 年，再次住院，做了第二次手术，一共花了 7000 多元，病还是没有好。1994 年只好再次住院，又花了 7000 多元，这才康复，前前后后共花去了近两万元。祸不单行，与此同时，岳母也患重病，1992—1994 年老人家一直住在医院，最终医治无效病重去世，前后又花去1万多元。那些年，胡扎丕和岳母生病把家中的积蓄都花光了。家里把牛、猪什么的都卖了，还贷款了2万元才勉强付清医药费。就在胡扎丕病治好后，全家还没有缓过劲来，不幸的事情再次发生了，岳父不小心摔了一跤，这一摔把岳父摔的再也无法站立起来，从此之后一直卧床。直至今天，为治岳父的腿，每年又要花个两三千。那几次医院治病的经历，一下子把胡扎丕家从中等富裕程度一下子变成了贫困家庭，尽管作为电影放映员的收入在当地已经特别高，但是相对于看病的支出，家里已是入不敷出。就这样，尽管之后胡扎丕病好了，支出少了，但因为之前看病消耗掉了全家的积蓄，再加上为付医药费欠下的贷款，使胡扎丕全家一直处于贫困状态。

1996年，胡扎丕第二个孩子出生。让胡扎丕感到欣慰的是第二个孩子很健康。他认为这是他信仰基督，上帝给予的恩赐，于是从此更加信仰基督教。2000年后，胡扎丕不再放电影后，班利村基督教堂看见胡扎丕特别懂拉祜族民族器乐，能吹葫芦丝、芦笙，还会唱拉祜族歌曲，就推荐胡扎丕去了班利村的拉祜族文化传承基地的培训中心做教师，一学期给400元，一年包括补助奖金等有1000多元。胡扎丕正好对拉祜族器乐特别感兴趣，就同意去培训中心教学生学习葫芦丝等，倒别有一份情趣。除了唱诗班唱诗和培训中心当教师外，一有时间，胡扎丕就会去田地里帮助妻子干农活，种甘蔗和玉米，一年下来大概能收入1.5万元。相对于生病住院做手术那段时间，生活开始逐渐好转。2003年，小儿子开始上学读书，2009年考到澜沧民族中学读初中。同时，大儿子也找到了对象，女方也是一个聋哑人，是隔壁村的一个姑娘，尽管聋哑，但长得还不错。2009年10月，两人登记结婚，儿子按风俗入赘去了妻子家生活。胡扎丕告诉我们："别看我大儿子是个聋哑人，但是他却特别聪明，自学学会了开摩托车、拖拉机、小卡车，一般车都会开，同时，大儿子也特别能吃苦，在田里干活一点都不逊于正常人，因此，大儿子深受妻子家人的喜爱，这也是对方同意结婚的重要原因。"

最近几年，胡扎丕每周星期一、二、四、五、日都会去培训中心上课，星期三去唱诗班唱诗，星期六就会忙中偷闲去钓鱼，一周下来，生活倒也相当紧凑。胡扎丕认为，自从接受牧师的洗礼后，信仰基督教后，每天的生活变得特别充实。胡扎丕认为信仰基督教给自己带来了三个好处：第一，就是信仰基督教后，自己的精神世界开始充实起来，每周做礼拜听取牧师讲圣经，对这个世界的认识逐渐得到升华，同时在做礼拜祷告中，还能为自己、家人赎罪，忏悔，为家人祈福，消除灾难和祸害；第二，就是信仰基督教后，可以在教堂放电影，做放映员，一方面放电影时，可以去周边村寨走走，可以到处宣传基督福音，认识了很多朋友，这使自己感到非常快乐和高兴；第三，就是信仰基督教后，可以教人唱诗，教别人唱歌，这正是自己的爱好！不过，胡扎丕也认为，在信仰基督教，信仰上帝的同时，也必须相信科学，不能盲目的信教，在信教的同时，必须遵守国家相关法律，拥护党和政府，不能因为信教就不尊重科学，遵守法律。

胡扎丕告诉我们："我们家之所以贫困，从班利村中等富裕程度变成现在的贫困，主要是有两个原因。一是生病，1992—1996 年，我生病，岳母生病，老丈人摔了一跤，前前后后共花去四五万元，20 世纪 90 年代，对于一个农村家庭来说，这真是天文数字，把家中的积蓄消耗尽了还欠下了两万元的贷款。二是自己的脑袋不够灵活，不懂得如何挣钱，在做放映员的时候，安于现状，完全没有想到放电影干不了一辈子，同时，2000 年左右的时候，村里邻居都开始养猪，都赚了钱，而我却没有跟上他们的步子，到现在都没有学会养猪。所以这两个原因，是导致我们家一直贫困的主要原因。"

幸运的是，20 世纪 90 年代后期，胡扎丕家开始趋于稳定，除了岳父一直卧床外，没有人再生过什么大病。因此，靠培训中心、务农等挣到的钱，家里正在一点一点去偿还欠款。到 2002 年底，胡扎丕终于偿还了全部的欠款。2005 年的时候，已经有了一点积蓄，因此，2006 年，在两家人一起帮助下，胡扎丕新建了一栋房子，总共花了 2.5 万元。周围邻居建房子一般都会花到 3 万元以上，胡扎丕家只花了 2.5 万元，一方面是由于家人一起帮忙，而另外一个重要的原因就是建房所需要的材料如石料沙子都是自己去背的，所以节省了不少钱。

对于未来的打算，胡扎丕告诉我们："第一，等小儿子上完初中就让他回家，不想让他去上高中，让小儿子回家主持家庭。同时，不想让儿子再干唱诗班等与基督教有关的事情，一方面是因为小儿子对基督教现在也不感兴趣，另外一方面由于自己花了太多经历从事宗教方面而没有去花精力挣钱，不能让儿子重蹈覆辙。第二，在农田方面，会加大精力，从明年起，田里只种甘蔗和玉米。第三，准备向村里的养猪大户学习如何养猪。等学会养猪后，每年养个三四十头，把自家种的玉米用来养猪，可以减少买饲料的费用，这样一年下来应该会赚不少钱。总之，现在的最大愿望就是从今以后，应该要努力去挣钱，不能一直这样贫困下去。穷了十几年了，穷怕了，也穷够了，应该要改变现在这种情况了。”

在我们采访快要结束时，胡扎丕说要给我们展示一下拉祜族民族器乐，以示欢迎我们到班利村。胡扎丕从背包里拿出了三种民族乐器，第一种是芦笙，第二种是小三弦——拉祜族小三弦，是拉祜族、佤族和哈尼族爱尼人的弹拨弦鸣乐器，因拉祜人最为喜爱而得名，流行于云南省思茅地区澜沧拉祜族自治县和临沧地区沧源佤族自治县等地。第三种不知道叫什么名字，样子很是独特。胡扎丕给我讲道：“芦笙一般都以为只有苗族才吹，其实西南地区的一些少数民族都会吹芦笙。第二个乐器，我们叫小三弦，小三弦形制比较独特，它不仅与汉族的小三弦有较大区别，也与云南其他民族的小三弦有显著不同，但却与广西壮族的三弦相仿（只是琴箱不是筒形）。第三种乐器，是我自己制作的，主要用来追女孩约会时吹的，声音悠远清脆，一般去心仪的女孩子窗下，吹这个，如果女孩子接受男孩子的追求，听到男孩子吹这个后，就会跑出来约会。”胡扎丕展示完后就开始依次吹起乐器，三种乐器声音幽雅，让人沉迷其中，久久不能忘怀。

在婉转的民族器乐声中，我们结束了对胡扎丕的访谈。回来的路上，芦笙的音乐仿佛还在耳畔萦绕。他们以芦笙传播心中的喜悦，他们借芦笙来驱散胸中的愁云，他们靠芦笙来赞颂辛勤的劳动，用芦笙吹奏出对生活由衷的感激……这些衣裤上打满补丁的山民，生命力之顽强，精神世界之淳朴，深深令人敬佩！

十八、传统文化爱好者

（一）热情敦厚的文化传承人琴陆亮

还没见到琴师傅本人时对他充满了各种想象，是满脸胡子的老人，还是精神矍铄的老人，还是……总之，我们就是直接把他想象成一个老人了。所以，从听说要见琴师傅那一刻起，怀着对老人的敬意，我有点忐忑不安，同时也对这位文化传承人充满了期待。在一个阳光明媚的早晨，在村长的带领下，我们来到了拉祜广场前面，第一次见到琴师傅。让我震惊的是，本来一直以为是一位年龄长些的老者，没想到是一位年纪轻轻的小伙子。第一次见到我们，他冲着我们傻傻笑了一下，少数民族的淳朴一展无遗，沧桑的脸上略带着些许敦厚。总之，他和我印象中或是假想中的文化传承人一点都不一样。他热情地把我们领到他们编舞谱曲的一个茅屋里。推开门一看，顿时我们眼前一亮，屋里的玻璃橱里整整齐齐地摆满了拉祜族的服装，满地整齐地摆放着各种乐器如葫芦丝、吉他等。寒暄一阵后，他带我们坐下来给我们讲述了他当文化传承人其间的一些体会。

作为拉祜族的文化传承人，摆舞和葫芦丝自然不在话下。他说着便拿起一个葫芦丝给我们吹奏起来。虽然唱什么我们听不懂，但那悠扬的旋律，清澈的曲调以及琴师傅陶醉的表情，我立刻融入到了这种情景中，世俗的烦恼一下子抛到了九霄云外。吹奏完毕后，他给我们讲述了拉祜族摆舞的由来。摆舞以长鼓、铓、锣、镲等打击乐器为伴奏，由熟悉摆舞套路的人各执长鼓、铓、锣、镲等乐器按一定的鼓点边敲打边跳领舞，其余的人在鼓点中起舞。舞蹈的动作也是随着鼓点的变化而变化，参加的人数可多可少，形式灵活，可以围成圈，也可以列队跳，跳舞的时候手脚并用，给人一种美轮美奂的感觉。如今班利村的摆舞是在拉祜族传统舞蹈“芦笙舞”的基础上吸收了傣族舞蹈的一些动作演变而成的。由于拉祜族和傣族交往比较密切，两个民族之间的文化自然相互影响，摆舞的舞蹈动作有很多是吸收了傣族传统舞蹈动作，又加以改进而成。但还是可以看到傣族舞蹈的痕迹，摆舞可以说是拉祜族和傣族的民间舞蹈结合的产物。拉祜族的摆舞最初是由劳动而来的，为了缓解面朝黄土背朝天式劳动的苦闷，村民在劳动之余就会自已唱歌跳舞，并在当地逐步流行开来，逐渐从少数人发展成了多数人，最终形成了今天摆舞的规模，形成了当地最有特色的文化。在拉祜族，从七八岁的小孩子到七十多岁的老人都会跳摆舞。琴师傅满脸自豪地讲着，摆舞的动作显得优美而流畅，深受拉祜族群众的喜爱。随着摆舞的不断发展，现在摆舞可不仅仅是在班利村流行，已逐步由班利村扩展到澜沧县、孟连县等地，走出大山走进中央电视台，甚至走出国门传播到了泰国、缅甸等地。看着琴师傅谈到摆舞那陶醉的表情，让我感觉到了他对摆舞的喜爱，感觉摆舞是他的生命似的。说到激动的时候，琴师傅当即给我们跳了起来，看着他那熟悉的舞步以及满脸洋溢的幸福的表情，可以看得出他对这个民族文化的热爱。

琴师傅说，摆舞作为班利村拉祜族的特色文化，虽然得到了一定的推广，但是推广的广度和宽度远远不够。琴师傅一家人（从他往上数五辈开始）就承担起传承与推广拉祜文化的重要职责，要把它推向全国甚至推向世界，琴师傅肩上的担子还是十分重的。随着经济全球化和工业化、城市化、现代化进程的加快，我国经济社会急剧变迁，作为主要以“口传心授”方式传承下来的非物质文化遗产，其依存的社会环境日益变化，许多珍贵项目濒临消亡和流失，拉祜文化也逃离不了这样的厄运。随着社会的开放化程度不断增加，原本封闭的班利村进来了很多外来人口，逐步地影响着他们的思想。许多年轻的一代已把自己本民族的文化抛之脑后，拉祜文化面临无人继承的窘境。说到这时，我们明显感觉到琴师傅脸上写满了沮丧。他继续说，当然，无人继承只是一方面的问题，经费不够更是令拉祜文化的继承与发展雪上加霜。虽然摆舞已经申请了云南省非物质文化遗产保护项目，每年能从县里领到四五千元的经费，但这远远不够。各种乐器加上服装的投资远远地超过了政府给的补助，而且琴师傅的收入微薄，没有足够的钱来补贴。所以说，摆舞的发展步履维艰。说着说着，他刚才满脸幸福的表情逐渐消失，流露出些许沉重。“如果我有钱就好了”，一句略带玩笑、略带自嘲的话显示出琴师傅的无可奈何。他突然话锋一转，说：“要不去我家坐坐吧。”于是，我们跟随着去了琴师傅的家里。

经过一段蜿蜒的山路，我们来到了琴师傅的家里，从外观看，使用木头建成的小木屋，上面住人，下面则养着十几只鸡和鸭子，旁边拴着一头牛。经过一小段木头台阶，我们进入了琴师傅的家里。定睛一看，我愕然了，琴师傅家里比我想象的更加简陋。一个宽敞的大厅和一个隔出来的卧室，仅此而已，屋里最引人注目的是一套看起来还不错的音响。由于当时去的时候是下午，妻子和孩子们都去田里劳作去了，屋子显得有些空旷。琴师傅热情地给我们搬来小凳子并倒了水。我有点好奇地问，“琴师傅，为什么这么大的厅就一个卧室啊”，“为了能让人们在家里跳舞啊”，听到这句话时，我顿时说不出任何话来，心里像堵了一块大石头，一时间不知说什么才好，琴师傅真是时时刻刻想着的就是拉祜的摆舞啊！“我肩上的担子重啊，可惜……”说着，琴师傅眼里不禁有泪水在打转。原来，这十几年，琴师傅为了拉祜文化的传承与发展放弃了很多自己的生活。琴师傅家里并不富裕，家里有五十亩地，种玉米和甘蔗，差不多每年产十几吨甘蔗，一吨卖450元，一年甘蔗的收入也就五六千元。玉米一部分用来自己吃，一部分拿去卖，由于当地盛产玉米，所以玉米也卖不了几个钱，一年加起来不到一万元的收入。

由于自己肩上的使命，琴师傅常常要进行摆舞队形和音乐的编排，有时候还带领自己的队伍去外面演出，根本没有时间下地干活，家里的担子全部落在了妻子身上。从琴师傅的话里，可以听出，琴师傅对妻子充满了歉意。琴师傅同样深怀歉意的还有儿子。琴师傅自己还有一个儿子在读书，由于自己比较忙，也没有时间对儿子的功课进行辅导，也缺少和儿子之间的沟通，以至于父子感情比较生疏。说到这些，琴师傅的脸上挂满了感伤。我的心里也微微一颤，琴师傅太不容易了！为了自己文化传承人的责任，为了承担起自己的使命，他不得不压缩了自己作为丈夫、作为父亲、作为家庭支柱的这些社会角色的功能，不得不把家里经济的担子落在柔弱的妻子身上，不得不放弃与孩子共处的时间，也许他放弃了太多的东西，也许他也有纠结的时候，也许他也有犹豫的时候，但这些都冲淡不了拉祜文化在他心中的分量。十几年的时间，他对拉祜文化的热情有增无减。

我们正谈着，一阵爽朗的笑声传了进来，原来琴夫人知道我们来到了家里，特意和儿子赶了回来。他俩冲我们笑了一下，并把几根烤好的玉米直接放在桌上让我们吃，“我们这是原生态的，你们在城市里是吃不到的”，说着给我们每个人手里都塞了一个，让我们品尝。玉米真的很好吃，但比起好吃的玉米来，更温暖人的是一家人的热情。琴夫人随即加入到我们的聊天里来。说起琴师傅作为文化传承人的特殊身份，欠缺了家里很多，说到这些，琴夫人只是淡淡的一笑，“这些没什么的，都是应该的”，这个平凡的女人却有着不平凡的心，她对沉重的家庭负担没有任何怨言，对丈夫的“失职”也没有任何的勉强，只是默默地承受着这一切。她说，宽以待他，也是她的责任。她理解他的不容易，也是她以为的责任。不知不觉间，他儿子穿梭其间默默地给我们加水。琴师傅的儿子不太爱说话，只是在旁边静静地看着我们。说起儿子，琴夫人脸上立即露出了骄傲，“他不太爱说话，但是他学习成绩挺好的，在班里总是前三名，是班里的学习委员，他每个学期都得奖”。这时，我才发现家里的门上贴满了儿子大大小小的奖状，有优秀班干、学习模范，等等。说到这些，琴师傅脸上淡淡的忧伤也舒缓开来，看来，也只有儿子的优秀能让琴师傅纠结的内心得到一些安慰。我问道：“你们外出的演出机会多吗?”说到这个，琴师傅兴奋的表情又洋溢在脸上，“县里还有专门的演出队，相对而言，我们村子里的演出机会不算太多，但是我们很享受每次的表演机会。只要提供机会，我们都会特别投入地表演。每当在舞台上表演的时候，我会忘记所有的烦恼，感觉舞蹈就是我的生命”，看着琴师傅，可以感觉到他把摆舞是当成生命来跳，“我这辈子最大的愿望就是有机会去北京跳，让首都的人民看看我们的表演”，“会有机会的”，我很努力地点点头，可是这机会什么时候才能到来呢？我真恨自己没有能力去达成琴师傅的这个愿望。其实这十几年来，琴师傅演出机会并不是很多，重点针对来班利村考察或旅游的外来人，而一般也只有到乡里和县里的演出机会，目前，还没有出省交流演出的机会。虽然琴师傅也做出了很大的努力但还是收效甚微。琴师傅积极地联系周边地区的演出机会，但是效果并不理想。学校的李校长也是热心参与者之一，他曾建议过提高舞蹈的可看性和艺术性。说到这些，琴师傅也是很自责，也很无奈，不知道该怎么做才能更好，如何摆平传承与创新、继承与发扬的关系。其实琴师傅编排的曲子和舞蹈很特别，我们看来，只是在商品经济社会里，这样的东西与市场需求还是存在一定的差距。琴师傅的困惑也是今天民族文化工作者普遍存在的困惑。有的时候欣赏民族的特别的东西会显得曲高和寡，熟悉之处无风景，处于民族视野中的人们偏偏会对熟视无睹的民族文化存在盲区，对正在迷失的民族文化后知后觉。其实不是琴师傅的错，应该是社会的错。

最后，琴师傅对未来拉祜文化的传承与发展说出了自己的一些想法。首先是希望继续向国家申报国家级的非物质文化遗产，获得国家有关政策、资金的支持，争取到更多的经费，使拉祜文化走得更远。其次，要做好拉祜文化的宣传活动，不只通过演出机会来宣传自己，更要学会利用现代社会媒介来宣传自己，虽然摆舞在区域获得了非物质文化遗产的确认保护，但是，还有许多包括拉祜“嘎墨阔”在内的优秀文化属于珍贵的非物质文化需要确认，需要当地文化行政部门或单位通过不懈努力来扩大民族文化的社会影响力。最后，要提高拉祜族民间艺人的社会地位。不仅可以通过邀请他们参加政府组织的各项活动，或将他们吸纳为非政府组织的重要成员，使他们获得社会的广泛认可，增强自信心和责任感。同时，还要关心他们的生活，定时发放生活补助，或建立奖励基金，在他们参加了政府组织的某一项重大活动后，及时给予奖励，激发他们的热情，只有这样才能实现拉祜族音乐文化的活性保护。

通过和琴师傅的这次聊天，让我感触颇深，这个瘦弱的男人承担着一个不平凡的担子，也许会很沉重，但是我相信他会承担下去，因为他有一颗坚韧的心。

（二）四世同堂的裁缝传人李那伊

班利村有一个有名的裁缝，村民们穿的拉祜族传统服装大多都出自她的手，所以我们慕名来到了李那伊裁缝家。裁缝家的房子是水泥的新式两层小楼，房子外面的墙上贴着乳白色的瓷砖，既干净又气派，是村里少有的豪华房。院子里停着一辆军绿色的小型货车，一辆崭新的面包车，还有两辆摩托车，看到这样的房子和这些交通工具，我心里暗想，裁缝家的经济状况应该很不错。我去拜访时，李那伊老人一家正坐在院子里纳凉聊天，李那伊老人不高的个子，稍胖的体型，微微有点驼背，穿着短袖 T 恤（村里的老人很少穿得这样时髦）和拉祜族长裙，深凹进去的眼睛炯炯有神，满脸的笑容让人感觉很慈祥。见到我们，李那伊老人和家人热情地让我到家里坐，还倒了水并拿出水果让我吃。老人说房子是 2010 年刚盖的，家里一共八个房间，宽敞的客厅摆着皮沙发和成套的电视柜，电视柜上放着一台 42 英寸的等离子电视，一台 DVD 播放机，一台功放机，电视机柜旁还放着饮水机和一些装饰品，家里一应俱全，布置得很温馨。老人家 2010 年 65 岁，是土生土长的班利村人，我们原本以为她是家里唯一的裁缝，没想到她的女儿和外孙女也都是裁缝。李那伊老人告诉我们，从她母亲那辈起家里就专门缝制拉祜族的传统服装了，制衣的手艺传女不传男，她是第二代传人，她的女儿是第三代，外孙女现在正在学习做衣服，算是第四代传人，外孙女笑着说自己比较笨，只会做一些缝袖子钉扣子的简单活。说起衣服，李那伊老人拿出一沓照片给我们看，照片里的人穿着样式不同的民族服装，老人说这些服装虽然样式不同但都是拉祜族服装，只是因为年龄、季节和场合的不同大体分为五种，布料、款式和颜色有很大的区别，价格也从 200 元到 500 元不等。老人很自豪地说照片里的人穿的拉祜族传统服装全都是她和女儿亲手做的，做衣服用的布料和装饰品都是她们从县里买的，现在她和女儿主要在做盛大节日上穿的服装，样式华贵，做工比较复杂，一个月能做十套左右。

老人家向我们简单地介绍了家里的情况，现在她们一家七口人，她跟着女儿女婿和外孙女一家住，外孙女还有两个女儿，一个八岁，一个四岁，这是一个四世同堂的大家庭。旁边那座稍小一点但外观完全一样的二层小楼，住的是她外孙一家三口。两家住得近，相互照顾起来比较方便。两家之间还有一个非常小的小卖店，是她外孙女开的，两家空闲时就在小卖店里聊天。看着和我差不多大的外孙女，我真不敢相信她已经是两个孩子的妈妈了。早婚让这个本该只有三代人的家庭过早地变成了四代人的家庭。老人不会讲普通话，一直用我们隐约能听懂的“云普”和我们交流，可说不上几句就变成了地道的拉祜语，我们一句也听不懂，而我们讲的普通话老人家也听不太懂。老人的女儿和外孙女虽然能听懂我们的话，却也不会讲普通话，就这样我们问我们的，她们说她们的，整个谈话过程既搞笑又尴尬。正当我们发愁怎么聊下去的时候，老人的曾外孙女李瑞明小朋友带着两个妹妹过来用标准的普通话跟我们打招呼，还大方地做了自我介绍，我们高兴地夸她普通话讲得好，并让她做起了我们的小翻译。我把随身带来的棒棒糖分给三个孩子，她们都用标准的普通话说“谢谢姐姐”，非常有礼貌，还拿出特色的大米棒给我们吃。小瑞明说她开学就要上二年级了，虽然很喜欢上学，但是她只有语文成绩好，数学成绩很不好，每次考试只能得三四十分。瑞明很活泼开朗，还向我们介绍了旁边两个妹妹，一个七岁的妹妹小银是舅舅家的女儿，小银皮肤黑黑的，是个典型的拉祜族小女孩，马上就要读小学一年级了，还不太会说普通话；另一个是瑞明的亲妹妹瑞丽，2010 年四岁，虽然还没有上学，但也会说几句简单的普通话。我仔细观察着小瑞明和妹妹瑞丽，发现她们两姐妹都长得非常白净，不像其他拉祜族孩子那样皮肤黑黑的，一问才知道，原来她们的爸爸是从贵州倒插门过来的汉族人，难怪小瑞明的普通话说的这样标准。我们在家里没有见到瑞明的爸爸，瑞明说爸爸去城里考驾照了，要过几天才能回来。瑞明的妈妈说她和丈夫认识是因为丈夫到村里来帮人家盖房子，那时丈夫还不太会说拉祜语，但自从“嫁”过来后，丈夫很快就对拉祜语听说自如了，现在在家几乎不说普通话了，只是偶尔会教两个女儿说。瑞明说她四岁那年去过一次贵州，她说那里有好多的大汽车大商店，还有动物园，比家里好玩，但她还是更喜欢家里，因为她不喜欢那里有那么多的人。李那伊老人心态很年轻也很风趣，我和小瑞明聊天的时候，老人时不时地用拉祜语插句话，问我能不能听懂，我摇头说听不懂，她就笑着拍拍自己的耳朵用“云普”说“你说话我也听不懂，听不懂”。而小瑞明却都能听懂，当妈妈或外婆和她说话时她就用拉祜语回答，转过头来直接切换成普通话又和我聊天，就像一台外语翻译机，听得我直夸她厉害。小瑞明还拿出自己和妹妹的照片给我看，其中一张照片里姐妹俩都穿着旗袍，我好奇地问老人难道她也会做旗袍，老人说她的大外孙女在附近乡里当乡长，旗袍是她去北京时带回来的。

老人家里人多，每个人都有自己的工作。老人从没去地里劳作过，凭借着家传的手艺专门做衣服；她的女儿大部分时间都在地里劳作，闲暇的时候也会在家里帮忙做衣服；田里的活大都由老人女婿负责，农忙人手不够时还会雇人帮忙；外孙女每天在小卖店里看店，同时负责做饭和照看四岁的小女儿，由于小卖店里的东西种类很少，来买东西的人也不多，所以她也会经常向老人学习做衣服；外孙女婿会盖房子，本村或附近村子里有人盖新房时他就会过去帮忙，没人盖房时，他也会去地里劳作；八岁的小瑞明在村里的拉祜族小学读书，每天早上去学校，早饭和午饭都在学校吃免费的营养餐，晚上才回家，放假的时候就在家写作业，帮妈妈照顾妹妹。

说起家里的经济情况，新式的二层小楼，家里的电视、影碟机、冰箱等家电和院子里的两辆汽车和两辆摩托车就已经说明了他家的经济状况。李那伊老人一家的经济收入可以说是多方来源，主要来源是家里种的水稻、香蕉、甘蔗、咖啡等农作物，一年的收入有七八万元，除去买幼苗、农药和化肥等的成本费用，纯收入有 5 万元左右；老人做传统服装每月能收入三四千元，一年就能赚 3 万多元，去掉做衣服的布料、装饰品的花费，还剩下两万多元；外孙女开的小卖店与其说是为了赚钱不如说是为了方便家用，小小的店里只有油盐酱醋和几种零食，外孙女笑着说，店里卖出去的东西还没有自己家用的多，零食大部分也都给三姐妹吃了，一个月也就能赚 2000 多元，除去进货的成本也就没剩多少钱了；外孙女婿帮人家盖房子，有时还要自己买建筑材料，一年能净赚二三万元，这样算来一家人一年的收入加起来有 11 万元左右。

再说家里的日常支出，虽然人多但吃喝花费却不是很大，因为平时吃的米、面、油、菜都是自家出产，不用去外面买，需要买的也只有肉、鱼和蘸水等调味品，老人的女婿和外孙女婿都不是太爱好烟酒，这方面的花费很少，所以每个月花费 1000 多元；家里的水电费连同小卖店的水电费加起来每个月要 400 多元，三部手机的话费每个月 200 元左右，外孙女说这些都是小钱，家里花钱最多的是那两辆摩托车和那辆小型货车，每个月的汽油钱要七八百元，一个月前家里又买了一辆6万元的新面包车，还没怎么开过，两辆摩托车一辆是父亲的，一辆是丈夫的，平时两个小女儿总爱让父亲和丈夫带着她们出去玩，等丈夫把驾照考回来，就可以经常开着面包车去县城玩了，但是以后如果四辆车都常开的话，每月的油费要1000多元呢；小瑞明上学的学费一年只需要交42元，早餐和午餐都由学校免费提供，她的花费可以忽略不计了。这样算下来，老人家一年的花费大约4万元，一年还能剩余7万元左右，经济水平在村里算是中上等的富裕户了。

这个富裕和睦的四世同堂的大家庭很让人羡慕，但是老人的外孙女却对一个问题不满意，那就是孩子，她生了两个女儿，隔壁的哥哥家也只有一个女儿，她和老人们都想要一个男孩。我安慰她女孩乖巧懂事，长大后还能继承传女不传男的制衣手艺，并不比男孩差，她笑着点点头说话是这样说，但这么一大家人却没有一个男孩，怕村里的人会笑话，可见她家和村里有些人重男轻女的思想还是很重的。班利村的计划生育政策是每家两个孩子，多生孩子是要罚款的，但是对于经济条件好的家庭，这种惩罚措施并不足以阻止他们，所以许多家庭仍会超生。在他们眼中，男孩既能读书又能种田养家，而女孩终究会嫁出去成为别人家的人，读书也没有什么用，早点嫁出去家里的负担就少了，这种思想也导致了早婚和老夫少妻的现象。我希望小瑞明和妹妹们能够摆脱这种落后思想的影响，能专心上学，如果能考取大学接受新潮的思想，就可以改变自己和后代的命运。

十九、退休干部

（一）稳重淡然的汉族退休干部杨开学

班利村是一个拉祜族聚居的村寨，同时，村中还分布着佤族与哈尼族以及为数不多的汉族。在全村3090人中，仅有44个汉族人，而我们就有缘认识了这其中的一位年过七旬的有着丰富人生经历的汉族老人。

刚刚抵达班利村的那天，天气格外清爽，阳光灿烂，天空中大朵大朵的云彩自由舒展。在这白云蓝天之下，有一座新式两层楼房格外引人注意。这座楼房位于村里的主干道边上，村委会西侧，是新农村建设中的新式民居。

楼房的一层是一间小卖部，有一位年轻的老板娘在看店。在班利村调研的那段日子里，这个小卖部是我们经常光顾的地方，本以为这楼房是老板娘家的，后来有机会聊天时才知道这楼房并不是她的，而是她父亲的。老板娘主动给我介绍了她父亲，我这才知道她的父亲是这村中为数不多的汉族人之一，而且老人是从政府部门退休以后又回到了班利村养老。在老板娘的带领下，我们来到了老人家中，和老人有了一次愉快的交谈。

老人名叫杨开学，生于1939年，虽然目前居住在班利村，但他并非班利村人，澜沧县富邦乡邦耐村才是他出生和青年时期成长的地方。老人告诉我们，在云南这个多民族聚居的地方，邦耐村也算是比较有特色的村庄，因为那是一个汉族人聚居的村寨。杨开学老人现在之所以居住在班利村，一个重要的原因是他的妻子是班利村人，而且他们的子女目前都是在班利村成家立业，另一个原因是他年轻时候的工作经历也使得他最终选择成为班利村的一分子。

在班利村，传统的拉祜族语言保留的比较完整，人们互相之间交流都是用拉祜语，尤其是在老人之间，普通话大都是近些年才开始讲，然而杨开学老人却能讲得一口流利的普通话。虽然年纪已大，说话会略显老年人的那种迟缓，但老人的表达能力很强。我问他："为什么您的普通话讲得这么好?"老人笑笑说："我读过书，在这边，上学之前的小孩子是听不懂普通话的，他们也不会说，都是讲拉祜话。"其实，由于妻子是拉祜族人而且除了会讲当地的方言之外不会讲普通话，老人便跟着妻子学习了拉祜语。因此，除了会说普通话之外，老人还会说拉祜话。

提及与班利村的结缘，老人说这主要都是因为老伴的缘故。他和老伴儿李珍妹老人是1962年在班利村认识的，李珍妹是拉祜族人，平常都讲拉祜语，为了和妻子的交流更顺畅，老人也学会了拉祜语。认识半年后，二人结婚，目前育有二子二女。虽然老人没能给孩子们更优越的物质生活，但是他们的儿女凭借自己的勤劳，目前相对于其他村民生活的也都算富裕。老人的大儿子杨云华一直在家务农，由于家里种了几十亩玉米，每年靠种植业的收入来源也算比较多。二儿子杨云青是村里远近闻名的养猪大户，并且自家又开了小卖部，一家人的日子过得也很幸福。大女儿杨云华已经嫁到了东朗乡的勐边村。二女儿杨云写目前经营着一家小店，日子过得也很宽裕。老人和妻子的耕地分给了老大和老三来种，老大家的玉米也会卖一部分给老二当养猪饲料用。

一开始提到的老板娘，即是老人的二女儿杨云写。虽然在班利村经营小卖部，但是杨云写的户口早已不在此地，她已经嫁到了别的村子。杨云写的大部分时间都在这边经营小卖部，而她做生意的那栋新式楼房其实是她父亲的。拉祜族自称是“从葫芦里走出来的民族”，因此，葫芦是一种保佑的象征，在拉祜儿女自家的房屋上都会有葫芦的图腾，这在班利村体现得尤为明显，不管是传统的竹木房屋，还是新式的砖瓦房。老人盖的新式楼房当然也体现了这种特点。杨开学老人说，村头的那栋楼房是他自己把多年的积蓄都拿出来盖的，盖楼房一共花了8万元，老人自己出了2万元，跟大女儿借了4万元，贷款2万元，屋主登记的是老人杨开学的名字。老人并没有打算住到这栋楼房里，因为楼房在村里的主干道边上，是个做生意的好地方，老人打算继续用来做生意。二楼的房间空着，在村里来了客人之后还可以搞些接待用，也能赚得一些收入。

在采访期间，进来一位年迈的老人，看上去比杨开学年纪还要大些。他介绍说，这位老人其实是他的二姐杨小荷，长他十岁，从小就是一位聋哑人。从1990年开始，就从邦耐村搬过来跟老人一起生活。姐姐在他读书那会儿对他有不少的照顾，现在老人也在无怨无悔地照顾着姐姐。小时候因为家里兄弟姐妹多，条件又比较贫困的缘故，杨开学老人直到12岁那年才有机会在村里的小学念书。老人至今仍清楚地记得自己刚上小学时的事情，那个时候是解放初期，在他们这些比较偏远的山区教育水平很落后，很多人都没有读书的意识。1951年的时候，他们村来了一位外地的杨姓老师，这位名叫杨启明的老师找到他家里，希望他能够进学校念书，并说小学的前两年是不收任何费用的。在这样的机缘巧合下，老人才开始读书识字。说到这些，他不禁感慨道，如果不是这位姓杨的老师来找他，也许他这一辈子都不会读书了。老人有三个姐姐，一个妹妹。当时和他年纪相仿的三姐跟妹妹都因为家里缺少劳动力而辍学了，只有他一人读完了小学六年级并且考取了澜沧县短师班，那个时候的短师班是一所教师培训学校，专门培养教书人才的。

在当时的短师班读书的时候，由于邦耐村离县城较远，老人都是一个学期才回家一次，而且都是步行回家。由于读书的人少，他们那一届的短师班一共100人，分为甲班和乙班两个班级。那会儿，整个中国都处于大跃进的时代浪潮中，作为学生的他们也不可避免地与时代的脚步相共鸣。老人回忆起那段时光，说道："我们的一半时间都是参加劳动，都是到附近的农村里面去劳动、去干农活，真正读书的时间很少。"这样的日子持续了一年之后，1958 年 9 月，杨开学老人从澜沧县短师班毕业，当时 90% 以上的学生毕业以后都是去做教师，杨开学也被分配到了当时的东回乡东岗村大阿永组去教书，东岗村也是拉祜族人口占多数的一个村子，从此，他开始了一段教书育人的人生经历。

老人说，刚到大阿永的时候，那所学校才刚刚建好，整个学校就他一个人是教书先生，一个人照看一整所学校，这使得那个时候的他经受了不少考验。一年后学校又进来一位从澜沧县短师班毕业的老师，这时候，整个学校是两位老师教 3 个班级。老人说，那个时候还是比较累的，虽然几十年过去了，但是目前在他们这样的农村地区，类似于一人一校的状况还是很多的。的确，在相对偏僻的地方，教育资源常常不能分流过来，而教育水平的高低在一定程度上又反过来制约了经济的发展。在大阿永教书的那段时间，杨开学老人说他们每个月的工资是 22 元，此外，还发给 32 斤的粮票，而这些根本不够补贴家用。这样的教书日子持续三年之后，老人最后改行转为搞行政工作了，而这一干就是几十年。

由于老人当时是教书老师，而且会讲拉祜语，1962 年，上面政府就把他调到东岗村村委会做文书工作，主要负责一些资料和数据的统计等工作，而这段经历从 1962 年持续到 1966 年。1966—1980 年，他又调任到目前工作的班利村村委会做文书，同样是主管统计等工作。在这一段工作期间，1971 年 4 月 13 日发生的一件事情令老人至今仍然不能忘怀。那个时候，作为村上的文书，老人负责统一代销村民的粮食。粮食卖完之后，老人把卖得的钱存在村委会，但是有一户人家失火了，火势蔓延，放钱的那间房子也被烧了个精光。大火扑灭后，他赶紧跟村民解释，但是大家都怀疑买粮食的钱是被杨开学给贪污掉了，老人家坦言自己是清白的，绝对没有贪污村里的公款。老人说，当时有村民误会，自己又一时没有找到证人，急得都快不行了，幸好后来有人出来作证。有个村民作证确实看到杨开学把钱放在了屋里，老人这才得以恢复清誉。老人告诉我们，"作为公职人员，一分一厘都不贪图公家的，从来不占用和乱拿百姓的东西"。虽然班利村不是他出生的地方，但是他从调任班利村时起和这里的百姓就相处得很好，也树立了很高的威信。当年"文革”的烟火也曾经蔓延到了这个拉祜村寨，老人骄傲地说，在“文革”期间，有些公职人员就被批斗了，但是他自己从来没有被批斗过。就这样文书一做就是14年。

1980—1984年，杨开学老人被调任至乡政府，除了担任乡政府文书一职外，同时也担任了会计辅导员。作为会计辅导员，他当时主管发展资金，包括每年种茶、种甘蔗等的发展基金，同时也负责工资发放资金。在此期间，老人于1980年在乡政府加入了中国共产党。入党一直是老人的心愿，之前在村里工作的时候，老人就已经写过三次入党申请书，但是因为组织上的混乱以及主管人员的职责不到位，他的入党一事就一直被搁浅了。刚调到乡政府的时候，老人就争取积极入党，终于事遂人愿。从那以后，老人也一直在用一名优秀共产党员的标准来严格要求自己，作为公职人员，时刻不忘全心全意为人民服务。

1984—1992年，杨开学老人成为乡党委组织的组织委员，负责人事工作，主管三大项工作，一是组织，二是纪律检查，三是行政监察。1992年至1996年，杨开学老人任乡纪委书记。在担任纪委书记这一职务期间，老人印象最深刻的一件事就是自己上任之后办的第一个纪检案件，而那个人是自己最初教书的地方阿永村的领导。大阿永原是东岗村的一个行政小组，1984年的时候建制成为行政村。那个时候，阿永村的村长因为挪用公款，最终经调查决定，给予他开除公职的处分。老人最后感慨地说，人都是有欲望的，正是对金钱的欲望才让那位村长落入受处分的境地。

1997年4月，58岁的他从乡政府退休回家，回到了班利村。之所以退休后没有在乡里养老而是回到老家，是因为老人的妻子和孩子都在班利村。老人说，自己做官期间，不给孩子跑关系，也没有钱给孩子在乡上买房子，所以，他的孩子现在全都生活在农村里，主要都是靠孩子们自己的发展，为此，他非常自豪。说这些话的时候，我也隐隐感到老人似乎有些歉疚，不过，他自己却心胸坦荡，自己从事公职工作的时候，只拿自己分内的工资，正如他说的那样，“不贪图公家的一分一厘”。

退休后，老人一直在务农，最近两年才不种地的他主要靠每个月2000元左右的退休金生活，虽然土地都分给了孩子们去种，但老人也没有问孩子们要过吃的，都是自己买着吃。靠着退休金的这份收入，他和妻子以及二姐三个人生活在一起，日子也算悠闲。老人平时爱打扑克，孩子们忙的时候他就帮他们带带孩子看看店。虽然退休之后还是落户在了农村，但老人感觉这种一家人和和美美的日子比什么都重要。

作为全村 44 个汉族人中的一个，老人眼中的拉祜族人是善良和质朴的。从他 1966 年来到班利村至今，这里的民风一直都很好，很淳朴，虽然是拉祜族、佤族、哈尼族和汉族共存的一个村庄，但是民族关系一直处的很团结，彼此之间没有因为民族不同而发生什么分歧。这一点我们在班利村调研期间也有所发现。这里的民风淳朴，几乎是“夜不闭户，路不拾遗”。不管是什么民族，村民彼此之间都是互帮互助，“一家有事，全寨相帮”的传统习俗和精神风尚仍在流传。老人说，自家建房的时候就得到了其他村民的帮助。在他刚来到班利村时，老人笑着说他还教过当地的村民腌咸菜。他眼中的拉祜族人是爱美的，他们逢年过节都会穿上漂亮的民族服装，跳起特有的摆舞，而这里也素有摆舞之乡的美名。

老人对现在的生活很满意。不过，他也有自己对未来日子的希望。老人在 2002 年的时候才拿到自己退休五年后的补贴金，一共是 6000 元，老人说希望国家以后能够提高退休干部回农村的待遇。就他自身而言，其实是教育使得他改变了命运，他的孩子接受教育的程度也不是很高，所以最终都落户在了农村，老人就对孙子寄予了厚望，他希望自己的孙子一辈都能够走出去，走出农村，走出山区。

如果不是听到他讲自己的故事，我们很难想象眼前这位瘦瘦弱弱的农村老人曾经做过教师并且还是一位官员，如果不是他女儿介绍我们过来，或许擦肩而过时也只是对望一下就走过。从衣着上来看，老人戴了一顶类似于士兵军帽的帽子，穿的是一套很普通的衣衫，他看上去很瘦弱，但是精神矍铄。环顾老人现在居住的地方，还是传统的拉祜族民居，竹木结构的两层木房，室内的光线也不好，客厅里除了一只茶几和一台十几英寸的小电视，并没有什么新式家具。采访的那天，外面一直下着淅淅沥沥的小雨，我们坐在光线稍好的门口。老人倚门而坐，手里抱着一支水烟筒，时不时地抽上几口水烟。跟我们讲述他的经历说到动情的时候，便会多抽几口水烟，并且望着外面的烟雨。给我们讲完他工作的这段经历时，我们一直称赞老人的记忆力之好。我想，每个老人的大脑都是一部丰富的记忆储藏，因为那些走过的日子不容易，才给他们留下了那么深刻的印象。

作为一个有着丰富的人生经历，退休后又居住在农村的老人，杨开学目前的日子是幸福的，是清净的。虽然生活条件艰苦了些，但能够看出来老人在跟我们讲述他家人故事时候的知足，我们也祝愿这样一位大山深处的老人能够在班利村美丽的自然风景中度过属于他自己的幸福晚年！

（二）邮电所退休老干部罗小乐

罗小乐，男，拉祜族，75岁，没有接受过正规的学校教育，退休前曾担任东岗乡邮电所所长。我们先后两次拜访罗小乐老人。第一次是向他询问有关那得头村寨历史和拉祜族风俗等情况，第二次是做家庭访谈。当询问村寨的历史以及拉祜族的风俗习惯时，村长向我们推荐了罗小乐老人，我们一方面担心用普通话与老人交流会不会有困难，另一方面又担心老人回忆一些年代已久远的事情会不会有些吃力。就这样，我们怀揣着忐忑不安的心情，踏上了去那得头村寨的山路。

到了那得头村寨村委会所在地，远远地就看到一位有点儿驼背，有些清瘦，但精神矍铄的老人朝我们这边走来，村长向我们介绍说这位老爷爷就是他所说的罗小乐。罗小乐老人很亲切地跟我们打招呼，声音很洪亮，良好的精神状态让我们这些年轻人都有了几分羡慕。随后的访谈进行得很顺利，罗小乐老人的普通话很流利，思路很清晰，谈到拉祜族的节庆、婚丧嫁娶等风俗习惯时更是如数家珍。原来罗小乐老人是一位退休老干部，长期在外工作，是村寨里见多识广、德高望重的一位老人。

1953年，澜沧拉祜族自治县成立，实现了各民族平等和人民当家做主。随后，根据中共中央和省委的指示，和平协商土地改革逐步在澜沧境内展开。虽然境内已经解放，但是作为边疆地区的澜沧，其社会状况还是非常复杂的。为了更好地维护边疆地区的稳定和安全，宣传贯彻党的民族政策，实现民族团结，顺利完成民主改革的任务，云南省人民政府成立了民族工作队，到民族地区“做好事，交朋友”，全面开展边疆民族工作，宣传党的方针政策，帮助群众发展生产，密切党和政府与各族人民的联系。民族工作队的队员有从云南民族学院抽调的教师、学生，也有从省级党政、财经、文卫、部队等系统抽调的先进分子。民族工作队是云南省人民政府于新中国成立初期从实际出发，为打开民族地区工作局面所采用的特殊组织形式，为基层民族工作积累了丰富的实践经验。培养少数民族干部是民族区域自治的核心，民族工作队牢牢把握这一精神，从澜沧、西双版纳等地的农村中吸收了一批少数民族积极分子，这些队员后来成为当地较早的民族干部来源。1954 年，18 岁的孤儿罗小乐正值青春年少，思想政治觉悟高，勤劳能干，被吸收进民族工作队，随后被分配到东岗乡邮电所工作，一干就是近四十个年头。班利村同期进入民族工作队的一共三人，另外两位老人现在已经不在人世。谈到这里时，罗小乐老人陷入了沉思，不知道是在怀念昔日朝夕相处的战友，抑或是在回忆自己那段青春的岁月？

罗小乐老人进入东岗乡邮电所的第一份工作是架线员。据老人讲刚开始工作时由师傅带着他，放线定桩。头一天罗小乐因为不熟悉电杆定位的方法，所以很不习惯，在师傅的悉心教导下，他渐渐摸索出了门道，不用移动几次定位桩就打好了。定好杆位后，就要挖杆洞，开始立杆了。对于从小干惯了农活的罗小乐来讲，挖杆洞看起来并不是一件费力的活，但是老人跟我们讲当他真正干完一天时，手疼得很。立杆时，罗小乐跟同事们一边三个人拉，另外两位师傅一点一点往上抬，差不多的时候大家都来拉，在师傅洪亮的几声“起，起，起”的同时，电杆就立起来了。电杆立好之后就要爬上电杆安装横担了。在脚蹬、安全带、工具插袋、扳手、手钳这些装备都备好之后，罗小乐带着刚领到装备的喜悦心情就上杆了。当这些准备工作都做好之后，就等着电线过杆了。两位师傅放线，电线由同事们拉至终点，每过一个电杆就由罗小乐这样的在电杆上面的员工放吊绳将电线拉上去，线至终点时再由其余员工用收线钳收紧电线，这样罗小乐他们就可以将电线固定住了。从电杆上下来，看着一根根垂直耸立的电杆和架好的电线，罗小乐高兴极了。立杆架线，是一份强度大，重体力的工作，年轻的罗小乐干一行爱一行，珍惜这来之不易的工作机会，吃苦耐劳。同时，他虚心向师傅还有同事请教，不懂就问，勤奋好学。罗小乐老人告诉我们说他知道自己没有上过学，吃了没有文化的苦，所以当一天辛苦的工作结束后，他就自己学习认字，读书看报，以弥补小时候没有上过学的缺憾。由于表现突出，罗小乐在工作的第二年就获得了“先进生产者”的荣誉称号。

1954—1964 年期间，罗小乐在架线队工作。从 1964 年起，开始从事市话机线工作。机线员的工作同样又苦又累，罗小乐就是在这样艰苦而又平凡的岗位上，十年如一日地勤奋工作，全心全意为用户服务，曾先后四次获得“先进工作者”的荣誉称号，在平凡之中创造出不平凡的业绩。1973 年，罗小乐被提拔担任东岗乡邮电所副所长，1977 年晋升为所长，1991 年退休。从手摇电话到程控电话再到无线电话，罗小乐老人见证了拉祜族山区社会生活的发展变化。罗小乐老人跟我们讲以前的日子苦，乡亲们吃不饱、穿不暖，靠天吃饭，现在农村的条件好了，大家的生活也慢慢富裕了，眼看着近些年来农村发生了如此大的变化，这是他年轻的时候做梦都没有想到的事情。

采访的过程中，罗小乐老人几次向我们提到年轻人工作时一定要认真仔细，不要嫌弃工作的条件差、工资低，要热爱本职工作，三百六十行，行行出状元，他说不论干什么干精了，都能成为有用之才。

二十、妇女

（一）班利村平凡妇女王梅

对王梅的访谈，可以说是偶遇。班利村全村拉祜族占了绝大部分，佤族只是极少的一部分，因此，当我们在找一个佤族老乡做访谈的过程中，向导带我们去了班利村的一个佤族自然寨子，寻找可以做访谈的人。由于时间安排不好，到达佤族自然寨的时候，已经是下午两点，而这个时候按照当地人的生活习惯，大都去了田地干农活，不在家。向导带我们找了一个小时也没有找到一个可以访谈的人。这个时候，一个中年妇女向我们走来，很热情地主动跟我们打招呼。向导告诉我们，她是向导的姑姑，叫王梅，2010 年 36 岁，是佤族人，我们可以访谈她。因此，当我们问向导是否可以采访她时，她很高兴地答应了我的请求，并且热情地邀请我们到了她家。

一进王梅的家，就明显感觉到房间收拾得井井有条，家具摆放有序，房间地面上也是干干净净。在扫视房间的时候，我们注意到沙发上的装饰物，一条很漂亮的毯子，王梅看见我们对毯子感兴趣，便笑着领我们进入了她的卧室。我们发现，所有床单也全都是纯手工做的毯子，特别精致漂亮。王梅笑着说："这些都是我农闲的时候做的，年轻的时候，我的母亲经常做这些，耳濡目染，渐渐地对做这些有了兴趣。在母亲的教授下，我逐渐学会了怎么织毯子。现在，一般情况下，邻居需要毯子，就会买来布料，拿到我家请我帮忙做。做一条大概需要四五天，成本需要五六十元。做完后，邻居会给我一点钱或者东西，用来表示感谢，一年大概要做四五十条。”领我们看完卧室后，我们又回到了客厅，王梅给我们沏好茶，随后，我们的访谈正式开始。

通过访谈，我们开始知道了王梅和她的人生经历。王梅，佤族，1974 年出生在班利村的一个农民家庭。出生后，像班利村其他小孩一样，进入班利村小学读书，小学毕业后考入澜沧民族中学。经过三年学习，于 1991 年初中毕业。由于当时澜沧的社会环境，一般女孩子都不会去上高中，初中毕业后就会去找工作挣钱。在这种思想的影响下，同时由于家庭经济拮据，也无法继续供王梅上高中，于是王梅放弃了考高中，初中一毕业就去澜沧县城找工作。经过熟人的介绍，王梅到一个小餐馆端盘子、洗碗，每个月 100 元的工资，包吃但不包住，因此，每个月还得花十来元的房租费。干了几个月，王梅不想老在小餐馆干，工资少、累不说，没有出路，另外她觉得也不能老当服务员嘛。正好这个时候澜沧一个矿厂到县里招矿厂的工人。王梅一看，自己完全能够胜任这个工作，还比餐馆更能挣钱，一个月能挣到 100 多元，还包吃包住，于是就辞去了餐馆服务员，去了澜沧矿厂。结果，矿厂老板看她是个年轻姑娘，就给她分配一个相对轻松的工作，负责把矿石装上车。讲到这里的时候，王梅叹气道，尽管矿厂老板给了我一个矿上相对轻松的工作，但其实，这个工作也特别劳累。从早上八点一直要干到晚上八点，每天平均下来要装小矿车三四十车，一天下来全身酸痛，以至于第二天都不想起床。同时，矿厂里全是灰尘，鼻子嘴巴全是灰，吸进去的是灰，呼出来的也是灰。尽管这么累，王梅在澜沧矿厂还是坚持干了一年多。直到 1993 年，东岗村小学发出通告，招代课老师，要求是初中学历，一个月工资有 150 多元，王梅觉得这份工作特别好，工资比矿厂的工资还高，还要轻松，同时，还能教书育人，把自己学到的知识教授给别人，于是就到东岗村小学面试，经过面试，王梅通过了学校的各项考核，1993 年 9 月，正式在东岗村小学成了一名代课教师。

讲到这里时，我突然发现王梅眼中出现了泪水，说话开始哽咽，我很诧异，便问道怎么了，她擦干眼泪，脸庞挤出微微一丝微笑，说道：“在东岗小学代课了四年，没想到，这四年太苦了！东岗小学教室破旧，下雨天外面下大雨，里面下小雨。全校就我一个教师，全校有三十多名学生，四个年级，每个年级的语文数学都是由我负责教学，上完课后的作业批改就要花上三个多小时。每天特别辛苦，并且上完课自己还得给自己做饭。我当时还不到 20

岁，晚上一个人住在学校，孤独不说，胆小的我感到特别害怕。当时东岗村社会风气特别差，偷摸拐抢、吸毒赌博盛行，因此，经常有一帮小混混到东岗小学来调皮捣乱。这帮人有时候猖狂到白天都到教室捣乱，在教室里扔青蛙，在课桌里放蚯蚓、癞蛤蟆，甚至有一次还把一条蛇放在了我的放书的背包里，吓得我那一天说不出话，以至于根本都无法正常教学。等到晚上，这些小混混就会偷我的东西，衣服、被单，什么都偷，连我放在厨房的东西，如米油盐醋等都偷个精光。没有了米，都没法做饭，只好饿着肚子，我向村里乡里反映了很多次，也有人来处理过几次，但一点用也没有，根本无法遏制这些小混混的捣乱。因此，在东岗小学代课四年后，也就是1997年，我实在无法继续忍受他们的捣乱，只好辞去了代课教师的工作，回到了班利村。回到班利村后，也有想过到班利村小学继续代课，但1997年的时候，国家已经出台了有关代课的新规定，只有通过了相关考试的人才有资格去代课。我考了几次试，都没有通过，渐渐地没有了那份毅力，也就放弃了继续代课的想法，在家专心务农。”说到这，她深深地叹了口气。

当我向王梅问道，如今怎么总结这四年的代课工作经历。她叹了口气，苦笑了一下，回答道：“特别艰辛，特别苦，苦到最后我都无法继续代课，所以才回到班利村，一个人在东岗村小学代课，相对而言，上课辛苦倒是小事，一个人太孤独了，什么事情都得靠自己，晚上没有人陪伴，没有倾诉的对象，没有寻求帮助的对象，更让人无法忍受的就是那些小混混。自从我不在东岗村代课后，也就是1997年之后，我很少再去那里，能不去的话就尽量不去，实在不想再去东岗村。”王梅话锋突然一转，笑着说：“不过，在艰辛中，也算有一点收获。在代课中，为了给家里减少负担，我就在学校旁边的空地开辟了一片庄稼地，种上了玉米蔬菜，课闲的时候就去田里干干农活，锄锄草，倒也有一份田园惬意。玉米到长玉米棒子的时候，需要打农药，而我不会打，需要别人来帮忙，正好，班利村有一个叫肖小安的汉族小伙子，每天开着拖拉机到东岗村，给玉米打农药。于是我便请了肖小安来给我的玉米打农药，打完农药我准备给钱的时候，他得知我也是班利村的时候，便怎么也不收我的农药钱。之后，还经常过来帮我的忙。有一次正好一群小混混来捣乱的时候，他正好路过，看见小混混在欺负我，就跑过去揍这些小混混，双方最后都打得鼻青脸肿。但之后很长一段时间，小混混都没有过来调皮捣乱，我特别感激他帮我。渐渐地我跟肖小安熟悉起来，对他逐渐有了好感，因此，当我回到班利村的时候，肖小安带着媒人到我家提亲，我很高兴就答应了。1998 年，我就和他结婚了，所以说，如果没有在东岗代课四年，我也不会认识我丈夫，这应该是我在东岗代课中最大的收获吧！”听到这里，我心中也有无限感慨。

接着，王梅讲述到，1998 年结婚后，肖小安按照当地的习俗，便和王梅跟王梅父母一起生活。在生活了一年后，1999 年，在王梅的一个哥哥、三个姐姐，丈夫的四个兄妹的帮助下，建了一栋新房。由于有家人的帮助，所以建新房总共才花了 9000 元。新房建成后，王梅和丈夫肖小安便和王梅父母分了家，搬到了新家。之后，两人一起务农，相亲相爱。1999 年下半年，搬到新房后不到三个月，大女儿出生，取名肖乐能；2004 年，小女儿出生，取名肖乐平。随着两个女儿的出生，家庭的开支逐渐增加，靠务农所得的收入已经不能维持全家生活开支，因此，必须要有其他收入来源，为了挣到更多的钱，2004 年，丈夫肖小安忍痛割爱，卖掉了跟随他 8 年的拖拉机，靠卖拖拉机的钱买了桉树树苗，在自己承包的山林种上了桉树[①]。

2008 年，种植的桉树成材，卖了之后得到了一笔钱。在考虑如何用这笔钱的时候，王梅和丈夫有了分歧，丈夫想把这笔钱全部用来种植更多的桉树，但王梅想拿这笔钱去班利村的居委会所在地的街道买一套房子，以准备以后在这里做个小买卖。经过多次讨论，最后决定卖桉树所得收入全部用来种植桉树，买房子的钱向银行贷款，用贷款去买房子。最后，王梅在班利村村委会所在地的街道旁边买了一套房子[②]，共花去 16000 元，向银行贷款 18000 元，把房子买下来之后，对房子进行了装修，然后就把房子租给了从湖南来班利村做生意的一家人，租金为三年 7500 元。湖南人租下来以后开了一个卖杂货的小店，生意特别好，一年能赚两三万元。因此，王梅正考虑等再过几年，不能务农的时候，自己去做生意。

---

① 桉树，常绿植物，一年内有周期性的老叶脱落现象。大多数种是高大乔木，少数种是小乔木，呈灌木状的很少。桉树树姿优美，四季常青，生长异常迅速，有萌芽更新及改善沼泽地的能力。宜作园林绿化树种。树叶含芳香油，有杀菌驱蚊作用，可提炼香油，还是疗养区、住宅区、医院和公共绿地的良好绿化树种。嫩枝和树皮中含有单宁，可以提炼栲胶；树皮和木材还可用来造纸浆、建筑、家具等。

② 按照班利村村委会的规划，在班利村村委会所在地建成一个小商场街道，形成一个小商业区，这正是王梅到村委会所在地买了一套房子的原因。

当问到对两个女儿有什么期待时，她突然凝重起来，沉默了几分钟，说道："我大女儿现在在班利村小学读书，成绩很好，在班上都是前几名，我们这里一般上学到四年级的时候，如果成绩好的话，就会参加一项考试，如果成绩通过了就能到教学质量、教学条件好的澜沧县城的民族小学读五、六年级。2009 年我女儿参加考试的时候，每门成绩都是九十多分，远远超过了去澜沧民族小学读书的成绩要求。但是班主任的工作疏忽，没有及时通知我们，以至于错过了到澜沧县城的民族小学报到的时间，最后没有办法，只能继续待在班利村小学读五、六年级①。这件事情对我大女儿的影响特别大，因为在班利村读五、六年级的话，考上澜沧民族中学的机会特别小。因此，大女儿在学习上的精力减少了很多，同时她开始对拉祜族的葫芦丝感起兴趣来。为了支持女儿，我跟我丈夫商量，决定送女儿去学习葫芦丝，因此，在周末和寒暑假，大女儿就会去乡里的文化站学习葫芦丝，一个月学费要 100 多元，加上吃的住的一个月需要 300 多元。一般情况下，葫芦丝要学五到八年，学好之后就可以参加演出队通过表演挣钱，这样的话以后也算是有了一份职业、一项技能。小女儿刚上幼儿园，以后如果她想上初中，我就送她去读初中，想上大学，能考上大学，我就送她去读大学，我读书那会，因为各种条件的限制，没有机会读大学，现在多少有点遗憾和后悔，我不希望我女儿也后悔！"

当问到对以后有什么计划时，她笑了笑，说道："都快四十岁的人，哪还有什么计划，现在去农田干农活，2010 年种了十亩甘蔗、一亩水稻、四亩玉米，还养了三头猪，一年下来大概能收入 1.5 万元，干完农活的时候，偶尔去承包的山林帮丈夫管理桉树，施施肥，清除一些其他小树，闲时织织毯子什么的，看看电视，然后就是照顾这两个女儿。大女儿既然喜欢葫芦丝，就

---

① 在澜沧拉祜族自治县，为了鼓励和让更多成绩好的学生到教学条件好的学校学习，在学生四年级的时候，会在农村偏远地区的小学组织一场考试，如果学生成绩达到一定的分数线后，就可以去澜沧县城里的民族学校继续读小学五、六年级，由于澜沧县城的民族小学在教学质量、教学条件各个方面都比农村小学好，因此到澜沧县城的民族小学就读，考入澜沧民族中学就更加容易，因此，澜沧农村尤其是边远地区的小学生在四年级的时候就会参加这项考试，如果成绩合格，学生所在班的班主任就会通知学生家长，让家长决定是否要把孩子送到澜沧县城民族小学就读。一般情况下，孩子家长都愿意送孩子去县城读书。

让她好好去学葫芦丝，不管花多少钱，我都会支持她的。小女儿还小，现在不用担心。现在一年开支差不多1万多元，每年大概能够存三四千元，这些钱是替两个人准备的，将来她们姐妹俩要花的钱肯定特别多，趁现在我们还能劳动，多挣点钱，提前为她们做好准备，这样让两个女儿以后不至于还像我们这么辛苦。”

王梅告诉我们，当初之所以想到班利村村委会对面买一套房子，就是想等自己老了，两个女儿出嫁后，不能再去田里务农的时候，自己便和丈夫去那开一个小店，卖些日常生活用品，做个小买卖，自己养活自己，不给两个女儿添负担。

通过访谈，我们对王梅也有了一个清晰的认识，初中毕业的她一个人在外面闯荡，不怕苦，不怕累，尽管最后没能坚持继续代课，但一个不到20岁的年轻小姑娘，克服各种困难，能够坚持代课四年，已经值得让人尊敬。而现在，对孩子教育的方法，让我们感到佩服，为了支持孩子的兴趣和爱好，不惜拿出一年家庭大半收入去培养孩子学习葫芦丝，同时，在艰苦中，又不忘对今后的人生规划，在班利村村委会所规划的商业街道旁买下一套房子，等到老到无法务农时，就可以去做小生意，既发挥了余热，也为两个女儿减轻了负担。对于她，我能想到的词就是平凡，但平凡中，体现出一个妇女不平凡的一生！

（二）开朗热情的哈尼族姑娘李阿宗

班利村住的村民大部分都是拉祜族，但村子北边的寨子住的是哈尼族，我们在寨子里认识了组长的妻子李阿宗。李阿宗2012年32岁，但看起来却只有二十七八岁，很年轻很漂亮。当知道我们来自北京时，阿宗兴奋地告诉我们她前几年在北京打过工，很热情地让我们到家里坐，还拿出零食招待我们。阿宗是2011年从孟连县嫁过来的，老公是哈尼族寨子新上任的组长，37岁，人很老实，他的第一任妻子两年前去世了，留下了一个女儿，2012年14岁，在县里读初二。刚一开始聊天，阿宗就感叹后妈不好当。她说，14岁的继女平时在学校住宿读书，只有周末和假期才回家，但是在家中却很少说话，尤其不喜欢和阿宗说话，这让阿宗很无奈。我们安慰她可能是小孩子正处于青春期的缘由，她灰着脸说，希望是吧。与阿宗同住的还有丈夫的弟弟，

2012年20多岁了，阿宗说他很坏，说他不干农活好吃懒做，总是欺负老实本分的哥哥，还偷拿前任嫂子留下的钱。不仅如此，阿宗还抱怨小叔子不爱与人交往，整天藏在自己的房间里，像个女人一样，阿宗很不喜欢他，而自从阿宗嫁过来，小叔子也一直给她脸色看，说她是坏女人，两人的关系很不好。所以她和丈夫正在盖新房，等房子盖好了就和小叔子分家，搬出去住。虽然与继女和小叔子的关系不好，但阿宗并不寂寞，因为她经常会找朋友到家里聊天，而且她最得意的是，她丈夫很体谅她，有什么话都跟她说。这时，阿宗一扫刚才的阴霾，甜蜜地笑道。

聊天的过程中，我们开玩笑地说阿宗给组长做了续弦很吃亏，阿宗却笑着说没有吃亏，因为她也是再婚。我们顿时觉得很尴尬，阿宗却很大方地说，年轻的时候不懂事，感情经历很曲折，想起来也很伤心，但现在生活好了，丈夫很疼她，以前的事情说出来倒会使自己心里舒服点。于是阿宗向我们讲起了她的感情和生活经历。阿宗家住在孟连县，也是哈尼族，初中毕业后就一直在家务农，但后来她的生活发生了转折。18岁那年，同村的一个大姐说给她介绍男朋友，将她独自骗到了浙江的一个小乡镇里。在一座二层小楼里，阿宗见到了她的“婆家人”，虽然听不懂浙江方言，但阿宗知道自己被卖给了这家人。“婆婆”对阿宗问东问西，还拿走了阿宗的身份证和身上所有的钱，让阿宗住了下来。阿宗想要逃跑却身无分文，“婆家人”又轮番值班地看着她，她只好先假装同意了婚事，等待逃跑的机会。第二天，阿宗见到了她的“男朋友”，被他的样子吓坏了。“男朋友”的右脸由于一场重病凹进去一大块，性格也很古怪，从不和人说话，一直在房间里玩电脑，吃饭时也要将饭送进房间里。阿宗说她不喜欢这个男的，不是因为他的样子吓人，而是因为他的性格不好，总不和她说话。后来，阿宗又见到了“男朋友”的亲戚，并偷偷藏起了“姑姑”给她的600元见面礼。为了获取“婆家人”的信任，阿宗对婚事表现得很顺从，与家里人的关系也很好，而“婆家人”也放松了警惕，不再对她进行看管，专心筹办起婚事来。一天晚上，阿宗把“婆家人”叫在一起玩牌，一直玩到半夜一点，“婆家人”累得都回房睡觉了，“男朋友”玩完电脑也睡熟了，阿宗借洗澡的机会，怀揣着600元的见面礼钱，连鞋都不敢穿就从家里偷跑了出来，一口气跑到了大马路上，被一个好心的摩托车的哥送到了当地的火车站。到了火车站，阿宗买不到回云南的票，一个好心的大哥帮她买了到贵州的火车票，让她在贵州转车回云南。就这样，阿宗一路提心吊胆地回到了云南老家。回到家后，阿宗通过打听才得知，骗她去浙江的大姐专门从事买卖婚姻的勾当。阿宗想找她问个明白，但那个大姐早不知跑到哪里去了，这件事也就不了了之。阿宗回到家后，将自己被骗的遭遇讲给每个人听，希望大家吸取她的教训不要再被骗。阿宗在讲这段经历时既后悔又兴奋，她说自己太天真太容易相信别人才会被骗，但又佩服自己逃跑时的机智和勇敢，竟然能一个人从陌生的浙江逃回家。

被骗回来之后，阿宗又在家干了两年农活，直到2000年，村里有十几个妇女要去北京打工，阿宗想都没想地就跟她们一起去了北京。阿宗说自己很后悔年少时没有认真读书，所以一直想找个学校打工，经人介绍，阿宗成了华北电力大学里的一名园林工人，每天的工作就是浇花除草。阿宗对这份工作很满意，不仅工作环境好，工作轻松简单，还有机会与大学生们聊天。阿宗说她的普通话就是在这个时候练得标准的，思维也开阔了许多，对社会的各种先进事物也有了更多的了解。虽然北京的生活让阿宗感觉焕然一新，但对于一个早婚民族来说，二十几岁还没结婚的姑娘就是大龄剩女了，阿宗也开始为自己的婚事着急。由于在北京没有找到心仪的对象，阿宗决定回云南老家找，于是2002年，阿宗辞掉了北京的工作又回到云南老家务农、找对象。

回到家不久，阿宗就认识了一个长相帅气的哈尼族青年，这也是阿宗的第一任丈夫。刚认识时，阿宗觉得他很会说话，整天甜言蜜语地逗她开心，是个很有趣的人。但后来阿宗发现他好吃懒做，一点活都不干，还总骗走她的钱出去吃喝嫖赌，阿宗当时天真地以为结了婚他就会改变，会变得有责任感。所以2005年时，阿宗与第一任丈夫结婚了，并在当年生下了一个女儿，阿宗以为有了孩子后丈夫会变好，会为了孩子出去赚钱，但令阿宗没有想到的是，丈夫不仅没有改好，反而变本加厉地把小三带回家向她示威，还和小三一起打她。忍无可忍的阿宗终于在2008年的时候提出了离婚，前夫同意离婚但提出女儿必须归父亲一方抚养。阿宗虽然不舍得，但也只能同意了。离婚后前夫很快就再婚了，阿宗的女儿被送到爷爷奶奶家抚养，前夫不给孩子生活费，也不准阿宗见孩子，幸好公公婆婆很同情阿宗，所以阿宗可以偷偷地与孩子见面。

第一段婚姻让阿宗很受伤，所以离婚后阿宗一直没有找对象。直到2011年，阿宗经人介绍认识了丧偶的组长。她听说了他的婚姻经历，觉得他比自己更可怜。经过相处，阿宗觉得组长是一个老实本分又勤劳能干的好人，于是主动给组长发短信，问他喜不喜欢自己，就这样，热情的阿宗和老实的组长走到了一起。婚后阿宗过得很幸福，对组长很满意，聊天过程中她不止一次地夸丈夫很能干，是寨子里公认的种田高手，对自己也很体贴，凡事都与她商量，也很听她的话，她对现在的生活很知足。

对于未来，阿宗没有太多的计划，也不想再出去打工了。家里的地很多，她想安心在家和丈夫一起种地，丈夫有两辆拖拉机，进城赶集时还能搭载一些村民赚些零用钱，这样一年六七万元的经济收入让阿宗很满足。阿宗很会攒钱，当初前夫骗走了她所有的积蓄，她很心疼，只怪自己太傻太天真，现在阿宗又攒下了一笔钱，准备给新房添置几套像样的家具，把家里布置得温馨一点。而唯一让阿宗牵挂的还是自己 7 岁的小女儿，爸爸从不管她，妈妈又再婚了，她没有完整的家庭和父母的关爱，即使父母离她不远，她却和父母常年在外的留守儿童没什么区别，很是可怜。阿宗说小女儿现在很内向很怕人，见到她也很冷漠，阿宗担心女儿这样下去会变成一个性格孤僻的人。而由于没有父母的照看，小女儿上学也是三天打鱼两天晒网，一周只上两三天课的情况经常发生，其余的时间就在家里和爷爷奶奶玩，而爷爷奶奶都没有上过学，观念又很陈旧，所以并没有制止她的逃学行为。对于女儿现在的生活学习状况，阿宗想管却管不了，除了愧疚和担心，也只能等待时机将女儿接到这个新家庭一起住时再管教了。我一边安慰阿宗，一边劝阿宗向法院申请要回女儿的抚养权，这样她就能名正言顺地照顾女儿了，阿宗点头同意了，说也只有这样才能尽快让女儿过上正常规律的生活。

阿宗是个精力充沛、心灵手巧的人，白天和丈夫一起下地干活，晚上干完活就约朋友到家聊天，一边聊天一边织布做包。说到包，阿宗很自豪地拿出两个哈尼族特色的花布包给我们看，还指着其中一个带彩珠子的包说这是其他人都织不出来的穿珠布，是她独创的样式。阿宗早年的外出经历使她成为朋友圈里的风云人物，朋友们都说她是见过大世面的人，都很喜欢和她聊天，从她那里得知一些村里人都不知道的事情。也就是因为在外打工的经历，现在的丈夫很尊重她的意见，事事都要与她商量，而小叔子却说她和村里老实本分的妇女不一样，是从外边回来的坏女人。对于现在的家庭关系，阿宗略显无奈。她不喜欢好吃懒做的小叔子，只盼着新房子快点盖好，她和丈夫搬出去住。但是对 14 岁的继女，阿宗却很发愁，她想像母亲一样地关心继女，继女却不领情，不愿意接受她也不和她说话。阿宗没有怪她，而是很同情这个年少丧母的孩子，她希望继女能从丧母的阴影中走出来，也希望丈夫能在中间调和她们两人的关系，一家人能够和睦快乐地生活。阿宗看到继女，就想到了自己的女儿。自己的女儿 2012 年已经 7 岁了，上小学一年级，阿宗不放心她一直跟爷爷奶奶生活，一直说孩子好可怜。我劝阿宗把孩子接过来一起住，阿宗说自己很矛盾，她的确想把孩子接过来，但又害怕前夫来找她麻烦，也怕对继女造成刺激，使两人的关系恶化，所以这件事情只能随着时间的推移而做决定。

可以看出，阿宗是一个敢爱敢恨、率真善良的人，她总说前夫很坏，她已经不喜欢他了，而现在的丈夫很好，她很喜欢他。可见阿宗对人的评价只有“好”或“坏”的区别，她评价人好坏的标准很简单：第一是这个人是否爱劳动会赚钱，这一标准在她对丈夫的夸奖中表现得淋漓尽致；第二就是这个人是否爱说谎骗人，这一点也在她对前夫的评价中表现出来。而她对人的态度也只有简单的喜欢或不喜欢，她喜欢勤劳本分的人，不喜欢好吃懒做不诚实的人，而对于不喜欢的人，她也只是不理他，不和他说话。阿宗不止一次地说自己没文化，后悔小的时候没好好读书，所以找不到好的工作，只能做一些粗重的体力活，可见她对于自己的文化水平还是很介意的，尤其是在大学里打工的经历更让她体会到受教育水平对人的命运的影响。阿宗被骗过，感情经历很曲折，但她并不觉得这是丢人的事情，反而能够坦然大方地讲出来让大家吸取她的教训，不要像她一样受那么多苦。其实感情道路不顺利的哈尼族女子并不只阿宗一个，究其原因，是民族的早婚习俗在作祟。哈尼族寨子里的好多女子十七八岁就结婚生子了，那个时候的家庭意识还比较弱，也搞不清楚自己到底想要什么样的生活，直到孩子五六岁的时候，早婚夫妻才开始为生活做真正的打算，或是才发现两人之间的矛盾与不合适，如果无法克服困难解决问题，就只好无奈地选择结束这段婚姻，而孩子也多数会由一方的老人暂时照顾，等长大些再回到单亲身边。

（三）不断进取的班利村女教师李红兰

在班利村小学寻访一名教师进行采访时，由于是暑假，教师和学生正好放假，所以找寻了一个多小时也没有找到一名教师。正在沮丧之时，遇见一位拿着盆子去摘玉米的中年妇女，于是我们便问她：“你知道班利村小学有哪些教师还住在学校吗？”她很高兴地回答道：“我就是一名老师，我现在就住在学校。”于是，我们说明来意，需要采访一名教师，征询是否可以采访她，她很高兴地接受了我们的访谈要求，并带我们进入了她家。

通过访谈，我们了解到，她叫李红兰，女，彝族，2010 年 39 岁，班利村小学语文教师。1971 年出生在普洱市一个农村家庭，出生时，家中已有五个哥哥和姐姐。尽管家境不算富裕，李红兰 9 岁时，也就是 1980 年，李红兰父母还是决定送李红兰去上学。于是，李红兰进入普洱市小学就读，通过自己刻苦的努力，在小学毕业时考上了普洱市中学。她进入普洱市中学后，更加刻苦学习。在当时，读到初中毕业的女孩子特别少，考上普洱市高中的女孩子更少，当时周围邻居都认为女孩子上到初中毕业已经算是书读的够多了。李红兰父母也想着不再送李红兰上高中，但看到李红兰初中毕业时，以优异的成绩被普洱高中所录取，女儿特别想继续上学，最后父母决定还是送李红兰上高中。1991 年，李红兰高中毕业，很是遗憾，没有考上大学，只好辍学在家，帮助父母务农和干一些家务，但一颗不希望就干一辈子农活的心在不停地跳动。

1992 年，普洱市下东河乡小学招代课教师，要求是高中或中专以上学历，李红兰觉得当教师很好，可以教孩子知识，同时，也能摆脱一辈子当农民的命运。于是，经过慎重考虑，李红兰决定去东河乡小学应聘。经过东河乡小学学校领导考核，李红兰如愿地通过了面试，成功成了一名东河乡小学代课教师。成为东河乡小学代课教师后，李红兰认真地工作，仔细地教学，使自己所带的学生成绩在全校始终处于前列，受到了学校领导和同事的赞誉。但是尽管有突出的工作表现，但由于李红兰只是一名代课教师，不是正式教师，所以，跟正式教师相比，李红兰的工作待遇悬殊比较大，一个月代课工资才 100 多元，而正式教师最低工资就有 600 多元，还不包括各种福利待遇。渐渐地，李红兰对此感到有些不服气，自己的教学成绩比正式教师的好，但待遇却没有他们好。因此，在这种不服气的想法下，李红兰决定通过自己的努力，成为一名正式的教师。按当时云南省的规定，一名代课教师要想成为一名正式的教师，需要有 5 年的代课经验，同时，还需参加云南省组织的进修考试，只有考试及格，才能进修转正，成为一名正式教师。因此，1997 年，李红兰在东河乡小学代课 5 年后，获得了参加进修考试的资格，李红兰就努力地学习，最后成功通过进修学习的入学考试，进入了澜沧普通教师资格从业者进修班，开始了两年的进修学习课程的学习。在澜沧普通教师资格从业者进修班中，李红兰每天都刻苦地学习，每天比其他人早起，晚上比其他人晚睡，用一年的时间就完成了澜沧普通教师资格从业者进修班两年的课程，1998 年参加教师资格证的认证考试，以优异的成绩成功地拿到普通教师资格从业证，最后被澜沧拉祜族自治县教育局分到了东回乡小学，即现在的班利村小学。之后，李红兰就在班利村小学扎下了根，并一直在班利村小学教书至今。

在东河乡小学代课中，李红兰认识了现在的丈夫成克权。成克权籍贯是湖南，医学中专毕业后，在湖南找了半年，也没有找到合适的工作，这个时候，嫁到云南澜沧县的姐姐就劝成克权到澜沧来教书，最终成克权选择来到了澜沧。成克权通过东河乡小学考核，跟李红兰同时成了东河乡小学的代课教师。由于当时两人同时进入东河乡小学当代课教师，双方就认识了。后来经过相互接触，相互对对方都有了好感。在李红兰分到班利村小学教书后，即 1998 年，李红兰和成克权就登记结婚了。结婚后一年，也就是 1999 年，成克权也通过进修转正。在分配时，他主动要求去属于边远山区的班利村小学，教育局最后同意了成克权的要求，把成克权也分到了班利村小学。自此，李红兰和丈夫便在班利村小学一起教书。

2002 年，也就是结婚后的第三年，李红兰生下了儿子成威林，全家三口居住在学校建的砖瓦房里，一年大概 90 元的租金。但不久后，因为砖瓦房年久失修，于是被拆了。学校重新建了教师宿舍，建成之后，李红兰从学校租了一间 40 平方米的房子，全家三口便挤在一起生活。刚到班利村小学教书的时候，李红兰一个月工资才 500 多元，经过十多年的调整，现在李红兰的一个月工资有 1700 多元，加上丈夫的 1800 元的工资，一个月有 3000 多元的工资，这在班利村算是比较高的收入了，于是，李红兰就考虑要买一栋房子，等到退休之后就可以去居住去享福，最后经过和丈夫商量，2007 年，在澜沧县城买了一套 100 多平方米的房子，花了 40 多万元，首付了十多万元，剩下的分期付款，每个月要还 2000 多元，这对李红兰来说，是个大数目，但一想到在澜沧有了自己的一套房子，李红兰就觉得压力比较小了，更多的是看到未来的希望。

而对于在班利村小学教书育人的工作，李红兰觉得特别艰苦，主要有三个原因造成的：第一，学校教学设施严重缺乏。尽管班利村小学一直是一个建校将近 50 年的完小，但是教学设施严重缺乏。教室内除了破烂的凳子、椅子、黑板，就什么也没有了，窗户都没有玻璃，教室里也没有电灯，外面下大雨、教室下小雨。尽管在六年前重新建了一栋新教学楼，硬件设施上有了很大的改观，有了新桌椅，有了电灯，窗户也安上了玻璃，教师也有了自己的办公室，但是，教师依旧没有任何辅助教学用具，连教学挂图、地球仪等简单的教学用具都没有，上课依旧全靠黑板和粉笔，所有知识都得依靠教师口授相传。第二，工作量大。每个老师除了日常教学外，还要负责其他大量的工作，比如由于绝大部分学生离家比较远，每天不可能回去家里，只好寄宿到学校，而照顾学生生活就是老师们上完课的工作。由于经费有限，给学生建的宿舍极其简陋，三四十人一间宿舍，而学生食堂也特别简陋，需要学生自己做饭，洗衣服，年级大一点的学生自己还能勉强照顾自己，不需要老师操多大的心，而年级小的比如一二年级的学生，才六七岁，几乎没有自己照顾自己的能力，这就需要老师帮忙做饭，帮忙洗衣服，晚上十一二点，还需要老师值班，防止学生出现事故，而有时候学生生病了，老师要做的事情就更多了。第三，生活比较艰辛。在班利村，由于地处边远，交通不便，想回家一趟特别困难，同时，由于自己是非班利村人员，在班利村没有田地，所以吃的菜、米、肉都需要去买，而班利村除了米和肉能够买到些外，几乎没有什么菜可以买到，为了能够吃上一些时令菜，李红兰自己在学校旁边的空地上开辟了一小块田，种上一些辣椒、白菜、韭菜、玉米，但也只能算是解决了生活中极小的一部分而已。第四，娱乐内容缺乏。教学完后，教师娱乐内容差不多天天就是看电视、聊天，最多是找同事下下象棋，打打牌，除此之外就没有什么可以娱乐休息的了。想要看看书、上上网浏览时事新闻则是奢望。第五，也是最重要的一点，就是在班利村小学，教学压力特别大。尽管班利村小学只是一个偏远地区的民族小学，但是，在班利村小学教书，教学压力依旧特别大。李红兰负责一个班的语文教学，三个班的体育和思想品德。每学期学校就会根据学生期末考试成绩定优良中差，一般语文和数学两门必须达到 180 分才算是优等生，每学期学校对教师的考核中，每个班优等生和良等生必须要占全部总数的 50% 以上教师才算能够通过学校的考核，如果没有通过考核，将要取消各类奖金和评选各类职称的资格。而班利村的学生绝大部分都是拉祜族，再加上与内地交流贫乏，所以汉语特别差，在学习语文时，特别吃力，考试成绩就不怎么好，要通过学校的要求和考核就特别困难，所以，这一点使李红兰感觉压力特别大。为了提高班上同学的语文成绩，李红兰开始向同事学习起了拉祜语，但是学习过程却特别困难，因为李红兰自己本身是彝族，从小和别人交流用得最多的就是普通话和彝族语，对于拉祜语简直一窍不通，但功夫不负有心人，通过刻苦的学习，最后李红兰的拉祜语水平达到了能用拉祜语和别人正常交流，这样，李红兰在语文教学中，当学生学习起来特别吃力的时候，李红兰就会用拉祜语给学生讲解，很快这种方法被学生接受，学生学习语文的理解能力不断提高，最后全班优等生和良等生比率远远超过了学校规定的最低水平，在东回乡所有小学平行班级中，李红兰所教的班级语文成绩目前位于第一名。

尽管在班利村小学教书很艰辛，李红兰却觉得这份工作是一份让她一辈子都愿意继续工作下去的神圣职业。每当看见自己教的学生毕业，李红兰就特别有成就感，感到很欣慰。有时候，在班利村路上走着，村民碰见了都尊称一声："李老师好!"有时候，自己教的学生家里有什么红白喜事，都会来叫李红兰去学生家里吃饭，把李红兰当成最尊敬的客人；有时候，学生父母来学校看望孩子时，会带来很多自家种的蔬菜和自己摘的水果给李红兰。这些小事，让李红兰特别感动，只有教师，才能享受这份荣誉。每当看见自己教授的学生毕业之后，经过奋斗，有的当上了政府官员，有的当上了工厂重要负责人，有的成了事业单位的重要人员，更让李红兰感到自己工作的重要性及其意义，所以，也就更加坚定了要教书育人一生，直到退休。

现在，随着国家对边远地区教育重视力度不断加大，班利村小学获得国家的财政扶持力度也不断增加。2008 年，班利村小学全部学生免除学杂费。这在减轻班利村学生家庭负担的同时，也使李红兰等班利村教师减轻了一定经济上的压力，因为在以前，李红兰和同事在自己班的学生家庭因为贫困不能缴纳学费时，尽管自己不是很富裕，但还是从自己不算多的工资中拿出一部分来帮这些贫困学生缴纳学费，还经常帮贫困学生买些学习用具，现在学生不用缴纳学费，这也就减少了李红兰的经济负担了。2009 年，上级政府给班利村小学财政拨款 1 万元，购买了三台电脑，供教师使用，2010 年 4 月，上级政府再次拨款 5000 元，给三台电脑都连上了网络，教师可以通过电脑给学生教学，同时，也能上网学习一些先进的教学方法，获得一些新的知识，这让李红兰对电脑特别感兴趣，于是从 2010 年开始，每周就会花一些时间在电脑上面，学习电脑知识。

对于将来的计划，李红兰认为倒也没有什么计划，现在儿子还小，等儿子读到四年级时，把儿子送到澜沧民族小学读五、六年级。澜沧民族小学教学条件、教学质量都比班利村好，升学率特别高，到澜沧民族小学上学的学生绝大部分都能考上澜沧民族中学，所以，把儿子送到澜沧民族小学，希望在好的环境下，好好学习，能够考上澜沧民族中学，等初中、高中毕业，看儿子的学习成绩如何，如果成绩好的话，就继续送他读书，能考上大学就送他上大学，考不上就不让他读书了，让他出门去打工，去外面见见世面，增加社会知识，去外面闯荡几年之后，再回到澜沧，在澜沧县城做个生意，自己养活自己。而对于自己和丈夫的打算，就是现在安心地在班利村小学教书，如果以后有机会能调到离县城近一点的地方教书，自己也会愿意去，因为现在丈夫的爸妈住在澜沧县城县郊，目前还能勉强自己照顾自己，再过几年，两位老人都老了，生活不能自理了，就需要有人在旁边照顾，如果能调到离县城近的学校，也就方便照顾两位老人了。

采访完李红兰，李红兰很高兴地拿出刚刚煮好的玉米请我们吃。在主人盛情的邀请下，我们也不好推却。李红兰告诉我们，这些玉米都是自己在学校旁边的空地上种的，从玉米苗到成熟的玉米棒子，她都特别仔细地照顾这些玉米，所以，这些玉米才长的这么好，这么好吃。正在吃玉米的时候，李红兰的丈夫和儿子也回来了，很热情地和我们打招呼。看见这一家三口，其乐融融，如此幸福的生活，我们由衷地羡慕。

李红兰，因为不安于一辈子务农，就去代课教书，代课教书中，又不安于现状，通过自己刻苦努力，成了一名正式教师。成为一名教师后，李红兰并没有就此放慢自我学习进步的步伐，开始学习拉祜语，而如今又开始学起电脑来。这个始终不断进取，同时，又甘于奉献的彝族女教师，用平凡的人生经历，书写着不平庸的故事。

二十一、青年

（一）青春肆意的村医小李

要说班利村最开朗好客的，非村医小李莫属了。小李全名李云华，2010年才21岁，正当青春年少，活得肆意快活。和他约好晚上访谈，等我们几个人浩浩荡荡去的时候，他已经准备好零食、饮料和酿酒等着大家了，把气氛弄得非常轻松随意。以和朋友聊天的方式，我们开始了对小李的人物专访。

小李算是村里的知识分子，学历中专，专业学的是中西医，是村里两个村医之一。小李小学二年级以前，都是在自己寨子里读的书。乡下的孩子大人没时间管，天天跟野孩子似的，捉鸟、滑山坡，一帮孩子什么都干过，过了一段毫无约束的童年。二年级以后，就转去班利师资比较集中的完小读书去了，家里也开始要求孩子帮忙干点农活。小李说，农村的孩子早当家啊，自己从二、三年级开始，就喂猪、下地，学费的一部分都是自己砍柴卖柴所得。但是小李从小就是个乐观顽皮的小伙子，虽然有了束缚，但是仍然整天嘻嘻哈哈、上蹿下跳，一直快快乐乐到初中。初中毕业的小李心中很崇拜能在外面跑的生意人，所以当时自己决定不读了，直接去外面找个工作。

小李的第一份工作做的是屠宰生意。回忆起这个，小李似乎还心有忌惮，“太累了，根本是我那时候没法接受的”。他给我们详细地介绍起了一个屠夫生意人的生活：每天的工作量很集中，每天必须得三点多起床，开始的时候是两个人杀一头猪，后来是一个人杀一头猪。杀猪之后就是去毛、收血、开肠破肚，处理好之后天也大亮，就等着顾客上门来买新鲜猪肉了。杀猪是个力气活，初中毕业的小李也算个结实小伙子，也很难承受那种劳累，开始的时候也是凭着一股子冲劲，时间一长，他发现杀猪卖肉这个行当并不适合自己这个年纪。正巧这个时候中考成绩下来，自己达上了中专分数线，有机会继续读书，小李就顺势放弃了自己的第一份工作。

这个时候小李又面临选择的境地，因为是中专，自己就必须选一个专业，可是现在的自己没有发现特别的兴趣。正是困扰的时候，父亲说出了自己的期望。小李的父亲现在是寨子的组长，年轻的时候跟人学过医，当过一段时间的赤脚医生。父亲希望自己的儿子能实现自己年轻时候的愿望，当一个治病救人的医生。在没有更好选择的情况下，小李进了卫校开始了学医的历程。在学校，中专只有两个专业可以选择，一是护理，二是中西医。那个时候还没有流行男护理，小李只好念了中西医。天生爱玩爱热闹的他，在学校混的风生水起，当然，这个风生水起说的是他的娱乐生活。在中专的第一年，小李在学校认识了一大帮子现在还密切联系的哥们，因为大家都是普洱附近的，而且年纪相当，特别容易抱团起来瞎闹。那一年，他们最爱做的就是早上请假睡觉，晚上出去唱歌游戏。但是，这个时候的小李成绩还没受到很大影响，他自豪地跟我们说，像他那么玩，自己还能在男生里面保持前三名，因为这样，才少了很多老师和父母的唠叨。在读中专第二年的时候，他认识了自己的初恋女友。说起他与初恋的相识，还真当得起“缘分”二字。那时候特别兴交网友，小李也跟着潮流在网上认识了一些朋友，其中有个女孩和小李特别谈得来。一问，原来是和自己一个市的，仔细一问，还是和自己一个县的，再问，奇了，竟然是和自己一个学校同年级大专护理专业的一个女生。小李当晚就发挥自己开放大胆的风格，风风火火地就找到女孩班级认识了女孩。没过几天，他就牵起了人家的小手确定了恋爱关系。问起现状，小李唏嘘一声，“吹了，我离开学校实习那年就分了，我被人家给甩了，呵呵”。原来是女友受不了两地分离，在小李中专实习的那年，在学校就新交了男朋友，当时对小李可是个不小的打击。现在的小李坦言接受现实了，没什么，自己和她本来性格就不是太合，自己太外向，女友太内向，以前出去玩，她从来不和自己的朋友说话玩闹，只是自己坐在旁边。现在想想，分手还是很有根据的。当我提出能不能看看前女友的样子时，他很大方地同意了。他在自己枕头附近摸索了半天，说前两天还看见来着，一下找不着了。我一下子笑了，真是口是心非的小李啊，那段感情若是真放下了，还会把前女友的照片放自己枕头下面么？因为中专是三年制，小李在学校待了两年，就去县中医院实习了。率性的小李直言，“我们那时候实习啊，就只能帮医生打打杂，在旁边看着，要学也就是些皮毛，自己医术没什么提高，就是胆子更大了”。

实习结束后，小李没有马上工作，而是自己跑出去玩了一段时间。他去了缅甸两趟，和那儿的朋友喝酒聊天，小李献宝似的拿出自己宿舍的一个外形类似电脑的娱乐设施，那是从缅甸买来的 CD 机。他说这个在缅甸买，要比国内买便宜几百元。听歌唱歌是自己平常的爱好，尤爱流行歌曲。他说他自己对佤族歌曲、拉祜族歌曲反而很平淡。平时听寨子里的老人哼唱传统的歌曲，他都有好多听不懂的。

说起这段时间的游玩经历，小李重点介绍了自己在原始森林的惊险经历。在村子里，有一片没有被开发的树林，在小李的印象中，里面有很多的野菜和动物。初中的时候，父亲曾带着小李进去过一次，两个人收获了满满两大袋的野味，让小李记忆深刻而且美好。闲暇下来，小李就邀上村里的伙伴，两人带着气枪、刀和火把就准备进去探索一番，计划至少带回两袋野菜。刚进树林的小李信心十足，觉得自己肯定能认识路，找到几年前来过的地方，和朋友丰收满满再出来。可是实际情况却是两人进去几个小时了都在找路。在途经几个岔路口的时候，小李都没有看见自己印象中的标记。这时候，天公不作美，还下起了雨，这下方向更不好辨别了。中午时候，小李把自己带的干粮给了没吃早饭的同伴，然后两人继续找路。当时，两个年轻气盛的小伙并没有计划打道回府，他们觉得自己出来一趟怎么着也得要有点收获。于是，两人顺着小路又走了下去。到下午的时候，小李终于饿得前胸贴后背了，实在走不动了。这时候，两人听见不远处有窸窸窣窣的声音，两人合计着如果是凶猛的动物的话就赶快逃命，如果是小动物的话就宰了烤着吃。他们鼓着胆子走进一看，原来是一些类似牛蛙的动物，他们也没有逮住它。失望的小李对同伴说，“这下就是来了野猪，咱俩也得把它搞定，太气人了”。失望归失望，这路也得继续找啊，而且俩人都快饿得走不动了。快傍晚的时候，俩人还是没有找到印象中的路，而且也找不着出去的方向了，这下他们开始慌神了，这荒山野岭的，晚上肯定很不安全，况且外面的人也不一定就能找到他们。开始焦虑的两个小伙子决定顺着河流走，也正是在河流边，两人终于得到了丛林探险的收获：两袋螃蟹。他说，当时还是一股子气撑着，要不然以他们的体力怎么能在没吃饭的情况下又在河边逮了两袋子螃蟹呢。在快天黑的时候，两个人终于爬上了山顶，看清了下山的路，这下两人才幸运地走出山林。小李说，出来的时候腿都软了，一方面是担心害怕，另一方面主要还是饿的。回到家的小李直接就奔去了厨房，用手抓起几口剩饭就吃了起来。这样的经历啊，我们听着新奇冒险，可在小李的生活经历中，也就算是略为突出吧，在山里长大的孩子，谁没有几段探险的经历呢。

休息了几个月的小李，被分配到了班利村做村医。班利村的另一个村医是村里的妇女主任，行医也有好些年了。评价起小李的医术，姚大夫说，“小李行医大胆，和他的人一样”。这样的医生，似乎会让人产生不安全感，但是小李自当医生以来，从来没出过失误。说起自己的行医技术，他坦言自己经验肯定比不上老村医，但是在基本技巧上还是有自信的。小李还有个特长，那便是中医理疗。小李的专业是中西医，所以小李还掌握了一些中医治病的方法。之前在村里，也试过用针灸按摩给村民治病，效果也很明显。但是按摩除了是个技术活，也是个体力活，工作繁忙的小李说目前没有更多的时间研究和实践自己的中医技术。在我们调研这段时间，小李他们村正在整理村民健康档案，小李天天忙得没头没脑的，连着好几天晚上两三点睡觉，早上六七点起床了。

就小李的性格来说，确实不像一个稳重的医生，小李也承认自己其实不适合做医生，但是既然做了，就要尽量做好。在采访的第二天，我来到了小李的工作地点卫生室，穿着白大褂的小李气质和形象完全改变，之前那个爽朗的大男孩一下就成了白衣天使。只见他拿起冒着药水的针正准备给村里的小孩打预防针。小男孩嘻嘻哈哈躲着不愿意打，小李走过去，对着头轻轻的一拍，“你若不打，以后别让我带你打球”。听到这话，小孩撅着嘴巴乖乖地脱下裤子任小李作为了。想不到，小李平时大大咧咧的性格，对付小孩还真有自己的一套。谁说这样的小李不适合当医生?

现在小李一个人住在离卫生所很近的宿舍里，一间小小的房子，被隔成两部分，外面堆放着这几天让小李伤透脑筋的村民健康档案，里面摆了一张床、一张桌子和一台坏了的电视。小李平常吃饭没有定点的地方，不回家的时候就吃百家饭，随便在村里的哪家人家蹭点，大家都很乐意招待这样率真的小伙。兴致来了，小李还会自己做点吃的，花样颇多。他说趁现在没媳妇的时候随便点，以后有老婆了搞不好还得做两个人的饭。做专访的那天，我们几个人一起围着桌子聊天，小李还打了一斤白酒。男生喝酒，女生喝饮料。小李从小时候就会喝酒了，酒量的话，白酒能有个一两斤，啤酒，从来没醉过。小小年纪，这么大的酒量，真是不简单。

谈起人生理想，小李叹了口气说，自己现在的理想不是做医生。小李的性格很随性，不是一个愿意受人约束和管教的人，所以小李说自己最想有钱了自己做个养殖大户，请几个人帮自己，把养殖业做大规模，对于这个想法，小李已经有了初步计划。他已经相中了村里的一片地，环境很适合养殖。自己准备租下来。在这之前小李还想去考驾照，开大车搞运输，但是父亲不同意。家里的意思是不想让小李跑远，他这样的性子要一年四季在外面，还不知道玩成什么样。问小李有没有想过出去打工，小李说没有，就我们看来，小李这样的人，既义气爱交朋友又会喝酒，就是在外面做销售的料。但是小李自己觉得打工可能会比在乡里收入多一点，可是自己不愿意过那种看人脸色的生活，天天讨好上级和别人，不如自己一个人自由自在。小李还偷偷想过创业自己做老板，但是一想到自己既没学历又没本钱，实在不太靠谱，就没放在心上了。所以，小李现在最大的期待就是自己存点钱，过几年后当个养殖大户。父亲曾经提过要在小李现在工作的寨子新盖一栋房子，小李拒绝了。他说自己虽然不想离开农村，但是也不想一辈子只待在农村，他要把这笔钱留着，以后在城里买房的时候帮帮忙。他说，等自己老了，就在城里住一段时间，腻了就回乡下待几天，这样的生活才惬意。小李以前还有另一个理想，便是娶个汉族的媳妇。他说，我们这的人都一个样，黑黑瘦瘦的，看着那些汉族姑娘白白净净的，很是不同。但是现在也没有这个要求了，自己在村里已经是大龄青年了，一起长大的伙伴都结婚了，剩下自己一个人，平时玩乐都不好意思找他们，自己以前对找女朋友还有一些奇怪的想法，现在最重要的就是能找到一个和自己谈得来的对象，对于民族、肤色什么的，都不予考虑。在我们看来，小李的年纪还很年轻，正是为人生事业奋斗的时候，但是在云南村里，23 岁的年纪已经很大了，小李不得不又给自己加了一个找媳妇的任务。

小李的人生还有另一个选择：在寨子里当寨主。小李的家族在半坡寨是个大族，一直以来都是他们家的人当寨主。现在的寨主是他的大伯，是继承他 95 岁爷爷的班，由于大伯没有儿子，下任寨主不出意外就是小李的父亲，父亲之后就轮到小李了。这样的身份，小李明确表示了不想接受。他想把家族的责任过渡到自己堂哥家的侄子身上，自己轻轻松松的生活就很美好了。

和小李混熟之后，大家都特别喜欢找他玩。小李平时除了喝酒唱歌玩乐还有很多业余爱好，譬如打篮球。打球是读书时留下来的习惯，现在还保留着，特别是现在放假了，村里出去读书的人回来了，球友就更多了。小李几乎能做到天天打球，风雨无阻，地点就是村里小学的操场上。小李的身材虽然不高，但是很壮，一看就是一个有力量的人，我猜除了是因为以前干农活的锻炼外，最重要的原因就是天天打球吧。小李除了打球，还有一个很特殊的爱好，那就是养斗鸡。小李介绍说，中国最有名的斗鸡是河南开封的斗鸡、山东的斗鸡和西双版纳的斗鸡。现在小李养了一只河南斗鸡和一只泰国斗鸡，都还在生长阶段，还不知道斗志如何。小李的打算是等鸡稍微大点了，让两只鸡互相锻炼锻炼，再带去孟连县让它们初试牛刀，看看这几个品种能力如何，如果好的话，就留种将来多养一些，如果一般就卖掉再试其他的种鸡。好的斗鸡，在市场上能卖两三万元，用小李的话说就是一项既有趣味又有票子的活，很对自己的胃口。在我们聊天的时候，从外面飞进来一只昆虫，同行的男同学正准备将它就地正法的时候小李跑过去把虫子抓了起来，说这种蟋蟀可是喂鸡的好饲料！

班利村的小伙子骑摩托车的速度都特别快，可能因为乡下人比较少，也可能是他们骨子里的那种洒脱不羁，反正每次我们站在路边，有车经过的时候一般就只听见声音不见车和人。而小李更是快中之快，风驰电掣的快感让人惊叫连连，算是我们在班利村最疯狂美好的回忆吧！热情的小李，爽朗的小李，是我们在班利村永远的朋友！

（二）俊朗纯净的小伙儿张扎儿

初识张扎儿，是我的有意。刚到村里，发现村里的绝大多数人都不会说普通话，这使得我们开展问卷调查和访谈有了很多困难，我们只得找找村里的年轻姑娘和小伙儿，让他们给我们当翻译。而张扎儿就是这样被我们找到，问及分组时，我自告奋勇要和他搭档。我被他的俊朗外表给吸引住了，嘴角上扬时青涩的微笑，浓眉大眼里清澈的惹人怜惜的眼光，轮廓分明的脸在灿烂的阳光抚摸之下显得格外明朗。后来，越多和他接触，才发现吸引我的已经远不止是他的外表了，而是他身上所散发出来的无穷青春魅力。

张扎儿是多才多艺的。一手吉他弹得优美动听，吉他声响起时，琴声便随着温柔的风，打着转儿，绕过低矮的小木屋，飘扬在山间每个角落，散落在每个人心间最柔软的地方。还记得他第一次为我们这些远道而来的客人弹吉他和唱歌时的情景，吃罢晚饭，我们齐声要求他为我们弹一曲，略有些羞涩的他拗不过我们，只好回家拿来吉他。他斜坐在那儿，半倚着竹墙，抱起吉他，寥寥几拨，就已自成曲调，和着琴声，便动情地唱起拉祜族歌曲，虽然我们听不懂那些从他唇间滑出的歌词，但是从他的眉宇间和神情中，我们已然感受到拉祜族人民对生活的热爱。歌无国界，很快，我们便在他歌声和琴声的感染下，一起唱了起来，其乐融融，好不快活。后来，他又邀了一个和她年纪相仿的姑娘，他弹琴来，姑娘把歌唱，琴声、歌声、欢笑声，声声交融。张扎儿边弹琴边含情脉脉地看着小姑娘，那一刻，我们看到了，年轻的悸动慢慢散开来，幸福环绕在我们每个人周围。

张扎儿在校园里是个活跃分子，篮球赛、乒乓球赛、作文大赛等，只要有机会，他都会积极参加，并且也获得了很好的成绩，篮球赛他所在的队伍就获得了第一名。当说到这些荣誉的时候，张扎儿总是不愿意多提，一副不为过往荣辱所惊的处世态度，让我看到了眼前这位小伙子的淳朴和恬淡。张扎儿在学校的时候，一直是校园里的风云人物。小学的班长，初中时的体育组长和文艺组长锻造了他的开朗活泼性格。他做过主持人，小至校园活动的主持人，大至乡里活动的主持人。2006 年，牧师听说他在校园当过主持人，活动主持的也很不错，便引荐他做乡里活动的主持人。这就是他第一次登上乡里的大舞台，展现他的主持才华。第一次见那么大场面，自然是有些紧张的，尽管在上台之前，他已经背熟了台词，但是看到那么多人看着自己，张扎儿还是紧张了，头脑变得一片空白，不知道下句话是什么。幸亏张扎儿有些舞台经验，他立马随机应变，转变话题，活跃了现场的气氛。这次之后，他更成熟了，在主持活动的时候也更能灵活驾驭了。

张扎儿学习成绩十分优秀，一直是班里的前三名，不禁让我佩服。张扎儿从初中毕业之后，没有考上高中。但他也没有和村里其他大多数孩子一样，放弃学业，而是继续在村里的基督教牧师培训中心学习。学习的内容很枯燥，尽是些基督教的历史、基督徒的义务和基督教教义等，再加上学校的纪律要求很严格，不准在校谈恋爱等诸多规定，使得许多同学学到中途都选择了放弃，班上以前的 54 个人现在已经变成了 25 个人。看着同学们一个个离开，张扎儿心中很痛。虽然心痛于朋友的离开，但是那些离去的背影，却丝毫没有动摇过张扎儿继续读下去的决心。他凭借着自己对未来会更美好的坚强信念和平时耐心的做事风格坚持了下来，现在他已经在培训中心学习了两年。他颇有信心地告诉我，他会继续读下去，考个好成绩，到时候就可以到昆明或四川的神学院继续学习。在学业完成之后，他就可以回村里的教堂，为本村的基督教徒服务了。听着张扎儿激动的声音，我的思绪也发散开来。也许，五六年之后，当我有幸再能重回这片土地的时候，再见眼前这个年轻的小伙子的时候，他已经站在了神圣而庄重的教堂前，带领着大家，一起唱着赞美诗，一起学着圣经，一起和基督徒们幸福而笃定地享受着上帝的仁爱。

暑假期间，张扎儿和村里的一些年轻人也曾去过许多地方打工。2008 年 7 月，他第一次离开家乡这块热土，奔赴郑州。男孩子的野性和冲劲儿使得他的心中没有几分不舍，反而多了几分激动和期待。刚到郑州，人生地不熟，张扎儿并没有畏惧。他整理好心情，开始四处找寻工作。他先找了个接线员的工作，整天对着线在那儿一天到晚的整理，这不免让年轻的人心生乏意。后来他转战山东，在青岛一个工厂做冰棒，酷热的夏季，有一份凉快舒适的工作确实还不错。在工厂专心干了一个月，暑假也快要结束了，张扎儿只好回家，结束了这份每月1500元的工作。虽然这次在外面钱挣得不多，但是张扎儿却收获了很多。这次过后，他也算是村里见过世面的人了。他觉得高楼大厦、灯红酒绿都是次要的，关键是他懂得了外面的世界是在飞速发展的，而自己生长的那个小村庄如一头狮子仍静静地熟睡着。他害怕等它醒来，它已经无法融入这个发展迅猛的社会了。他意识到，这头沉睡的狮子，需要一批年轻的人共同努力来唤醒它。

张扎儿喜欢给人理发，这种爱好自然给人十分有趣和新颖的印象。他喜欢看《爱情魔法师》这部电视剧。每次看的时候，他都特别留意里面的发型设计和剪发技巧。作为一种比较奇特的爱好，理发不会像打篮球那般自由发挥，况且给人理发，需要别人对理发师的极大信任，方可允许理发师在头上挥舞剪刀。因此，张扎儿并没有给人剪过头发，只给自己的弟弟剪过头发。2009年，弟弟从广州打工回来的时候，张扎儿被弟弟及肩的头发震怒了，男孩子的头发怎么可以那么长且无型，于是他二话没说，拉着弟弟坐下，按照自己的想法给弟弟设计了一个新发型，几剪刀下去就基本成型了。在张扎儿的眼里，他给弟弟设计的发型很有活力，从他拿给我的照片中（他弟弟的头发被他设计之后照的照片），我也有所感受，虽然整体不及美发店里的专业美发师设计的那般精良细致，但已足够显示一个男孩子的活力了。

一般来说，男孩子都不爱进厨房帮妈妈打下手，但是张扎儿却不同。他很喜欢做饭，还给自己封了一个“厨师”的称号。他会帮妈妈做饭，这样爸妈在地里劳作之后，回到家就能吃上他做的香喷喷的饭菜了。虽然和妈妈做的还是有差距，但是味道也不赖，关键是帮妈妈减轻了一些负担。这让他很高兴，因而乐此不疲。在和朋友出去一起玩儿的时候，张扎儿也喜欢主动担起掌大勺儿的重任。朋友们玩儿，他来做饭，这样的分工搭配，他从没有觉得苦，反而感觉十分有意思。张扎儿的懂事和体贴，总是给我这样一个幻觉，他是在经历了什么打击之类的，才变得如此乖巧吧。但是，我明白，有些事情，总是那么顺理成章，不需要任何理由。

张扎儿家里张贴着一些林心如、林志颖等明星的海报，这和整个村里的落后和不入潮流形成了比较强的对比。我不禁好奇，难道他还是一个追星少年。张扎儿见我的眼睛从墙上的海报已经挪不开了，心里顿时明白，说这些不是他的，是他弟弟从广州带回来的，他在外面待的时间比较长，就比较潮了吧。我笑笑，难道你不喜欢这些明星。他摇摇头，告诉我只是喜欢在电视上听他们唱歌而已，对他们的人却不甚了解。是的，常在外面世界跑的人思想会依据自己的价值观发生改变，往好的方向抑或坏的方向改变，但是不管怎样，人都是需要和外界多接触的，多看看外面发生的事情，开阔自己的眼界，逐步给生活的圈子带来乐趣。但是，没有机会出去的人，也可以通过电视来了解外界，只是那种感受远没有前者来得那么直接和强烈。

张扎儿是个很有主见的人，年纪轻轻，却帮家里做了许多正确的决定。2006 年家里买了一辆 2400 元左右的摩托车，这样去乡里就变得方便了。但是摩托车每年的保养也会花掉家里很多钱，张扎儿决定把摩托车卖了，在和父母商量之后，他用旧摩托车换来了 9 分地。这 9 分地用来种水稻，每年可以卖 1000～2000 元，比起摩托车带来的收益那是大多了。父母见这般情况，甚为欣喜，每每谈及此事，必夸奖儿子的远见卓识。2008 年 4 月 16 日，也就是泼水节的那一天，张扎儿清晰地记得，他做主买了一辆大摩托车，花了 6200 元，这笔钱在家里可是个大数目。但是从一开始，他就相信，买个好点儿的摩托车，跑跑业务，出门拉拉人，不到两年，本钱便可以赚回。果然，事情如他所愿，2010 年伊始，摩托车业务就已经大大收回成本了。看着眼前这个敢想敢做的小伙子满脸洋溢着自信，我仿佛看到了张扎儿家未来的希望，用不了多少年，张扎儿家一定会过上更好的日子。

爸爸、妈妈、弟弟和他共同组成了一个幸福的家庭。每天早晨，从他家门口经过的时候，总是能看见他们一家人围坐在院子里，其乐融融地吃着早饭。妈妈为张扎儿夹着菜，张扎儿为爸爸盛着饭，一切都是那般自然，平时那条待我很凶的狗此时则温顺地躺在男主人身旁，默默地守护着这淳朴勤劳的一家人。眼前这些情景，竟无端勾起了我对家的相思。早晨温暖的阳光洒在他们脸上，照耀在心间，碎碎的金色铺满了整个院子，那是幸福的颜色。吃罢早饭，一家人就开始去田地里收割谷子，共同收获春天播下的希望。

张扎儿的妈妈年轻时是村医务室的医生，后来遇见了张扎儿的爸爸，便从医务室退居，和爱人一起在田间劳作，共同为家勤劳奋斗。2000 年，张扎儿家盖起了新房，成为全村第三家盖新房的农户。整体看来，张扎儿家很大很干净，这在村里是不多见的。可见张扎儿一家为这个家付出了多少努力。家外面，有一个大大的养牛棚，是用木头盖起来的，很像吊脚楼，下面养牛，上面堆着木柴之类的。走进他家，可以看到一个大彩电、一套音响和一个碟机摆在正屋，一套沙发则安静躺在那儿，供这家来往的人歇息。宽敞的院子里，停放着2006年买的大型拖拉机，车身的泥土溅得很多，显然它在泥泞的路上已经趟过很多次，每年的维修费用已到3000元。主人已经决定把它卖掉，28000元出售，再以14000元买个小型拖拉机。

现在，张扎儿的爸爸身体不是很好，2005年还在县医院住过院。张扎儿告诉我，他爸爸喜欢喝酒，使得肝上出现了毛病。尽管一家人都劝他少喝点儿，但是他爸爸却不怎么听，最后不得不病到住院的地步。生过病，受过折磨后，张扎儿的爸爸已经有所悔改，不再那么倔强地爱喝酒，张扎儿很开心。张扎儿在谈到家里人时，更多的是希望父母都能健健康康的，好好地过好下半辈子。至于今后的日子，张扎儿已经长大，有了自己的想法。

张扎儿告诉我，等他读完书的时候，他会回来，在公路边盖一个房子，用做理发店。村里有小卖部，卖零食和生活用品的倒不少，但是却没有人开理发店，这应该是一个不错的机会。他有自己的技能，他会设计发型，会理发，这也是他的爱好，开展起来会很容易，挣钱也应该比较快。到时候，父母就可以不用整天在田里干活了，他可以用自己的一技之长来养活家人，让父母享福。至于家里的田地，也不能闲置起来，他决定进行规模生产，把所有的田地都用来种甘蔗，水稻既费时又费力，就不种了。到时，再买个小型拖拉机，自己拖到制糖公司去卖，比别人来收购能卖得更好的价钱。谈到这些对家里的未来发展规划，张扎儿脸上再次露出了自信的微笑，那微笑告诉我，这些不是痴人说梦，很快，这个家就会在他的规划下发展得很好。当问及他有没有想过出去打工挣钱时，他显现了一种男生的成熟和担待，“我不会出去，爸妈在家，我要照顾，村里要发展，我要带头”。是啊，男子汉岂能只顾自己不顾家，不顾生于斯、长于斯的村庄呢？张扎儿明白村里要想发展，不能只靠旧方式，也要引进新思想，靠科学，而这些是要靠像他这样一批年轻人来奋斗的。小男子汉，大情怀，已然把村里发展的使命担起来！

宁静的乡村晚上，抬头便能看见璀璨的星星，那浩瀚如海的天空，被星星装扮得格外美丽。此时，远处传来悠扬的琴声，那是张扎儿在弹奏着属于我们每个人的曲子。听曲的人，陶醉了，想起远方的牵挂，弹曲的人，憧憬了，用旋律谱写着美好的未来，关于温暖的家，关于恬静的小村庄。

当我离开小村庄的时候，张扎儿已经去普洱了，有些遗憾，走之时，竟未能再见他一面。所幸，还有手机这个高科技产物，联络着我们彼此的纯真感情。

“以后还会来班利村，来我家吗？”

“会的。”

“到时候，我们村就比现在好多了，该发展的都发展了，保你刮目相看。”

“嗯，我相信你，相信这个村庄。到时候你可得负责接待我啊！”

恍惚间，我耳边又响起了那熟悉而优美的吉他声，一曲一调，一舒一缓，浅吟低唱间，频频诉说着班利村的希望。大山深处，我又听到张扎儿在把希望之歌大声歌唱，歌声里，有一个村庄，叫班利村，有一户人家，叫张扎儿家，村庄里，每一户都安居乐业，过着富足而充实的生活。

（三）自强不息的单身青年段石拉

在班利村调研过程中，村长告诉我们，如今在整个班利村大约有二三百个适龄未婚男青年，究其原因，一方面是因为村里的女孩大多外出上学或打工，不愿回村；另一个原因是当地生活水平相对较低，外面的人愿意嫁进来的不多。村口雅口寨的段石拉就是因为贫穷和疾病至今单身的拉祜族青年。

由于之前在采访别的农户时有遇到过这位乐观向上的单身青年，当时与他约好了访谈的时间，因此第二天中午我们调研小组的成员按时来到他家。远远望去，他家的房子看起来有些像湖南湘西的吊脚楼，只是少了湘西吊脚楼的翠竹，整个房子都是用木板搭建而成，并且看起来年代久远。房梁已经斑驳，屋外走廊上系了一根长绳，上面凌乱地挂了一堆衣服。听随行的翻译说，这里许多贫困的农户家里都没有衣柜，家里人所有的衣服都随便搁在一根长绳上。走上七八个木头台阶，我们跟着段石拉进到屋里。还未及坐下，我们就发现从木板缝里可以清楚地看见地板下面鸡在啄食，狗跑来跑去，甚是热闹。环顾家中，也真可以用一贫如洗来形容，只是有一样东西倒叫我们觉得有些新鲜，段石拉家里安的竟是沼气灯，平日里煮饭也是用的沼气，我问他沼气池在哪儿，他说就在屋后面，使用起来十分方便。

段石拉个头较小，身材偏瘦，脸部带有典型的拉祜人特征，浓眉大眼，五官端正，皮肤并不像当地人那么黑，整个人看起来文文弱弱，倒不太像庄稼人。一进屋，他就连忙到处找凳子给我们坐，又从一处搬来竹编的桌子给我们倒上热茶，访谈这才慢慢开始。

段石拉，1976年出生，父母都是拉祜人，小时候在本村读完小学四年级，然后转到东回中学，东回中学离班利村有十几公里，虽然年纪很小，但也只能住校。到初中毕业时，段石拉已经有了很强的生活自理能力。1991 年 7 月，初中毕业的段石拉回到班利村，成了班利小学的一名代课老师。我问他为什么会回来当老师时，他笑着说："当时没有想那么多，别人请我我就去了，后来也发现这个工作挺适合我的。"只是让他没有想到的是，自己会在当了 15 年老师之后，在学校改革中走下讲台。说到原因，他感慨道："学校说是我们文凭不够。"

在班利小学当老师的这十五年时光，段石拉一直住在教师宿舍，每天六点起床，开始一天忙碌的工作。由于当时学校的师资力量薄弱，段石拉同时担任语文、数学和音乐三门课的老师，教的学生从一年级到五年级的都有。在班利村调研的这段时间，我们深深感受到拉祜族人的多才多艺。段石拉也是一位多才多艺的青年，平日他除了上文化课之外，还教学生唱歌，我问他是用什么语言教学生唱歌的，他回答说："以前大多是唱拉祜歌，后来慢慢地也用普通话唱歌啦。"因为担任了多个班的老师，所以教学任务比较繁重，有时候晚上指导住校学生上完自习后，回到宿舍已经九点多，但是还要批改完学生的作业才能休息。

我问他："你工作这么多，会不会觉得很辛苦？"

他说："是很辛苦，有时候非常累，但是现在回想起来，很欣慰。"

我又问他："当了 15 年老师，你有没有遇到过什么困难？"

他想了一会儿，说："我教书那会儿，学生都爱玩，不太爱学习，所以成绩总上不来。有时候想找点办法提高教学质量，学生们不配合，就觉得有些烦。我对学生是比较严厉的，所以学生们都有些怕我。"

刚开始当老师时，段石拉每月工资 70 元，到 2005 年下岗之前，工资涨到每月 150 元。因为工资很低，每月除去给家里一些，剩下的钱刚好够自己的生活费，所以到现在，段石拉没有什么存款。2005 年不上班之后，段石拉搬回家和妈妈、姐姐一起住，也没有钱置办自己的房子。现在家里一共 60 平方米左右，住了五口人，进门就是段石拉的床，旁边一米多处用尼龙纸隔开的是姐姐一家人的房间，妈妈的床搁在火炕旁边，白天的时候收起来，晚上睡觉的时候再铺开。家里没有电视，也没有电话，虽然如此，但是当谈起自己的教师生涯时，段石拉脸上流露出深深的怀念。他告诉我们，虽然现在不当老师了，但每到假期或是春节，以前的学生都会回来看望他，给他带一些小礼品，告诉他自己现在的生活和学习状况。说起这些，段石拉的话语中自然流露出一种成就感，就仿佛在说自己孩子有出息了一样。

2000 年 10 月 10 日，段石拉成了一名光荣的共产党员（班利村共有 3090 人，现今党员才有 45 名）。段石拉在本村的两位介绍人的帮助下，自愿入党，并且每个月都会参加一次村里的党支部大会，有时候还会被请去乡上参加座谈会，学习党的最新思想和政策。我问他："在成为党员之后，有没有觉得有什么不一样?"他说："入党之后，学习了很多知识，思想上有所提高，变得更加先进，并且做起工作来比以前更认真了，心里总想着，党员应该以身作则，什么事情都应该比别人做得好，所以就更努力了。"因为段石拉家里条件艰苦，村里党支部的领导经常关心他的生活状况，这让段石拉心里对党组织充满了感激。

在拉祜族寨子里，女孩儿十五六岁就已经嫁人，男孩 20 岁左右也大多成家，段石拉 2010 年已经 34 岁，却还没有结婚。听村长说，段石拉小时候得过小儿麻痹症，一条腿行动不太方便，再加上家里条件不好，所以婚事谈起来比较困难。但是在和段石拉聊天的过程中，我深深地觉得他是一位很有自己想法的人、一个乐观向上的人。采访时，当我委婉地问他为什么现在还没有结婚时，他微微一笑，淡淡地说一言难尽。他说，当年当老师的时候，村子里还有三四十个适婚年龄的女孩，也有人介绍过，但是都没有成功，我问他为什么没有成功，他说："有些是我不喜欢，有些觉得我家里穷，不愿意。"2009 年亲戚朋友给自己介绍对象，对方是孟连县的一位 28 岁的姑娘，长得高高瘦瘦的，看着还挺漂亮，女方的家长也同意他俩的事情，但是却要求段石拉去孟连做上门女婿。段石拉不愿离开家乡，另一方面也不愿意做上门女婿，事情只好作罢。

虽然至今未婚，但段石拉说自己并不着急，妈妈和姐姐也没有催他。不去上班之后，他每天在家务农，帮着家里做一些较轻松的活，譬如放牛、煮饭之类的。他说闲暇时就去别人家看电视，或者自己看看书。这倒引起我们的兴趣。我问他平日最喜欢看什么书时，他站起来走进自己的屋里拿出一沓书来给我们看，我发现段石拉看书的范围很广，里面有《故事会》、《种植科技》、《圣经故事》等。段石拉拿着这些书，兴致勃勃地跟我们分享他最近看书的心得。看着他炯炯有神的双眼，我的内心有一丝激动。在这样一个贫困的家庭里成长，身体还患有残疾，眼前的这个年轻人没有自怨自艾，没有向我们抱怨命运的不济，也没有向生活妥协，而是健康积极地工作、劳动。也许，在他心中有自己的一片天地，只要用知识和快乐把这片天地填满，他的生命就会有意义。

访谈进行到最后，段石拉告诉我们，下个月他会去北京打工。段石拉的大侄子五个月之前经人介绍去到北京某工厂做火车头，每个月工资2000元左右。可能是觉得待遇不错，侄子打电话给段石拉，也要介绍他去工厂。具体会做什么工作，他说自己也还不清楚，去了之后侄子会给他安排好的。对于这次的北京之旅，段石拉充满了期待。一方面是因为30多岁了还没有出过远门。以前教书的时候，他最远只到过景洪州，那时也是和朋友去景洪玩；另一方面，他希望自己可以出去多赚些钱。我问他以后有什么生活上的打算，他说："我想出去打工挣钱，四五年后存到钱了就回来，先盖房子，再娶个媳妇儿。"我说："你想娶个什么样的媳妇儿？"他笑着说："我就想娶本村的姑娘，人好就可以了。"段石拉的愿望如此朴实，这个简单的愿望对于很多家境富裕、条件优越的人来说，也许根本谈不上是愿望，但是对于生活在边远地区的拉祜族单身小伙，这就是他们人生很重要的追求。访谈结束时，一位身穿当地民族服饰的老奶奶走进屋。段石拉说这是他母亲，我们向老奶奶打招呼，她笑容满面地点点头，段石拉说："我妈妈不会汉语的。"见我们要走，段石拉和他妈妈一人抱一个波罗蜜送给我们，我们没能推辞掉，只好搬了回去。

在回班利大寨的路上，我的内心一直无法平静，脑海中不断浮现出段石拉灿烂的笑脸。我们调研所在的班利村离澜沧县城只有一个多小时的车程，却还是如此贫困。记得在那得头一位村民家，我看到她家的全部家当加起来，恐怕连100元都没有。她家住房是用竹子搭成的，四面透风；床是用木头支起来的，床上连棉被都没有，大家盖的就是政府救济的毯子，这些毯子因为长期使用，都已经被蹬烂了。空空如也的房子，让人看了以后心里很难受。今天看到段石拉一家五口人，挤在一间大木房里，母亲连床都没有，之间只有塑料纸隔开。然而像这样的情况在整个班利村也还普遍存在。拉祜族的人都十分淳朴，对人热情。根据最新的贫困标准统计，有70%以上的拉祜族群众生活贫困，其中有50%属于绝对贫困。拉祜族的贫困问题是一个长期没能解决的问题。十几年前，拉祜山区相当贫困，现在的情况和那时相比，虽然有所改变，但是村寨经济整体发展的十分缓慢。家境的不好可以说是他至今仍单身的主要原因。据我们调查所知，大量单身青年的存在，是当地社会发展中的一个较为突出的问题，但是在段石拉乐观的笑容背后，我看到了一位拉祜青年未来过上幸福生活的希望，也看到了整个拉祜族人生活会越来越好的希望。

（四）移居班利村的缅甸小伙子扎嘎

这是一个8月的早晨，雾蒙蒙的空气中喜欢睡懒觉的我也早早起来。因为今天雾比较大，路上行人寥寥无几。这阵子我们到村里真不是时候，刚好遇到收割季节，大家都整天忙碌，早上8点就下地，晚上7-8点才回来。所以我们的访谈工作也遇到了不少困难，只能趁早上大家还没出去的时候和晚上大家回来休息后的短暂时刻来进行人物与家庭访谈，这对我们和他们都是个考验，彼此都在疲倦的状态下工作，显然效果不是最佳的。但我们还是努力完成任务。

早晨7点我们准时到主任办公室等待，因为人生地不熟及语言沟通的障碍，所以每次进行访谈都要有人带着我们。一到办公室，就看见主任和书记都坐在里边喝茶。他们看着我们微笑，一个淳朴、善良的笑容。通过几句问候，主任就让书记带我们到昨天已经谈好的访谈对象家——一个随着姐姐嫁到村里也来此生活的缅甸小伙子。真没想到他们的家正好在我们住处对面。按照书记跟我们介绍，这是村里第十组组长——石亚坐的家庭，组长的儿子娶了个缅甸媳妇，随之她弟弟也来到这儿生活。

我们到家的时候，她弟弟不在，已经去买东西了。姐姐是一个漂亮的缅甸姑娘，帮我们去叫他回来。此间，我们就先跟组长聊了一会。关于他们的这位儿媳妇，他说儿媳妇是个很勤劳的姑娘，但是做菜、煮饭方面不是很合他们家口味，毕竟是国外人。我自己也想了想，我也是个国外人，所以如果嫁到这儿肯定也是有些不适应，毕竟存在异国文化的差别与冲突。终于我们等待的人物回来了，出现在我面前的是一个瘦小、肤色有点偏黑的男孩儿，穿着一件浅灰色的T恤和蓝色偏黑的牛仔裤，看起来应该是跟我们一样大年纪。他先自己用拉祜语说声道歉，我们都蒙了，因为我们都听不懂，然而经过书记的翻译我们之间的沟通慢慢有了进展。

如果不是事先知道他是缅甸人，我还以为他是本村的村民，因为他长得跟村民没什么差别，然而更让我们奇怪的是，他跟大家沟通时也没有什么语言障碍。据书记的说法是，因为他们这个地方都是说拉祜语和缅甸语，虽然他们拉祜语跟中国的有些不同：中国拉祜语里边是有六个声调而他们只有2个声调，在拉祜文字方面也有不同，他们缅甸的文字比中国的拉祜文又少了二个字母。虽然如此，但基本上的沟通却是毫无障碍的，这也是他们更快地适应这里的生活环境的原因之一。

我们开始访谈。据他说，他们本来是在中缅边界的孟定县一个小村生活。他是上个月从缅甸随着姐姐来到村里的。由于缅甸在计划生育方面没有限制，所以他们在缅甸还有许多兄弟姐妹。他们的经济来源不多，主要是靠耕种、放牧。他们主要是种水稻、玉米、蔬菜等，散养猪和牛为主，过着自给自足的生活。如果收获多了才能卖出去一部分来存钱，每年的收入就波动在3000~4000元，基本上是属于过了今天不知明天的生活状态，人民都没有什么积蓄，能吃饱穿暖便成为他们最大的愿望。问及经济困难的原因，我们得知缘由是：第一，那边都属于森林开发，各自开发，每个人的种植地都是靠自己的能力开发，并没有像我们是按户口分配。第二，他们的耕种地形不平，山坡多，难以耕种。第三，因为都是属于散养习惯，所以有时候自己家所养的猪、牛过几天就不见并变成了野猪、野牛是常见的事情。如此一来，养殖很难有经济效益。

对于现在留在中国乡村的生活，从他的眼神和语言中我们都感到的是“满意”两个字。他也坦白地跟我们说，在他们缅甸那个小村里都是茅草屋，也没有篱笆围起来，所以看上去很不安全，也经常丢东西。他们那里也很少有砖瓦的屋子，所以到了这里他觉得是一种全新生活的开始。在这里他看到了另一种耕种、养畜的文明（仅对他而言），因为在村里土地都是按户口分配，猪、牛都没有散养、放养的习惯，大部分的建筑现在都是砖瓦的房子，有的还像宫殿一样漂亮。他简直是看到了太阳阳光照过来的样子。他还说，“我最喜欢这里的一点是小朋友都能读书，这简直是最美好的事情”。我们对此不太了解，他用淳朴的语言给我们解释：“我们那里上学的孩子都是有钱的孩子，每个学期都要2000元，像我们这样的农民啊，每天都要下地干活，种的东西只够我们吃饱哪敢想到读书的问题啊。”接着是一个灿烂的笑容。“对比我自己，我觉得这里的孩子超幸福”，这朴素的语气却让人感觉到无比的悲伤，也让我深深地感觉到自己幸运，我可以读书、充实自己，我非常感谢调研的机会让我们更加了解世界上的另一个角落。

他谈得最多的是他在这里的生活体验。当谈到生活质量问题，他觉得中国条件比缅甸好，因为在他们的村里没有医生，每年极少看病，即使看病通常只是发几片感冒药而已。如果真的生病就得去乡里或镇里的医院看病，而花费却是很贵。现在，他们在村里看病很方便地花几元就可以买药、打针，村里时时都有医生，所以他觉得特别喜欢这里。因此，说起他们到中国后是否适应这里的生活环境时，他自己觉得虽然刚到这里才一个多月，但是感觉非常好，不论是住处还是生活条件都比他们那里好。他怕我们不理解，他又具体给我们解释：他所谓的好就是指在这里生活耕种条件也好，养畜也好（都不容易丢失），家里也建得比较扎实，都有篱笆围住，不怕丢东西，生病在当地可以看病，又便宜又方便，小朋友还能上学，这一切多么好！除此以外，他对中国其他认知还很模糊，许多地方都没涉及都不知道，比如汉字他都是第一次看到的，政府的政策他还不太了解，比如对于分土地问题（像他姐已经嫁到村里，但是还不能落户也不能分土地）。比如中国这边有计划生育的控制而缅甸没有，在那里他们都是属于自由恋爱也没有限制结婚年龄，恋爱、结婚都是自由的。

一谈到现在的生活，这个小伙子对现在的生活还是挺满意的。他满脸笑容对我说："现在我虽然在这边没有土地，但是我可以跟着姐夫工作，等我有钱也可以买猪、买牛回来养。等我赚到钱就可以回去娶个老婆了。"在这里要多加解释一下，因为村里最近都流行着到缅甸去娶太太（这恰恰也是促使他到此地来的关键因素之一）。书记及主任给我们解释了这个问题，就是现在许多年轻人都到外地打工，然而大多数外出女人都不肯回来，有的女生愿意回来找个丈夫，都对择偶的要求很高，导致村里的一些穷困年轻人都属于剩男状态，最后只能到附近的缅甸找个媳妇。

谈到节日及宗教问题，他告诉我们，中国与缅甸没什么差别，因为他们所过的节日跟村里所过的节日基本上相同，如元旦、春节、圣诞节大体上都是一样。大家都是属于基督教徒，每星期他们都要去教堂做礼拜（这也是我们觉得班利村拉祜族的一个特别之处），他们不论怎么忙或有什么事，每周都要去教堂，每到周日都不下地，不去工作，这可以说是一种享受生活吧。当我们问他："你最喜欢这里的什么？"他毫不犹豫地回答："这里的一切我都喜欢。"并露出满脸幸福的笑容。

聊了近 2 个小时，一看时间已经不早，太阳都已经出来了，都耽搁了大家的工作了，我们也该回去让他们下地工作了。我们让书记跟他们说声再见后便随即离开。走回主任办公室的路上，我脑海里不断浮现出小伙子最后的笑容，多么灿烂。那是一种充满着希望的笑容，这可能意味着他的新生活的开始。在一个新的地方开始一段新的人生，希望他能如愿以偿。

我有一种预感，可能会有越来越多跟扎嘎一样的缅甸人到班利村，随着这个地方逐渐发展，更多的缅甸人也许会来到这里，有可能这里会成为中缅因联姻而缅甸人聚集的地方，因为我们看到缅甸人完全可以适应这里的生活也特别喜欢这里的生活。我朦朦胧胧看到班利村的未来，欢迎它的到来，同时也祝福班利村能做好管理工作，迎接更加美好的未来。

附 录

调研日记

2010 年 7 月 14 日

上午 9 点左右前往东回乡（原定的雪林、木嘎乡由于路况不好，而将调研改为路况较好的东回乡），车程 40 分钟，和当地文化站李站长会合后前往班利大寨。一路梯田层层，水田片片，田中倒映着天上的白云，悠闲而自在，一条浑浊的小河伴在身侧。从公路侧插入山，路便换成了踏石路面，随风飘过来一阵松树的味道，只见路边现出了丛丛松树，可能恰逢当地雨季，松叶长得绿茸茸的可爱，空气中漾着浓浓的山林味道。

进村后简单安排住宿，由于人多，分散宿在了三处村民家里。村中信奉基督教，恰巧当地牧师在村中另有住所，故我们住在牧师旧家。我和老高住二楼，房子很小，亦无窗户，不通透的感觉，但二楼有个小小的天台，天台上围着藤椅和藤桌，栏外便是苍郁的群山和层叠梯田，近侧长着几棵不知名的果树，结着绿色的果实，旁边的芭蕉玉树临风般舒展着枝叶，叶下现出一长串尚未成熟的芭蕉。在小楼上颇有倚栏凭风，静听夜雨的诗意味道，再加之楼是旧式的竹木结构，走在上面吱吱呀呀的响，更增加了些怀旧的感觉。

午饭罢，大家小休以解劳顿，独自坐在小台上，上网处理了些杂事，网速很慢，照片竟然传不上去，再加之村中停电，于是简单处理后便索性在本子上乱记些日志。身临群山，凉风阵阵，风中送来竹叶沙沙的暗响，不远处的农家正用手摇脱粒机簸着稻谷，轰隆声时断时续，楼下猪圈里的猪儿们哼哼唧唧着，屋顶上住着些鸟雀，飞进飞出的忙碌，振翅之声侧耳的清晰。凭栏远眺，只见远山上涌着一波波云朵，漫在天际，形状各异，层次分明。阳光透过云朵投在山坡上，明明暗暗的阴影像一大朵暗花开在山上。梯田中种着甘蔗，几个妇女顶着明烈的太阳弯腰劳作着，田间一头水牛兀自明目张胆地啃着田里的作物，田边屋后有两个妇女裸着上身洗着身体，乍看到倒吃了一惊，颇有些偷窥者的惭愧。仰在藤椅上，看天上云朵幻化，流转飞动，心中充满了厚厚的充实。

下午，到村中闲走看看基本状况。走上一条土路，路边丛丛翠竹高大苍翠，竹边鲜笋茁壮粗大的可爱，路上还有些泥泞，这就是这里“晴通雨不通”的路吧。沿路可见许多旧时拉祜族的竹木民居，暗暗地隐在鲜绿的树叶中，对比分明。路上时不时走过几头肥壮的水牛和悠闲的村狗，几个小孩好奇而又害羞地窥视着我们，看到我的镜头便吓得躲了开去。路边有一棵菠萝蜜树，硕大的果实挂在树上，村里人淳朴而热情，拿着一颗菠萝蜜说非常好吃，再三推荐要送给我们。忽然遇到这样天上掉下的果子，真有些不敢相信，于是连声道谢，便半信半疑地拿在手上，心中还暗自思忖若人家索问价钱时该如何还价，虽拿在手还一路回头，只见那个男子倒是一脸羞涩的转身回家了，心中忽然涌上来一阵“小人心度君子腹”的惭愧来。

晚餐罢，听年轻的村长介绍了一下村中大概，天色渐黑，蚊虫肆虐，回到住处，站在小台上只见群山黑沉沉的不辨东西，一眉弯月挂在头上，月色不甚明晰，昏昏地亮着。天上的云色深沉，没有星星，只有远处黑色中偶尔漏出些微灯光，孤独地闪着。很喜欢一床明月的味道，却不知在这个村子里有没有机会邂逅到呢？

2010年7月16日

早8点，到村中教堂“入乡随俗”。教堂建在山顶，居高临下的敞亮。村中信教者众，满满的一屋。这里要脱鞋进入教堂，倒让我觉得像进入了清真寺一样的感觉。牧师用拉祜语主持礼拜，我们自然是一头雾水的见样学样，难免闹出些笑话，惹得当地人窃笑连连，得到允许可以拍照，于是索性大胆起来。先是唱赞美诗，虽听不懂，但能歌善舞的拉祜人用他们清澈的嗓音把赞美诗诠释得如天籁般优美。村中信众皆有汉语拉祜语两本《圣经》，人们的虔诚使我颇觉意外。

10点做完礼拜。村民多坐着“严禁载人”的机动三轮车出去赶集，车队经过，隆重而热闹。我们则分成几组熟悉寨子，做些随机问卷，我们带着一个学生跟随村长。村长比我们小一岁，知道后心中涌起做长辈的派头来。村长羞涩而质朴，不是想象中的世故圆滑，于是愈加觉得熟络起来村民热情而好客，虽彼此语言不通但依旧用肢体语言表达着他们的善良与好意，于是菠萝蜜成了我们随到随得的礼遇。寨子很大，但只有核心地区铺设了水泥路面，各个聚居处之间便多为红泥土地，恰逢雨季，多泥泞不堪，于是切身体会了

“要想富先修路”这句口号。寨中民居新旧已然混杂，有传统的空架竹木结构(即一层堆放杂物，二层住人)，也有新式小二楼。传统民居虽古朴但对于日益现代化的生活已然格格不入，而新式小楼虽和社会接轨，但又失去了拉祜的味道，所以传统的继承与发展也就成为当前难以取舍的问题。

下午在一户人家里专访民族文化的传承与发展，院子里干净而整洁，主人在院子周围种着从各处移来的花木，形成了一道花木围墙，只见仙人掌、刺梅灿烂地开着花，树芭蕉、芒果热情地结着果，小米椒也毫不逊色地展示着它满身的辣椒，还有许多不知名的植物恣意生长。主人还邀请了几位在民族文化方面有共同爱好的朋友，浓浓的田园味道，淡淡的茶香，轻轻地吟唱，这样的文化情调，我们觉得更是在吃下午茶。

晚上回到村中唯一的饭店吃饭，主人是孟连县文化局的一个傣族汉子，因为爱上了这里的拉祜女人，于是放弃了县城优越的生活条件，甘心每日上下班一样跑着山路回家做饭，虽然不知道是什么支持着他的信心，但那份执着而热烈的感情让我们这些从功利角度考虑的人为之汗颜和震撼！主人的饭做得非常好吃，让我们坚信从班利寨出去时定会增加十斤的体重，口腹之欲极大满足的同时不觉亦怀了些减肥的担忧。

晚饭请了几个帮忙翻译的村民，其中有两个能弹会唱的年轻人，于是饭后的闲暇便成了唱歌的快乐时光。大山里的夜漆黑而安静，小屋里的灯明亮而温馨，拉祜姑娘小伙唱着他们本民族的歌曲，学生们唱着流行歌曲，其乐融融的温暖。其中一个男生在歌声中向一个女生表白，赢得了一片掌声。年轻呵，就像这里的夜，热烈中不乏温暖，张扬中亦隐着含蓄！

7 月 19 日

早晨，下楼时听到旁边小楼上传来很 high 的音乐，心想，应该是房东的儿子昨夜宿在那里。出门吃早饭时下起了毛毛细雨，行在雨中，任细雨拂在脸上，舒适而惬意。喜欢小雨的天气，尤其是山中这种干净的雨，行在村中小路，四周炊烟袅袅，竹影曳曳，软雾轻轻，山色空蒙得如一幅淡墨山水。

上午在村委会门前等待村部访谈。门前场地上有一只母鸡带着小鸡忙碌地寻找食物，见我靠近它们，警惕地“咯咯”叫着，张着翅膀护卫着鸡宝宝。公鸡则昂首挺胸地踱着步，趾高气扬地表现着家长风度。一群小鸭迎面而来，面对独立的金鸡，审慎地对峙一番，见对方“免战”高挂，便排着队扬长而去。一个背着拉祜特色、花色艳丽的挎包的男子倒背着手牵着一头母牛从门前经过，一头小牛在后面东游西荡地贪玩着，母牛“哞哞”低唤两声，小牛便快乐地跳跃着冲到前方。不知怎么看到这些动物，总觉得很温暖。大自然中的母亲都是那么亲切，那么伟大！远处，风吹着竹叶“沙沙”作响，间或，一片干黄的竹叶顺风而下，打着旋跌落尘埃。一个村民光着脚走过面前，丝毫不介意泥泞或沙石，在这里，他们才是真正的主人，而在小雨中还打着伞的我们，永远只是一群“叶公好龙”的游客。

下午，到孟连县走了一遭，远远地邂逅了娜允古镇，在城边的一处傣家农家乐里又一次见识了拉祜人民的酒量。回转乡里时下起了雨，返回村寨时天色已晚，水雾又起，白色的雾气高高低低，前前后后地流连在山侧，像极了《阿凡达》里悬空山的景象。回转乡里时下起了雨，山路弯弯曲曲，树木遮空，旁边的茶场连绵起伏的绿。很喜欢这样的路，只觉得很适合我那弯弯曲曲的心思。

拜访完村支书家，回住的地方亦要行十分钟的山路，大山漆黑一片，车灯独自扫在路面上，偶尔一辆摩托车迎面开来，灯光温暖地交汇后，便又孤独地分手而行。路边芭蕉树宽大舒展的叶在夜色中留下暗暗的影，雨点敲过，点点滴滴地密集，仿佛奏着一首呢喃的夜曲。

7月20日

小　楼

小楼高且寂，宿鸟相与还。
推窗迎晓雾，群山排闼来。

小楼高且寂，唤云竟遮山。
檐上风雨过，惊落一地禅。

小楼高且寂，淡看晓山青。
流云落湿雨，雨过芭蕉明。

小楼高且寂，倚阑风满襟。
山中阴晴色，楼上参半心。

7月22日

故乡频传暑意浓，山中逢雨便成秋。
辗转小楼闻夜雨，启门暖阳半床休。

天难得放晴，风中送来些晨阳的暖黄。倚在栏杆，静静远望。心里辗转些心事，身后的片段慢慢沉淀。山中不是想象的样子，本以为飘荡在北回归线是炎日的烦乱，真实却是一雨如秋的凉。太阳出来时是热烈的晒到伤，落雨后却是瑟瑟的湿冷，鲜明的落差。接连几日的雨后，是洗了总干不了的衣服，和漫在空中挥之不去的潮湿。几日来来走走的雨，蔗田明明的绿，土壤暗暗的红。鸟儿在檐下飞走停叫，楼下水箱里的水汩汩滴落。身后远山流过些片云，伴着些轻雾，飞到身前。倏忽间，山间忽就漫出些薄雾，空中蕴了些微凉的味道。

看着这来之不易的晴，和身后依旧浓云密布的天。忽然觉得山间这半天晴媚半天阴的景象，就像我们半边晴朗半边阴的心，阴晴之间却跨过多少浮尘凡事。

下午，到班利附近的一个佤族寨子。寨子叫做半坡寨，因为它坐落在快到山顶的地方。寨子里的路很好走，四围山势绵延，豁然开朗的宽阔。路边竹林苍翠挺拔，撒下竹风阵阵，清凉而清新。比起这几日看过的寨子，最喜欢这里，或许因为这里有曲径通幽的意味吧。忽然想若在这里住上几日，或远眺群山，或静听竹语，看雨打芭蕉，山气升腾，或许是人生开心而美丽的记忆。村中人多去干活，于是带学生找了几户典型的人家做问卷访谈。村中有一个约80岁的老人，因为老人只会佤族语，于是拉上刚才做问卷会说“官话”的女子帮忙做翻译。老人很瘦小，面上皱纹堆叠，沧桑岁月的感觉。老人不知自己多大，只知道嫁到寨子时背着一个猪腿走了2个小时山路，儿子出生时亦不知是何年，只知道那年横行乡里的土匪头子被人杀了，问及毛主席，老人亦是一脸莫名。看着老人瘦小但坚强的身板，忽然想起了桃花源，“只知有汉，不论魏晋”。快五点半时，终于找到了空闲了些的寨主访谈。寨主相貌威严，家中屋上挂着两个血红的牛头饰品，彰显着佤族原始的猎头习俗。

坐着未来寨主的摩托车回转班利。小寨主年轻帅气，热情爽朗，说他最大的愿望是找一个北方汉族的女孩。跟很多被访的不愿离开这里的拉祜人比起来，真是不同且有想法的小伙子。从半坡寨下来，一路下坡，山风从耳畔呼啸而过，小路两侧的大山从眼角飞驰而过，车子飞快而下，随坡起伏，过山车一样的感觉，心也揪在一起，只能更加紧紧抓着摩托车。忽然想或许自己老了，习惯了安静平和的生活，已然难耐这飞落而下的新鲜和刺激。回到班利，已然熟悉的年轻村长开玩笑说："没有紧紧抱着前面啊！"我开怀："只敢紧紧抱着摩托车而已。"

晚上，难得没雨，旁边的空地上有几个年轻的拉祜族姑娘小伙，弹着吉他唱着情歌，平静的心里也泛起了些温暖的味道。音乐就是这样，总是那么直指人心地潜入我们平日包裹得紧紧的心灵，让我们斑驳而孤单的心也莫名温柔和感动起来。

温和的夜，温柔的夜，在这绵绵暗夜，却不知心将往哪里回归??

2010 年 7 月 24 日

烟花易冷
我说
烟花易冷
在心中绽放后
只剩虚空

你却说
烟花过后
却
依旧盛开在心中

我说
烟花易冷
繁华后
只剩清冷

你却说
烟花繁华后
却
依旧温暖

不敢闻此语
醉生梦死地解脱

醒后
你的痛却化作泪雨
如烟花般
久久绽放在我的心空

2010 年 7 月 27 日

醒来时，帘外还是一片朦胧的暗。听着楼下鸡鸣阵阵，檐上鸟鸣啾啾，浑身懒懒的倦，于是静静蜷在床上醒着昨日的长酒。据说昨日都倒了，不知这是否是我们两个外乡女子的骄傲抑或伤悲，只觉得有捐躯的义无反顾和悲壮，毕竟在某些时候，“入乡随俗”是一种对别人的尊重和理解。记得昨晚还醉眼惺忪地写了几首诗，一气呵成就发了出去，今晨再想已如隔世般恍惚。

等到老高开门，方才发现好大的雾，檐上的蛛网沾了沉沉水汽而如串珠般晶莹剔透，在晨雾中随风飘摇，屋上阑间遍布蛛网，如花朵般绽放。雾好大，缥缈的软雾像极尽细致而带有颗粒质感的微雨，从栏杆间钻进来，一波一波涌入眼帘，身上立刻便是一阵阵湿凉。

蛛网结水色，蕉叶伴雨眠。
心怀林下意，叹息独倚栏。

努力钻出被窝，头还有些沉沉的晕，迎着凉雾站在阁楼上，看白雾满处，楼下的蔗田都遮得没了踪影。小楼面东朝西，只见茫茫中显出些微亮白，那是努力摆脱雾气纠结的太阳吧！

凉风阵阵，雾气升腾，振荡捭阖中忽然就发现那湛蓝的天空出现在天际。天晴后，便是隐了好久的灿烂，远山上的云团朵朵地变幻，看着眼前闲淡的云朵，想若闲时只是仰在这群山之中，看云舒云卷，那是多么奢侈而美丽的日子呢！

山中居住就是这样，丰富而精彩，永远不知道会带给你什么样的风景，也永远被不时而来的惊喜而感动！这是生活在都市中的我们所难以想象也是难以享受的时光。

上午去孟连走了一遭，因为据说那里有个娜允古镇。孟连县占据了一个开阔而平坦的盆地，以傣族居多，所以一入孟连便是浓浓的傣家味道。车开到老城区，只见沿街有少许旧民居，再往深便是崭新的瓦房，上面贴着白亮的瓷砖。这对于喜欢颓迹的我来说，无疑是深重的打击，走马观花罢索然无味地离开。

晚饭后，还有一个访谈。东边现出几束粉色的柔光，像半盏非洲菊绽放在灰蓝的天空，朦胧的可爱！夕阳斜斜地扫在群山，零落中漏在东边的云朵上，晕染出一片片温暖的红。在那片温暖中，棱角分明的屋瓦和横竖真切的电线也带了些柔和的味道。看着这暖暖的斜阳，心思也放松下来，于是就这样随心所欲的行走。

行到一片开阔处，眺望西山，只见彩云接天而起，或灿金，或暗黄，或亮橙，或沉紫，或者就是那浓浓的墨色，就那样灿烂而绚丽地绽在暮山，那浓墨重彩的颜色衬着形状各异的云也生动活泼起来。以前总听说“彩云之南”，原以为只是一种宣传的需要，当真正生活在这里，才发现这里真是云的故乡。

天色渐暗，炊烟渐起，淡淡的半弯清月浮上天际。暮色又浓，夕阳给暮山镀了一层亮亮的金黄，云色渐厚，沉沉地溶入夜色。屋中灯火明黄地亮起，山树的剪影模糊地浮在夜色中，村中一片静谧。

静静看着山色变化，直至夕阳全隐，月色上阑。感慨这时光苍茫，倏忽而过，叹息这浮世琐碎，沉淀而清。

2010 年 7 月 30 日

滇行忆人——艾老师

艾老师其实叫岩罕，因岩字在傣语中念作“艾”音，所以我们都喊他艾老师。艾老师在孟连县文化站上班，由于是班利村的女婿，所以精明的他琢磨着农家乐，就在村里买了块地建房做起了饭店。但村中似乎没有上饭店吃饭的习惯，甚至村委会款待来客都是在村长家“大开杀戒”的，所以艾老师想当然成了我们的私家厨师。

艾老师饭做得非常好，第一天便把我们全体人的胃统统征服：炒玉米，清汤土鸡，菠萝饭……尤其那个芭蕉鱼，我还没看清，便已被一帮如狼似虎的学生秒杀了，只余我和老高这两个“老人家”望鱼骨兴叹，虽没有尝着什么味道，但从来自天南地北的学生脸上，我确信这道菜绝对是极品。

艾老师有远见，头脑灵活，虽生活在拉祜山寨，但我却感觉他是有别于拉祜人的，因为从村长的眼中和口中，他总是有些像“狐狸”一样狡猾的人。

我们盛赞他的饭菜，村长却很奇怪我们古怪的口味，说艾老师做饭太奇怪，那么多瓶瓶罐罐。当然这可能有积习难改的原因，也可能是有些民族的差异。

然而，对于八卦的我们来说，感兴趣的还有他的婚姻。因为艾老师是一个有着“铁饭碗”的城里人，而且还是一个有着艺术气质的人。他能歌善舞，去过很多地方，而他却放弃了城市生活，义无反顾的和村中一个离异的卫生所大夫再结连理，而且每日不辞辛苦乘摩托车往返几十里山路回班利村，实在令庸俗而功利的我们有些惊叹。

静下来，也细思，艾老师毕竟经历过婚姻，也见证过些许爱情，他既然能这么坚决，或许是因为历经繁华的他早已明晓了最适合自己的人，所以为了这份难得的缘分和可贵的相遇，他做出多少牺牲与付出都是义无反顾的。想到这里，倒很钦佩这个黑瘦的傣家男子，毕竟，在我们这个现实而功利的社会，能抛却这许多社会条件的男子本已是凤毛麟角的稀缺与珍贵了！

闲下来，艾老师喜欢和我们聊天，可能是年龄相仿，沟通起来没什么代沟，从他的农家乐规划到他的个人经历，从以前的家庭到现在的感情，坦诚而自然，有时候倒让我们生出些“小人心度君子腹”的惭愧来。事后亦反思，在我们的传统意识中，偏远的少数民族聚居区应是保守落后，慎于谈情的，而在班利的这些日子，我们发现，他们的感情少有我们惯有的功利计较，而是朴实而率真，坦荡而真诚的，一如那里洁净的蓝天。

艾老师爱唱爱跳，但我总觉得他其实是一个安静的人，因为我经常看见他一个人在屋外抽着水烟，听着我们在屋内喧哗；有时，我到厨房“参观”顺带“觅食”，时常看见他默默盯着柴火想着心事。记忆中唯有他带我们到他在孟连的排练大厅，当面对那一壁镜子和各种参赛照片时，忽然发现他脸上漾着一种由内到外的欣悦，或许在舞蹈中他方才是自己的主人吧！

临走那几天，学生们琢磨着怎么去和艾老师道别，都觉得唯有拥抱方才足以表达这份感情，讨论热烈处连“熊抱”都想到了。分别那天，天色欲雨，艾老师做完饭来到桌旁，毫不“狡猾”的和我们每个人都实实在在喝了酒，或许分别总是伤感，或许我们有些人多势众，艾老师醉得连让学生们“熊抱”的机会都没有给。

或许，他知道虽然我们亦应承着有机会一定重返班利，但那只是我们的美好祝愿，匆如过客的我们只是彼此生命中的昙花一现。在这里，只有饮尽杯中酒方才是最诚挚的道别！我们就像班利上空的云，虽也带来了轻雷阵雨的热闹，但却也倏然而来，悄然而退。

据说，我们走后艾老师买车了，终于在我们的怂恿下脱离了奔波的艰苦。但我还是很怀念他的摩托车，尤其是坐在后面享受山路蜿蜒，路边绿影流光的那些时光；享受山风迎面，衣裾飞扬的“拉风”旅程；享受牛羊侧目，路人回首的风光！毕竟他填补了我们没有经历过的生活，是我们临离开班利的一次奢华享受，一次意外的惊喜！

分别后，艾老师发过几条短信，说：“我很想念我们，每年来村中调研的人总有那么几批，但你们是我遇到过的最喜欢的一批。”又说他“有可能10月要去北京，希望见到你们”。看后，心里总是暖，因为我知道在这些话里丝毫没有都市里泛滥的客套与奉承，只有他百分之百的纯真感情。

后　记

我先后来到班利村两次，每次的体验都不同。

第一次多是友情体验。密集的调研与访谈使得我们与访谈对象彼此有了友情的味道。回来许久了，我们还是那么彼此记挂。当北京遭遇暴雨、暴雪，当云南遭遇干旱、暴雨、地震时，我们都彼此记挂。当过圣诞节、春节时，我们更是接到远方热情的邀约。班利村长说，他们最热闹的是圣诞节和春节，盼着我们一起去感受感受！我完全能想象到这样忘我的陶醉场景，也十分神往，可惜无法如期前往，心中总是感到遗憾。民宗局钟副局长来北京学习，我却远在宁夏调研。当我匆匆赶回时，他却已随团离开。在第二次澜沧见面时，大家如久别朋友般笑谈此事，甚为欢愉。从云南回来，却感觉已经把情感留在千里之外的普洱。

第二次则多是生命体验。再次来到班利村，心情已大不相同。我一直想把这本书写得富有体验感，但事情没有想象的进行顺利。最大的问题出在我的身上。这几年里，我过得十分沮丧，生活几乎停滞，工作全面溃败，这本书也被迫搁浅。尤其家父猝然离世，我迟迟不愿接受，我宁愿沉寂在长长的痛苦中，我以为这也是一种人生中的体罚。一连串的抑制会使我的心变得敏感，这是一种自我封闭的过程，我躲开人群，也强烈拒绝别人的介入与帮助。别人以为我"快乐地庸俗地活着"，我却完全自闭在自己的世界里用压抑来反复折磨着自己。等再到班利村，我的内伤还在痛，时常流泪。与几年前比，村子里新房子多了不少，我以为大家过得不错，但深入下去，却发现走在乡村的泥土里，才真正接触到痛苦的根本，才真正知道小说中的残酷故事可能就是某人的真实生活。当看着她大笑地谈着生活囧事，当看着她谈着我觉得根本无法跨越的苦难时还在笑的脸，我蓦然发现，自己的抑郁症是多么矫情，自己的失眠是根本不困，自己的拖延症其实只是懒，自己的强迫症只是对既往生活改变的不适。

《你好，旧时光》中曾说，世界上最好的安慰，并不是告诉对方"一切都会好起来的”，而是苦着脸说“哭个屁，你看，我比你还惨”。最后，她说，生活让她没有悲伤的时间。我以为不幸，原来只是我光盯着自己的不幸，忘却了自己的幸福。我多幸福，我还有时间用来认真地悲伤。我以为的痛苦，其实不过是生活的小痛苦，之所以能够感受出来，不过是因为我之前的生活过得太简单快乐，这是我万万没有想到的。想得太多只会毁了你，让你陷入忐忑，让实际上本不糟糕的事情，变得糟糕。

我们有一种天生的惰性，总想着吃最少的苦，走最短的弯路，获得最大的收益。有些事情，别人可以替你做，但无法替你感受，缺少了这一段心路历程，你即使再成功，成长的田地里依然是一片荒芜。人在旅途，要不断的自我救赎。我们，不可能成天躲在家中，以泪洗面，痛苦地怀念那个已经离开你的人。生活总在继续，彼此记得，彼此祝福，都是让生活继续下去的好办法。一念花开，一念花落。这山长水远的人世，终究是要自己走下去。请相信，那些偷偷溜走的时光，催老了我们的容颜，却丰盈了我们的人生。请相信，青春的逝去并不可怕，可怕的是失去了勇敢地热爱生活的心。每个人的内心，都有几处不为人知的暗伤，等待时光去将之复原。

《快乐拉祜》是一首反映拉祜族欢乐、幸福生活的原生态民间歌曲，在班利村经常听到，所以对其旋律非常熟悉。我们也常笑谈，要把这歌定为队歌，作为调研礼物带回去。当再次在电视上听到这首歌时，心中涌动的不只是亲切。我们来自偶然，生命是最宝贵的礼物，心存感激地生活吧。爱你所爱的人，温柔地对待一切，不要因不幸而怨恨和悲戚。感谢工作团队的合作，感谢老友的相伴，感谢家人的支持，感谢生活的经历。

2012 年 10 月 4 日于中央民族大学青年公寓

中国民族经济村庄调查丛书

夏庄调查 回族

音寨村调查 布依族

敖鲁古雅

—鄂温克族猎民新村调查 鄂温克族

巴音图嘎调查 蒙古族

齐奇岭村调查 汉族

乌鲁布铁

—讷尔克气猎民村调查 鄂伦春族

中平村调查 壮族

新寨村调查 瑶族

箐口村调查 哈尼族

哈力村调查 达斡尔族

刘李庄村调查 汉族

腰站村调查 满族

巴音塔拉嘎查调查 蒙古族

掌坳村调查 苗族

水各村调查 水族

南桑村调查 德昂族

咀头村调查 东乡族

达西村调查 维吾尔族

新寨自然村调查 仡佬族

大棚租村调查 彝族

巴飘村调查 基诺族

大园古苗寨调查 苗族

曼恩寨调查 傣族

资丘村调查 土家族

波川村调查 毛南族

恩和村调查 俄罗斯族

豪猪龙爪箐村调查 傈僳族